水族墓群调查发掘报告

贵州省文物考古研究所　编著

科 学 出 版 社
北 京

内 容 简 介

本书是对分布在黔南、黔东南水族聚居地区的明清时期水族墓葬进行考古田野调查、发掘的系统成果报告。全书分概述、水甫墓地发掘与调查、其他水族墓群调查、零散典型墓葬与藏品、水族丧葬礼仪调查、水族墓葬的年代、艺术及民族文化特征六章。除文字、图表之外，还收录了126幅水族墓葬石雕拓片、300余帧现场及实物照片以及对水甫墓地出土人类骨骼所作的体质人类学研究材料。本书系统地收集、整理了水族墓葬这一濒危的民族文化遗产，并对其属性、概念等相关问题作了初步的分析研究，从而为保护、研究该遗存提供一份较为完备、翔实的第一手资料。

本书可供文物考古、民族民俗、宗教艺术等方面的专家学者、社会人士、院校师生参考阅读。

图书在版编目(CIP)数据

水族墓群调查发掘报告／贵州省文物考古研究所编著. —北京：科学出版社，2012.8

ISBN 978-7-03-035327-6

Ⅰ.①水… Ⅱ.①贵… Ⅲ.①水族－墓群－发掘报告－中国－明清时代 Ⅳ.①K878.85

中国版本图书馆CIP数据核字（2012）第190070号

责任编辑：宋小军 柴丽丽／责任校对：张怡君

责任印制：赵德静／封面设计：美光制版

科学出版社出版

北京东黄城根北街16号

邮政编码：100717

http：//www.sciencep.com

中国科学院印刷厂印刷

科学出版社发行 各地新华书店经销

*

2012年8月第 一 版 开本：889×1194 1/16

2012年8月第一次印刷 印张：18 1/4 插页：75

字数：520 000

定价：280.00元

序　一

赵　辉

四月，收到老同学宋先世寄来的《水族墓群调查发掘报告》（以下简称《报告》）校样复印件，随即接到他打来的电话，希望我为这部报告作个书序。先世兄的美意不好拒绝。但这是我全然陌生的领域，所以，除了仔细通读《报告》之外，还抓紧时间就水族历史材料进行了一番恶补。做了这些功课之后，方敢下笔。序成，看了几遍，仍然感觉不太像个序。无奈，只好以此凑数了。

水族系中华民族56个民族之一，人口40多万，现在主要分布在贵州省黔南和黔东南地区，有自己的节日、文字、宗教、艺术。自叙秦汉之前居住在岭南邕江流域，后为避战乱，逐渐北迁至今天的分布地区。据文献记载，邕江流域古代曾是百越中的“骆越”活动的地区。如此，水族是在北迁过程中逐渐脱离骆越，形成单一民族的。民俗学、语言学等角度的佐证也表明水族与岭南百越有着密切的渊源关系。水族自称“睢”，清代之前，汉人似乎尚不能识别其族群，统称以“溪洞之民”或“苗”、“蛮”等，清代至民国谓之“水家”或“水家苗”。“水”，当系“睢”的汉译对音。

水族主要从事稻作农业，聚族而居，村寨依山傍水，村民多为单一姓氏，应当是早期民族基层组织的存留。村寨死者就近安葬，久之在村寨附近形成墓地。历史上，水族实行厚葬，留下了大量形制独特、不少有精美石雕装饰的石结构墓葬，成为珍贵的民族文化遗产。水族墓葬曾经引起一些学者的注意，有若干专门考察，称之为“水族画像石墓”、“水族石板墓”、“干栏式石板墓”或“石板墓”等。由于几十年来社会丕变、风俗易帜，水家已经不再营建曾为传统丧葬方式中重要内容的石结构墓，一些年轻人甚至对此已无记忆，而谓之“苗坟”、“苗罐坟”等。这提醒人们应当抓紧时间，对这份民族文化遗产进行保护。贵州省文物考古研究所组织的这次调查发掘，就是基于这一紧迫感的重要举措。

先世兄用考古学的方法对水族墓地墓葬进行调查发掘开始于2006年，足迹遍及黔南和黔东南地区水族居住的大小村寨，调查记录了11个墓葬集中的墓群、12个有少量墓葬的地点，几乎将目前保留的水族墓葬全部记录在案。先世的调查还包括各博物馆乃至民间收藏的水族墓葬的石构件、拓片等。在开展对墓葬墓地的调查过程中，还对一些村寨的丧葬活动等进行了采访记录。这些资料整理后形成本报告。报告共六章，文字及其图表等247页，拓片126幅、照片300余帧。这也许是国内第一本对少数民族遗存的系统田野考古报告。

说到民族考古，学术界有两种不同的理解。一为以少数民族为对象，研究其民族历史的考古学研究。另一种源自西方考古学理念：从考古学方法论角度，提出通过对现存的后进民族观察，获得对考古学物质资料更为合理的解释。在我看来，《报告》则具有“双栖”的意义。

首先，《报告》记录的是水族这个特定族群的一类重要的物质文化遗存，借此可对水族历史进行一个方面和一定时段的研究。若稍微具体些说，调查记录了200多座墓葬中有纪年者54座，按墓主卒年计，其墓葬修建在嘉庆至光绪年间。又根据对贵州当地明代墓葬形制的了解，调查所得全部水族墓葬都不同于明代形制。因此，可以基本断定它们皆系清代营建。那么，我能想到的是，通过对墓葬形制、石雕艺术风格、题材内容的演变，可以对整个清代240多年历史间水族丧葬习俗及其流变，以及受汉族影响的文化融合过程进行一番探讨。例如水甫M3和M13的石雕风格古朴，其麒麟立鸟、游龙三鱼、游龙号手、双龙白虎、生母娘娘等图，皆系水族墓葬的独特题材。这两座墓葬虽然没有纪年，但按照《报告》对墓葬形制的分析，其建造时间较早。而清中期嘉庆、道光年间的引朗M11，马联M2、M3，尧古M1、M2、M4等墓葬的石雕，除了那些令人耳目一新的身着民族服饰的牧牛、牧象、垂钓、祭祀、舞蹈、出行以及铜鼓图像，开始出现双狮戏球、双凤朝阳、四骑交战、八仙等汉族题材。其次，虽然同为水族墓葬，但各地墓葬的石雕似乎多少存在些差别。例如仅在最东北方向的甲找村墓葬上可以看到平面阴线石刻。又，尧古墓葬石碑柱的石雕有纵向分幅的做法，似乎为其他地点不见。《报告》还指出，和水懂大寨M1相似的石雕，在石板寨墓地亦见相似乃至完全相同者，但附近的水达上寨墓群中却一无所见。表明至少在这个层面上，水族并非匀质单一。更具社会学意义的也许是墓地结构可能反映出的相关问题。水甫墓群现存墓葬近400座，分布紧凑集中，墓葬大致南北成排，沿山坡向下成排分布，应当是按照一定的秩序罗列而成的。那么，这种秩序中除了按照下葬时间的顺序内容外，是否还包含了社会组织方面的内容？水甫墓群附近有老寨、板本、班哀三个自然村，村民计113户、516人，多为潘姓，其中老寨规模最大。从寨名可以推测另外两个村寨是由老寨人口增殖分衍而来。水甫墓地应当是以老寨为首的三个村寨一段时间内陆续营建起来的。已知水族聚族而居，三寨的潘姓族群应为一个大家族或宗族，它是如何发展起来，其内是否再分小家族等，并且这些情况是否也反映在墓群的结构上了？是颇令人感到意味深长的问题。引朗墓群分坡上、坡下两组。其中M2和M11的石雕中，凤凰、麒麟、牧牛及鹭鸟诸图题材相同，构图和造型一致，雕刻技法宛然出自同一刻工，营造年代应当非常接近，却分别坐落在两个墓组。因此，虽然两组同为张姓，是否意味了亲缘上分属不同族亲组织？同样的情况，似乎也一定程度上见于水达上寨东、西墓区和洞托墓群。事情尚不止于此，一座墓地之中，往往既有建造精致考究的一层或多层长方体“箱式”墓或长方形石室墓，同时也有很多乱石堆砌墓。后者据《报告》分析，是经济状况不好的人家或家庭经济状况不好的时期的墓葬。如此，墓群之中，除了隐藏着社会组织方面的内容，也同时包含着社会分层的内容。如此这些，不仅是研究水族历史的重要内容，从中提炼的有关水族社会发展的认识，说不定还有更广泛的社会发展史意义。

话题至此，就逐渐转移到这项针对一批年代非常晚近，通常不被摄入考古学视野的水族墓葬开展的田野工作之另外一个意义上来了。考古学通常处理的是过去人们留下的物质遗存。这些物质遗存因其往往没有文字记载说明，而不能把其真正的历史内涵直接准确表达出来。考古学家要想了解它们，“需要穿过漫长的时间隧道”，方法是要建立某种恰当的解释理论。顺便说到，中国考古学在这个至关重要的环节上却不太讲究。而这种解释理论的来源，或者参考了古代文献，或者借鉴了地理学、社会学、经济学、政治学等的理论。其中一个非常重要的来源就是民族学、民俗学或者文化人类学，它们又皆在民族志材料上提炼而得。水族墓葬的调查在考古学田野作业的同时，调查者也就水族葬俗乃至生活习俗、宗教信仰等进行了对现代村落寨民的走访考察，是一次将考古学的田野工作和民族学的田野工作结合起来的学术活动，考古学资料的一些重要现象就得到了直接和确凿的解释，从而穿过了虽然不那么漫长，却也横亘在考古学家面前的时光隧道。其中的心得，对其他考古学研究具有的指导性意义，在我看来至少有以下三点：

第一，《报告》有关水族墓葬的认定标准，对中国考古学古代民族族属研究大有帮助。后者在新石器晚期以降的考古研究中，是个长盛不衰的课题。其方法是根据遗存中一些鲜明特点，将其隶定成历史上的特定民族。例如特定的墓葬形制、特定的器物组合乃至特定的器形。但由于无法验证，这种隶定也受到诟病，尤其是在怎样看待居民成分复杂的大型聚落中的不同文化因素共存现象，乃至小到不同特点器物同出在一座墓葬之中的场合。记得还是在学生时代，有一次严文明先生曾半开玩笑地说过，“你看，你走进汉族或回族的民居，从家具摆设、什器杂物上是看不出两者的区别来的，只有门楣上贴的那张不起眼的阿拉伯文字符，才是穆斯林的特有标志。但在考古上要找出这么一种即关键又不起眼的标志性物件来，何其困难”。在民族众多、民族杂糅且汉化持续发展的贵州，对水族墓葬的工作伊始，也遇到怎样识别水族墓葬的问题。经过仔细梳理，《报告》总结出几项水族历史文化的元素符号：水族墓葬皆在地下挖筑竖穴墓坑安葬死者，地上部分形制多种，以一层或多层长方体“箱式”冢和长方形石室最具代表性；具有水族风情以及水族特有的葫芦、鱼及山字形或牛角形双鱼造型石雕等；陪葬石俑。因为有许多碑文佐证，这些识别标志是有效的。虽然不能由此引申到同样的方法处理古代族属问题时准确有效，但可以因此认为这个方法有相当的合理性。

第二，提示我们对一些考古学现象进行说明时应采取非常谨慎的态度。考古学家总要对一些现象提出解释。但这种解释往往是从考古学家所具有的现在知识基础上做出的，而与历史上的实际情况也许差之千里。例如但凡遇到常识之外的迹象，学者们多以祭祀遗迹解释之。因为无法证明，这种解释充其量聊备一说，实在没有多大价值。对水族墓葬后面陈设的石俑，早年也有很多臆测，或者认为是殉葬制度孑遗，或者解释石俑数量反映了墓主财富或等级地位。经过采访方知，陪葬石俑实为表达后辈生者陪伴死者不致孤单的一种方式，且按照辈分、人数不同，石俑数量有多有寡，形态也有区别。另外，水族葬俗中的二次葬、“伴祖添葬”以及石刻画像中“生母娘娘”题材等的寓意，若非采访调查，也是不能了解其原本意义的。而这类现象若出现在无法求证的史前墓葬中，可以想见有关释义一定五花八门。与其如此，还不如不说。

最后一点是对考古学家应小心运用类型学方法的提示。考古类型学根据从大量案例中总结出来现象认为，物体的形态特征是随时间而变化的，而且多半是继承前一种形态同时发生的，因此不同时间生产制造的个体之形态特征之间存在“逻辑”关系。到目前为止，类型学仍然是考古学家整理分析资料，从中发现问题线索的最重要方法。在打量一批物质文化遗存时，考古学家也总是习惯按照某种“逻辑”关系对它们排列梳理。水族墓葬的地上石构形制多样，除了长方体“箱式”冢、长方形石室外，还有石块围砌的长方形或圆形石围墓，以及乱石堆砌墓。长方体“箱式”墓又分单层至三层不等。在没有阅读《报告》结语之前，看到这批材料，我的第一个想法也是这么多形制之间，有无传承演变的关系？但根据墓碑纪年，《报告》指出：“如果非要人为地定要在几种不同类型的墓葬中寻找一条发展轨迹的话，大致的情形是，与大多数贫困家庭相适应的乱石墓一直贯穿始终，‘箱式’墓仅在明清时期昙花一现，长方形石室墓衍生出长方形石围墓并最终为圆形石围墓所完全取代。”同在一座墓地里的水族墓葬，形制上颇为复杂的共存关系和部分类型间模糊不清的演变关系，真是令人始料不及。试想一下，如果没有纪年材料而仅靠类型学排比，这些墓葬之间的关系会被整理成什么样子——这真还是不好估计了。

从《报告》获得的启示还有一些。例如水甫墓群现存墓葬400余座，原来规模也许还要大些，其年代基本在清代，也即总的延续时间仅240年左右。对于同等规模或者比这小得多的史前墓地，我们经常在进行文化面貌的分期之后，再给出年代跨度的判断，有时长达几百年甚至上千年。就水甫墓群的情况看，分期也许可能，但它实际上是个连续营建的过程，营建这个墓群的社群组织关系及其变化也被随时转移和隐藏进这个营建程序里边了，人为的分期往往割裂了这个过程，也就割裂了就这个问题的研究。此外，大多数史前墓地的延续年代也许并没有我们感觉的那样长。

诚然，水族墓群的田野工作没有令人瞠目的考古发现，墓群年代非常晚近，甚至不在考古学视野之内，因此在一个时期里没能引起学术界的广泛重视，这是可以理解的。但仔细阅读《报告》后发现，《报告》除了记录了一批弥足珍贵的民族资料之外，还在研究方法上给予我们很多极有深意的教示，是在一般的考古学报告中得不到的。这是我对《报告》的评价。

2012年9月2日

序　二

席克定

《水族墓群调查发掘报告》是贵州省正式出版的第三本考古发掘报告，也是第一本关于民族考古方面的专题报告。贵州省文物考古研究所宋先世对水族墓葬的调查发掘工作，从2006年开始，前后经历了六七年的时间，跑遍了贵州水族居住的地区，现在告一段落，写出了调查发掘报告。从报告的内容来看，主要是对现存的水族墓葬进行了全面的调查，发掘的墓葬不多，出土的随葬品也很少。但是，这本报告却是一本很重要的报告。

贵州自古就是一个多民族聚居的地区，司马迁在《史记》中把这一地区居住的民族统称为"西南夷"，其后，氐羌、苗瑶及百越等民族陆续迁入。这些民族在长期的生产劳动中，互相交流影响、分化融合，形成了不同的民族。与此同时，经过庄蹻入滇，秦开五尺道，汉武帝开"南夷"，"募豪民田南夷"等，汉民族也陆续进入这一地区，到明代建立贵州省，少数民族始终是贵州地区的主要居民。直到今天，贵州仍然居住着苗族、布依族、侗族、彝族、水族等十多个世居民族。据2010年第六次全国人口普查，全省少数民族共有12 547 983人，占全省总人口的36.11%，除塔吉克族、乌孜别克族之外，56个民族中的54个在贵州均有分布。各个民族都有自己悠久的历史和丰富多彩的具有本民族特征的民族文化。这些民族融洽相处、友好往来，同广大的汉族人民共同开发了贵州高原，推动了贵州地区经济、文化的发展，谱写了贵州的历史。所以，贵州地方史也是一部贵州少数民族的发展史，在贵州的考古学上，民族考古应该是一个重要的内容。我们要研究贵州地方史，考古学担负着重要的任务，任重道远。

迄今为止，在贵州的田野考古中，除了赫章可乐遗址、墓葬，威宁中水墓葬，毕节青场遗址，清镇、平坝墓葬以及松桃云落屯和岑巩白岩的悬棺葬的发掘外，还配合羊昌河水利灌溉工程发掘了一批唐、宋民族墓葬。对全省的少数民族墓葬做过一次普查外，还没有对任何一个少数民族的墓葬做过有计划的、全面的、系统的调查和发掘工作。对水族墓葬的调查、发掘，是贵州省第一次对一个民族的墓葬进行全面深入的调查和发掘，开创了贵州民族考古工作的新局面。《水族墓群调查发掘报告》的出版，是这一工作的结晶，其成果为深入研究水族墓葬及其相关的问题以及研究贵州水族的历史，提供了翔实而具体的材料。这是贵州民族考古的一个重要收获。

水族在全国共有411 847人，主要居住在贵州，有37万余人。水族的人口虽然不多，但是，其是我国55个少数民族之一。汉文文献对水族的记载很晚，而且简略。水族有自己的文字——"水书"，但水书对水族历史的记载，还有待于进一步深入发掘、研究。对水族社会历史的研究，除了传说、民间故事等口碑外，对水族墓葬的研究，应该是一个重要的内容。

在贵州少数民族墓葬中，水族墓葬是最具民族特点的墓葬之一。水族墓葬除了地下的墓室埋葬尸体外，在墓室的地面建筑了形制特殊、工艺精美、具有独特民族特点的墓室。水族墓葬的地面建筑是水族墓葬文化的载体，包含了丰富的民族文化内容，可以说是水族社会生活各个方面的缩影。水族墓葬是水族文化的重要内容。《水族墓群调查发掘报告》的主要价值就是为考古学、民族学、民俗学、宗教学、工艺美术史等学科提供了翔实的实物资料，为研究水族的社会历史增添了具体资料，填补了空白。

水族墓葬曾经遭受很大的破坏，早期的墓葬遗留很少，我们今天能够看到的早期墓葬多数都被扰乱，墓葬的地面建筑大部分是残破不全的。1981 年我到三都水族自治县调查水族墓葬时，在荣耀村的一个平缓的坡地上还可以看到遍地都是被挖坏的墓穴。此地原有 100 多座墓葬，1958 年当地修水库时，因为此类墓葬平整的石板是极好的建筑材料，被全部拆去修建水坝。此后，中国历史博物馆宋兆麟教授、严汝娴教授对荣耀村有铜鼓鼓面纹饰的墓葬作了研究和论述。80 年代初期，考古学、民族学等学科的学者分别对水族墓葬作了研究、报道。贵州省文物部门对此亦极为重视，1982 年水甫墓群被定为贵州省重点文物保护单位。与此同时也引发了文物走私的猖獗活动。2006 年，我同宋先世一同去调查时，20 世纪 80 年代初期报道过的一些有价值的墓葬，如水甫有铜鼓鼓面纹饰的一号墓、荣耀村有铜鼓鼓面纹饰的两座残墓以及水庆一座完整的墓葬都已经消失了。这次调查时在水懂大寨发现的一座三层墓葬，广东的文物走私犯曾出高价收购，被当地拒绝，得以保存下来。由于此类型墓葬的文物价值和民族特点，成为文物走私的目标；又因为这种墓葬都在地面上，很容易盗窃，保护的任务很艰巨。宋先世对水族墓葬的调查、发掘工作，属于抢救性质，他前后用了六七年的时间，对这批墓葬进行了全面的调查，做了认真的记录、摄像、绘图等，写成报告，把这批资料记录了下来，为进一步的研究工作提供了翔实的资料。这是报告取得的主要成绩。

宋先世通过自己亲身的调查、发掘、整理和研究，对水族墓葬的分类和命名作了新的探索，提出了与此前不同的新观点，在学术讨论上增添了新的内容，有助于今后对水族墓葬的深入研究。

《水族墓群调查发掘报告》的出版，不仅填补了贵州民族考古发掘报告的空白，在我国考古学上，也填补了水族资料的空白。

2012 年 7 月 22 日

目　　录

插 图 目 录

拓片目录

插 表 目 录

图版目录

第一章　概　　述

第一节　水 族 概 况

一、人口分布及族源

水族是中华民族大家庭中的成员之一，是我们统一的多民族国家55个少数民族体系中不可或缺的一个组成部分。其语言属汉藏语系壮侗语族侗水语支。根据2010年第六次全国人口普查统计数据，水族人口在全国共有411 847人，其中绝大多数分布在贵州省境内，约37万人，达水族总人口的90%以上。隶属贵州省黔南布依族苗族自治州的三都水族自治县，则是全国唯一水族自治县，居住有水族人口237 558人，超过全国水族总人数的一半。以此为中心，水族的主要分布区域涉及黔南的荔波、独山、都匀和黔东南的榕江、从江、黎平、丹寨、雷山诸县；在毗邻的黔南福泉市、平塘县，黔东南剑河县等地，也有少数水族人口散居。除贵州之外，广西壮族自治区桂北一带共计有水族人口一万余人，散居于南丹、宜山、融水、环江、都安、来宾、河池等县市。云南省东南部与贵州省兴义市接壤的曲靖市富源县黄泥河一带，是水族聚居的另外一个地点，其县所辖古敢水族乡也是少数民族众多的云南省中唯一一个以水族为代表的民族乡。从行政区划统计，除三都水族自治县以外，目前全国乡一级的水族行政区域共有18个，其中水族乡16个、瑶族水族乡2个（图一；表一）。

有关水族的族源，学术界比较一致的看法是其源自我国南方古代“百越”族群中“骆越”的一支，历经演变发展而成为一个单一的民族。

水族自称“睢”，自叙秦汉以前居于岭南邕江流域的“邕虽山”，该流域为古代“骆越”活动的区域。公元前221年，秦始皇统一六国之后，发兵50万进军岭南，历经七年于公元前214年才统一岭南，并置南海、桂林、象三郡，设吏治理。由于战乱，水族先民遂离开原址北上，经今广西壮族自治区北部的河池、南丹一带沿龙江溯流而上，往今黔、桂边境迁移，开始从骆越的母体中分离出来，逐渐向单一民族发展。至今在水族语言中仍保持了“百越”民族大量入声字音和短促调，以及许多南方动物诸如“大象”等的词汇，在水族墓群的装饰石雕上，大象亦是一个常见的吉祥动物形象。水族民间神话传说和歌谣中，也多有记叙其祖先在两广地区生活的内容。从水族“干栏式”建筑民居、以稻作农业为主的生产方式、使用铜鼓作为礼乐器、将鱼作为图腾并视为生活中最重要的一个元素等方面观察，均表现出水族先民在历史上与岭南“百越”族群有着深厚的渊源。

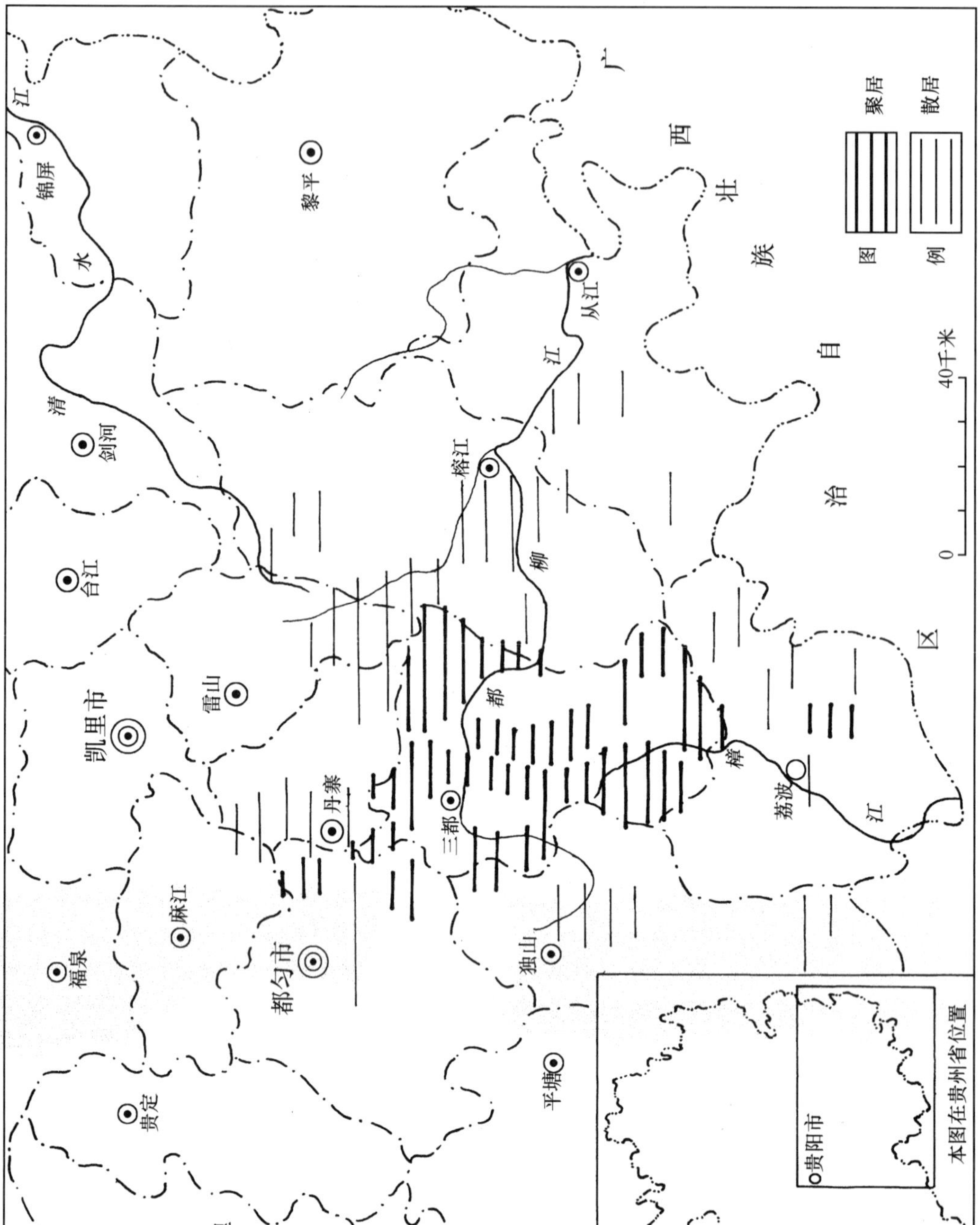

图一　水族主要分布区域示意图

（本图根据贵州省地方志编纂委员会编、贵州民族出版社 2002 年出版的《贵州省志·民族志》中图绘制）

表一　水族自治县、水族乡统计表

名称	水族县、乡	隶属（省）	隶属（州、地级市）	隶属（县、县级市）
三都	水族自治县	贵州省	黔南布依族苗族自治州	
水利	水族乡	贵州省	黔南布依族苗族自治州	荔波县
水尧	水族乡	贵州省	黔南布依族苗族自治州	荔波县
永康	水族乡	贵州省	黔南布依族苗族自治州	荔波县
本寨	水族乡	贵州省	黔南布依族苗族自治州	独山县
甲定	水族乡	贵州省	黔南布依族苗族自治州	独山县
翁台	水族乡	贵州省	黔南布依族苗族自治州	独山县
基场	水族乡	贵州省	黔南布依族苗族自治州	都匀市
阳和	水族乡	贵州省	黔南布依族苗族自治州	都匀市
奉合	水族乡	贵州省	黔南布依族苗族自治州	都匀市
达地	水族乡	贵州省	黔东南苗族侗族自治州	雷山县
仁里	水族乡	贵州省	黔东南苗族侗族自治州	榕江县
三江	水族乡	贵州省	黔东南苗族侗族自治州	榕江县
定威	水族乡	贵州省	黔东南苗族侗族自治州	榕江县
兴华	水族乡	贵州省	黔东南苗族侗族自治州	榕江县
水尾	水族乡	贵州省	黔东南苗族侗族自治州	榕江县
塔石	瑶族水族乡	贵州省	黔东南苗族侗族自治州	榕江县
雷洞	瑶族水族乡	贵州省	黔东南苗族侗族自治州	黎平县
古敢	水族乡	云南省	曲靖市	富源县

据历史文献记载，唐贞观三年（629 年），统治今水族地区的东谢首领谢元深入朝，唐以其地置应州，授元深为刺史，同时在应州下置都尚、婆览、应江、陀隆、罗荣等五县，除陀隆一地外，余全是今天水族的聚居区域。唐玄宗开元元年至二十九年（713～741 年），又在这一带置莪、劳、抚水三羁縻州，其中抚水州下辖京水、抚水、多逢、古劳四县，即今贵州省荔波县和广西壮族自治区环江毛南族自治县一带。宋太祖开宝三年（970 年）之后，又在水族地区先后设置荔波、陈蒙、合江、抚水等州。《宋史·列传第二百五十四·蛮夷三》卷四百九十五记载："抚水州在宜州南，有县四：曰抚水，曰京水，曰多逢，曰古劳。唐隶黔南。其酋皆蒙姓同出，有上、中、下三房及北遐一镇。民则有区、廖、潘、吴四姓。亦种水田、采鱼。"① 至今蒙、潘、吴姓等仍为水族人口中最为常见的姓氏。

明代"调北填南"、"调北镇南"，实行大规模的人口迁移、屯边垦荒政策，大量汉人进入水族地区，其中有一部分后裔在长期的生活中与水族融为一体，以至于现在有的水族称其祖籍为江西、湖广等地，这其实正是在水族自身的社会历史发展过程中自然而然产生的民族融合的反映。

水族的称谓"睢"，汉字音译为"水"。"睢"在水语中与"篦子"同音，具有"疏通顺

① 上海古籍书店：《二十五史·宋史下》，第 1609 页，上海古籍出版社，1986 年。

理”的含义。在中国古代史上，水族曾被统称为“溪洞之民”、“蛮”、“僚”、“苗”等。清代至民国时期始称为“水家苗”、“水家”。中华人民共和国成立后，在充分征求水族人民群众意见的基础上，经过民族学、历史学、语言学和民俗学等各方面专家的论证，1956年9月11日，国务院通过了《关于撤销三都县、松桃县和设置三都水族自治县、松桃苗族自治县的决定》，在中央人民政府正式文件中，第一次确认的水族族称是“水家族”。之后，在筹建自治县时，水族的多数代表认为，“水家”之称欠妥，于是提议将“水家族”更名为“水族”，并向中央申报。两个多月后，国务院批复了更名方案，正式确定了“水族”的族称，沿用自今。

二、自然与人文环境

水族聚居的主要区域为今贵州省黔南布依族苗族自治州东南与黔东南苗族侗族自治州西南的结合部，即珠江水系中部上游的都柳江和龙江流域、云贵高原上苗岭山脉东麓雷公山南麓一带，尤以来自苗岭山脉中的云雾山及其支脉八瓣山盘亘其间，岩溶地貌发育，经纬度在北纬25°～26°30′、东经107°30′～109°之间。海拔从较为低平一百多米的河谷至一千多米的高山，幅度变化较大。整个地势北高南低，自黔中向桂北倾斜，地形较为错综复杂，有山地、河谷、丘陵、平坝。由于水族多依山傍水而居，自然环境和生存条件较好，土地肥沃，气候宜人，年平均温度在14～18℃，年平均降雨量为1200～1400毫米，全年日照数在1077～1255小时，风向夏季多东南风，冬季多西北风，属亚热带季风湿润气候，气象条件受地形地貌影响多呈垂直气候分布，故民间有“坡上下雨，坡脚晒米”之说。水族地区的土壤分布在这样的环境中相应地也表现出垂直分布的带状特征：在海拔1400米以上为山地黄棕壤或灌丛草甸土，在700～1400米为黄壤带，而海拔450米以下则为红壤。耕地一般从1200米左右开始分布，形成梯式分布的田土状况，因而稻作农业一直是水族传统的生产方式。水族聚居区内的森林植被相对较好，动、植物资源丰富，矿产资源有锑、汞、硫、铁、铅、锌等。家畜饲养方面，水族喜爱饲养牛、马作畜力和交通工具，同时也是在重要节庆祭祀活动中必不可少的体现价值和规格等级的物品。如在丧葬中杀牛砍马祭奠，既是水族的民间传统习俗，也代表了一定的葬礼规模。水族村寨多按姓氏聚族而居或成片聚居，通常由数十户或上百户组成一个村寨，杂姓村寨和单家独户零散居住者较少，地域性特征比较明显，这也是水族传统文化得以较好地保存至今的一个重要原因。

三、主要的民族文化特征

水族是一个有着深厚民族文化底蕴和悠久历史文化传承的民族，在长期的社会生存发展及生产生活之中，创造了本民族灿烂的文化，形成了自身一系列的民族传统文化特征，就其典型的民族特色而言，有以“水书”为主要载体的形象独特的水族文字，是我国众多的少数民族中为数不多的拥有自己本民族语言文字的民族之一；有以丰收时节农历九月为岁首的自己的历法“水历”；有前后延续七七四十九天的世界上最长的年节“端节”，以及在水历九、十月份“卯”

日分四批在四个不同的水族聚居地点举行的“卯节”；有造型独特的仿房屋建筑结构式样的长方体单层或双层、三层“箱式”石结构墓葬；有以“马尾绣”为代表的水族民间传统技艺等；不一而足。此外，还有以鱼为核心内容的广泛悠久的“鱼文化”，如以鱼为图腾，语汇中包含有大量关于鱼的内容，喜欢饲养和食用鱼，将鱼作为最珍贵的礼物之一，“韭菜包鱼”是水族最好和最具代表性的菜肴。在水族丧葬礼仪活动中，最为重要的一个特点就是“忌荤食素”，即人死后举办丧事时至亲族人必须忌口，不能食用任何动物性肉食，但是却只有以鱼为代表的水产品可以尽情享用，并且在开、闭铜鼓，祭祀鬼神，招待来宾，吊唁死者等环节中，鱼都一直充当着最基本和主要的角色。无论主宾，无论人神，鱼和糯米饭始终扮演着供品兼食品的双重身份。在我们调查发掘的水族墓葬上面，鱼的形象和造型也是最为普遍和典型的元素符号。从墓壁的平面雕刻看有象征着“三源合一”的“三鱼图”，从竖立在墓顶前后两端的双鱼纹山字形或仿牛角形状的构件来看，也是在昭示着“鱼”的核心地位，述说着“我是鱼的民族”这样一个文化概念。

水族属于多神信仰的民族，较多地表现为一种原始宗教的范畴。其原始宗教崇拜可以归纳为三大类：自然崇拜、祖先崇拜和图腾崇拜。在水族先民的原始宗教崇拜中，鬼魂的观念被强调到了一个异乎寻常的地位，直到今天在水族的传统意识中，还可罗列出三百多个有着具体名目的鬼魂，加上曾经存在过而已失去其名称的鬼魂，则可达七八百个之多。在水族的观念里，鬼与神同在，神与鬼不分。鬼有善鬼与恶鬼之分，人死后就变成了鬼。祖先崇拜是鬼魂崇拜的延伸和发展，鬼魂观念和血缘亲情观念使人们相信，祖先的灵魂是会保佑子孙后代的，所以祖先死后会被后人当做善鬼、善神来供奉。

另外，同我国南方诸多少数民族一样，“干栏式”的木结构房屋建筑是水族通行的民居式样，能歌善舞是水族儿女的传统本色，在重要节庆和祭奠中，吹奏少数民族乐器芦笙和芒筒、击打铜鼓和木鼓，是这一系列活动过程中必不可少的仪式和内容。在水族石结构墓葬中，仿铜鼓纹饰的石雕是所有雕刻中最重要的装饰，其中既有与真实铜鼓鼓面花纹完全相同的写实作品，也有抽象的以几道同心圆辅之以简略几何纹饰的写意创作，但无论雕刻繁简与否，一律都是被放置在墓的地面首层靠死者头部的位置，以彰显其要。

第二节 水族墓群及分布

一、水族墓群的定义

水族墓群指明清时期大量分布在水族地区，地下部分采用竖穴土坑、地上部分用加工整齐的石料构筑成一至多层、平面呈长方形、外部形状类似于房屋建筑结构式样的一种极富地方性、民族性特色的墓葬群体；以及与之共存、带有水族历史文化元素符号的用不规则石块堆砌长方形墓冢和用加工规整的石料围砌、叠砌成的长方形、圆形石室与石围墓群。

关于水族典型墓葬的命名与称谓，在以往的调查研究及相关报道中，并不完全统一。

宋兆麟、严汝娴先生在《贵州民族研究》1983 年第 1 期发表了一篇介绍此类墓葬的文章，在《三都县荣耀村水族画像石墓》一文中，将这种带有部分石刻装饰的民族墓葬界定为“画像石墓”①。席克定先生在其文章《贵州水族石板墓葬》以及研究贵州民族丧葬文化的专著《灵魂安息的地方——贵州民族墓葬文化》里，把这一类水族墓葬称为“干栏式石板墓”②。更多的同仁、学者则直接称之为“石板墓”。而在当地民间，村民有称为“苗坟”、“苗罐坟”、“生基坟”等称谓，不一而足。

就“画像石墓”的划分来说，历来多指墓室内装饰有画像石刻的墓葬，主要流行于汉代中原地区及相邻的鲁南、陕北、川中等地。其是汉代“生不极养、死乃崇丧”的产物。死者的后代为了尽“孝”道，用青石砌造仿照人间住宅的墓室，还有些墓前砌有祭奠死者的祠堂，画像就刻在墓的四壁、顶部和祠堂的壁上。水族地区发现的明清时期墓葬，既有形制相同的，也有形制不同的；在同一形制的墓葬中，既有装饰石刻的，也有不加以任何装饰的。更重要的区别是汉画像石墓绝大多数建筑于地下，一般空间较大，宛若厅堂，画像石刻多装饰于内；而水族墓葬通常体量较小，一般仅长两米左右，宽不超过一米，目前所见较大的典型墓葬（不含受汉文化影响墓葬形制已经产生变异的其他墓葬）如荔波水甫 M3，其下层石室也仅长 194、宽 86、高 98 厘米。故其只是一种类似于模型明器做法，浓缩了房屋建筑结构特点的象征性的地面建筑，其石刻也只能装饰于外壁而无法雕刻于内，因此将其划入画像石墓似为不妥。

关于“干栏式石板墓”的称谓，这是源于部分水族墓葬地面石室两侧有长方形支柱作支撑，形制仿佛如南方少数民族干栏式房屋结构样式而言的。追溯“干栏”一词，原称为“干阑”，系古代越语的汉字记音，其名称最早见于《魏书·僚传》，记载僚人“依树积木，以居其上，名曰‘干阑’。干阑大小，随其家口之数”。这种依靠树木脱离地面构筑居室的人居方式，类似于半巢居状态，其制当源自于原始巢居。《韩非子·五蠹篇》记载：“上古之世，人民少而禽兽众，人民不胜禽兽虫蛇。有圣人作，构木为巢，以避群害，而民悦之，使王天下，号曰‘有巢’。”张华《博物志》云：“南越巢居，北朔穴居，避寒暑也。”

浙江余姚河姆渡遗址发现的带有榫卯结构、成排成行纵横分布、大量竖插的原木桩和板桩以及横架在其上的木质梁、板构件等，已经被公认为我国早期的干栏式建筑。此后，广西壮族自治区在顶蛳山遗址居住区内发现有成排、有规律的柱洞，也已“成为中国南方通过考古发现来确认史前人类居所构造形式的重要依据”③。进入秦汉以来，在云南、四川、贵州、湖南、江西、广东等南方地区的考古发掘中，陶制干栏式建筑模型更是作为一种常见的明器大量出土，折射出民间干栏式建筑日趋成熟，并成为我国南方多个少数民族使用至今的居住建筑形式，如壮族、侗族、水族、傣族、布依族等民族的住房建筑形式即由此发展而来。在西伯利亚、东南亚、美洲、大洋洲、非洲的一些地区也同样有干栏式建筑。这种建筑形式，“人栖其上，牛、羊、犬、

① 宋兆麟、严汝贤：《三都县荣耀村水族画像石墓》，《贵州民族研究》1983 年第 1 期。

② 席克定：《灵魂安息的地方——贵州民族墓葬文化》，第 89 ~ 115 页，贵州人民出版社，1990 年。

③ 覃芳：《文明曙光——岭南人的祖先》，第 140、141 页，广西人民出版社，2009 年。

豕、畜其下"，既可人、畜分离并存，又能有效地避开潮湿环境及各种居住于地面的不良之患。

然而，综观水族地区发现的水族典型墓葬，在墓壁外围使用扁平或方形支柱作加固支撑的墓葬只是少数，还有更多主体结构相同但没有使用此类建筑构件的墓葬，以及其他同属水族墓葬但形制完全不同的墓葬。再者，"干栏式"的概念是指在竹、木桩体上构筑主体悬空的建筑，而所谓的"干栏式石板墓"，都是在地下以竖穴土坑放置棺木葬具，并在地表用石料掩盖，既作为地下墓穴的盖板，同时又作为地面建筑部分的基础使用，地面主体部分直接就叠压在基础上，没有任何一点"干栏式"建筑悬空的特征。就墓冢营建者的主观理念来讲，这里面也许或多或少地吸收了部分"干栏式"建筑的元素，但是就其客观功能而言，更主要的是为了使整个拼镶的石结构墓体更为坚实稳固，所以凡是在使用这种支柱的地方，其上下两端与墓体结合部位都毫无例外地使用了传统的榫卯结构，以强化整体扣合的力度，防止墓壁的坍塌。即便是在这些立柱上面阴刻或浮雕部分装饰内容，表现的也是审美意识与造型艺术的结合。如果将其视为水族墓葬的标志性符号，那就应当在所有的同类型墓葬上都有而不是仅仅见于其中的部分墓葬。因此，使用"干栏式石板墓"这一名称来命名水族墓葬，既不确切，也不全面，不能客观准确地反映出水族墓葬的局部与整体特征。

至于"石板墓"的提法，同样不足于表现和概括水族墓群中各种形制墓葬的特点。就其字面上的"石板"二字，虽然表达了使用石质板材作为墓葬建筑材料这一事实，但是水族墓群中还包含大量简易的使用未经加工的天然石块堆砌的不规则墓葬，在石板寨上水达墓地西区还发现有使用整块长方体石料而不是使用"石板"来拼镶的墓体，"石板墓"的称谓显然不能将它们涵盖其中。再者，从通常的概念出发，"石板墓"指的是使用石板作为墓穴的四壁、铺底和盖板，将遗体纳入其中，并且这一类墓葬的石板基本都是被掩埋于地下或封土之中，正因为此，这些石板的加工程度往往比较粗糙，边缘也不够平齐，远远不如水族墓葬中使用的石板材料规整和精细。更何况我们称为"石板墓"的水族墓葬全部都是在地面构筑的纪念性建筑，空间狭小，根本不能容纳遗体和葬具，只能起到一种装饰作用，与传统意义上的"石板墓"不可同日而语、相提并论。此外，从"石板墓"延续的时间和分布的地域以及使用石板墓的民族主体来看，其自新石器时代到明清、从南方到北方甚至国外，多个民族都在使用或曾经使用过，极易产生歧义。

有鉴于此，在本报告里我们认真梳理和思考了水族墓葬的名称和定义问题，认为不宜使用"画像石墓"、"干栏式石板墓"以及"石板墓"的提法来命名水族墓葬，上述名称不能准确和完整地来反映和揭示水族墓葬的整体及个体面貌。至于民间传说的"苗坟"、"苗罐坟"、"生基坟"等更不能作为我们命名水族墓葬的名称。

根据我们掌握的材料以及对整个水族聚居地区现存墓葬情况的调查了解，我们认为可以划定为"水族墓葬"的坟墓并不是所有水族族人的墓葬，比如现在所葬的和民国以后的晚期墓葬等均不能归入其中，其必须体现出水族墓葬的个性特点和民族属性，以及一定的时空范畴。归纳下来大致应该具备以下几个基本特征：第一，分布范围不超过水族现在和历史上聚居的地域；第二，墓葬年代不超过明清时期，上限为明代，下限为晚清；第三，包含水族文化元素，未完全异化者。

具体分析，符合以上三个要素的水族墓葬较多，但最具典型特征的墓葬当数在地面用加工整齐的石材构筑的长方体单层、双层和三层仿房屋建筑结构式样的“箱式”石结构墓。之所以使用“箱式墓”这一称谓，一是避免延续使用旧有的“画像石墓”、“干栏式石板墓”、“石板墓”等名称造成认识上的混淆和歧义；二是我们所指的这一类墓葬，其外观长方体的形状与“箱体”无异，无论单层或多层上小下大的叠砌形式，均如一个个陈列于兹的石箱，更何况除了在外表上体现出仿房屋的形态外，其功能根据民间调查的陈述，主要也是作为“箱体”来使用，用于置放少量死者生前使用的生产或生活用品。据言男性多随葬工具，女性多陪葬服饰用品，但是这只是一个民族学调查的材料。在实际考古调查发掘中，所有的箱体内均空无一物，是原先就没有随葬物品还是后期因自然或人为因素而消失就不得而知了。不过，从多数未被盗扰的墓来观察，“箱体”结构至今完整，没有从中取出物件的痕迹。所以即便是随葬有物品，我们估计最多也只能是服饰类易于朽蚀风化的棉麻甚至纸质制品。再者，据民族学调查的材料，水族称这种类型的墓为“木底巴伦”，其意即为“石箱”，与我们“箱式”墓的称谓正相吻合。

除了长方体“箱式”墓以外，我们在水族地区所见符合前述要求的水族墓葬还有以下几种类型：

（1）长方形石室墓。这类墓的基本特征是用经过加工的石材构筑长方体墓室，墓室内部空间通常比“箱式”墓大，并且里面多填充泥土，不像“箱式”墓除了少量用整块石材构筑“箱体”外，其余的全部都是内部空心不作填充。此外，“箱式”墓既有单层也有多层，而长方形石室墓只有一层，未见多层者。从外观来看，长方形石室墓大致有两种形式：一种墓体较大，墓顶多为仿瓦屋面，前面有龛式碑，见于三都水族自治县石板寨上水达墓地及扬拱乡板劳村 M1 等，其中一例为上水达墓地 M3，长方体外形较大，无碑，在墓顶前后安置有双鱼纹仿牛角造型的水族墓葬特有的石雕构件，墓后地上亦竖有水族墓葬特有的抽象石俑；另外一种形体较小，有碑或无碑，墓顶封盖，整体呈闭合状。

（2）长方形石围墓。用石料围砌墓壁作墙体，内填封土，多有龛式碑，除了具备一些长方形石室墓的基本特征之外，两者之间最大的区别就是长方形石室墓墓顶是封闭的，长方形石围墓墓顶是开放的。长方形石围墓碑帽多有水族墓葬典型的双鱼纹仿牛角或山字形石雕，另外墓壁上沿多数也做成仿屋檐结构的式样，只不过显得简化得多。

（3）圆形石围墓。就其墓葬形制来说已经完全汉化，与现在的墓基本无异。但是，从其碑帽造型、墓上雕刻的装饰图案以及圆形石墙上沿仿屋檐形状的特点观察，仍然遗留有部分水族墓葬的元素。加之这些墓与前述几类墓夹杂共处，墓主的姓氏也多与现在居住的水族姓氏相吻合，其理应是水族墓群的一个组成部分。此外，这类墓多有明确的纪年，可以为我们判断年代提供一个较为准确的参考依据。

（4）不规则石块堆砌的长方形乱石墓。这种墓在水族墓葬中所占比例最大。虽然从外观来看不具备什么特点，在其他地区、其他时代、其他民族中也常见，但是，通过我们的调查发掘，这一类墓分布在水族聚居村寨的水族公共墓地中，除地面简单的处理方式与其他墓葬不同外，其地下掩埋死者的葬具与形式完全是相同的。另外，在部分此类墓葬，尤其是榕江县水尾水族乡水尾大寨水族公共墓地中，随处可见代表水族墓葬特殊习俗的各种柱状抽象人物造型的石俑竖立在这种不规则石块堆砌的墓冢后，这种强烈的民族文化特征，使我们无法将它与水族墓葬分割开，当视为水族墓群有机整体中较为普遍的一类墓葬。

除此之外，还见有一个特例：我们在三都水族自治县周覃镇水备村发现一座双室石结构墓，其墓形类似于两个单层长方体“箱式”墓结合在一起，这是在整个水族墓群中所见唯一一座双室墓。

至此，我们得出两个关于水族墓葬的概念：第一个是狭义的，它特指我们所说的用加工规整的石材（以板材为主，包括其他形状的石材）构筑的仿房屋建筑结构式样单层或多层的“箱式”墓，这是水族墓葬中最具典型特征的墓葬类型。第二个是广义的，除了水族“箱式”墓以外，还包括了上面四类分布在水族地区、与“箱式”墓同时代、具有一定水族文化特征的长方形石室墓、长方形石围墓、圆形石围墓、不规则石块堆砌的长方形乱石墓以及形制特殊的双室墓。这些墓葬各具特色，共处一隅，共同组成了体现水族传统历史文化风貌一个侧面的墓葬群体。

二、水族墓群的分布

通过肇始于2006年荔波县水甫村水族墓地的调查发掘，以及此后数年对水族分布区域内反复进行的野外考古调查，我们走遍了水族聚居的绝大多数自然村寨，排查了每一处历史上曾作为水族公共墓地的处所，调查记录了目前还保留在世的每一个水族墓群以及每一座典型水族墓葬，包括已经残损但仍看得出其墓葬形制的残墓。对这些在一定程度上代表和反映水族历史文化的遗存，除水甫墓地一处对9座不同形制的墓葬实施解剖性发掘外，其余的均充分采集数据，并提取信息，以文字、测绘、拓片、照相等不同技术手段进行记录，掌握了大量翔实可靠的第一手资料。

以田野资料为依托，我们可以看出水族墓群尤其是水族墓葬中最具代表性的长方体“箱式”仿房屋建筑结构式样的石结构墓葬，其分布的主要范围和中心区域均围绕三都水族自治县，以三都水族自治县为主，包括与之相邻的荔波县、榕江县、独山县靠近三都的部分地区，最为集中典型的区域则是三都水族自治县与荔波县结合部位的九阡镇、周覃镇与水甫村一带，可谓水族典型墓葬分布的“金三角”。

在本报告中，我们收录了所有的水族典型“箱式”墓葬（包括残墓），以及部分水族公共墓地中具有一定水族特征或代表性的长方形石室墓、长方形石围墓、圆形石围墓和不规则石块堆砌的长方形乱石墓。按照每一个地点墓葬数量的多寡，以三座成群（含三座及三座以上）、一两座为单的分类形式，划分出水甫墓群、引朗墓群、马联—拉佑墓群、石板寨墓群（含两个地点，其中一个地点分为两个墓区）、水梅墓群、水备墓群、水尾墓群、天星寨墓群、洞托墓群、尧古墓群、甲路墓群等11个水族墓葬集中分布的墓群。另外在三都水族自治县的都江镇甲找村，合江镇丙奇寨，恒丰乡丰明组，九阡镇水懂大寨，塘州乡的牛洞寨、下丁寨、石腊组，廷牌乡务旦组，扬拱乡板劳组，周覃镇下水蒙、某刁坡，坝街乡杨翁村等12个地点有零散的典型水族墓葬分布（图二）。

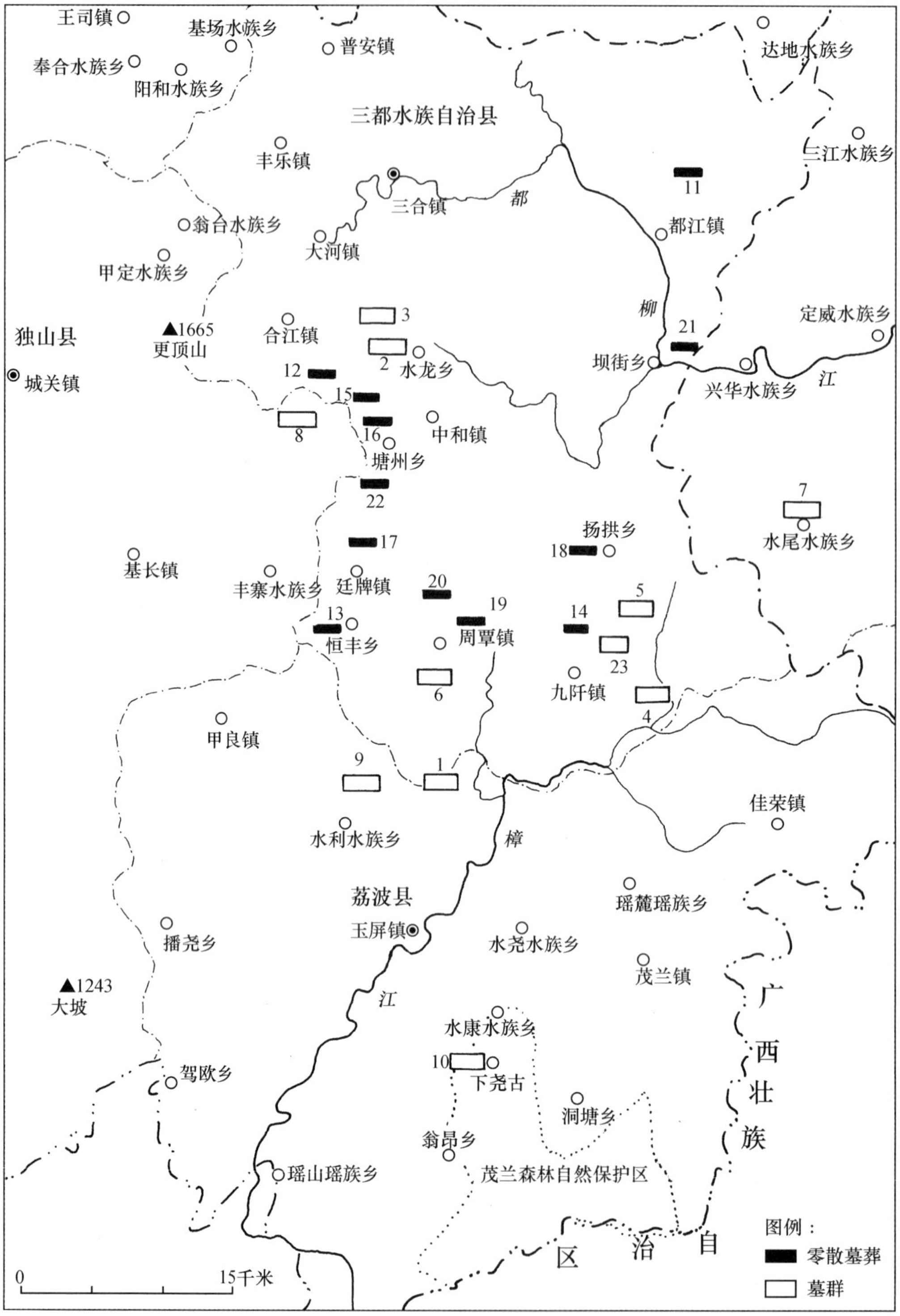

图二　水族墓葬分布示意图

1. 水甫墓群　2. 引朗墓群　3. 马联—拉佑墓群　4. 石板寨墓群　5. 水梅墓群　6. 水备墓群　7. 水尾墓群　8. 天星寨墓群　9. 洞托墓群　10. 尧古墓群　11. 甲找村 M1　12. 丙奇寨韦氏王母墓　13. 丰明组 M1　14. 水懂大寨 M1　15. 牛洞寨 M1　16. 下丁寨王啟墓　17. 务旦组 M1　18. 板劳村 M1　19. 下水蒙 M1、M2　20. 的查 M1、M2　21. 阿刘公墓　22. 石腊组 M1　23. 甲路墓群

第二章　水甫墓地发掘与调查

第一节　墓地现状

一、自然与人文环境

水甫墓地位于贵州省荔波县玉屏镇水甫村第一村民组板本寨西南面山坡上，南距县城19千米。地势西高东低，海拔在550~600米，为典型的喀斯特森林地形地貌。墓区内植被较好，草木茂盛，除林木之外，当地村民还在空地上按季节种植玉米、蔬菜等农作物。墓地南北两端为延伸的山体，西部是群峰耸立的山头，东面为一南北走向的狭长坝子，是水甫村主要的农业生产用地。沿坝子东边有一条省级公路（贵州206省道荔波至三都水族自治县段）向南北方向蜿蜒。公路的东侧为水甫老寨（图三、图四）。

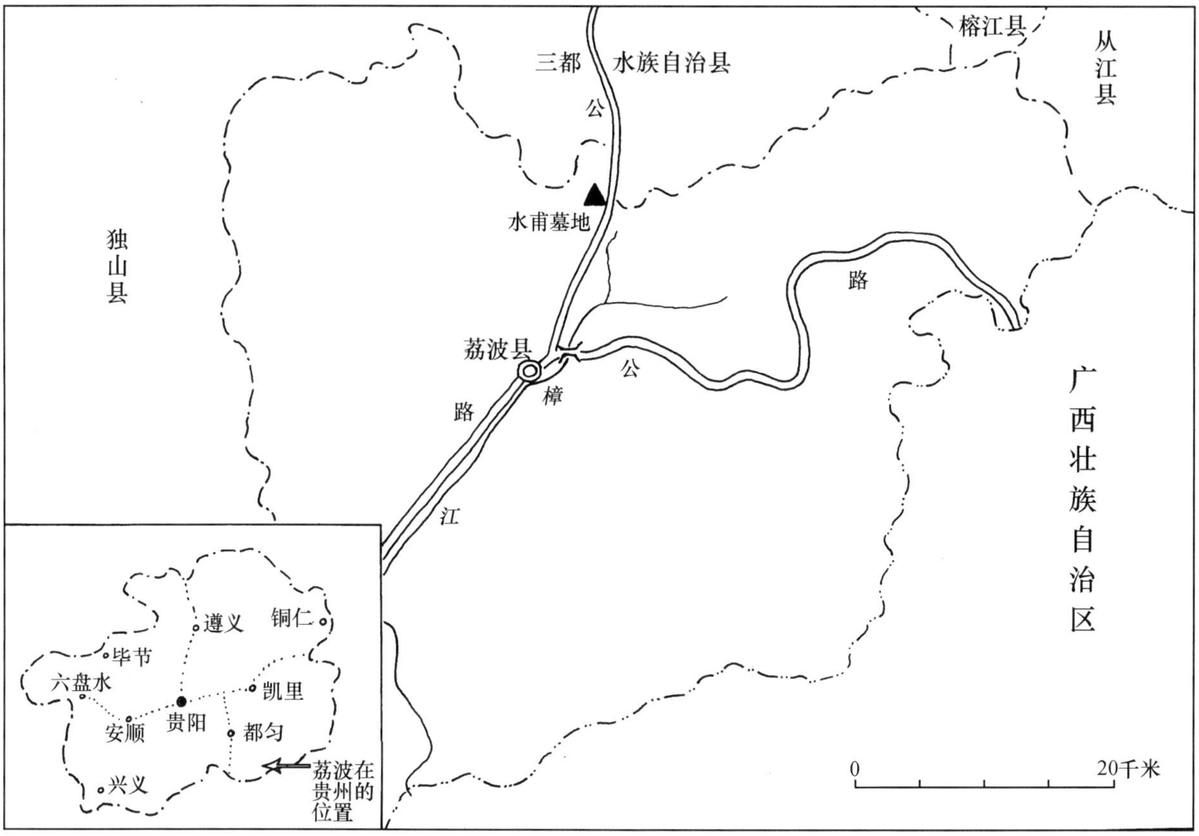

图三　水甫墓地位置示意图

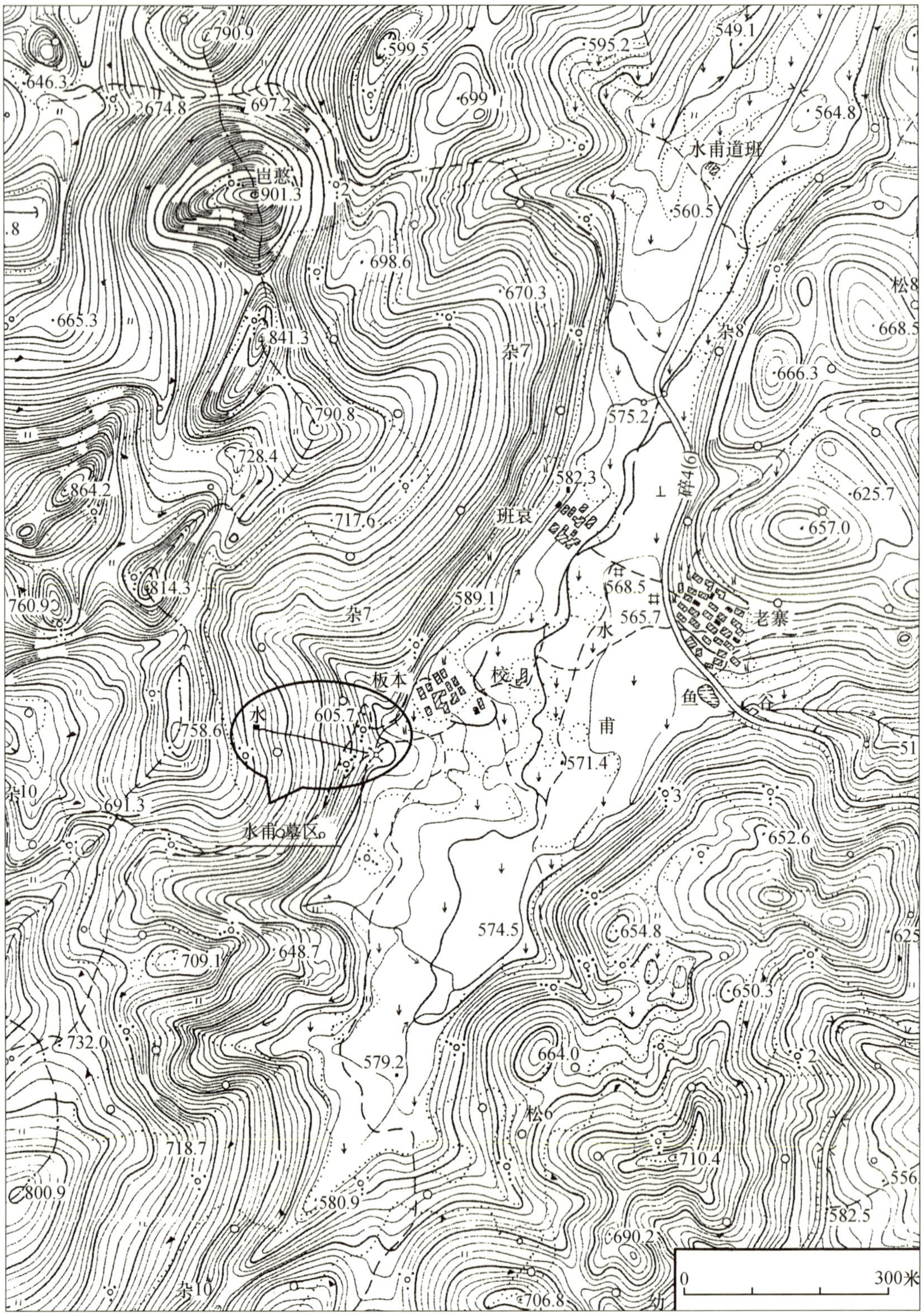

图四　水甫墓区地形图①

---

① 摘自荔波县第三次全国文物普查资料。

整个水甫村由老寨、班哀、板本三个自然村落组成，围着坝子呈三足鼎立之势。居住的全部是水族，以潘姓为多。全寨现共有村民113户、516人。当地村民世代务农，农业是主要的生计方式。近年来村里进行产业结构调整，大力发展旅游经济，水甫墓地造型奇特的水族古墓和当地干栏式木结构传统民居以及民风民俗、节日禁忌、民间工艺、歌舞服饰等浓郁的水族文化逐渐吸引旅游观光者接踵而来，加之该村又是中共一大代表邓恩铭烈士的故里，近年来旅游业开始萌发为一项新兴的产业。

二、保存状况

水甫墓地是目前整个水族聚居地区保存最完善、占地面积最大、墓葬数量最多、分布最密集的一个地点，因此具有很强的代表性。水甫墓地在1982年2月就被贵州省人民政府公布为省级文物保护单位（图版一）。现存各种类型的墓葬近400座，包括具有典型水族墓葬特征的长方体单层、双层仿房屋建筑结构式样的“箱式”石结构墓，外围用石料砌筑而成、墓顶边沿仿屋檐结构式样的长方形、圆形墓，以及用不规则石块堆砌的土冢墓等。由于该墓地是在水族聚居的中心地区，又紧邻村寨，因此相对得到了较好的保护，作为公共墓地得以保留下来。只是由于年久失修无人祭祀等原因，部分墓葬墓石风化坍塌，加上过去一段时间人为的损毁，有的墓葬已经部分或整个被破坏。例如20世纪80年代初期席克定先生曾经调查过的水甫一号墓，现在就已经渺无踪影，故在2006年的调查清理发掘工作中，我们对水甫墓地墓号的编序是从二号墓起始。综观整个墓区，现存至今最具代表性的仿房屋建筑结构式样的长方体“箱式”水族石结构墓葬所剩已寥寥无几，不足十座矣（图五；图版二）。

2006年的清理发掘，通过地表可以观察到的各种墓葬共计300多座，部分由于坍塌损毁或叠压打破等原因而无法确切统计，故总体数量应该在400座左右。我们在工作中选取了其中部分较为典型的不同形制的墓作了一个初步的统计，并提取了相关资料与数据，这里面包括了长方体双层“箱式”石结构墓3座（M1、M3、M13），其中M1系1981年的调查材料，现在已毁不存；长方体单层“箱式”石结构墓6座（M2、M4、M6、M24、M25、M29）；长方体层数不明“箱式”石结构墓1座（M30）；长方形石室墓3座（M9、M31、M33）；长方形石围墓12座（M5、M7、M15、M19、M20、M21、M22、M26、M28、M34、M41、M42）；圆形石围墓8座（M8、M10、M11、M12、M14、M16、M32、M43）；不规则石块堆砌的乱石墓10座（M17、M18、M23、M27、M35、M36、M37、M38、M39、M40）。详见表二。

表二　水甫墓地墓葬登记表（M1～M43）

<table>
<tr><th rowspan="3">墓号</th><th colspan="6">地面建筑形制</th><th rowspan="3">年代</th><th rowspan="3">备注</th><th rowspan="3">发掘与否</th></tr>
<tr><th colspan="2">箱式</th><th colspan="2">长方形</th><th>圆形</th><th rowspan="2">乱石墓</th></tr>
<tr><th>单层</th><th>双层</th><th>石室</th><th>石围</th><th>石围墓</th></tr>
<tr><td>M1</td><td></td><td>√</td><td></td><td></td><td></td><td></td><td></td><td>已不存</td><td></td></tr>
<tr><td>M2</td><td>√</td><td></td><td></td><td></td><td></td><td></td><td></td><td>墓后立有石俑</td><td></td></tr>
</table>

续表

墓号	地面建筑形制						年代	备注	发掘与否
	箱式		长方形		圆形	乱石墓			
	单层	双层	石室	石围	石围墓				
M3		√						有石雕装饰，出土耳环	已
M4	√						道光三十年	有碑，有石俑	
M5				√			嘉庆八年	有碑，受损严重	
M6	√							有双鱼石雕	
M7				√			咸丰元年	墓后有石俑	已
M8					√		光绪十五年	有碑	
M9			√				道光十五年	有碑	
M10					√		道光二十三年	女　妻	
M11					√		道光二十六年	男　夫	
M12					√		道光三十年	残	
M13		√						残，有石雕装饰	
M14					√		道光二十四年	有碑	
M15				√			咸丰四年	残，有碑	
M16					√		道光三十年	有碑	
M17						√		有石俑	
M18						√			
M19				√			道光十六年	残，有碑	
M20				√				碑为凸字形	
M21				√				为后代重修	
M22				√			咸丰六年	为后代重修	
M23						√			
M24	√							仅剩墓圹上盖板	
M25	√								已
M26				√				出土银耳环、发簪	已
M27						√		有石俑	
M28				√				残，有碑	
M29	√							后有石俑	
M30	?							残，有石俑	
M31			√						
M32					√			残	
M33			√						
M34				√				为后代重修	
M35						√			已
M36						√		M26→M36	已
M37						√		M38→M37	已
M38						√		M38→M37	已
M39						√			
M40						√			已
M41				√					
M42				√			嘉庆二十二年	有水书文字	
M43					√		道光二十二年	有水书文字	

第二节　发掘部分

水族墓群自20世纪被发现以来，陆陆续续有一些史学、民族学、考古学等方面的专家学

图五　水甫墓地墓葬平面分布图

者前往实地进行考察研究，零零星星地也发表过一些相关的材料报道。但是由于他们没有时间与精力做长期、系统、全面的田野资料收集工作，故其只能停留在某些局部现象的观察上。尤其是对于这批奇特民族墓葬的深入探讨，包括它的内部构造如何、真实的族属所归等，除了听一些当地村民的道听途说之外，就只能任凭观察者的主观想象了。因此，要想解开这些特殊形制的墓葬里面所蕴藏的秘密，只有通过真实可靠的科学材料与数据来给出答案，唯有依靠田野考古的发掘手段。从这个层面上考虑，经报国家文物局批准，贵州省文物考古研究所于2006年11～12月，对荔波县水甫村板本寨旁的水族墓地进行了首次发掘清理。考虑到科学研究与文物保护的关系，为尽量在提取资料的基础上最大限度地减少对这批濒危民族文物的人为影响，故这次发掘只选取了水甫墓群不同类型的墓葬中具有代表性的个别墓葬进行了发掘解剖。原计划仅发掘长方体双层“箱式”石结构墓葬1座（M3）、长方体单层“箱式”石结构墓葬1座（M25）、长方形石围墓2座（M7、M26）、乱石堆砌的土冢墓3座（M35、M38、M40），共7座。后来在实际发掘工作中，由于M26打破M36，M37和M38是异穴同冢，所以发掘清理的墓葬数量就成了9座。经过发掘的墓葬以2006LSM××为编号。下面按类型分别介绍。

一、长方体“箱式”石结构墓

发掘了2座，双层一座（2006LSM3）、单层一座（2006LSM25）。

1. 2006LSM3

位于水甫墓地的中心地带，靠近墓区中轴线偏南的位置，处于墓地所在缓坡的下部，周围除了墓群分布外，墓前的空地局部被村民开垦成菜地。地面建筑部分的方向为85°，地下墓圹的方向为90°，两者之间有5°的偏差。该墓是目前整个水甫墓群中保存下来的唯一一座长方体双层“箱式”石结构墓，极具典型性（图版四）。

发掘过程中，为避免造成损坏，先制定详细的发掘方案，经过充分论证和试验，才在有安全保障的条件下采用人力与机械联动的方式，将墓石自上而下一块块分解拆卸下来置于安全地带。其结构是墓顶前后两端为双鱼纹仿牛角造型的挡头，两挡头之间是用长方形石料做成仿屋顶式样，将这些取开后，上面是一整块石料做成的墓盖，墓盖下面是用两长两短石料构筑的长方形上室，室内空无一物，其下是用三块石料拼接的下层墓盖，上、下墓盖与墓壁之间的结合部均采用类似榫卯结构的凹槽方式衔接，以加强其稳固性。下层墓室亦由两块长石做墓的侧壁，再用两块近似方形的石料做前后两挡头，形成一个如棺木大小的长方体空间，四块墓石的结合部亦是用凹槽的方式来固定，外部再采用装饰性立柱作为支撑加固。下层立柱为扁平石料做成，中间一根为素面长方体，前后两根靠墓壁一侧直立，外侧呈上小下大的连弧形三段式造型，刻有简略的装饰弧线。上层立柱已不存，从墓盖上面的结合部位来看，遗留的凹槽呈方形，因此可以得知其形状应为长方体。下层墓室中除了少量淤土，不见任何东西（图六；图版五）。据民间调查了解，其一般是用于置放死者生前穿戴使用的物品，男性随葬生前使用的

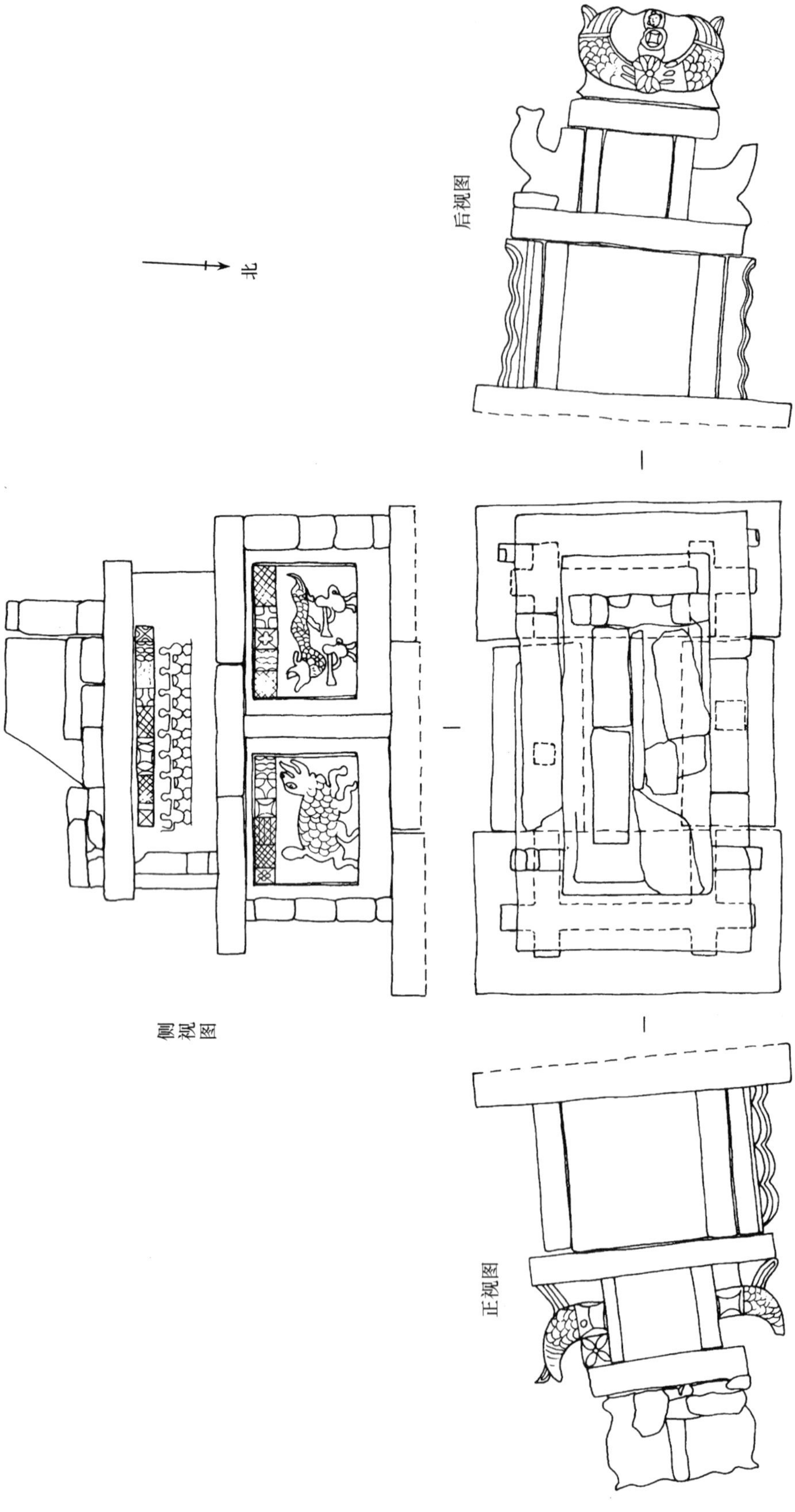

图六 2006LSM3 地面部分正视、侧视、后视、俯视图

工具诸如猎枪、佩刀等，女性多随葬服饰用品及生活用具，但这只是一种传说，在整个水族墓葬调查发掘中均未有任何发现，此类墓室中全都空空如也、不存一物。至于原来是否存放有随葬物品或原有遗物但未保存下来现在已无从考证。在实际的调查和发掘工作中，不管这种墓室保存的状况是否完好以及有无自然和人为损坏、盗取的因素，皆没有发现其中放置有任何遗物。

将地面上两层用加工规整的石料构筑的墓室拆卸完毕之后，下面是一层用四块长方形石料铺就的墓基，其中前后两侧（东、西方向）石板为横向平铺，中部石板为纵向平铺，形成底板中部中空的回字形结构，中空部位呈近似长方形，长113、宽50～57厘米。基石上仍凿有凹槽以便于墓石的衔接。西面的一块基石由于底部下陷和地面墓室的重压，已经断裂为二（图版六，1）。揭开所有基石后，暴露出来的是一个长方形的竖穴土坑，沿坑壁有数块石板上部外露。经清理，石板共有7块，靠头部西壁1块，南、北两侧壁各有3块。石板宽30～40、厚5～8厘米（图版六，2）。其用途一是保护土坑内的墓壁不向内塌陷，二是在一定程度上加强对上部地面建筑部分重力的支撑。因回填后的土坑较松软，不作此加固极易发生沉降，既容易挤压置于下面的棺木，更易导致地面建筑的开裂变形甚至解体。在我们发掘之前，M3的基础部分就已经局部断裂下陷，整个地面结构向北侧倾斜，墓室正面垂直中轴线的倾斜度已超过7°。

地下的长方形竖穴土坑墓室为直壁、平底，墓内填土为褐色，质较松散，内含较多的细石块和少许炭屑。墓圹长206、宽72～87、深70～76厘米，正东西向，头西脚东。从墓上地面建筑的基础部分压在生土上可知，该墓直接打破生土。通过对地下土坑的清理，发现仍保留有木质葬具棺木的整个轮廓和部分残片，始知这才是安置灵柩和遗体的真正所在，地面上长方体的石构“箱体”，无论是一层还是两层乃至三层，都只是作为一种象征性的装饰性建筑，而不是用于放置遗体的。

木棺安置在紧贴墓壁竖向而立的石板内侧，其南侧和东侧棺木已不存，盖板仅在西侧残存少许，形态不规整，可观察到木棺内侧有加工痕迹，棺的北侧和西侧较规整，在相交处有榫卯结构，可看出其精湛的加工技术，棺体长186、宽62、厚6厘米。棺内的人骨还部分保留，但保存状况较差，主要有头骨和上、下肢骨等。头骨保存状况不好，颅骨不完整，上颌骨不见，下颌骨上不见牙齿，仅在下颌骨旁的填土内采集到一枚牙齿，从其形态判断，应为左下颌犬齿，齿冠磨损较重。葬式上，从肢骨和头骨的摆放形式较杂乱判断，应为二次葬。在人骨下有一层黑褐色土，系棺木的朽痕。随葬品仅发现一只较小的银质耳环，直径为4厘米（图七；图版七）。

下层石室长194、宽86、高98厘米，石材厚11厘米。其东、西两端墓壁皆为素面，无石刻装饰，但东壁正面石块局部呈赭红色。在南、北两壁则阴刻平雕有图案对称、内容各异的石刻装饰各两幅。

南壁西侧一幅为长方形构图，雕刻奔跑状的麒麟一只，头部朝东，张口吐舌，尾巴向上，背上站有一鸟引颈回首。画面宽60、高40厘米（图八；拓片一）。东侧一幅亦为长方形构图，上下各雕一条身体呈波浪形的游龙，龙首朝西，两龙之间刻一行走中的动态白虎，虎首亦朝西。画面宽62、高43厘米（图八；拓片二）。

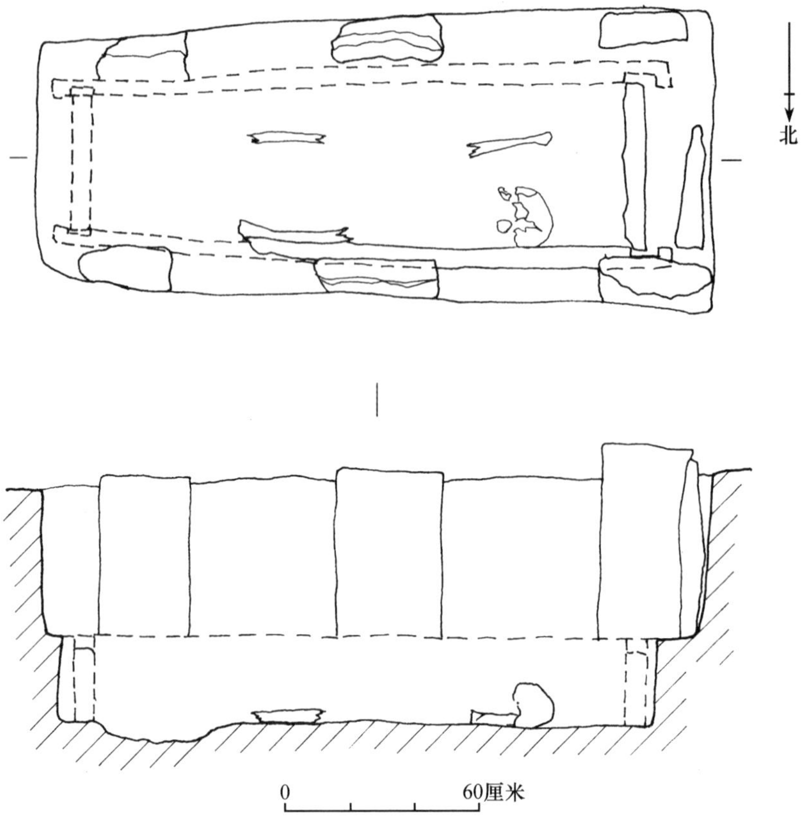

图七　2006LSM3 地下部分平、剖面图

北壁东侧一幅主体内容与南壁大体相同，为头部向西的一只麒麟，不同的是在画面上方，有一组六格用直线、对角线、弧线等组成的几何形纹样。整体构图为长方形，宽 60、高 53 厘米（拓片三）。西侧一幅下部为两位正在吹奏的号手，形体相同，后者比前者身材要高一些。二人均面部向东侧身而立，左手叉腰，右手执号，口含号嘴作吹奏状。在二人的上方是一条游龙。龙体上部与东侧图幅对称，亦为一条内分六格的几何形装饰纹带，同样由直线、弧线、对角线组成。画面宽 65、高 52 厘米（拓片四）。

上层石室长 144、宽 54、高 56 厘米，石材厚 6 ~ 10 厘米。

南壁采用阴刻手法比较简略地刻有一幅双体交织的龙纹图案，龙身上方刻一头部相交的三鱼图。画面较粗糙，加上风化影响，局部有点模糊。长方形构图，宽 110、高 36 厘米（拓片五）。

北壁为横长方形构图，主体内容为一组九子相连的图案，画面上阴线刻出九个人物轮廓形象，人物手拉手比肩而立。其上是一条几何形纹饰带，有对角线、菱形线、弧线及钱纹等。画面宽 104、高 33 厘米（拓片六）。

图八　2006LSM3 南壁

拓片一　2006LSM3 南壁下层西侧麒麟立鸟图

拓片二　2006LSM3 南壁下层东侧双龙白虎图

拓片三　2006LSM3 北壁下层东侧麒麟与几何纹图

拓片四　2006LSM3 北壁下层西侧龙、号手及几何纹图

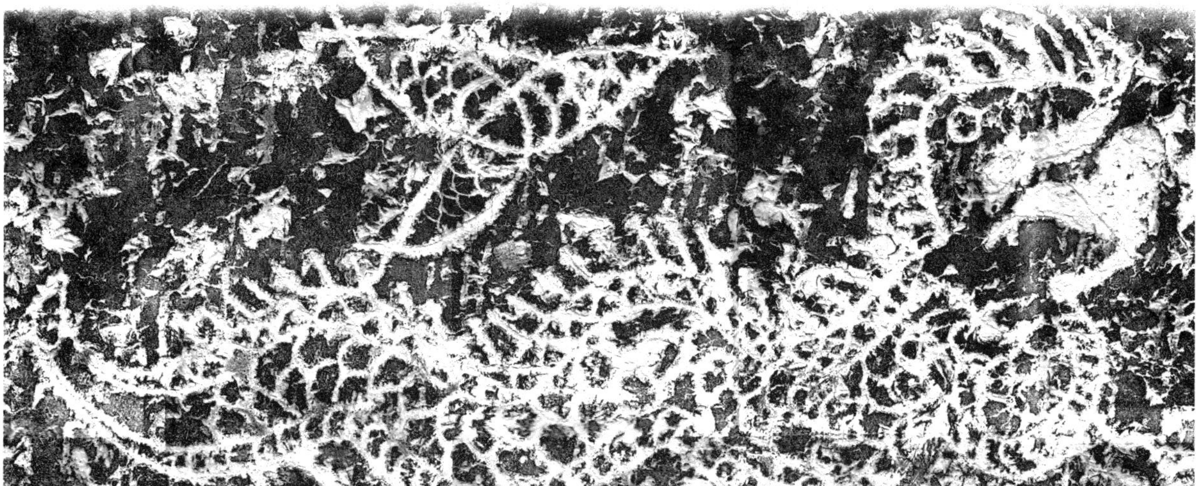

拓片五　2006LSM3 南壁上层龙与三鱼图

拓片六　2006LSM3 北壁上层生母娘娘与几何纹图

2. 2006LSM25

位于墓地中东部。墓向朝东，95°。长方体单层石结构墓。地面形状为用长方形墓石构筑的长方体石室，再于其上以两块石板纵向交叉搭成人字形仿屋面式样，顶部前后两端则竖立双鱼纹仿牛角造型的石挡头，墓顶部分残。墓上石室的六面皆为整块石料做成，除前、后壁外，其余四壁石材相互之间交接处均凿有凹槽，系用来衔接稳固，北壁中部位置有一根长条形立柱，起支撑作用，盖板前侧部位残失，石室长 167、宽 72、高 82 厘米。下部基石兼墓穴上方盖板系用整块长方形石板平铺而成，石板长 240、宽 118 厘米，因重力已从中部断裂，表面可见与四壁衔接的四个长条形凹槽，以此可知该墓两侧壁原有方形立柱支撑（图九；图版一五，2；图版一六，1）。

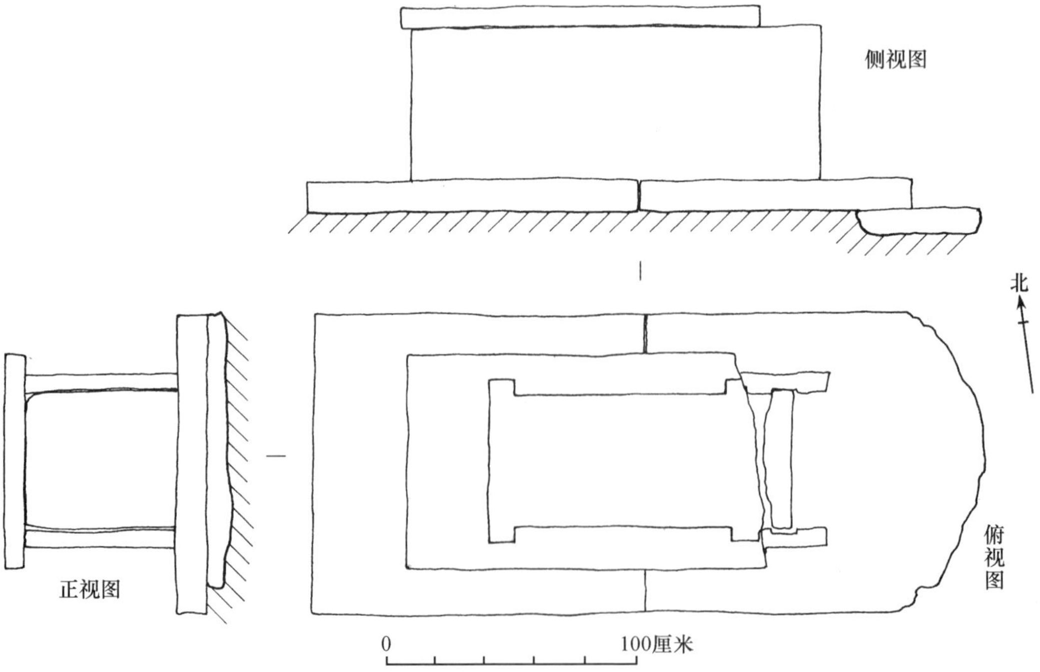

图九　2006LSM25 地面部分正视、侧视、俯视图

地下部分为长方形竖穴土坑墓，直壁，平底。墓内填土为褐色，墓底土色略呈浅灰色，推测为衣服的朽痕，填土较松散。该墓直接打破生土，无墓葬间的打破关系。墓圹长224、宽60～72、深47～66厘米。

葬具为木棺，有棺盖，但朽坏严重，棺底保存状况一般，表面较规整，木棺长182、宽46、高22厘米，棺板厚4厘米。人骨保存状况较差，仅存头骨和肢骨，且头骨腐朽严重，颅骨严重残破，上颌骨部分不见，下颌骨上门牙和犬齿等不见，葬式为仰身直肢，双手平行放于身体两侧。下颌骨采集作为标本（图一〇；图版一六，2）。

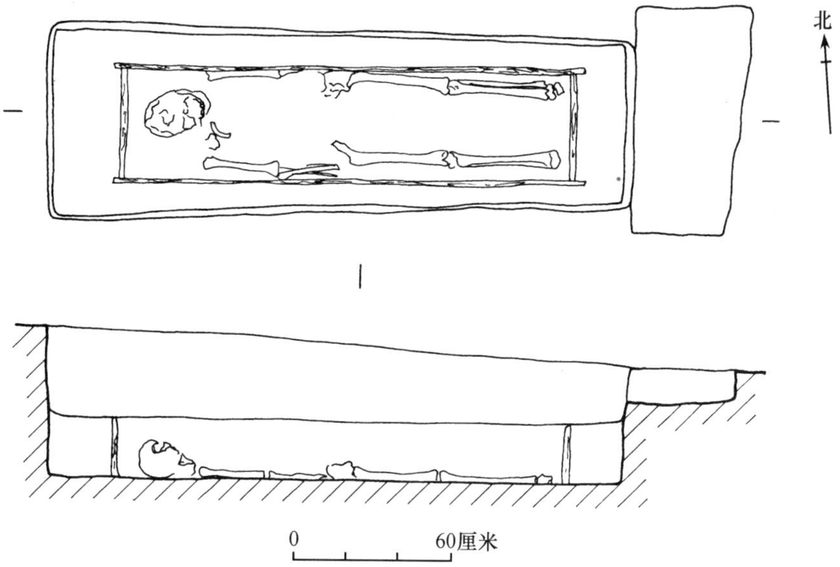

图一〇　2006LSM25 地下部分平、剖面图

二、长方形石围墓

共发掘了两座（2006LSM7、2006LSM26）。

1. 2006LSM7

位于墓地西部上方、当地一座废弃的砖混结构建筑（小型水泵房）下面。顺山势而葬，墓向112°。“咸丰元年”潘阿合墓。长方形石围墓，有碑。其结构为用长条形石料砌筑成长方体石围墙，左、右、后三侧面均由三层长条形石块砌成，最上一层墓石顶部则加工成外沿抹斜的仿屋檐结构式样（图一一；图版八，2）。

地面石围墙长220、宽128、高112厘米。内填褐色土，较紧密，含有较多草根、石块、砖块和碎瓦片。墓后侧底部立有一块石板，长110、宽40、厚12厘米。石板上有三个插槽，呈“品”字形排列，于最上端插槽内立一石雕，系抽象雕刻的五人并排站立，双手互搭对方肩上，石雕宽40～43、高56、厚11厘米（图版九，2）。

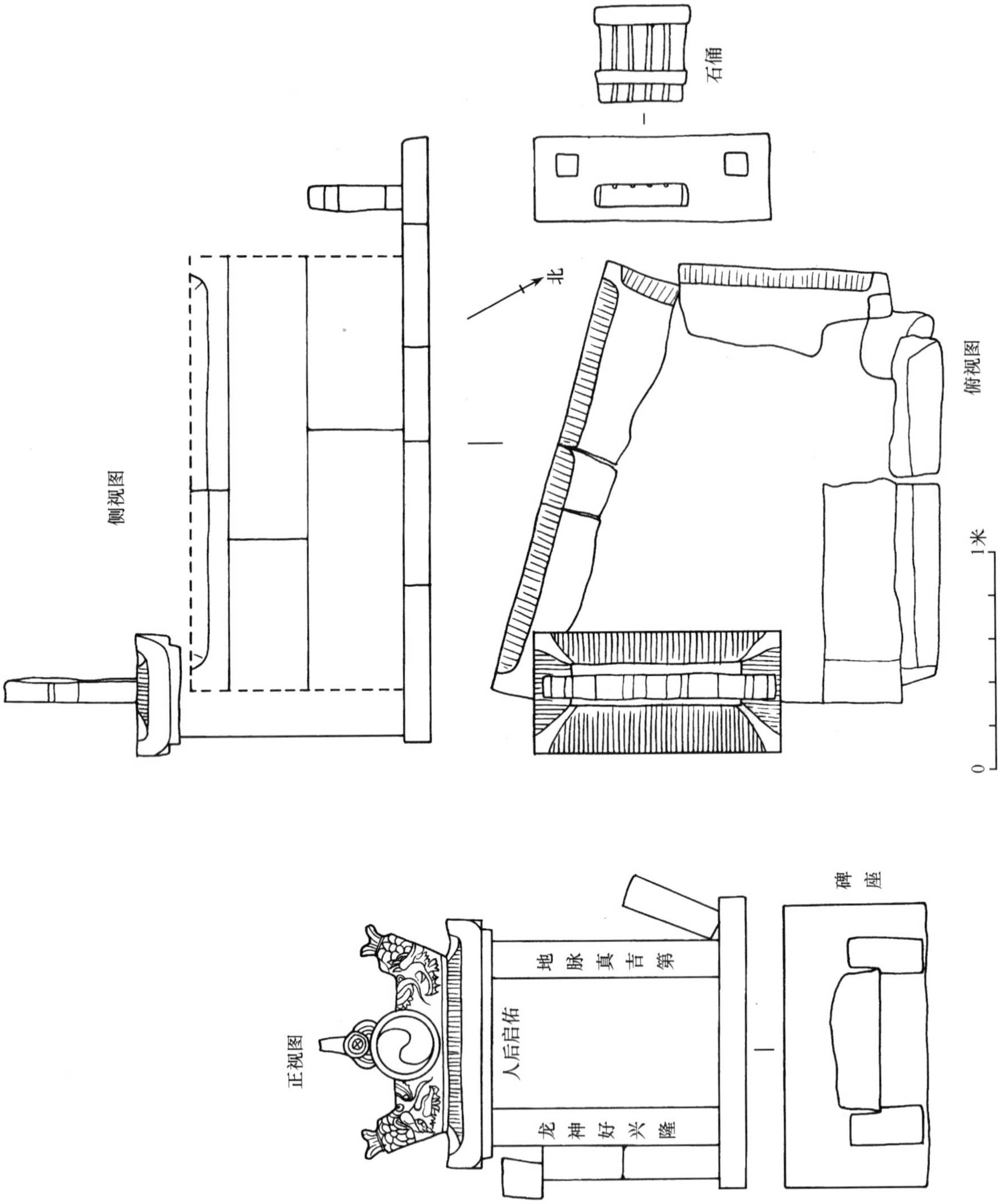

图一一　2006LSM7 地面部分正视、侧视、俯视图

将地面建筑部分分解移开后，其下是用四块长方形厚石板平铺而成的基石，同时也起到掩盖墓穴作盖板的作用。石板单块长115、宽46～70、厚14～16厘米（图版九，1）。

盖板下为长方形竖穴土坑，直壁，西侧墓圹边略弧，平底。墓内填土为褐色，墓底土色略呈浅灰色，推测为衣服的朽痕，填土质较松散，内含有较多的细石块。该墓直接打破生土，无墓葬间的打破关系。墓坑方向为122°，与地面结构的方向偏差10°，分析应是在进行构建地面建筑的时候发生的位移。墓圹长263厘米，墓口宽85～138厘米，墓底宽72～83厘米，高70厘米。在墓圹的东北侧有小石块砌成的墓壁，长约104、宽14～24厘米。

葬具为木棺，有棺盖，但朽得较严重，头大脚小，木棺表面不规整，在其上有一层黑漆，木棺仅剩棺盖和左侧棺木。棺木长186、宽89厘米。人骨保存状况一般，头骨较完整，锁骨、肋骨、盆骨和肢骨皆存，脊柱腐朽严重，呈弯曲状，趾骨等不存。葬式为仰身直肢，双手平行放于身体两侧，头骨倒置，系棺材底板腐朽倒塌，头骨因棺材底板倒塌而异位，在头骨两侧分别垫有板瓦，左一右二，起枕头作用。脊椎呈弯曲状“S”形，推测有可能是墓主人生前患有某种导致脊椎弯曲的疾病。头骨采集进行体质人类学鉴定，其余回葬（图一二；图版一〇）。

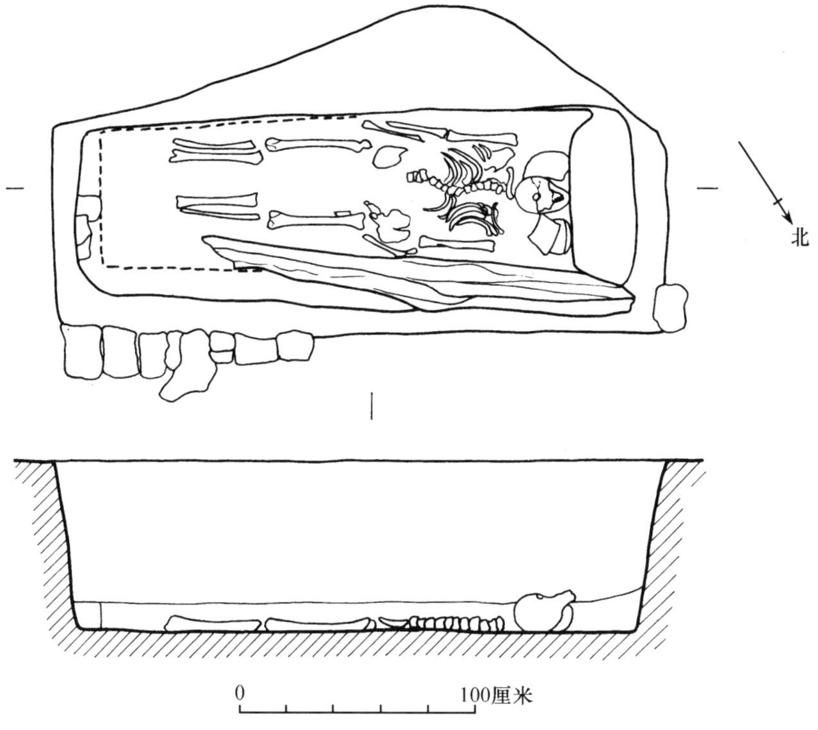

图一二　2006LSM7地下部分平、剖面图

墓的前侧为龛式碑，墓碑内嵌。石碑两侧有对联一副“龙神好兴隆，地脉真吉第”，首尾两字谐音；横幅为“佑启后人”。碑宽60、高104、厚12厘米，龛壁宽18、厚21厘米。碑盖加工成四面坡仿庑殿顶式样，顶上碑帽呈山字形，正中为直立的葫芦形状，内雕二圆，上小下大，下圆内刻阴阳太极图案，“山”字两边为双鱼尾造型，下雕一对龙首，龙口大张相对着圆形太极图案。

墓碑碑文记载了墓主的姓名及生卒年月：

原命生于乾隆丁未年九月初八辰时

享寿六十五岁殁于咸丰元年四月初二戊午日酉时告終谨志

清故上寿显考潘公讳阿合老大人佳城

孝男阿意　孙金荣

贵

咸丰元年润八月二十癸卯日卯时吉立

按："乾隆丁未"即乾隆五十二年（1787 年）。

2. 2006LSM26

位于 M25 的南侧，与 M25 并列（图一三）。墓向同为 95°。地面形制为长方形石室，由长条形石块砌成长方体石室，两侧均由两层长条形石块砌成，最上层石块顶部外沿抹斜呈仿屋檐形式，前壁已残，碑龛已不存。石室长 228、宽 106、高 90 厘米（图一四）。

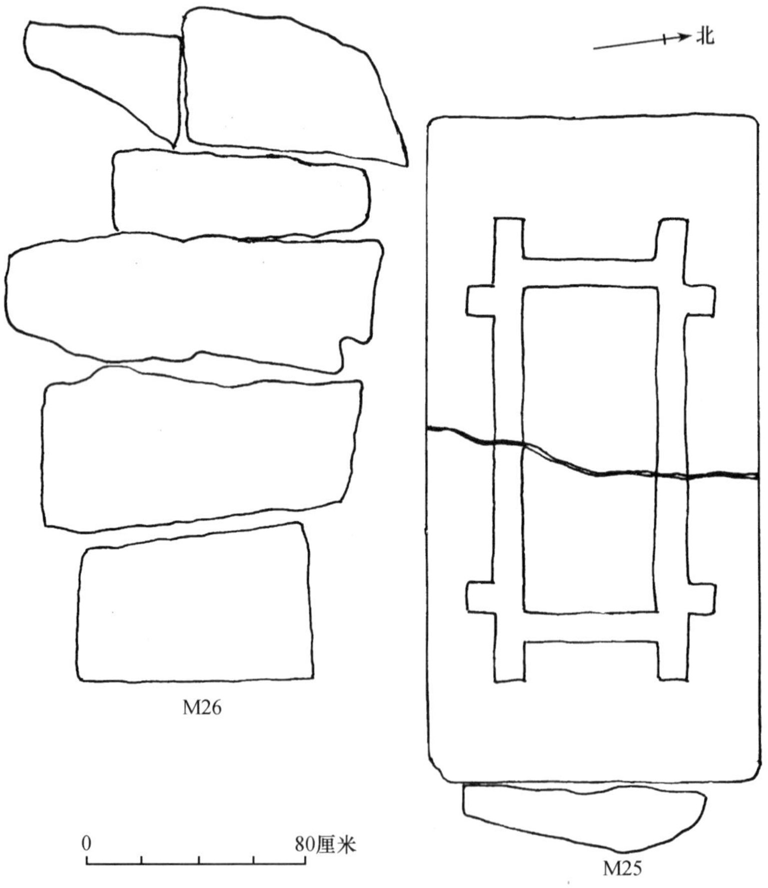

图一三　2006LSM25、2006LSM26 平面关系俯视图

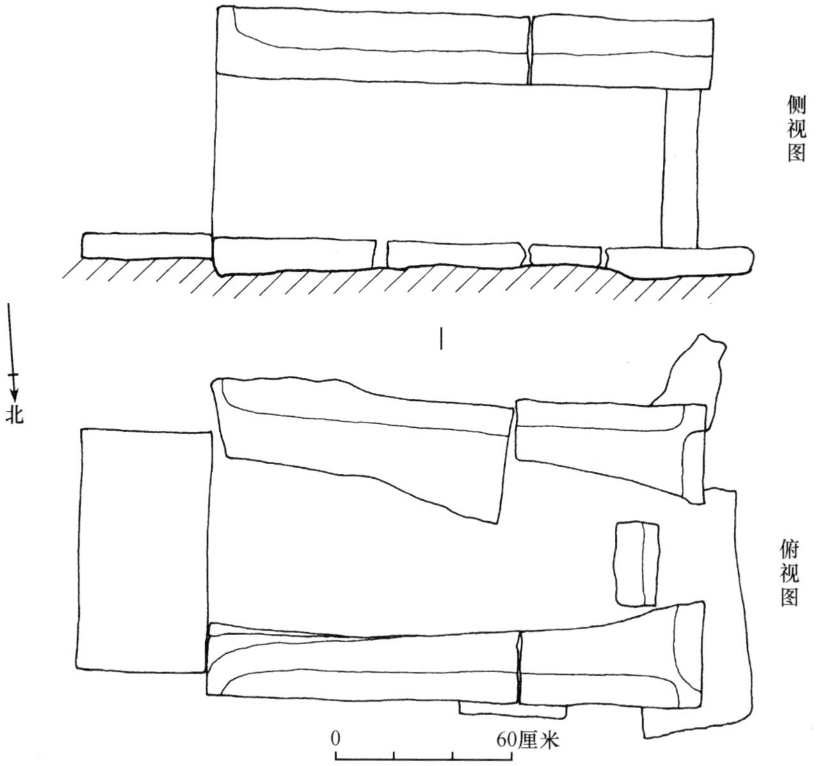

图一四　2006LSM26 地面部分侧视、俯视图

基石系用五块不十分规则的长方形石板平铺而成，单块石板长 86～134、宽 32～56 厘米。最前面的一块较规整，上有三孔，用以固定安置墓碑。其后的第二、第三、第五块石板由于底部下陷皆已断裂为两截，仅第四块因为尺寸较小陷入墓坑内而保存完整（图版一六，1）。

地下部分为长方形竖穴土坑墓，直壁，平底。墓内填土为褐色，墓底土色略灰，人骨架下的土呈黑色，推测为衣服的朽痕，填土较松散。该墓打破 M36 和生土。墓圹长 212、宽 60～70、深 36～78 厘米。墓圹的开口位置由于地形为斜坡的原因表现为西侧高、东侧低（图一五；图版一六，2）。

葬具为木棺，有棺盖，但朽坏较重，木棺表面平整，木棺两头不对称，头骨一侧略宽。木棺长 192、宽 36～52、高 16 厘米。人骨保存状况较差，仅存头骨和肢骨，头骨被挤压变形，下颌骨上的牙齿已不存，但可看出葬式为仰身直肢，双手平行放于身体两侧，在头骨处出土有 3 件随葬品，为银发簪和银耳环，分别位于死者的头上和两耳处，应为墓主生前所佩戴的饰品（图版一七，1）。

发簪　1 件。2006LSM26∶1，扁平长条形，簪身正面平直，背面起脊如剑形，簪头如勺状，内凹外鼓，背面细线阴刻花卉纹饰，簪头与簪体结合部以细条状扭丝连接。通长 17.6 厘米（图版一七，2）。

耳环　1 对。2006LSM26∶2、2006LSM26∶3，略有变形，由大半圆环体、扭丝纹挂钩和末端花蕾状坠饰组成。环体直径 7 厘米，挂钩长 5 厘米（图版一七，2）。

三、乱　石　墓

共发掘5座（2006LSM35～2006LSM38、2006LSM40）。墓上结构系由不规则石料堆砌，在封土外部围砌成长方形墓边，再在其内填充小石块和泥土而成，石头形状不规整，尺寸大小不一，主要有长条形、多边形和不规则形等。

1. 2006LSM36

位于M26南侧，与M25、M26并列。墓向亦为95°。该墓是在发掘M26的过程中发现，墓上没有封土，且墓圹的局部被M26打破，以此分析，在修建M26时，M36的墓上封土就已经不存。为便于与上面的M26联系对照，故在此将M36放在M35的前面进行叙述，后面的墓仍然按墓号的先后顺序描述。

M36为长方形竖穴土坑墓，直壁，平底。墓内填土为黄褐色，填土较湿润。墓圹长204、宽62、残深20厘米。墓内不见葬具。人骨保存状况极差，仅剩头骨和少量肢骨，葬式推测为仰身直肢（图一五）。

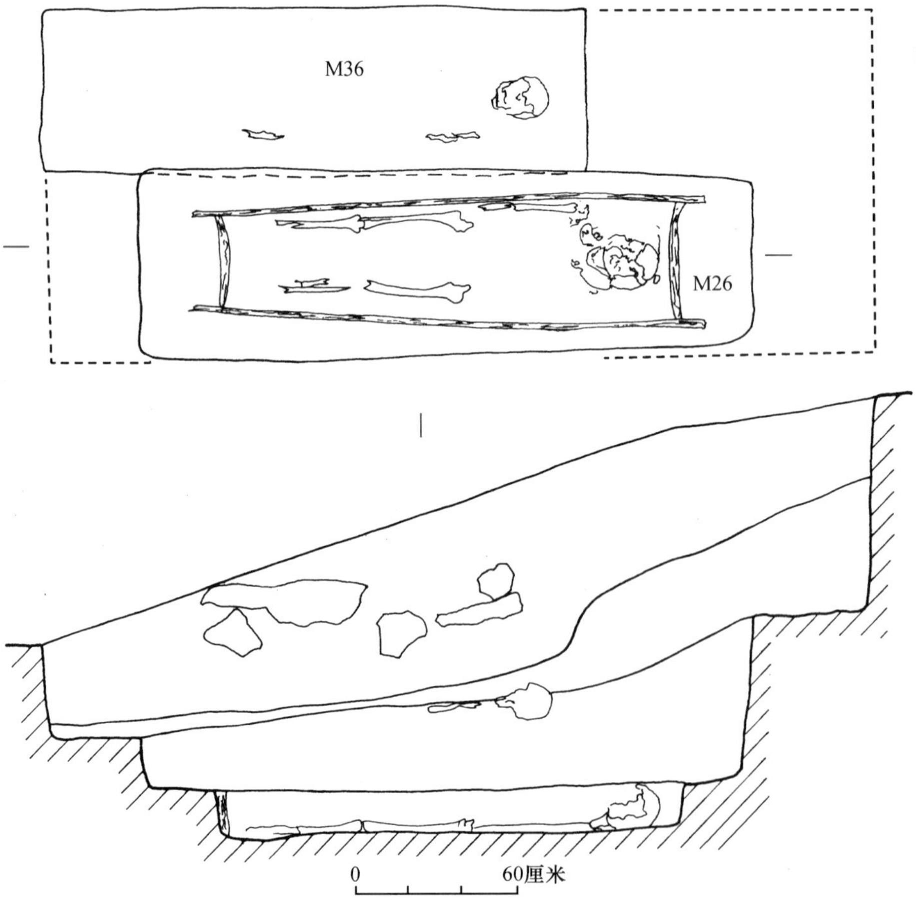

图一五　2006LSM26与2006LSM36地下部分平、剖面图

2. 2006LSM35

位于该墓地的西部上方，与M6、M7并列，且位于M6的北侧。墓向105°。墓上结构系由不规则的乱石堆砌围边，再在其内填充小石块和泥土而成，石头形状不规整，主要有长条形、多边形等，封土形状近似于长方形。地面部分长264、宽128、高74厘米（图一六）。

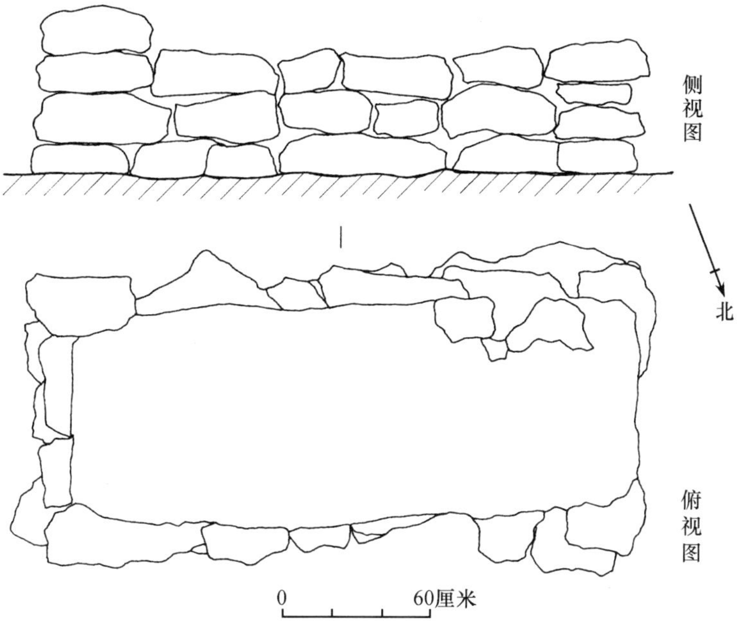

图一六　2006LSM35地面部分侧视、俯视图

地下部分为长方形竖穴土坑墓，墓口大，墓底稍小，斜直壁，平底。墓内填土为黄褐色，填土较松散。墓口遮盖墓穴的盖板系由不规整的长条形石板组成，绝大部分已经塌陷。墓圹长224、宽100、深98～106厘米（图一七；图版二〇，2）。

墓坑内不见葬具，在人骨架下有一层浅灰色的土，推测为衣服腐烂之后的痕迹。人骨保存状况一般，骨架结构基本还维持原状，仅头骨偏向北侧，脊椎弯曲。葬式为仰身直肢，双手平行放于身体两侧。头骨、锁骨、脊椎、肋骨、骨盆和肢骨等皆有不同程度损坏，头骨中颅骨和下颌骨保存较好，故采集下颌骨及附属部分牙齿作为标本（图版二〇，1）。

3. 2006LSM37与2006LSM38

M37与M38同位于该墓地的中部，为异穴同冢，原地面统计时只给了一个墓号，后来在实际发掘中始发现是两座不同的墓葬紧密地排在一起，互相之间存在打破关系，M37靠南侧，M38靠北侧，M38将M37墓圹的北边打破。墓向108°。墓上结构系由乱石砌边，再在其内堆筑小石块和泥土而成，石头形状不规整，主要有长条形、多边形和不规则形等。封土形状近似于方形，由两部分组成，其中M37部分长208、宽110、高44～63厘米，M38部分长243、宽110、高42～63厘米。M38与M37相错约20厘米（图一八；图版二一，1）。

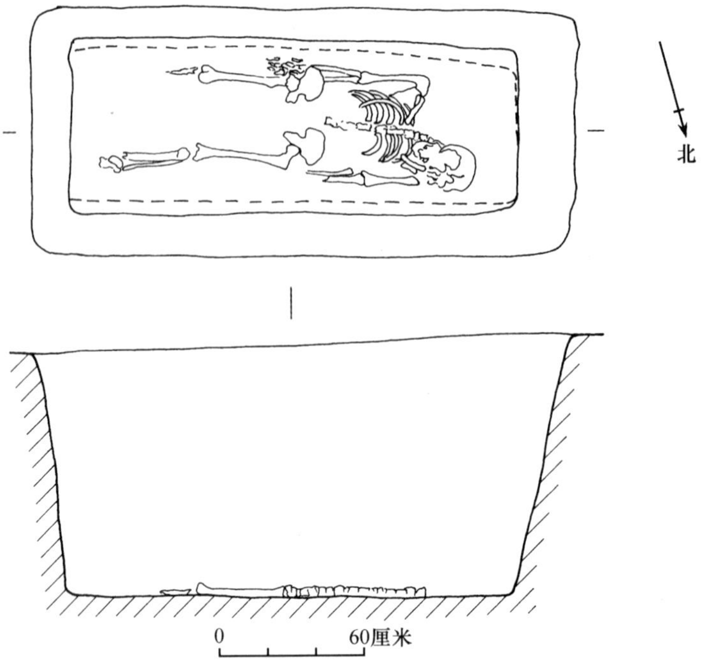

图一七　2006LSM35 地下部分平、剖面图

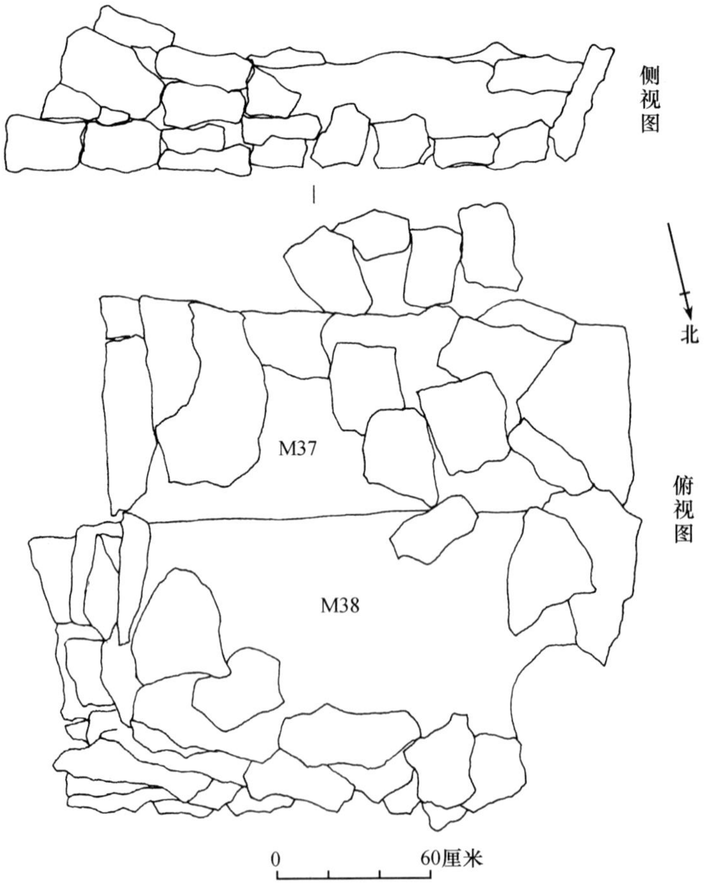

图一八　2006LSM37、2006LSM38 地面部分侧视、俯视图

两墓皆为长方形竖穴土坑，直壁，平底。墓内填土为黄褐色，填土较湿润。M37 的墓圹长 230、宽 70、残深 32 ~ 65 厘米。M38 墓圹长 216、宽 70 ~ 96、残深 10 ~ 21 厘米（图版二一，2）。

M37 有木棺葬具，但棺木腐朽较严重，残长 170、宽 30 ~ 40、高 20 厘米，棺板厚 2 ~ 4 厘米。在人骨架下有一层黑色的土，推测为衣服腐烂之后的痕迹。人骨保存状况一般，头骨、骨盆和肢骨等皆保存，头骨中颅骨和下颌骨保存较好。葬式为仰身直肢，双手平行放于身体两侧。由于骨盆保存较完整，故将其右侧髋骨与部分牙齿一并采集。根据骨骼判断，该墓主系女性（图一九；图版二二，1）。

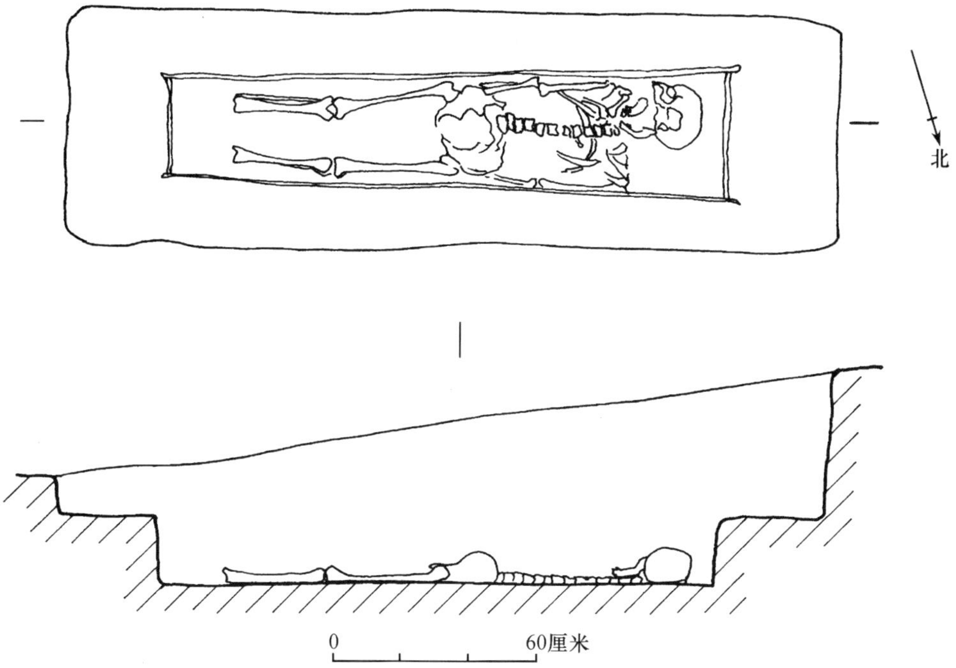

图一九　2006LSM37 地下部分平、剖面图

M38 无葬具。人骨保存状况较好，骨架基本完整。葬式为仰身直肢，双手交叉放置于盆骨之上。在该墓采集的人骨材料包括颅骨、右侧股骨、左侧肱骨及左侧盆骨（图二〇；图版二二，1）。

4. 2006LSM40

位于墓地中部、M36 南侧，与 M25、M26、M36 并列。地面封土朝向为 108°。正前方的一块石头则呈三角形。封土形状基本为长方形，地面部分长 213、宽 132、高 40 ~ 56 厘米。底部墓圹上有盖板四块，取自天然石材，未作仔细加工（图版二三，1）。西部靠后三块稍宽，略呈长方形；前面一块较窄，为长条形；在东面最前方有一块较宽平的，在地面上伸出封土与墓坑之外，其用途类似于坟前的拜台（图二一；图版二二，2）。

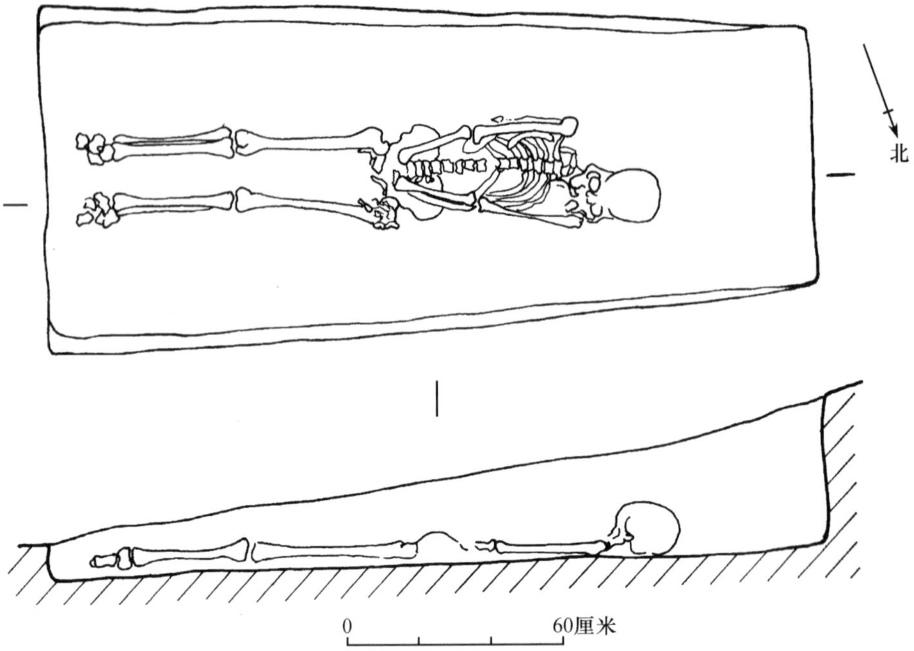

图二〇　2006LSM38 地下部分平、剖面图

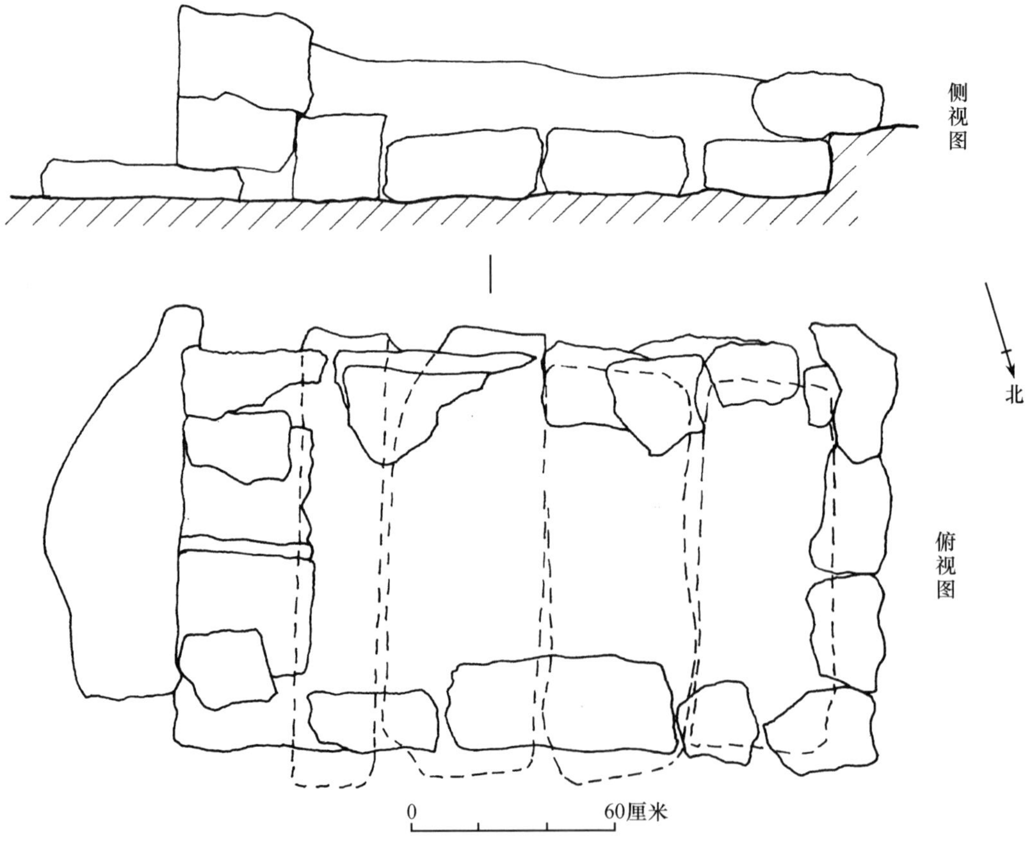

图二一　2006LSM40 地面部分侧视、俯视图

该墓地下部分为长方形竖穴土坑，直壁，平底。墓坑方向为102°，与地面封土的方向有6°的偏差，应该是在堆砌墓冢时由于石块的不规则所致。墓内填土为褐色，人骨下的土为黑褐色，推测系衣服腐烂后所致。墓圹长238、宽70、残高53～76厘米。

经清理，墓穴内木质葬具可见，木棺长172、宽32～43、高12厘米，棺木厚4厘米。棺内人骨保存状况较好，骨架基本完整。葬式为仰身直肢，双手平行放于身体两侧，在头骨的两侧分别有两片重叠码放的板瓦，头骨枕于其上，可以起到保持原状不变，防止颅骨入葬以后发生移位（图二二；图版二三，2）。

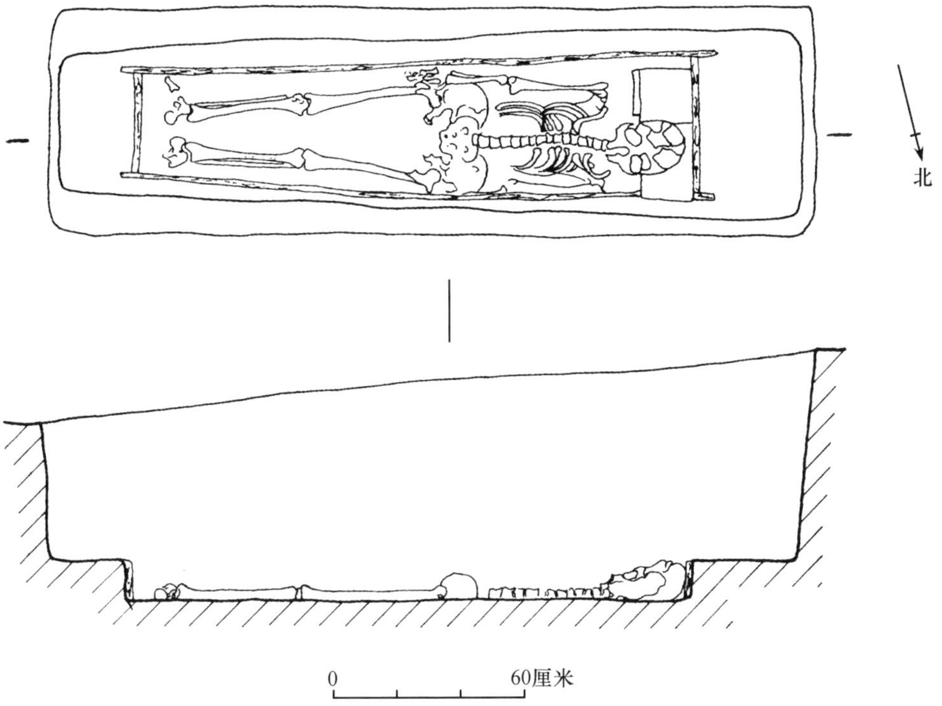

图二二　2006LSM40地下部分平、剖面图

第三节　调查部分

由于水甫墓地墓葬数量众多，发掘也只是选取了其中极少的一部分，因此在开展发掘工作的同时，我们也对墓区内有代表性或具备一定特点的墓葬进行了调查和资料收集工作，所选范围见表二（M1～M43）。未经发掘的墓葬编号以水甫M××为编号，以与经过发掘的墓葬相区别。下面就将有关的调查材料按照形制分类，以墓号先后顺序分别介绍于下。

一、长方体“箱式”石结构墓

共7座，相对完整的仅有4座（M2、M4、M6、M29），已经毁坏的3座（M13、M24、

M30)。其中1座有墓主姓名和纪年(M4),1座有装饰性石雕(M13),3座有石俑(M2、M29、M30)。

1. 水甫M2

位于水甫墓地省保标志后面1.8米处。墓向103°。M2是目前水甫墓群中保存比较完好的一座单层石结构墓葬。地面建筑部分为一长方体石室,石室长168、宽86、高86厘米。石室下基础部分系由两块石板构成,总长230、宽118、高12厘米。石室上方盖板系由整块长方形石料做成,长182、宽86、厚12厘米。地面建筑通高192厘米(图二三;图版三,2)。盖板的前后两端平置双鱼纹仿牛角造型的山字形装饰挡头,在前后山字形挡头之间再构建由两块石板斜依成的人字形屋面装饰,于人字顶板结合部的横脊上再用石料透雕头向相对的变形双龙抢宝造型装饰,龙身披鳞,体态曲折,四足直立类似于兽足,两嘴大张分别咬着内有四个穿孔的圆形雕饰,圆形石雕顶端刻有元宝一枚。双龙、圆孔形装饰石雕、元宝系由整块石材雕刻而成。

石室西壁靠头部位置雕刻有抽象的仿铜鼓纹图案,图形较简单,系由外圈的十六芒和中间的米字形纹组成。在墓后地面斜靠着立有10个石俑,分前后两排排列,各5个,其中头部呈圆形的计有单体3个、双人1个、三人连体1个,头部呈三角形双人连体的1个(图版三,1;图版八一,2)。在石室的两侧壁竖向立有长方形支柱各两根共四根,以起到加固石室和装饰的双重作用。南侧东边的一根目前还在原位没有发生位移,西边的一根已经不存,北侧的两根虽然还在,但是已经离开了原来的位置,被人为地斜靠在墓旁。墓体各个部位之间结合部可见有白色的石灰黏合剂。从墓基的地面痕迹观察,基石上面均雕刻有凹槽,以便安装和固定构筑在上面的石室,支柱的上下两端则分别留有榫头,与底板和盖板的凹槽相扣合,达到稳固墓体的目的。在所见的水族石结构墓葬中,凡是石材立面与平面的结合部位通常都是采取这种类似于榫卯结构的形式来组合。

2. 水甫M4

位于墓区最下方东边一块玉米地内。墓向124°。"道光三十年"单层"箱式"石结构墓。地面结构系由长方形石料构成长方体单层石室,石室长167、宽104、高80厘米。底部基础兼盖板长270、宽126、厚9厘米。上部盖板长174、宽104、厚14厘米。地面墓体建筑通高146厘米。石室盖板上前后两端立山字形双鱼纹仿牛角造型装饰挡头,两块山字形挡头之间斜靠两块石板搭成人字形屋面墓顶,人字顶结合部的横脊上,以前后两挡头作支撑,横架一两角上翘的长方体条石屋脊,正脊中部装饰有葫芦形雕刻(图二四;图版八,1)。

墓上石室前壁为龛形,龛内嵌有墓碑,墓碑宽44、高54、厚6厘米,龛壁宽12厘米。居中碑文为墓主"清故显考潘公讳阿猛之坟墓",右刻"乾隆庚戊(戌)吉月吉日吉时生",左下刻"孝男潘阿义、(阿)地,生潘廷光",落款为"道光三十年四月十一日立"(拓片七)。另外,在此墓碑的左上角有竖向阴刻的四个水书文字,翻译成汉语为"第三癸酉",系由下往

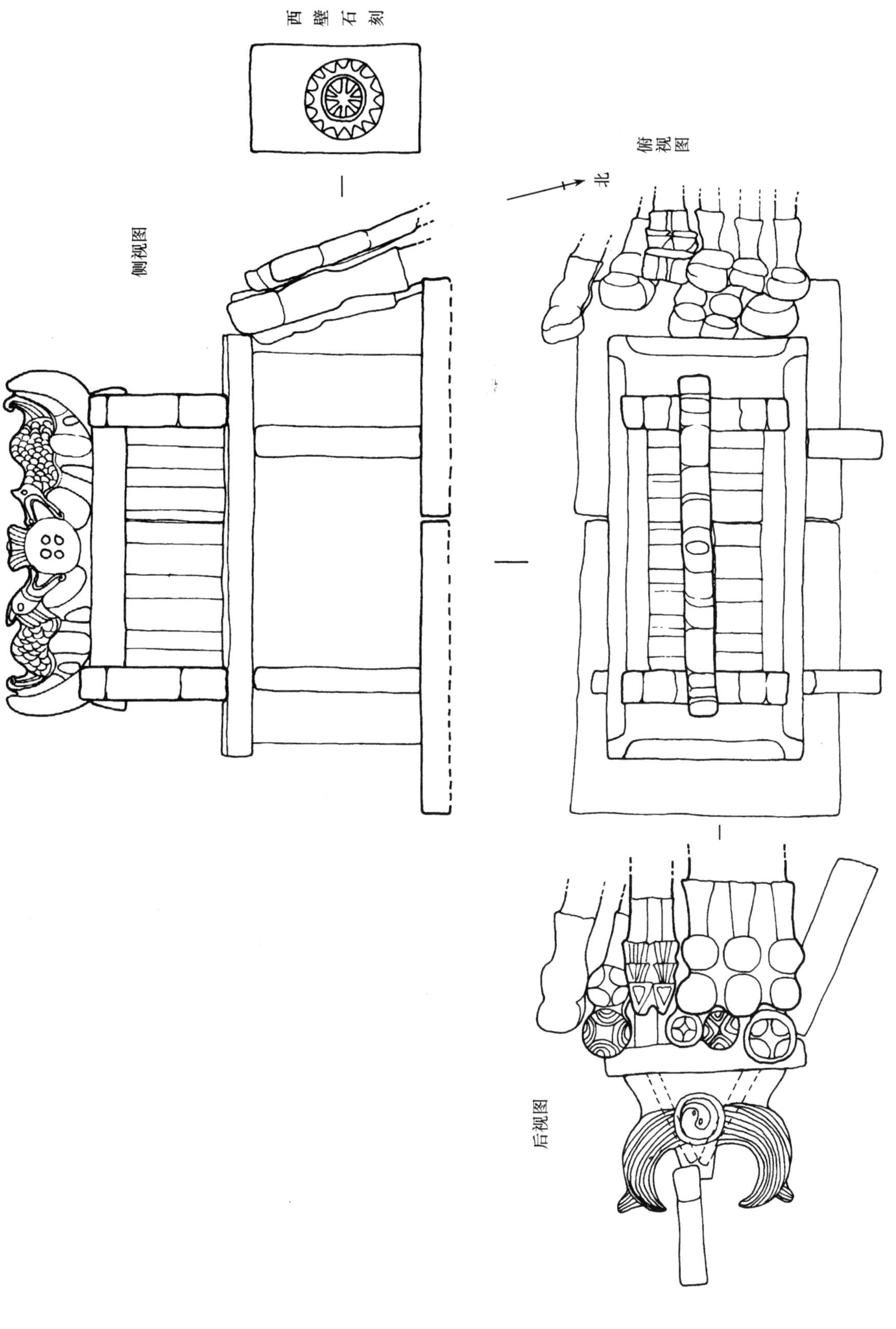

图二三　水甫M2地面部分侧视、后视、俯视图

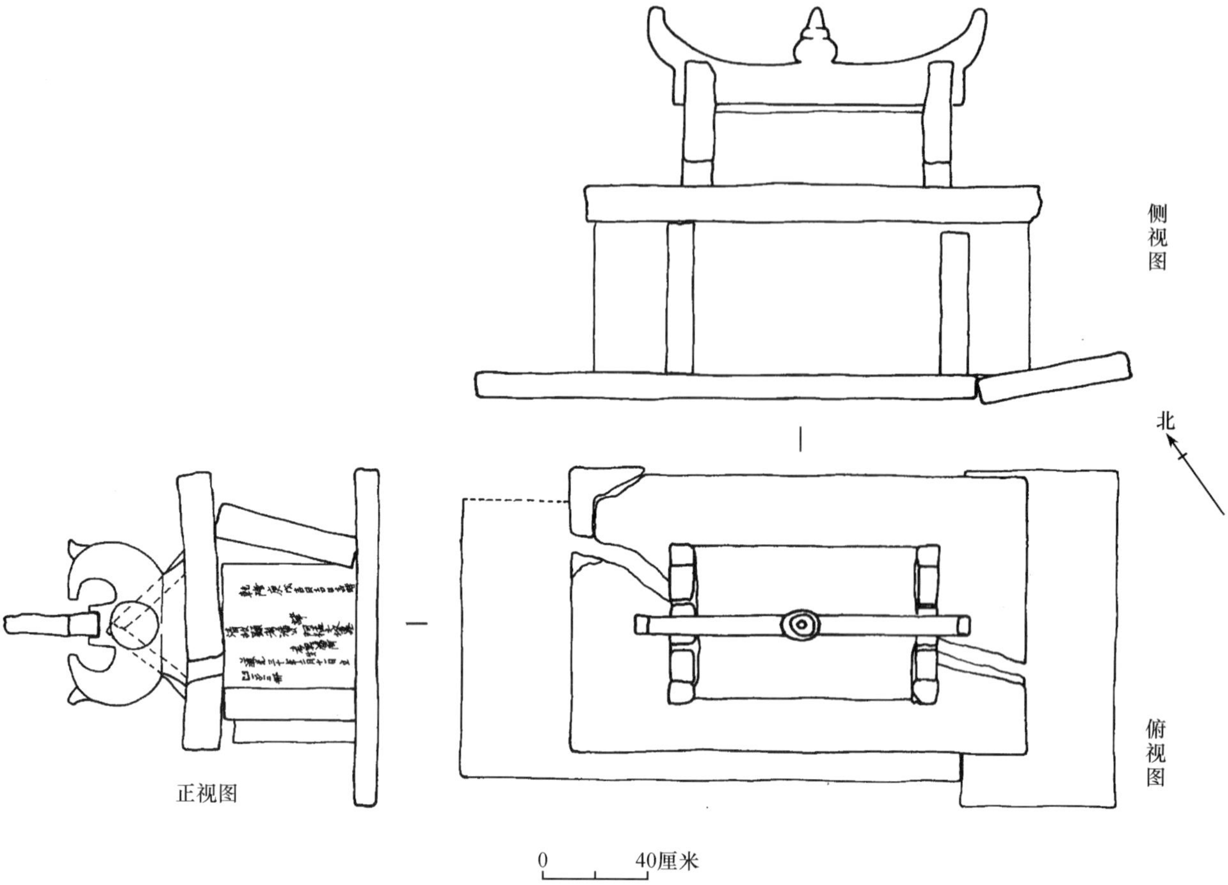

图二四　水甫 M4 地面部分正视、侧视、俯视图

图二五　水甫 M4 墓碑水书文字

上反向倒书（图二五）。这一点倒是符合水书反写的习惯用法，但是从字体的大小、笔触等细部观察，这四个字显然是后加上去的，与原碑文明显不符。原汉字碑文系镌刻上去的，字体规整，笔画统一，刀锋遒劲，一气呵成，而这四个水文并非用錾子加工，而是使用较细的尖状工具反复刻画出来的，一道笔画往往有多道划痕，且边沿毛糙，笔触不连贯，添加痕迹明显。再者，根据水书历法的推算，“第三”当指“中元”的第三元，即清康熙二十三年（1684 年）至乾隆八年（1743 年）之间，在此时间段内的“癸酉”年只有康熙三十二年（1693 年）相吻合，而碑上记载的时间无论是死者出生的乾隆五十五年（庚戌，1790 年），还是 60 年后立碑的道光三十年（1850 年），均与之不符。

石室后部地面立有一块石板，面上浮雕两个立姿人像，人像上部已残失。石室的南侧立有长方形石柱，北侧的已经缺失。石室上面的盖板已经断裂，导致北壁向外倾斜，正面部分变形。墓顶的人字形屋面位置也发生少许偏移，屋脊正中葫芦形装饰的底部少许破裂。

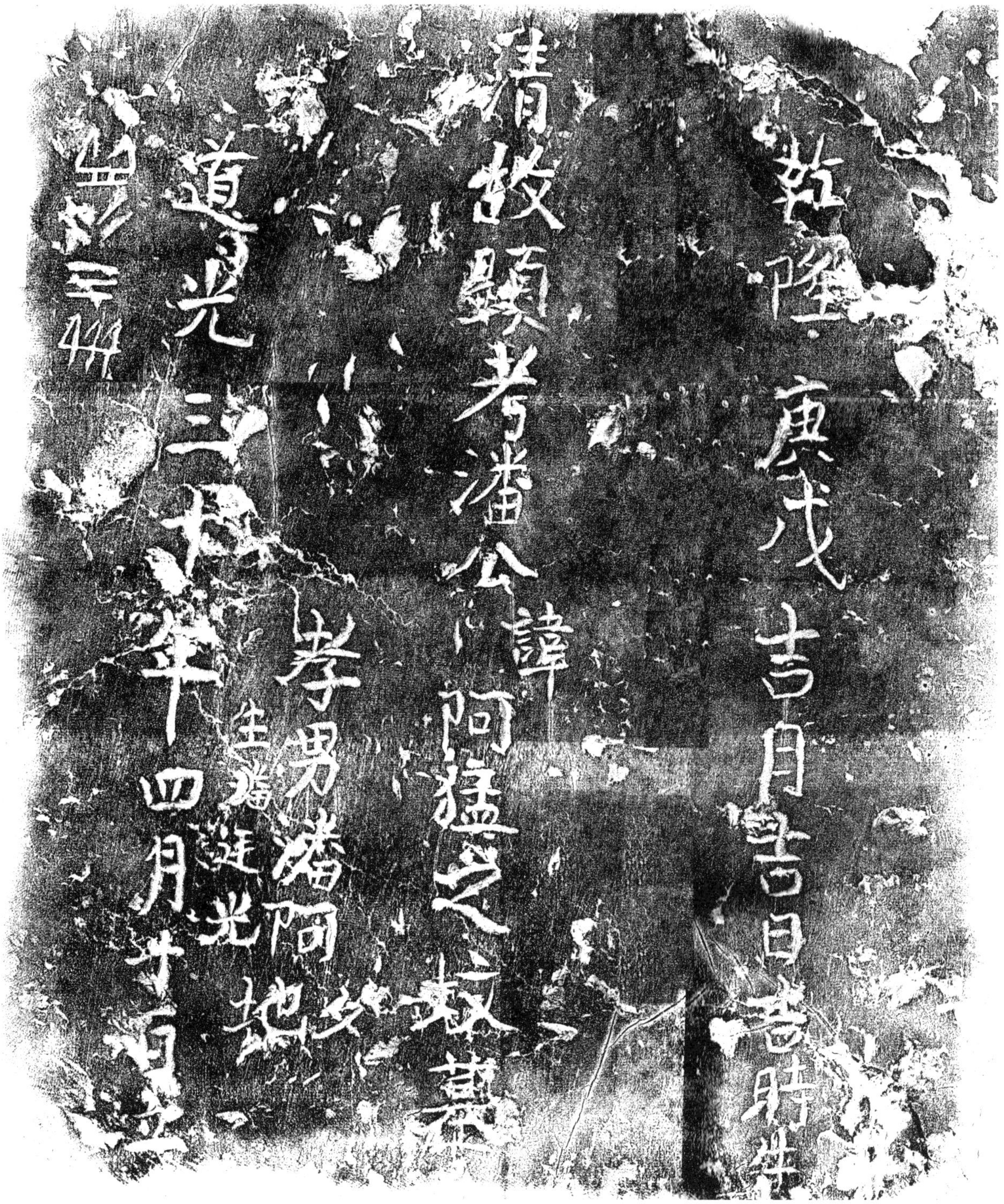

拓片七　水甫 M4 墓碑碑文

3. 水甫 M6

位于水甫墓地西部上方，在 M7 和 M35 之间。墓向 107°。地面建筑为长方体单层石结构墓室，长方体石室东西长 184、南北宽 72、高 80 厘米。石室底部基础兼盖板系由四块长方形石材构成，总长 260、宽 120、厚 12 厘米。石室上方盖板系由整块长方形石板构成，长 200、宽 96、厚 14 厘米。整个地面建筑部分通高 157 厘米。盖板上前后两端平置双鱼纹仿牛角造型的山字形装饰，在山字形两挡之间再斜拼两块石板构成人字形装饰屋面，人字顶横脊上面雕塑头向相对的双龙抢宝图案，为双面浅浮雕，两龙之间含四瓣花瓣组成的圆形雕饰，龙脊由整块石料雕刻而成。紧贴石室两侧壁竖向立有长方形柱状石条，原两侧各两根共四根，现仅残余一根，石条外侧为波浪形，在起到加固石室的同时亦起装饰的作用。壁面上和石材结合部可见残留的白色石灰黏合剂的痕迹。石室西壁雕刻有阴阳太极图案，图形较简单，由两尾鱼弯曲组合而成（图二六；图版八，2；图版九）。

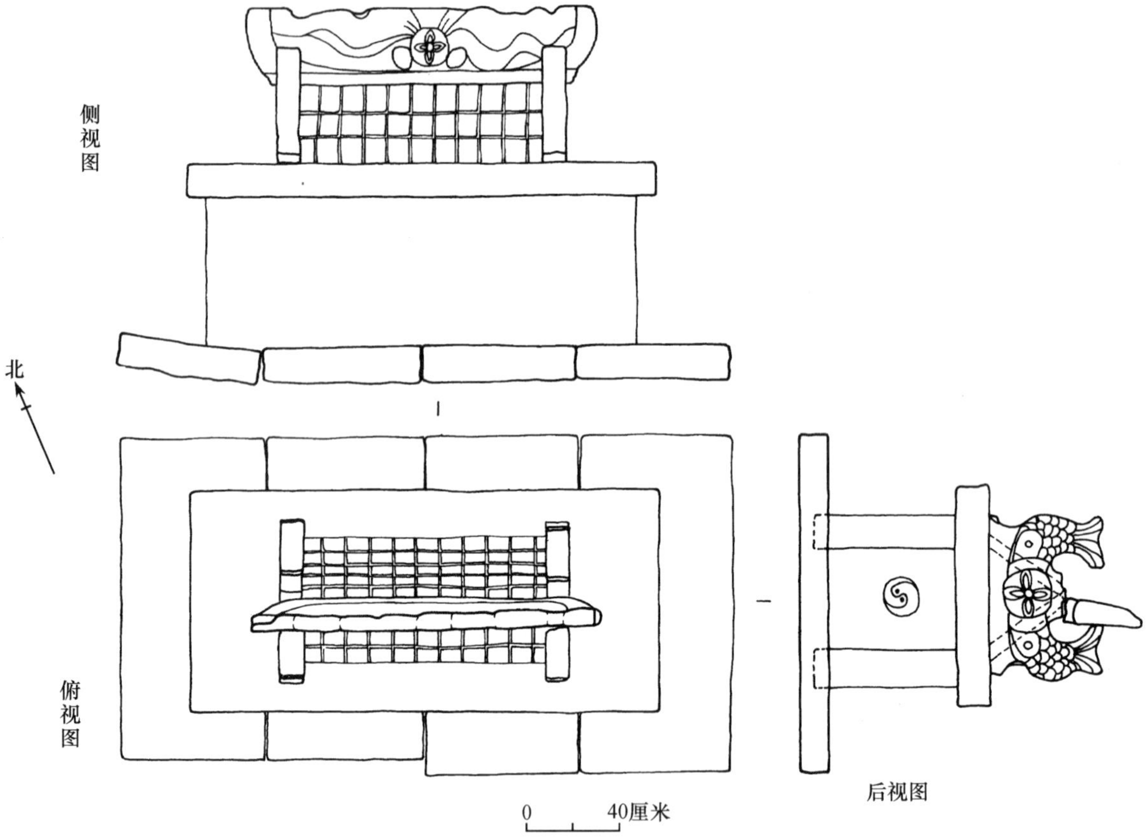

图二六　水甫 M6 地面部分侧视、后视、俯视图

在石室后方，斜靠基石立有一块石雕，画面中间呈三角形，两侧阴刻图案如鱼形倒立，其整体形状有点像加工双鱼纹仿牛角造型的半成品。

4. 水甫 M13

位于水甫墓地的中轴线靠下位置。墓向 100°。该墓地面建筑结构已毁损严重，仅有少量构件仍垂直立于地上，其余的皆倒塌杂乱堆于地面。从其平面布局和残存状况观察，此墓应该和 M3 属于同一类型，为长方体双层石结构墓葬。现存的两块方形墓石上雕刻有与 M3 相同形式的石雕图案，浮雕内容亦和 M3 南壁基本一致，一幅为上下两条游龙，中间夹一虎；另一幅为麒麟，背上站着一鸟。从其风格和雕刻手法来看，两座墓的制作者极有可能同属一人，故两墓的形制与年代不会相差太远。地面石室残长 296、残宽 87、残高 0.93 厘米（图二七；拓片八；图版一一）。

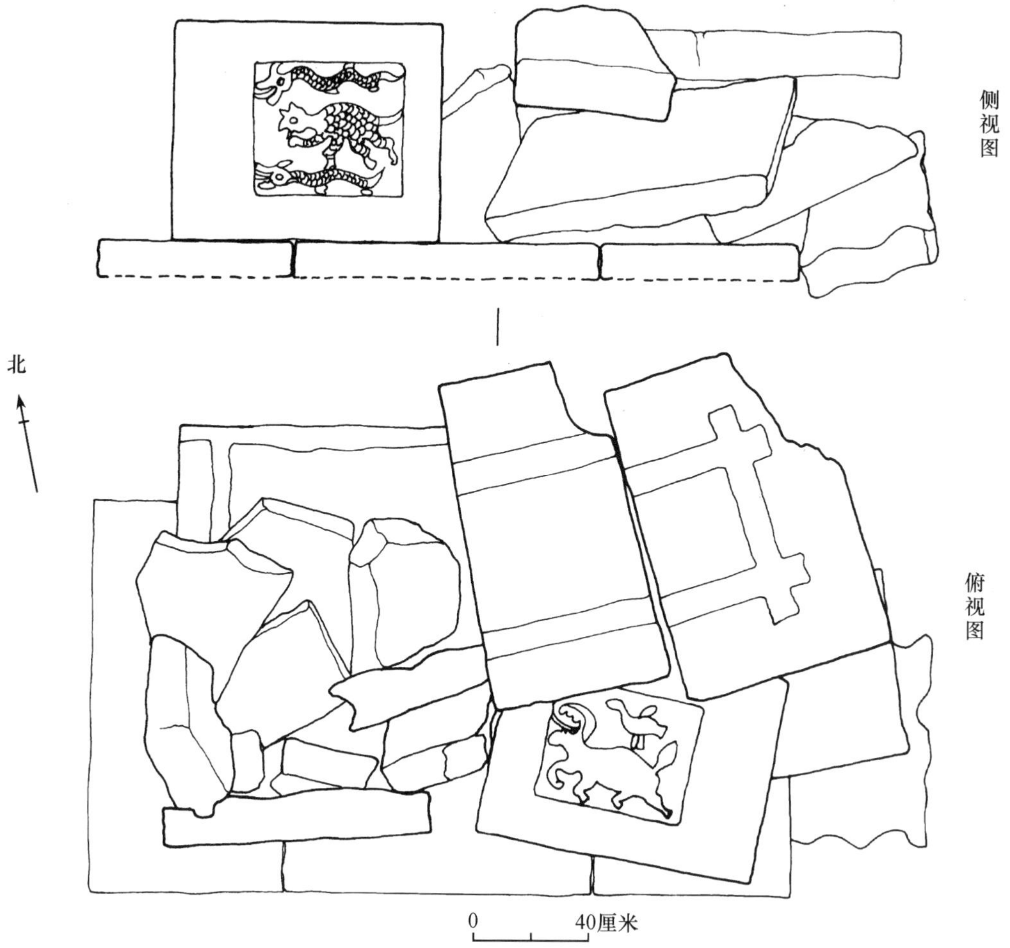

图二七 水甫 M13 现状图

5. 水甫 M24

位于水甫墓地东部靠下位置。墓向 105°。残，地面建筑结构已经不存，在地表还保留有长方形石板构成的盖板兼基础，上面叠压有垮塌后遗留的长方形墓石，从其平面形状和构件的情况分析，该墓原来应为长方体单层“箱式”石结构建筑，形制与 M2、M4 等接近（图版一五，1）。

拓片八　水甫 M13 南壁下层西侧双龙白虎图

6. 水甫 M29

位于水甫墓地的中轴线下方，与 M30 并列。墓向 102°。长方体单层石结构墓。地面主体部分由四块两长两短、加工平整的石板镶合而成，前、后壁较完整，两侧壁部分风化缺损。接触地面的基础部分兼作地下墓穴的盖板，由两块长方形石板拼合而成。上面的盖板前端破裂，墓顶结构不存，仅在盖板后方保留有一个较为完好的仿牛角造型的装饰构件，其面上仅有条纹带，没有其他同类型构件上面常见的鱼纹装饰，在中心部位也只是极其简单地浮雕出一个没有纹饰的圆形。该墓主体部分长 203、宽 98、高 97、含构件通高 152 厘米。墓壁两侧各有两根长方形的立柱作支撑，但南壁东侧的一根已经倒塌。壁面上及箱体结合部位可见白色石灰黏合的痕迹。上、下盖板与墓壁之间的结合部位，均凿有凹槽，以便构筑时扣合严密、安装稳固。墓室的后面并排立有 4 个石俑，其中靠南面的两个为连体，另外两个为单体；头部形状靠北侧一个为三角塔形，其余三个为圆形（图二八；图版一九，1）。

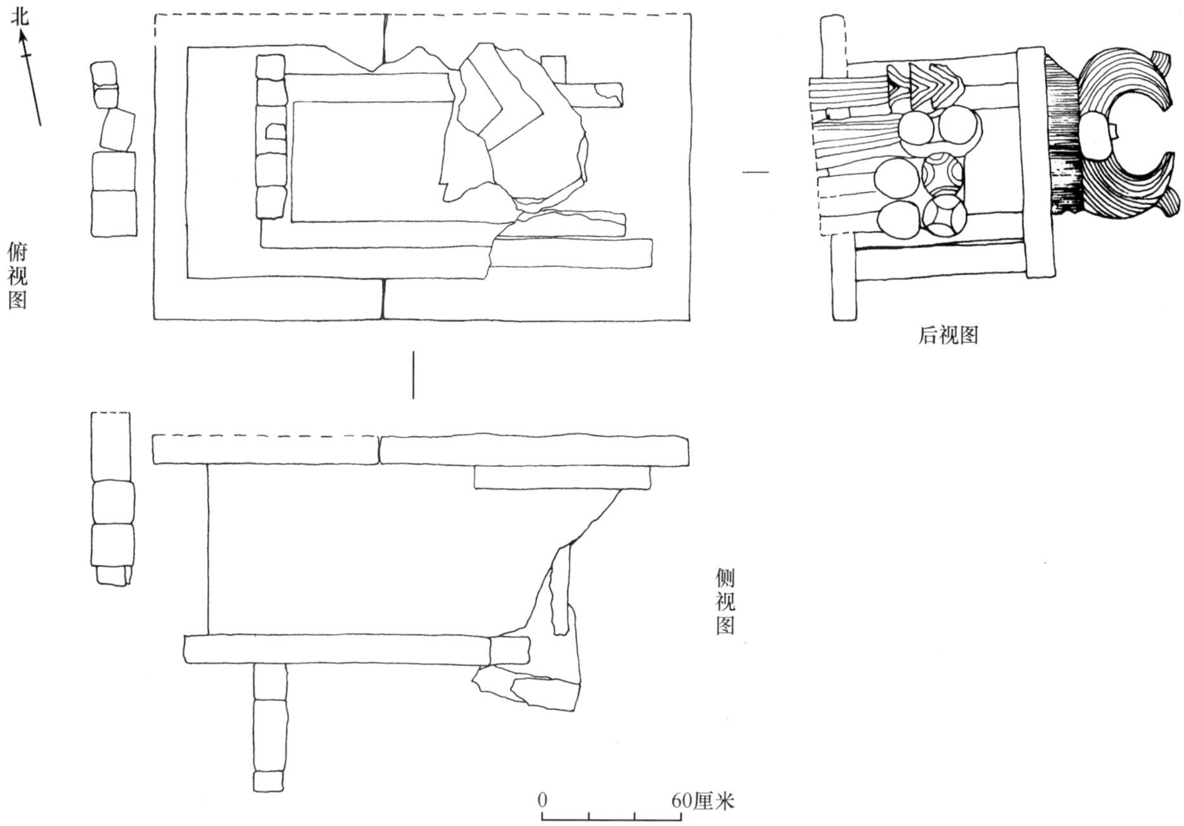

图二八　水甫 M29 地面部分侧视、后视、俯视图

7. 水甫 M30

位于水甫墓地中轴线下方，与 M29 并列，在 M29 的北侧。地面建筑结构已倒塌残坏，原貌不存，现存状况为一堆垮塌后的板形墓石杂乱堆砌在地上，大约相互叠压有 4 ~ 5 层。从残存状况看该墓应为长方体“箱式”石结构，至于是单层还是双层目前难以判断，只有待将来在保护修复的过程中把现有全部构件清理出来后方可得知。根据地表墓石测量，基础部分长 218、宽 124 厘米。在墓后立有单体石俑 2 个，头部呈塔形，下部为长方柱体（图二九；图版一九，2）。

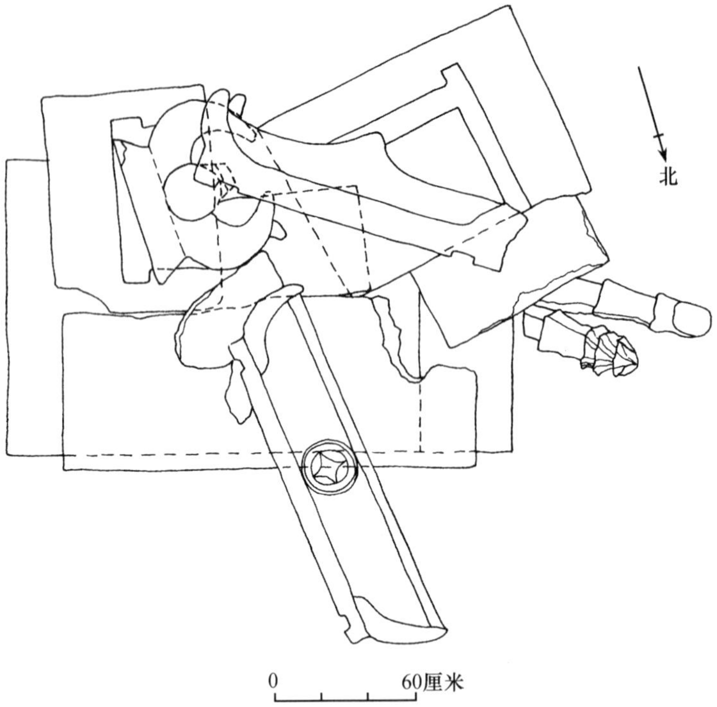

图二九　水甫 M30 现状图

二、长方形石室墓

3 座（M9、M31、M33）。墓体为顶部闭合的长方形石室，其中 2 座有碑，1 座有纪年铭文。

1. 水甫 M9

位于水甫墓地东部下方，在 M8 的南面。墓向 105°。“道光十五年”长方形石室墓，有碑。地面结构为长条形石块叠砌成的长方形石室，两侧及后面的第一层为长方形石块砌成，第二层墓石顶部为仿屋檐形制。内填褐色土。长方形石室长 208、宽 130、高 116 厘米。墓前为龛式碑，龛顶呈圆弧形，龛内嵌碑。碑盖的上面亦为仿屋檐式，碑帽为山字形装饰造型，其上素面。碑宽 55、高 116、厚 18 厘米，龛壁宽 14、厚 30 厘米（图三〇）。

碑文竖行排列，自上而下右左循读，内容为：

凡阳孝男潘阿垦
章

故显考潘公讳阿索之坟墓

道光十五年十月十七日立

墓碑两侧有对联一副“青山应贵子，禄水发贤孙”。

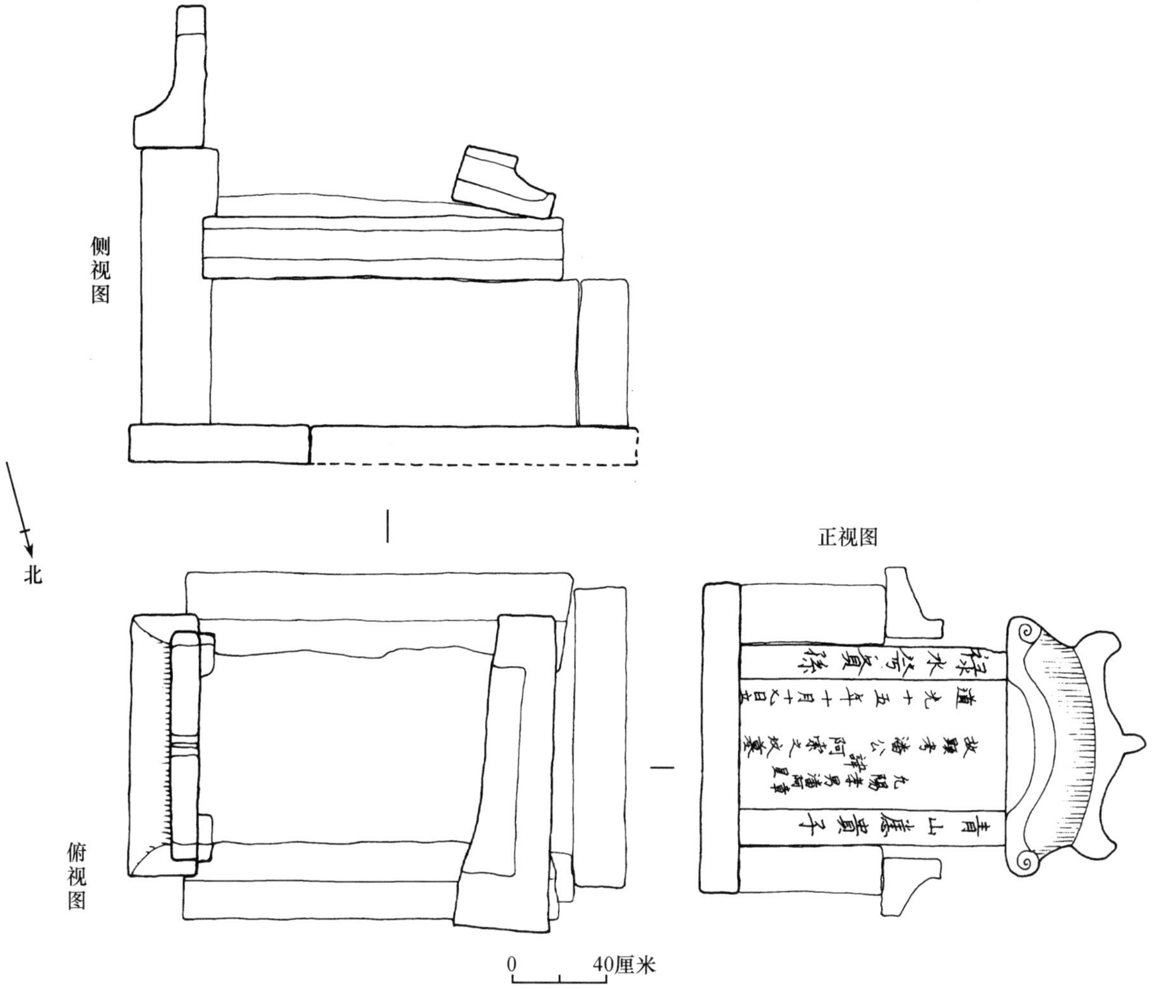

图三〇　水甫 M9 地面部分正视、侧视、俯视图

2. 水甫 M31

位于水甫墓地的东部坡下，在 M26 附近。地面结构为长方形石室，墓壁共两层，上层为仿屋檐式造型条石，下层为整块较厚重的长方形石壁。墓室前面部分受损，坍塌严重，不见碑龛等。墓顶中间部分亦垮塌下陷，石块堆砌凌乱。墓室内填满杂草、碎石、泥土。

3. 水甫 M33

位于水甫墓地中部中轴线上，邻近 M3。残，地面部分墓体结构为整块较大的长方形墓石构成的长方形石室，外部共分两层，上层为条石做成的仿屋檐式结构，下层为长方形整料石板做的墓壁。墓室前面的碑、龛已不存，毁坏严重，墓顶局部损坏，里面的封土只剩小半部分，北侧墓壁上檐亦垮塌。

三、长方形石围墓

10 座（M5、M15、M19、M20、M21、M22、M28、M34、M41、M42）。墓身由加工规则的石料围砌成长方形墙体，顶部不封闭，内填封土。大多数有碑，其中 5 座有墓主姓名及纪年铭文（M5、M15、M19、M22、M42）；1 座有墓主姓氏，但纪年不辨（M21）；1 座刻有水书文字（M42）。

1. 水甫 M5

位于水甫墓地西部上方，靠废弃的水泵房下面。墓向 104°。“嘉庆八年”纪年墓。地面结构由主体石围和石龛两部分构成，其后部绝大部分被破坏，从残存状况看，其地面石围的墓壁由长条形石块砌成，在前方砌石龛。石龛正中为一石碑，形成典型的龛式碑。龛顶平置仿屋面结构的碑顶，其正上方有一长条形凹槽，凹槽中部另有一长度为 16 厘米的凹槽，用以承接碑帽，其上的构件现已不存。墓碑上有文字内容，碑文记载了墓主生卒年月、墓主姓氏、孝男名字及立碑日期，原文为竖行排列，自上而下右左循读，内容为：

阳命生于康熙五十九年二月二十八日亥时
享年八十四岁大限殁于嘉庆□□□□
八日子时在家告终
清故上寿显妣潘母吴氏老孺人之墓
达子乾山巽向兼辛酉甲戌三分卯戌辰
言
孝男潘阿垢　孙阿敬　祀
夜
嘉庆八年正月二十五日吉立

石碑两侧有对联一副“瑞气钟麟趾，祥华起秀□”，横批为“裕后昆”。

吴氏死亡时间依据其寿命、出生日期及立碑时间推算亦应为嘉庆八年（1803 年）。

2. 水甫 M15

位于该墓地的下部，在 M40 的东侧。墓向 115°。“咸丰四年”纪年墓。墓上结构为由长条形石料砌筑的长方形石围，分两层叠砌，第一层的两侧壁及后壁为长方形石料砌成，第二层墓石顶部做成仿屋檐形式。地面石围前方为龛，龛内嵌墓碑，碑宽 56、高 92、厚 14 厘米。碑帽的底部亦为仿屋檐式，上部为山字形装饰造型，其上素面无纹，现已被破坏，丢弃于石围之上。墓上石围内堆褐色土。

碑上有纪年和墓主姓名，原文竖行排列，自上而下右左循读，内容为：

咸丰四年九月□□□立

清故显考潘公讳阿改大人之坟墓

孝男潘成珍

　　成明

墓碑两侧有对联一副“地脉真吉第，龙神好兴隆”，横批为“佑启后人”。

3. 水甫 M19

位于水甫墓地的中部。墓向98°。“道光十六年”纪年墓。地面结构为长方形石料围成的长方形石围，其下部主体结构部分用整块加工规整的石料围砌，上层用长条形石料压边，外侧呈斜面形成仿屋檐式样。墓室前面为龛式碑，碑宽57、高100、厚14厘米。碑体北侧和墓室北面已经坍塌，部分建筑构件已不存（图版一三，2）。

碑文为竖行排列，自上而下右左循读，内容为：

允殇孝男阿三

　　　　喬

故殁显考潘公讳阿龙之坟墓

道光十六年吉□日立

墓碑两侧有对联一副，内容与M11、M16相同，为“青山金武士，吉地出文臣”。

4. 水甫 M20

位于水甫墓地的中上部。墓向107°。地面结构为长方形石围，内填封土，两侧壁及后壁均为加工规整的整块石料，侧壁与后壁下半部结合部位为使其牢固，分别做成企口相互扣合。墓壁上层石料顶部呈仿屋檐式样，起到压边和装饰的双重作用。石室长152、宽102、高89厘米。室内填土。墓室前面立有碑，墓碑呈凸形，素面无纹，亦无任何文字。碑体下部宽145、高72厘米，上部宽68、高30厘米。墓碑通高102、厚14厘米。墓后立有一石，分析应为雕刻的连体式石俑，已残断（图三一；图版一四，1）。

5. 水甫 M21

位于水甫墓地的西面坡上，靠水泵房下方。墓向86°。据了解，该墓的地面建筑部分系当地村民迁坟之后堆砌而成，从现存状况看，其结构为长方形石料砌成的长方形石围，两侧及后壁皆为双层石料叠砌。前方为龛式碑，龛顶仿屋檐式样，龛内为长方形墓碑。

碑文仅有墓主姓氏和孝子，其余内容及纪年不存，仅见：

故父潘公讳可□□□墓

孝男阿创

墓碑两侧阴刻对联一副“青山金武士，吉地出文臣”，内容与M11、M16、M19相同。

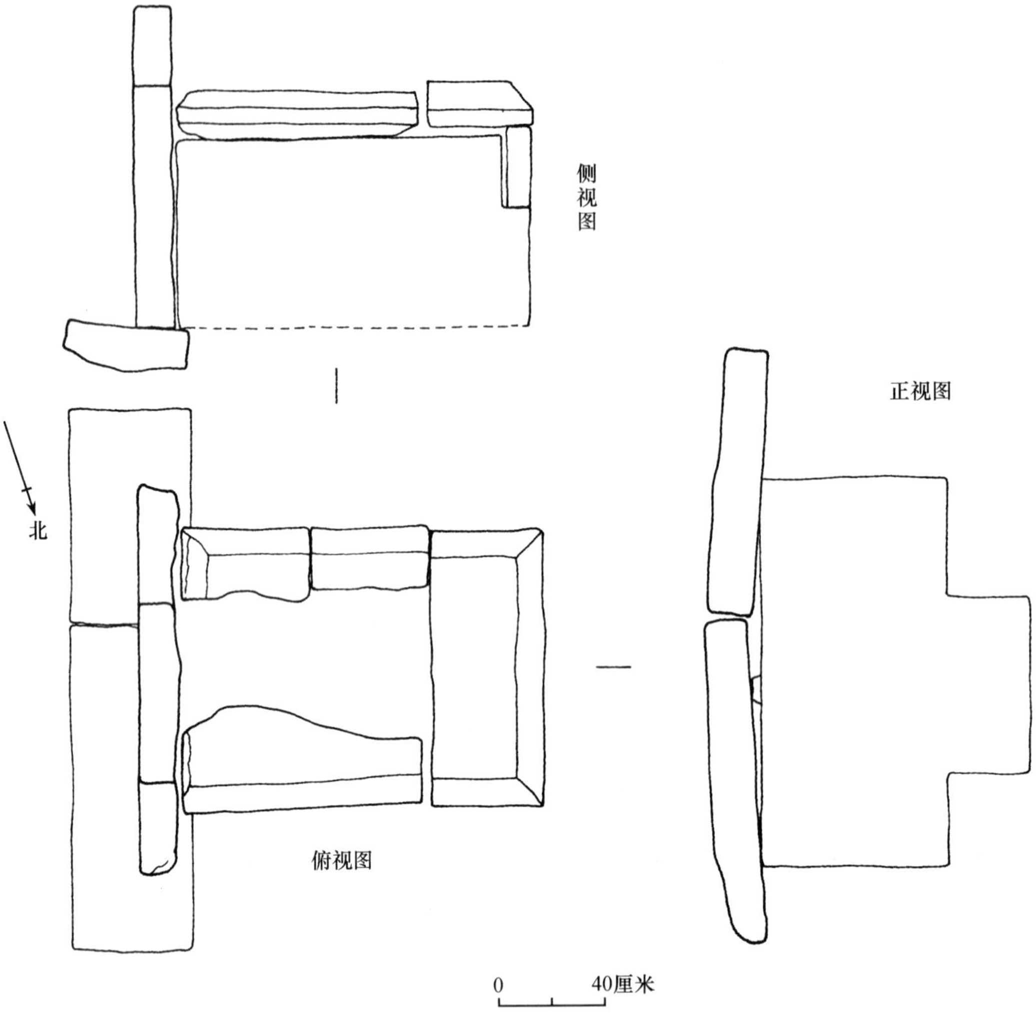

图三一　水甫 M20 地面部分正视、侧视、俯视图

6. 水甫 M22

位于水甫墓地西部上方。墓向95°。“咸丰六年”纪年墓。该墓地面部分系当地村民迁坟之后堆砌而成，从残存状况看，墓上结构为长条形石块砌成的长方形石围，内填封土。墓上石围前侧砌龛，龛内为长方形墓碑。

碑文竖行排列，右左循读，内容为：

道光十年三月十五日高老吉

孝男潘阿□

□

清故显考潘公讳阿□老大人之佳城

咸丰六年三月十一日立

墓碑两侧有对联一副“岭上梅花香，墓前明月照”，横批为“百世其昌”。

7. 水甫 M28

位于水甫墓地的东部，与 M26 相邻近。地面结构为长方形墓石砌成的长方形石围，内填封土。墓壁分两层，上层一圈为仿屋檐式样，下层为墓室的主体部分，由整块的石板构成。石围前侧有龛，内嵌石碑，但碑面上无任何文字图案，仅见加工遗留的细小平行线凿痕。龛顶为仿屋檐式结构，上面的碑帽已不存。除正面的碑、龛依然直立外，该墓其余部分坍塌严重。

8. 水甫 M34

位于水甫墓地西部靠上方。残，墓上结构毁损严重，仅剩墓碑和两侧龛壁，碑面无文字和装饰，仅见加工凿痕。碑体与两侧龛壁的结合部位使用子母口结构扣合。据了解该墓系村民迁坟之后重建的。

9. 水甫 M41

位于水甫墓地西部最上方。墓向 98°。地面结构为长方形石围。由于坡度较陡，该墓后面大部掩埋于土中。前面只见两块竖立的石板顶着四角尖收仿屋顶结构的碑盖，形成一个门框式的结构，里面透空，墓碑已经坍塌。碑盖上面正中心有一个方形臼窝，用以安放山字形碑帽，该碑帽也掉下来被放置在封土上。从墓壁前半部分看，此墓不像其他同类型墓葬用较大的石料或整块石板构筑，而是使用较小块的长方形墓石砌筑而成。

10. 水甫 M42

位于水甫墓地的最西端，与 M41 邻近。墓向 108°。“咸丰三年”纪年墓，同样是处于陡坡下面，故后面下半部分也是被土掩埋，只暴露出前面和后面的上半部分。地面结构为长方形石围。两侧墓壁用较大的石板构成，上面加压长条形石料，其上沿做成仿屋檐样式。墓前立有龛式碑，碑盖四角上翘呈仿屋顶结构形状，碑帽呈山字形，其中部阴刻一圆，内饰阴阳太极图案。

碑文竖行排列，右左循读，内容为：

阳命生于乾隆十八年癸酉日建生

嘉庆二十二年丁丑二月辛丑日告终

故显考潘公讳拱贵大人之墓

咸丰三年二月辛卯立

碑面上除汉字外，还有部分水书文字（拓片九）。

拓片九　水甫 M42 墓碑碑文

四、圆形石围墓

8 座（M8、M10、M11、M12、M14、M16、M32、M43）。均为圆形石围墓，墓前有龛式碑。除 M32 碑缺失以及 M14 碑文风化只识纪年以外，其余的墓均有墓主姓氏及纪年。

1. 水甫 M8

位于水甫墓地东部下方靠北侧。墓向 97°。“光绪十五年”纪年墓。地面结构由两部分构成，为用长条形石料砌成的地上圆形石围墙和石龛。石围墙系用四层弧形石块叠砌圈成，最上一层石料的边沿抹斜内敛呈仿屋檐式样，里面填充泥土作封土堆，直径 280 厘米。前方立有龛式碑，碑宽64、高94、厚14厘米，龛壁宽15、高100厘米。龛顶的仿屋顶结构式碑盖与碑帽均已垮塌，被放置在墓顶上。

墓碑上方刻“佑启后人”四字；两旁阴刻平雕人物形象各一；下部两侧书“戌山生武，辰向出文”联；居中雕刻灵牌，牌位书“清故显考潘公讳成癸老大人之墓”，两边分别记载了墓主生卒年月、孝男姓名、立碑日期，原文竖行排列，自上而下右左循读，内容为：

阳命生于嘉庆二十五年庚辰

岁次十二丙午日丑时生寿享七旬

告终

阳孝男潘阿□

光绪十五年八月□七辛卯日□□

墓碑两侧刻对联一副“万里荣封将□，千秋贵子卜午”。

2. 水甫M10

位于水甫墓地的东面，山坡下方。墓向112°。为“咸丰壬子年”纪年墓。墓上结构由两部分构成，为弧形石板砌成的墓上圆形石围和长方形石龛。墓上石围为圆形，系用三层弧形石块砌成，最上一层石块为仿屋檐式样。石围直径320、高107厘米。石围内填土。前侧砌石龛，石龛正中为一石碑，碑宽60、高111厘米，龛壁宽4.5、高112厘米。龛顶的仿屋顶结构雕刻即碑盖基座底，长112、宽44、高58厘米，其上的浅浮雕图案主要有鱼尾纹、变形龙头纹、花卉纹和阴阳纹等，仿屋檐式顶部前檐刻有瓦当九个，图案分别为花瓣纹和米字形纹。

墓碑碑文记载了墓主生卒年月、墓主姓氏、孝男及立碑日期，原文竖行排列，自上而下右左循读，内容为：

原命生于嘉庆庚申年□生

道光二十三年腊月初十日戊申未时音告寝

清故显妣潘母吴氏孺人之坟墓

凡阳孝男潘 阿乔

老三

咸丰壬子年□□□

墓碑两侧有对联一副“大树有情开宝穴，上苍着意护金棺”，横批为“佑启后人”。

按：“嘉庆庚申”即“嘉庆五年”（1800年），“咸丰壬子”为“咸丰二年”（1852年）。

3. 水甫M11

位于水甫墓地东部、山坡下方，在M10的南侧。墓向126°。“道光二十六年”纪年墓。墓上结构由两部分构成，为弧形石板砌成的墓上圆形石围和长方形石龛。地面石围为圆形，系用四层弧形石料叠砌而成，最上一层墓石边沿做成仿屋檐式样，石围直径325、高112厘米。

石围内填土。墓的正前方立有石龛，内嵌墓碑，碑宽 58、高 100、厚 12 厘米，龛壁宽 5、高 108 厘米。龛顶碑盖部分雕刻成仿屋顶结构式样，其上的浅浮雕图案主要有鱼尾纹、变形龙头纹、鹿纹和花卉纹等。

墓碑碑文记载了孝男名字、墓主牌位及立碑日期：

孝男潘阿乔

老三

故显考潘公讳阿打老大人之墓

道光二十六年十月三十□□

墓碑两侧有对联一副"青山金武士，吉地出文臣"。

4. 水甫 M12

位于水甫墓地的东面，山坡下方。墓向 126°。"道光三十年"纪年墓。墓葬南壁部分坍塌。墓葬由两部分构成，为弧形石料叠砌的地上圆形石围和长方形石龛。地面石围为圆形，系用弧形石料分层叠砌，共四层，最上面一层墓石做成仿屋檐式样，石围直径 325、高 112 厘米。石围内填土。墓的正前方砌筑有石龛，毁损严重，正中镶嵌墓碑，碑宽 58、高 96、厚 12 厘米，龛顶的构件已不存。

墓碑碑文记有墓主生卒年月及立碑日期：

阳命生于乾隆三十七年

今于道光丁未年告终

故显考潘公讳阿余之坟墓

凡阳孝男潘阿包

道光三十年九月二十七日立

墓碑两侧原有对联一副，现仅存上联"青龙出贵子"，下联不存。

按："道光丁未"为"道光二十七年"（1847 年），"乾隆三十七年"为 1772 年，推知墓主享寿 75 岁。

5. 水甫 M14

位于水甫墓地的东部下方。墓向 104°。"道光二十四年"纪年墓。墓上结构由两部分构成，为弧形石料砌成的地面圆形石围和长方形石龛。石围系用外壁呈弧形的石料分五层叠砌而成，最上一层的外沿做成仿屋檐式样，石围直径 274、高 94 厘米。石围内填土。墓的正前方砌有龛式碑，石龛被破坏严重，居中为一石碑，碑宽 62、高 94、厚 20 厘米，龛顶的建筑已不存。墓碑碑文部分字迹不辨，可见"阳命生于□□□□□□□"及"道光二十四年十月"字样。碑上有横批"佑启后人"四字（图三二）。

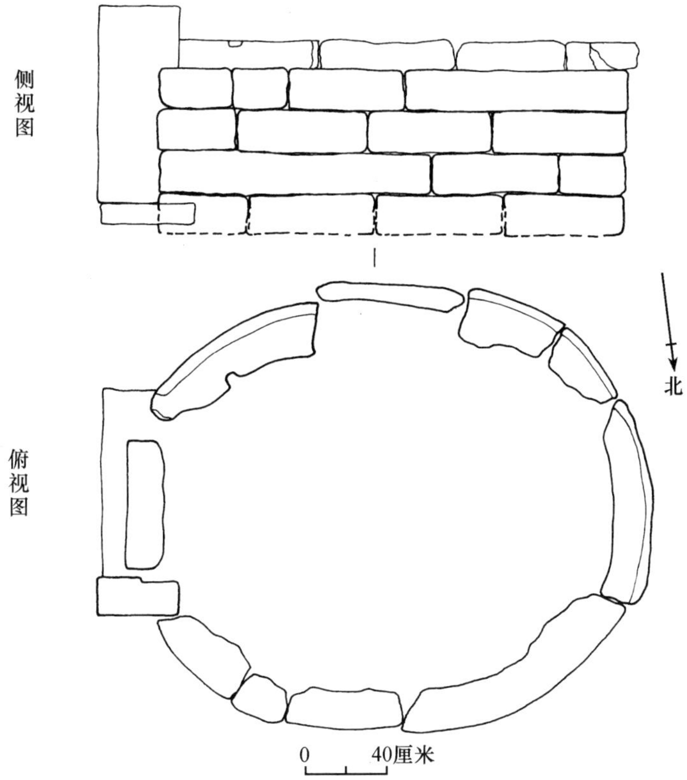

图三二　水甫 M14 地面部分侧视、俯视图

6. 水甫 M16

位于水甫墓地下方邻近寨子处。墓向 75°。“道光三十年”纪年墓。墓上结构由两部分组成，为由弧形石料砌筑而成的地面圆形石围和长方形石龛。石围用三层弧形石料叠砌，最上一层墓石外檐抹斜呈仿屋檐式样，石围内填土。石围前方砌筑石龛，内嵌墓碑，碑宽 62、高 110、厚 18 厘米。龛顶碑盖部分亦为仿屋顶结构式样，檐上雕刻有滴水，山字形碑帽已不存。

墓碑记载有墓主姓氏、生卒年月，孝男以及立碑日期。碑文竖行排列，自上而下右左循读，内容为：

阳命生于庚戌年丙午年告终

故显考潘公讳阿遠之坟墓

黑

允阳孝男潘阿戒

衣

肥

道光三十年九月□七日立

墓碑两侧有对联一副“青山金武士，吉地出文臣”，横批为“佑启后人”，与 M11 内容相同。

从立碑时间“道光三十年”（1850 年亦为“庚戌年”）往前一个甲子推算，潘阿遠出生的

“庚戌年”，应该是1790年的“乾隆五十五年”。再往前就是120年前的第二个庚戌，那已经不可能了。死亡时间“丙午年”应为1846年，即“道光二十六年”。

7. 水甫M32

位于水甫墓地的中部。残，其地面结构由两部分构成，为弧形石料砌成的圆形石围和长方形石龛。圆形壁面由四层石料叠砌，最上一层条石做成仿屋檐式样。墓内填土流失较多，现仅存墓壁二分之一的高度。由于正面遭受破坏，碑、龛今已不存，但相比较同类型墓，其应立有龛式碑。

8. 水甫M43

位于该墓地的最上部。墓向102°。“道光二十二年”纪年墓。地面结构为由弧形墓石砌成的圆形石围，由三层石料叠砌而成，最上一层墓石外沿抹斜做成仿屋檐式样。正面为龛，内嵌墓碑，龛上有仿屋檐式建筑构件和山字形碑帽装饰。

墓碑碑文记载了死者生卒年月及立碑日期，碑文竖行排列，右左循读，内容为：

阳命生于□□□甲申二十九年吉月吉十生

清故显考潘母吴氏之墓

孙

孝男潘阿□　六子

男

道光二十二年二月初二□立

汉字碑文中间夹有“第二甲子”等两排的水书文字（拓片一〇）。

按：清代“甲申年”为“二十九年”的只有“乾隆二十九年”，即1764年，1764年距该墓立碑时间“道光二十二年”（1842年）78年，应可采信。

五、乱　石　墓

5座（M17、M18、M23、M27、M39）。墓上结构系由不规则的石块堆砌围成墓冢，形状多近长方形，一座接近方形（M39），内部堆砌小石块和泥土，石头形状多为自然形态，不规整，主要有长条形、多边形等。其中2座墓（M17、M27）墓后有石俑。

1. 水甫M17

位于水甫墓地的中部。墓向123°。为不规则石块堆砌的乱石墓。地面部分长约320、宽约120、高约86厘米。在墓后放置有4个石俑，其中一个头部断损，靠在边上；另外3个头部呈圆形，前后排列靠在一起。紧靠墓冢的南侧亦斜向放置有2个石俑，形状与墓后的相同。由于该墓的石俑被人为地移动过，所以不知道是否都是出自该墓？还是部分或者全部都是当地村民从墓地内其他地方捡拾而来就不得而知了（图三三；图版一二）。

拓片一〇　水甫 M43 墓碑碑文

2. 水甫 M18

位于水甫墓地的中上部。墓向 124°。为不规则石块堆砌而成，墓形近长方形。其内堆砌小石块和泥土，石头形状不规整，前面的三块尺寸较大。墓长约 221、宽约 120、高 24～70 厘米（图三四；图版一三，1）。

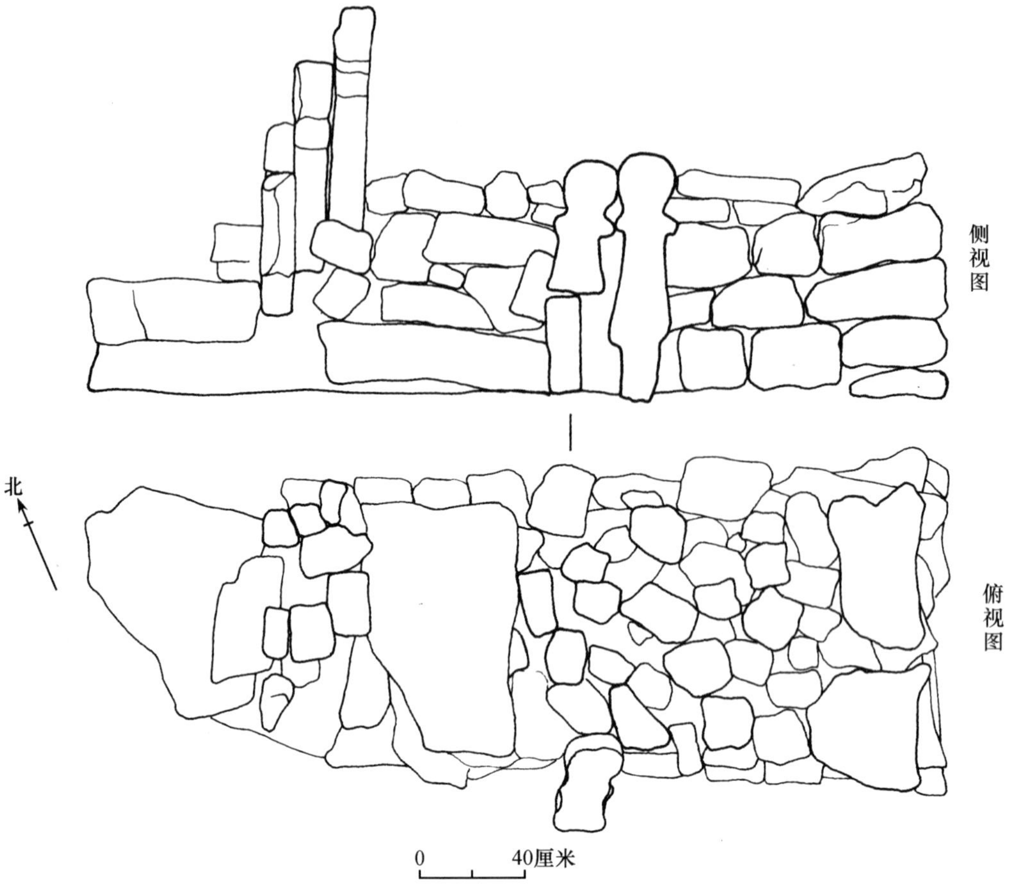

图三三　水甫 M17 地面部分侧视、俯视图

3. 水甫 M23

位于水甫墓地的西部靠上方。墓向 98°。为不规则石块堆砌的长方形墓冢，距地表高度较矮，正前方一块墓石呈三角形，像是代表墓碑，有意而为之。南侧墓石较规整，下部埋在地下，其余部分相对较凌乱，大小不一的石头与土块夹杂在一起（图版一四，2）。

4. 水甫 M27

位于水甫墓地的东北部，与 M2 邻近。墓向 93°。该墓为不规则石块堆砌的长方形乱石墓。相对于其他同类型的墓葬，M27 的石料和边壁要显得规整一些。封土堆长 269、宽 106 ~ 132、高 64 ~ 76 厘米。在封土堆后面，并排立有 4 个躯干呈梯形的石俑，其中 3 个头部断裂，另外 1 个保存较好，头部呈圆形（图三五；图版一八）。

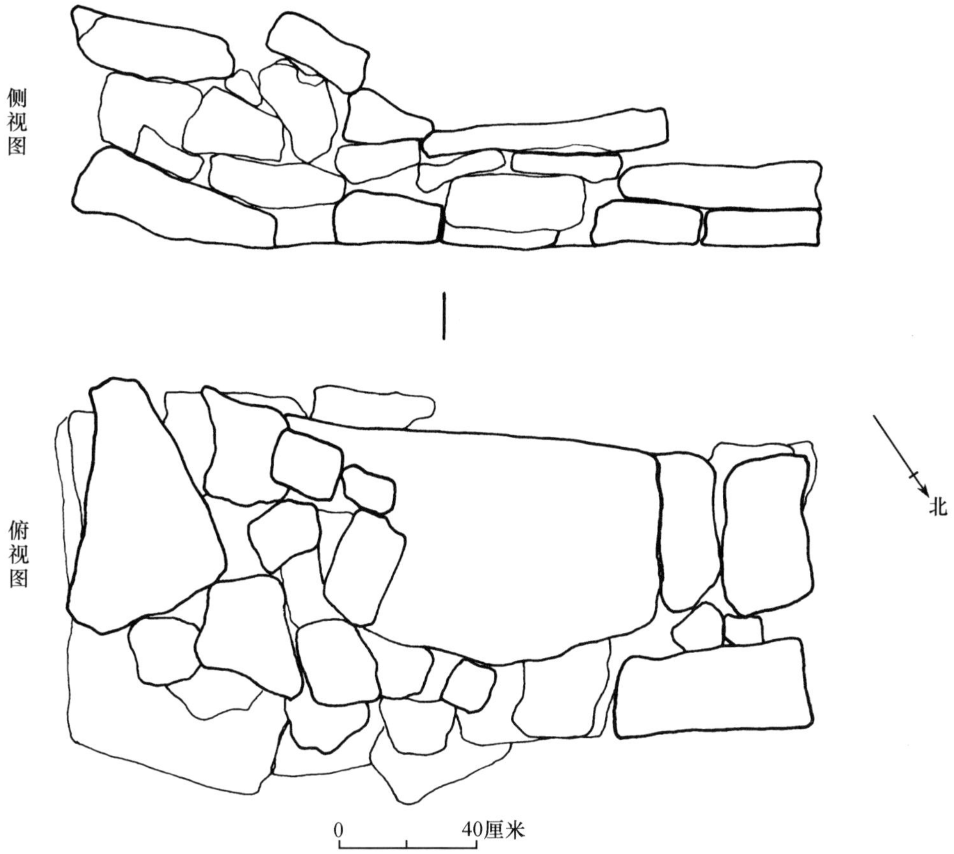

图三四　水甫 M18 地面部分侧视、俯视图

图三五　水甫 M27 地面部分侧视、后视、俯视图

5. 水甫 M39

位于水甫墓地的中下部。与 M3 邻近。该墓为乱石堆砌成的不规则墓，平面形状接近方形，与 M37、M38 情况类似，由于单穴墓在整个水甫墓地中基本都是在地面部分做成长方形而不是方形的，据此推测其地下部分亦有可能是两个墓室。该墓冢石堆长 200 ~ 240、宽约 180、高度不一，为 18 ~ 60 厘米（图三六）。

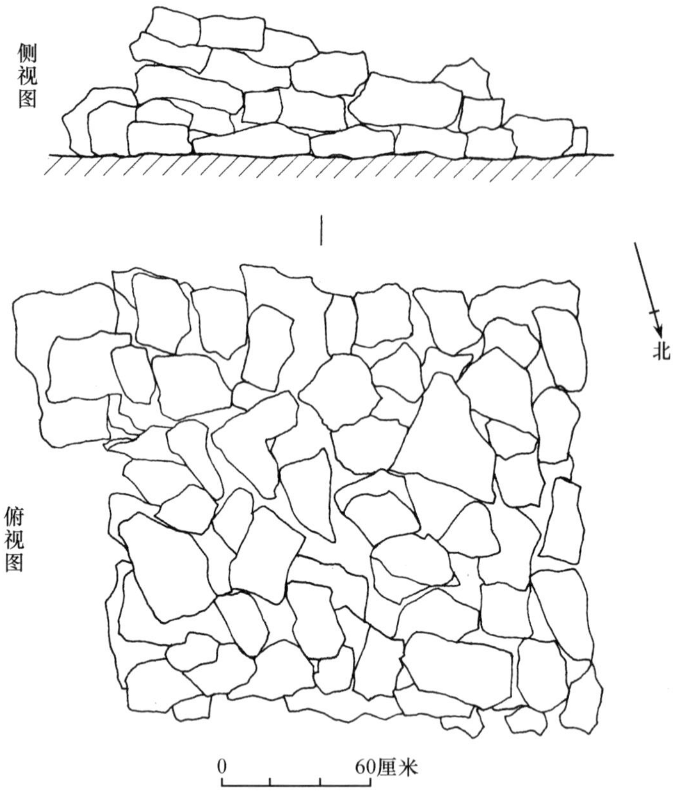

图三六　水甫 M39 地面部分侧视、俯视图

六、消失墓葬

水甫 M1

原位于荔波县水甫墓地，今已不存，原墓编号 L · S · M1。根据席克定先生 1981 年所做的调查记录，该墓为长方体双层“箱式”石结构墓，当时建筑主体仍存，仅墓顶和墓侧带石俑造型的支柱被损坏。墓葬长 180、宽 110、残高 150 厘米。在下层墓体的前、后两端外壁上，均各雕刻有一幅仿铜鼓鼓面纹饰的石刻，其直径为 45 厘米，中心为十二芒太阳纹，九晕，首晕与第八晕为栉纹，第二晕与第七晕为乳钉纹，第四晕为水波纹，其余纹饰因石质风化已漫漶不

清。前后两面的纹饰内容基本相同①。

在上层墓壁的两侧各有两根共四根石俑造型装饰立柱，其中两件当时就已缺失，仅存两件现保存于荔波县文物文物保护管理所。详细内容见第四章第二节第四部分“荔波县文物保护管理所藏水族墓葬石俑”。

七、散落石刻

由于长期以来自然与人为因素的破坏，水甫墓地原有的一些墓葬被损毁，大部分建筑构件今已不存，仅在墓地中和村寨内可见部分源于墓体的石料，其中就包括雕刻有装饰的整块墓石。如保存在板本寨北面水井旁边一小块水田内的01号石刻，现在被用来作为保护田坎的石壁，上面以阴刻的手法刻画出一组动物、人物及其他内容的图案。该墓石宽170、高63厘米。壁面上布满加工石材遗留下的竖向平行线纹凿痕。整个画面制作较为粗糙，全部内容均为阴线简单刻划而成。左下角为一个不甚规则、简约抽象的圆形仿铜鼓图案，其右上方刻一小鸟，下方分别刻有一只青蛙和一尾鱼；鱼的右方用几何线条刻一人分足站立，头部为三角形，颈部竖直，身体呈对角三角形；人体右边即画面正中底部刻一只奔跑跳跃的角鹿；中心主体画面是一对两首相对的鸟类形象；其上方有一条游龙和一个看不出形状类似于动物的简单线条；最右上角刻有水书文字一个；右边中下刻有一马；右下角则为一骑马人。共计字体1、物体1、人物形象2、动物形象10个（拓片一一）。

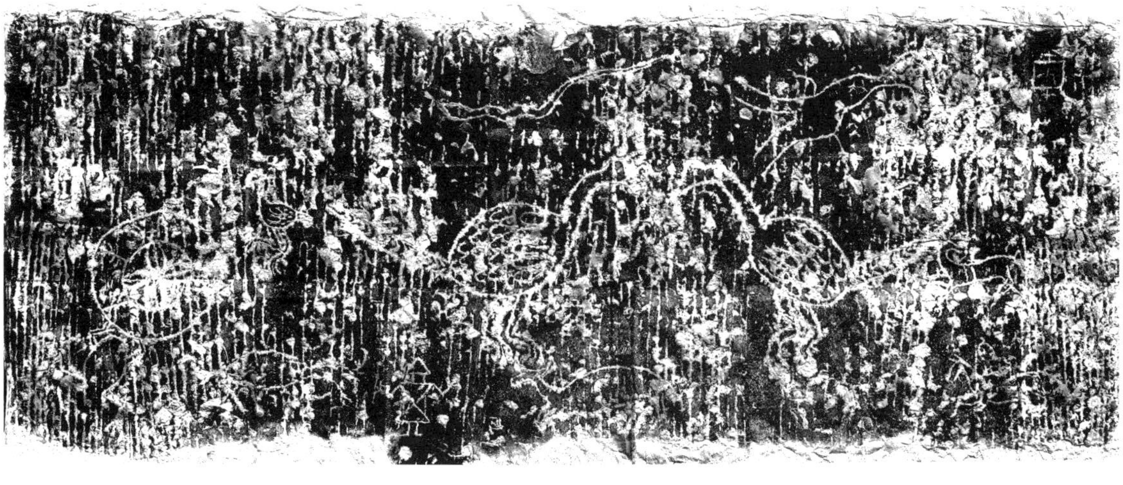

拓片一一　水甫墓地01号石刻

① 席克定：《灵魂安息的地方——贵州民族墓葬文化》，第95~97页，贵州民族出版社，1990年。

八、水甫石料加工场

在水甫墓地中，无论是何种类型的墓葬，均采用石材作为最基本的建筑材料，因此这些石料的来源及其加工地点，也成了我们必须考察的对象。根据荔波县文物保护管理所同志们在第三次全国文物普查工作中的发现，在距离水甫墓地西南面约1400米，当地水族村民称为“姑半”（水语）的一处山坡上，发现了开采、加工建造墓葬所用石材的一处石料加工场①。

该石料加工场位于山体北麓，朝向北面，南高北低，坡度约为30°。周围地势较为陡峭，西侧山下为百米深谷，谷中有喀斯特地下河天窗。附近的山坡上有面积近万亩的松林分布。在约2000平方米的坡面上，散乱堆放有大量的石材及雏形石构件。这些石料石质较好，长150～200、宽100～120、厚20～50厘米。有些是刚从地下开采出的毛石，而有些已经人工打凿成半成品构件，形状有碑帽、碑座等。

从直线距离来讲，水甫墓地与该石料加工场相距并不算太远，但是由于地处喀斯特偏僻山区，地形地貌复杂，交通极为不便，实际运距远远大于这段距离，更何况在受限于崎岖山道制约、缺乏交通运输工具的情况下，要将从这里开采加工好的石料运至水甫墓区，就只能使用最为原始的手段——靠大量的人力并辅之以畜力方能运抵。仅以此一项原材料的开采、加工、运输成本来核算，在明清时期当地经济极为不发达的社会环境下，要建造一座像模像样的水族石结构墓葬，必须要有一定的经济实力为依托，故在水族民间有建一座墓要耗费十头牛之说，这在当时应该是一个不小的数目，其并非是所有的水族家庭都能够承受得起的。这也是我们在水甫墓地中看见大量墓冢由不规则形状的自然石块堆砌而成的根本原因，而形制规整、用料讲究、加工精细的典型墓葬仅占整个墓群总数的2.5%（仅10座，包括已经消失了的M1和完全垮塌残坏的M13、M24、M30以及现存的M2、M3、M4、M6、M25、M29）。即使把稍微建造得像样点的长方形、圆形石室墓以及石围墓都统计在内的话，按水甫墓地总量约400座墓葬计算的话，经过规整加工建造的墓葬也只占到其中的6%（共24座，参见表二）。这就揭示了在水族社会组织结构中没有等级之分而在安葬死者的墓地中却表现出明显贫富差异的原因。

第四节　修复工作

在水甫墓地的发掘工作中，我们有针对性地选择了发掘对象，在对每一座发掘墓葬进行了地面结构的解剖和地下部分的清理，并充分提取资料、获取信息之后，为贯彻文物保护的方针政策，尽量减少对该墓群的人为破坏，保护好水甫墓地中现存的各类墓葬，同时为下一步的保护修缮提供切实可行的修复经验，发掘工作者在发掘完成之后立即对已发掘的9座墓葬实行了按原貌就地恢复的措施，取得了较好的效果并掌握了实际操作的经验。部分墓葬经过发掘后期

① 荔波县三普办：《荔波县第三次全国文物普查工作简报》第八期，2008年11月2日。

的修整、加固，重新恢复了原来的面貌，得到了当地领导、水族村民、专家学者的首肯和好评，既是一次有益的尝试，也是这次发掘工作所中所展现的一个新的亮点。

一、2006LSM3 的复原

M3 是目前水甫墓地中唯一保存下来的一座双层石结构墓葬，具有一定的代表性和典型性，其墓壁上装饰的雕刻既有来自于汉文化的内容，亦有源于水族民间的民族传统文化的内容，因此该墓在整个墓群中的重要性不言而喻。在发掘之前地方政府就一再强调发掘过程中不能发生损伤，要求我们发掘完毕后按原貌修复，甚至双方还签订了责任书，这对该墓的发掘工作是一个不小的压力。加上 M3 本来就已经因地基塌陷引起整个地面建筑结构的倾斜，墓体中轴线向北侧外倾超过了 10°，自身就隐藏着一定的坍塌危险。更何况压在墓室上的盖板又较为厚重，重量逾千斤，而其下雕刻有石刻内容的南、北两侧壁尺寸较长、厚度又薄，石质又不够坚硬，在装卸环节中如果有一点点闪失，极易造成损坏、断裂。所以，在发掘之前我们先做好了各项准备工作，以确保整个过程万无一失。在安装和拆卸盖板时我们均采用滑轮起吊的方式，避免任何重力施加于较薄的侧壁，在装卸侧壁的时候又尽量做到轻取轻放，保证了每一块墓石的完整。回填墓坑的时候除了将坑内填满夯实，又将地表修整平齐，将盖在墓口之上的基石恢复平整，矫正了墓体的倾斜。同时还对墓顶、墓侧的部分构件进行了修复，对断裂的部分进行黏合。经过整个处理，修复还原后的 M3 不仅在发掘过程中未受任何损伤，直观看起来比发掘前更加坚固、完整，得到了安全、妥善的保护。出于对民族风俗习惯和当地水族村民意见的尊重，M3 的墓主骨骼我们仅取了一枚牙齿作为鉴定标本，其余的在修复过程中均进行了回埋。

二、2006LSM7 的复原

M7 是在水甫墓地进行发掘的第一座墓葬，选取其的理由有四：一是该墓代表了一种墓葬类型，并且该类型墓在水族墓地中比较常见；二是该墓有墓主姓名与明确纪年，利于分析断代；三是该墓没有石刻装饰，不会造成珍贵文物的损坏；四是该墓上部破坏较重，通过发掘后期的修复可以使其恢复原貌，以达到发掘、保护的双重目的。在发掘前该墓除了正面的碑体部分还完整外，大部分石质墙体均已垮塌，靠北面的封土、石墙倒向外侧，已经和 M6 连在一起。发掘前经过地面的清理，预先将每一块墓石进行编号登记，记录下它们的具体位置，然后逐块分解，碑体等较重的构件采用滑轮吊装与人工结合的方式进行。墓坑清理完毕后，除了将墓主的颅骨等部分骨骼作标本采集外，其余的也进行了回葬。由于原葬具早已朽坏，只剩部分棺木残片，回葬时按当地村民的要求用木料新做了一口小型的木匣作为葬具。填土表面重新进行了平整处理，将变形的部分进行了矫正，地面墓石逐块修复并叠砌平整，碑体与碑盖、碑帽等也逐一安装复原，达到了发掘与保护的双重目的。

三、2006LSM25 与 2006LSM26 的复原

M25 与 M26 是两座相邻的墓葬，形制结构虽然不完全相同，M25 是“箱式”墓，M26 是石围墓，但地面部分的平面形状都是长方形单层石结构，且在发掘前均已遭到不同程度的破坏。M25 的盖板前段已毁，上面的结构已经不存，地面作为基础的整块墓石由于受上部的压力已从中断裂，断裂部位下陷，两端上翘，造成地面的不平整；M26 则更为严重，前面完全被毁，仅剩两侧壁和后壁，地面的基础兼地下墓穴盖板四块有三块被从中压断，剩余的一块则是因为尺寸较短，被挤压进墓坑。发掘这两座墓葬的目的在很大程度上是为了将其尽量修复。因此，完成发掘过程后，对这两座墓的地下、地表和地面结构部分都进行了一次全面的修复还原，在原有基础上，尽量找到散失的构件，将 M25 墓顶人字形结构和前面装饰的双鱼纹仿牛角造型构件进行了局部还原。M26 的地面基础被修复平整，倾斜的墙体也被扶正，两座墓在工作完毕后均展现出原有的风貌。只可惜 M25 的前后壁风化太重，发生了一定程度的碎裂。

四、其他已发掘墓葬的复原

除了前面修复的2006LSM3、2006LSM7、2006LSM25、2006LSM26之外，在水甫墓地经过发掘的还有 2006LSM35～2006LSM38、2006LSM40 五座墓。这 5 座墓均属于竖穴土坑墓，地面用不规则天然石块堆砌的乱石墓。其中的 M36 是被 M26 打破而发现，且 M36 的墓坑仅残余一小部分，地面则完全受破坏早已看不出墓冢的痕迹，所以基本不存在修复的问题，只是把发掘的土坑进行回填。M37 和 M38 是异穴同冢，原处于同一座封土堆下，故将地下竖穴土坑回填后，在地面依然照原样垒筑为一个墓冢，没有分开。M35 和 M40 同为独立墓冢的单穴墓，复原比较简单，将下面的竖穴土坑填平后，地面照旧用乱石堆砌，围筑一圈，内填封土，基本看不出经过发掘的痕迹。

第三章　其他水族墓群调查

基于本报告的主要宗旨是为了摸清濒危的水族墓群的历史与现状，抢救这一奇特独有的正面临消亡危机的民族文化遗产，为该遗存的保护、宣传、研究、利用提供翔实可靠、可资参考的材料和依据，并在此过程中尽最大可能减小对它的人为损伤和破坏，故我们只选取了水甫墓地9座不同类型的墓葬进行发掘并即时实施了修复还原，国家文物局亦只同意并只给这一个地点的田野工作下发了主动性发掘的考古项目执照，都是充分考虑到既要满足工作的需要以及更要贯彻保护为主的原则。然而在实际情形中，水族并不是仅仅聚居在水甫一个区域，他们祖先长眠的墓群也并非仅此一地，要窥其全貌，避免一叶障目，也为了全面准确地掌握第一手资料，为后续的工作服务，更为了在民族文化遗产流失、变异加速的今天，抢在进一步的自然与人为毁损之前把这笔水族人民珍贵的历史文化遗存较为完备地收集、记录下来，因此我们前后花了将近五年的时间，踏遍水族聚居村寨的山山水水，亲自深入民间山野实地调查，对每一处每一座仍保留的水族墓葬包括残墓都进行了尽可能详细、完备的田野调查记录与资料提取，以资将一份较为完整的水族墓葬的田野资料报告于此。

在现今水族聚居的区域仍然还保留家族公共墓地的地方已经为数不多，由于农村经济体制的改革，土地的使用承包到户，打破了统一规划的丧葬用地制度，加上人们思想意识的变化，各家各户在安葬时除了丧葬礼仪那一套民间习俗仍延续旧的传统外，对墓地的选择更多地取决于自身所能掌控的条件范围。原有的墓地正在一步步萎缩，过去成群成片分布的墓群由于时间的流逝、后人的疏远遗忘或迁徙，在无人照看和政治经济环境变化的前提下，自然与人为的损毁使其面临逐渐消亡的境地。加之晚清以后汉文化在水族地区的大规模侵入，墓葬的汉化也成了一个文化变异的内容。因此我们在实地调查中，所能见到的还保持有水族传统式样、具有水族民族文化特征的墓群已寥寥无几，目前规模在数座以上可称之为“群”的水族墓葬除了荔波县水甫村板本寨墓地外，其余仅见于三都水族自治县境内水龙乡的引朗、马联—拉佑，九阡镇的石板寨、水懂村甲路组、水梅村定岜组，周覃镇的水备组；榕江县水尾水族乡水尾大寨；独山县本寨水族乡的天星大寨；荔波县水利水族乡的洞托寨，永康水族乡的尧古村拉坑组、太吉村二组等地。后几处的汉化现象已比较突出。下面按地点分别记录。

第一节　引朗墓群

引朗墓群位于黔南布依族苗族自治州三都水族自治县水龙乡水龙村西1700米的引朗寨后，集中分布在作为张氏家族公共墓地的引朗后山上，东北面紧挨着村民的房屋建筑。墓地南高北低，南面上方30米处为999县道。当地村民均为水族，张姓为主，以农业耕种为主要的生产方式，周围群山怀抱，属浅切割低山地貌，中亚热带湿润季风气候。该墓群1985年11月2日被公布为贵州省级文物保护单位。标志点为东经107°52′45.0″、北纬25°50′48.9″，海拔767.5米。墓向均顺山势取坐南朝北。现存墓葬12座（图三七；表三），其中已毁的3座（M1、M4、M10），圆形墓1座（M12），其余长方体“箱式”墓保存相对较好的8座（M2、M3、M5、M6、M7、M8、M9、M11）。以下按编号介绍如下（图版二四）。

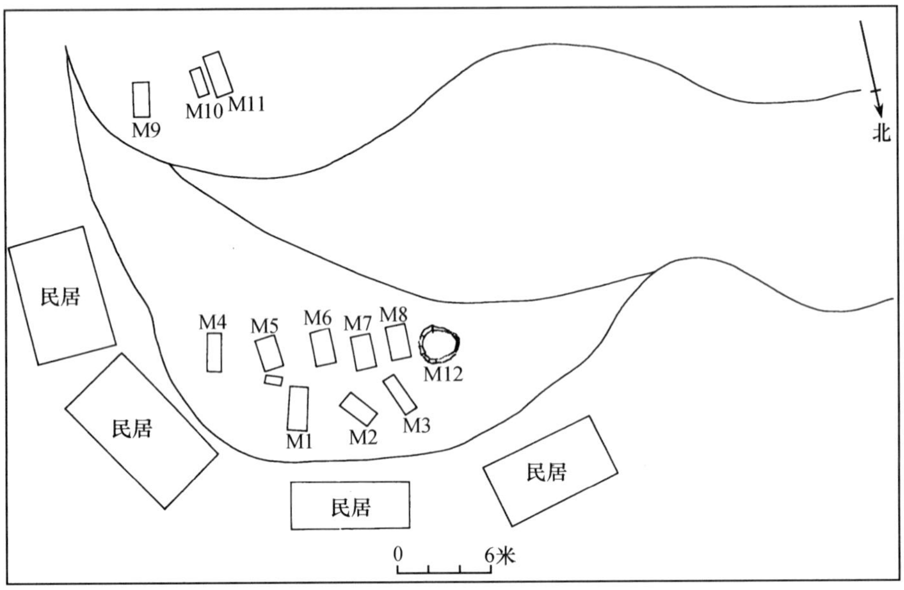

图三七　引朗墓群平面分布图

表三　引朗墓群墓葬登记表

墓号	墓主	墓葬形制	纪年	备注
M1	张母韦氏	残	道光十年生，咸丰四年卒	仅存碑体
M2		双层“箱式”墓		有石雕
M3		双层“箱式”墓		有立柱
M4		残		仅存碑体
M5		双层“箱式”墓		有石雕
M6		双层“箱式”墓		有石雕
M7		双层“箱式”墓		有立柱
M8	张母韦氏	双层“箱式”墓	乾隆丙戌生，道光己酉卒	有石雕
M9		双层“箱式”墓		有石雕
M10		残		已毁
M11	张士毫	双层“箱式”墓	乾隆五十六年生，辛酉年卒	有石雕
M12	张母潘氏	圆形石围墓	咸丰四年立	

1. 引朗 M1

位于墓地东北角。墓向5°。残，仅存墓碑碑体。原墓为何种形制已不辨。碑帽“山”字头中间刻一“寿”字，碑文为“清故显妣张母韦氏之坟墓，原命生于道光十年庚寅岁吉月日时生，享寿　　咸丰四年十一月廿四己丑日子时告终，择吉于本年十月廿六辛卯日丑时”。由“孝男张开科等众祀”，落款日期为“运丙辰年十月十五日”。碑宽170、通高200、侧厚40厘米。

以“咸丰四年”（1854年）与“道光十年”（1830年）相距时差计算，墓主“张母韦氏”死亡时年仅24岁，故“享寿”后面空出两字未刻。

2. 引朗 M2

位于墓地北部M1与M3之间。墓向330°。长方体双层石结构墓，仿两面坡式屋面墓顶。墓前有碑脚石，但碑已不存。下层盖板边沿上部抹斜，四角收尖，下层长205、宽90、高81厘米。下层盖板长212、宽111、厚17厘米。上层盖板四边与墓上人字顶皆做成仿筒瓦屋面式样，顶部横脊与前后挡头缺失。上层长185、宽77、高66厘米，上层盖板长205、宽94、厚24厘米。墓顶高30厘米，脊长117厘米，底长138厘米，斜面宽38厘米，石厚8～10厘米。墓外侧无任何支柱。墓四壁有石雕装饰（图三八；图版二五，1）。

北（前）壁下层为封门，壁面风化无纹。上层刻花篮一幅，敛角方形双勾边，画面宽33、高44厘米（拓片一二）。

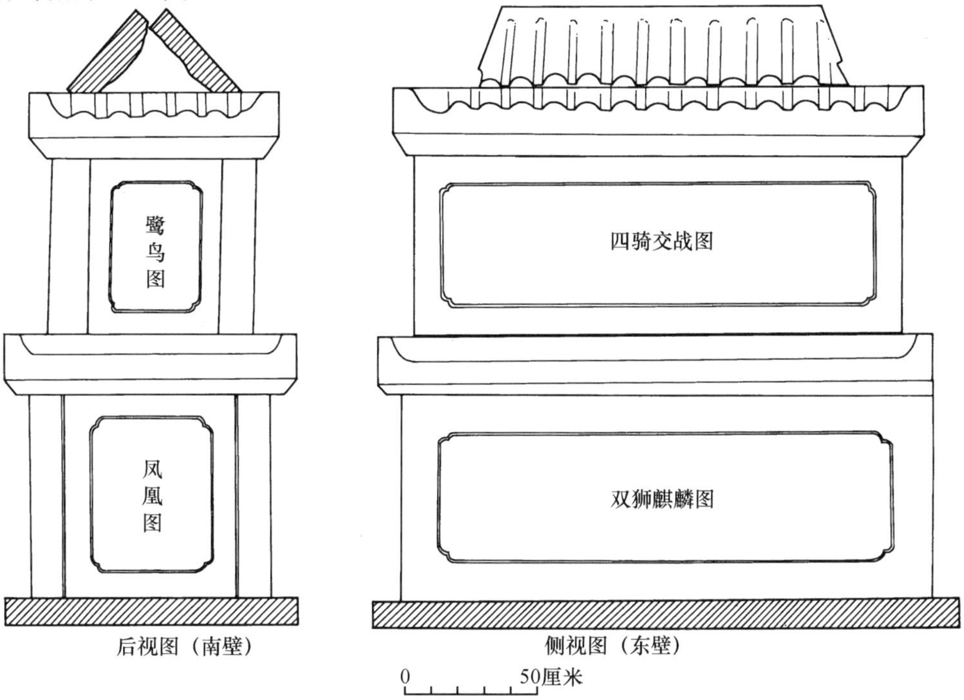

图三八　引朗M2后视、侧视图

拓片一二　引朗 M2 北壁上层花篮祥云图

东壁下层为双狮麒麟图。南侧刻一麒麟回首，麒麟身下有双剑及云板；北侧刻双狮戏绣球，其间彩带缠绕。长方构图，边框饰装饰线，敛角。画面宽 174、高 50.5 厘米（拓片一三）。上层为四骑交战图，四人骑马捉对厮杀，一人挥舞双锏，余三人皆使长枪，四周云纹环绕，两只鸟儿在天上飞鸣。长方形敛角边框。画面宽 160、高 45 厘米（拓片一四）。

南壁下层为长方构图，凤凰展翅而立，上为牡丹与蝶恋花。敛角边框。画面宽 43、高 53.5 厘米（拓片一五）。上层为长方构图，鹭鸟展翅独立，上饰云纹，下为山石兰草。敛角边框。画面宽 32.5、高 48 厘米（拓片一六）。

西壁下层为长方构图，刻写实动植物图。最北一株树下站着一只大象，象身后是一片荷叶，中间两只奔鹿口衔花枝，其后是一前一后两头水牛，前牛背上站着两只小鸟，后牛身上骑着一位手握竹枝的牧童。敛角边框。画面宽 176、高 51 厘米（拓片一七）。上层为长方构图，刻一幅出行图。画中第一、第三、第五人骑在马上行走，第二人撑着伞、第四人抱着伞跟随其后，周边饰云纹，一对鸟儿围绕中间的骑马主人纷飞。敛角边框。画面宽 159、高 44 厘米（拓片一八；图版二五，2）。

拓片一三　引朗M2东壁下层双狮麒麟图

拓片一四　引朗M2东壁上层四骑交战图

拓片一五　引朗 M2 南壁下层凤凰图

拓片一六　引朗 M2 南壁上层鹭鸟图

拓片一七　引朗 M2 西壁下层写实动植物图

拓片一八　引朗 M2 西壁上层出行图

3. 引朗 M3

位于墓地北部 M2 西侧。墓向 345°。长方体双层石结构墓，保存基本完好，无碑。墓下层长 224、宽 88、高 74 厘米，下层盖板长 224、宽 119、厚 16 厘米，上层长 182、宽 76、高 64 厘米，上层盖板长 198、宽 96、厚 18 厘米。人字形两面坡墓顶，顶部留有 8 厘米宽的接缝以便安放屋脊构件，然横脊缺失，前后两端立双鱼纹仿牛角造型挡头，其中部内凹，槽口亦宽 8 厘米，用以固定横脊两端，以此可知原脊厚度为 8 厘米。墓顶长 139 厘米，顶部两端双鱼形石雕最宽处 60、高 44、厚 13 厘米。东、西两壁原上二下三各有支柱五根共十根，现部分缺失，余东壁下层两根（中、北）、上层一根（南）和西壁下层一根（中）、上层两根共六根。下层中间支柱宽 19、高 74、厚 10 厘米，北边石柱宽 14 厘米，高度、宽度与中间石柱相同，上层石柱宽 10、高 64、厚 10 厘米。墓壁无石雕装饰，通体布满加工石料留下的平行线条凿痕（图三九；图版二六）。

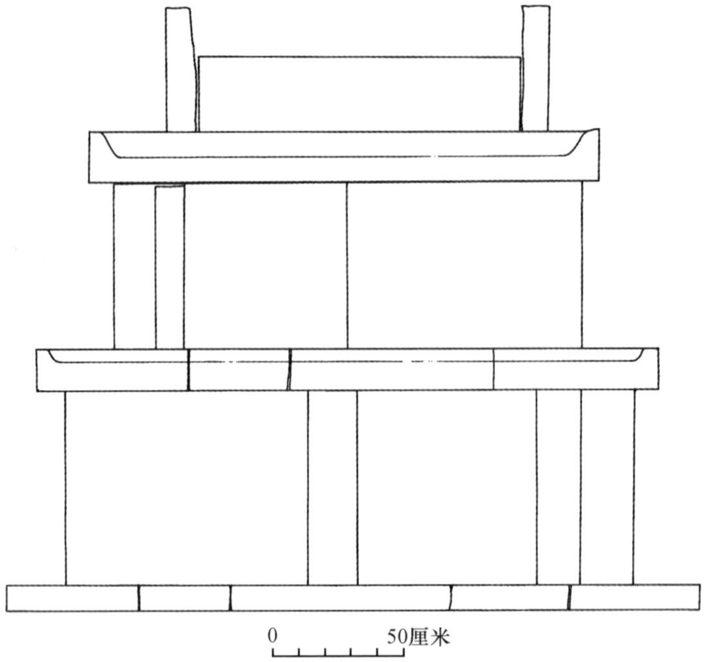

图三九　引朗 M3 侧视图（东壁）

4. 引朗 M4

位于墓地东部。墓向 0°。残，墓体不存，仅余墓前龛式碑，碑文也已风化不辨，山字形碑帽，中为葫芦、两侧呈双鱼尾造型，葫芦上刻太极和鹿回首图案。碑宽 95、高 115 厘米，碑帽最宽处 110、中高 68 厘米。碑盖为筒瓦状仿屋顶式样，宽 110、高 20 厘米。

5. 引朗 M5

位于 M4 与 M6 之间。墓向 356°。长方体双层石结构墓。墓下层长 206、宽 85、高 75 厘米；下层盖板由两块拼接，总长 215、宽 110、厚 19 厘米。上层长 178、宽 62、高 59 厘米，上层盖板长 195、宽 80、厚 22 厘米。墓通高 213 厘米（不包括缺失的横脊部分）。两面坡墓顶，墓顶两面和上盖外檐为筒瓦状，顶面为八沟九瓦，檐面为十二沟十二瓦，顶部前后两挡已不存，顶上宽 118、下宽 140、高 38（斜长为 40）厘米。墓前有龛式碑，碑帽不存，碑体与墓室分离，间距 20（下部）～30（上部）厘米。碑通宽 120、通高 160 厘米，碑面宽 63、高 110 厘米。碑前方正中为三级台阶式，两翼外展，八字形斜面上浮雕花草，下部装饰双兽石雕，立面书对联“龙盘虎踞千秋盛，□□鸾□万载兴”。碑文已风化不辨，碑盖上刻“紫云楼”三字（图四〇；图版二七）。

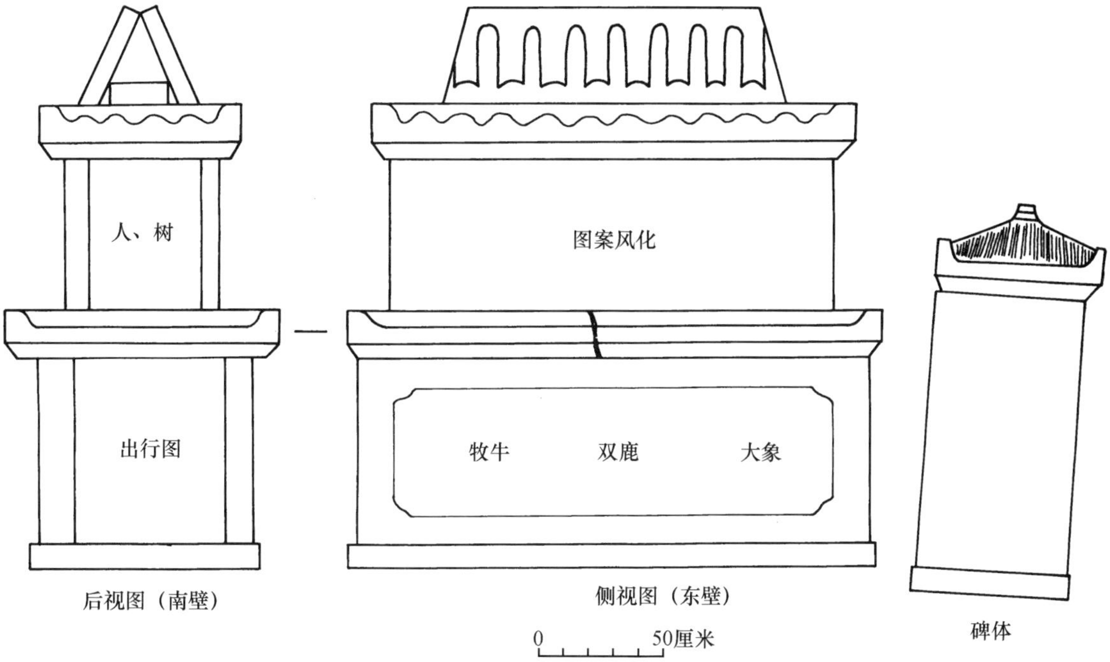

图四〇　引朗 M5 后视、侧视图

墓室下层前方被破坏，墓石无存。东壁下层石墙断裂为二，上雕图案从南到北依次为：向南行走中的两头牛，前牛背上站立两只鸟，后牛身上骑一牧童；中为两头鹿，前鹿作回首状，后鹿口衔花枝；最北为一头大象。由于石质较差，风化较重，已经起层剥落。画面宽 170、高 47 厘米（拓片一九）。上层原有石雕，但内容已经看不清。

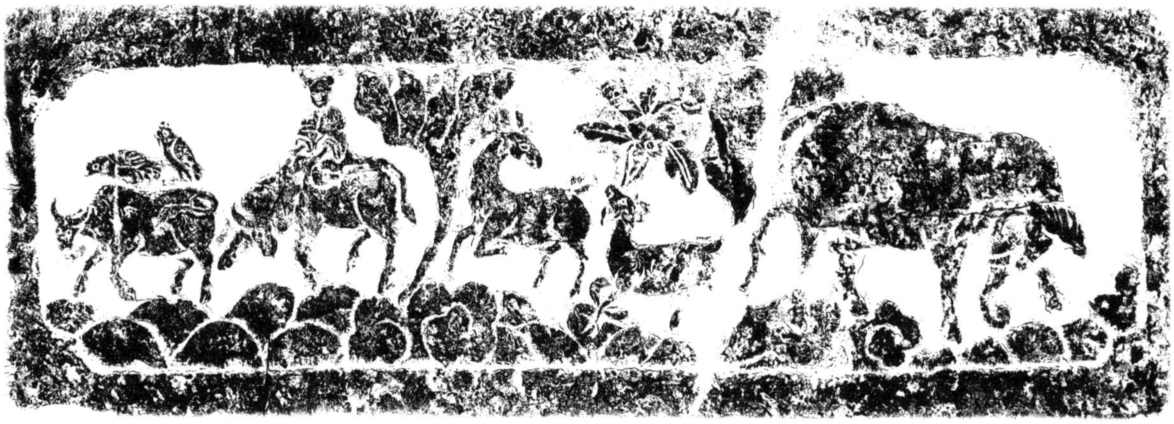

拓片一九　引朗 M5 东壁下层牧牛、双鹿、大象图

南壁下层为一幅出行图，一男子骑在马上，上饰云纹，下踏水波，后面跟随一抱着长伞的童子（图版三三，1）。上层可见人与树的形象，但均风化模糊，不是很清晰。

西壁则已完全风化，仅依稀可辨原是刻有图案的。

6. 引朗 M6

位于 M5 与 M7 之间。墓向 4°。长方体双层石结构墓，墓碑与顶部均已不存，余墓体保存基本完整。上、下盖板均为四角收尖的平顶仿屋檐式，上部顶平，墓顶不存，但遗留有承接人字顶的凹槽痕。墓下层长 216 厘米，宽、高各 84 厘米；下层盖板长 232、宽 132、厚 14 厘米。上层长 179、宽 82、高 60 厘米，上层盖板长 195、宽 105、厚 16 厘米。东壁上层存北端支柱一根，西壁上层两根保存完好，柱面浮雕盘狮装饰，头上尾下，用砂石制作，以石灰作黏合剂。柱宽 13、高 60、侧厚 9 厘米。下层各余一根，东壁北侧一根上刻“地灵人发达”，西壁南侧一根刻“青龙招寅　”。柱宽 12、高 84、厚 7. 8 厘米。四壁皆有石雕装饰（图四一；图版二八，1）。

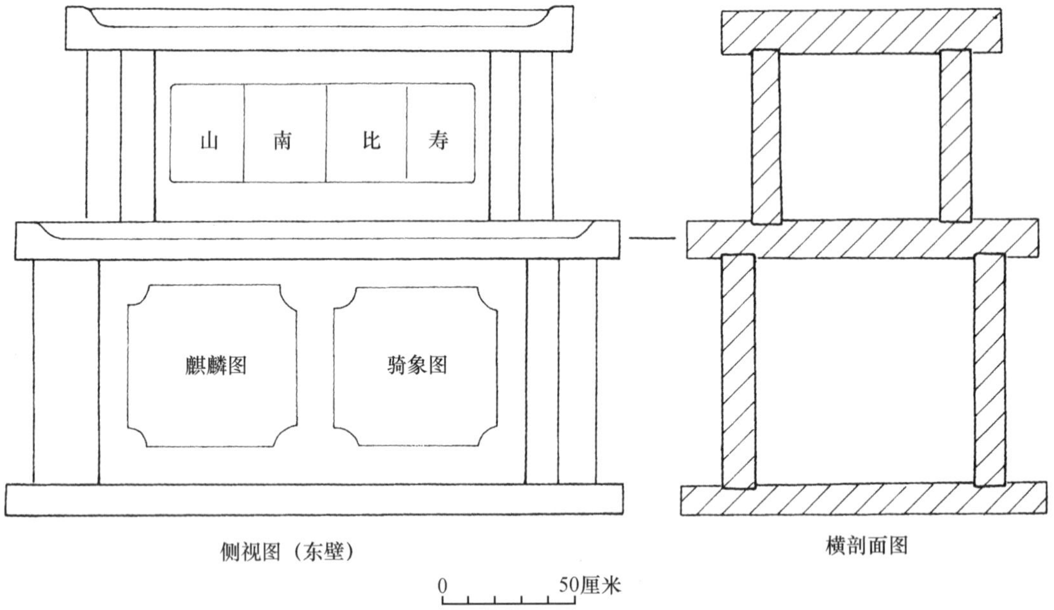

图四一　引朗 M6 侧视、横剖面图

北（前）壁下层刻出行图，内容与 M5 南壁下层相同。方形圆角边框。画面宽 61、高 64 厘米。上层刻墓主牌位，惜文字已风化不识。

东壁下层刻两幅画面，南为麒麟图，头北尾南，与北面骑象图中的象首相对，方形敛角边框；象背上骑一身穿对襟衣扣的男子，左手拉象尾，右手执鞭，象体肥硕，但四肢、头颈与象鼻较细，有点不成比例，象鼻下垂，鼻头上卷方形，敛角边框。二图均宽 69、高 62 厘米（拓片二〇）。上层敛角长方形画框内分四栏，内书“寿比南山”四字，每个字内镶嵌一位八仙人物，足踏祥云。只是在具体的人物形象上有点张冠李戴，比如“南”字里镶嵌唯一的女性形象何仙姑，其法器本应是竹罩，在这里却手执着钟离权的拂尘。四字各宽 26、高 39 厘米。整幅画面宽 117、高 39 厘米。画外左右各饰瓶花一幅，宽 12、高 46 厘米（拓片二一；图版二九，2）。

拓片二〇　引朗 M6 东壁下层骑象图与麒麟图

拓片二一　引朗 M6 东壁上层“寿比南山”

南壁下层为垂钓图，一留有胡须的老翁头戴笠帽，足尖朝外、两腿分立站于树下，左手提一鱼篓，右手握一鱼竿，正钓起一尾鲤鱼，旁边还有一尾鲤鱼并列。敛角方形外框。画面宽61、高63厘米（拓片二二）。上层刻野鹿衔枝图，鹿身肥大，头颈细小，比例失调。敛角方形边框。画面宽39、高41厘米（拓片二三）。上下图均为在墓壁平面上阴刻出画框，保留画面内容，将其余部分剔除平雕而成。

西壁下层为双牛图，分两栏，各在一画面，牛首相对，昂然向上，足踏波纹，中间雕一月亮，直径9厘米，上刻“月”字。敛角方形外框。牛图各宽70、高62厘米。上层与东壁相对，雕“福如东海”四字，亦在字间嵌入另四位八仙人物，形成人字合一的图案。画面宽115、高

拓片二二　引朗 M6 南壁下层钓鱼图

39 厘米。框外南端雕瓶花，北端雕手执如玉、着明服纱帽立人，画面大小与东壁相同。唯一与东壁每字各占一格不同的是西壁仅“海”字独占一格，其余“福如东”三字未分栏。分析应是字形大小不统一，加工制作不规范的原因，由此也可见其工艺不是十分精湛（拓片二四；图版二九，1）。

7. 引朗 M7

位于 M6 与 M8 之间。墓向 5°。长方体双层石结构墓，无碑，顶残，通体布满间距 1 厘米的石材加工凿痕。下层由两块等长的墓石拼接，总长 215、宽 103、高 81 厘米；下层盖板长方形，由三块石拼镶而成，总长 239、宽 130、厚 13 ~ 14 厘米。上层亦为两块石拼接而成，长 179、宽 80、高 60 厘米；上层盖板长 193、宽 105、厚 14 厘米，四角尖收，高 15 厘米，边沿上部斜高 6、下部直高 8 厘米，仿屋檐式样。东、西两壁上下原各有支柱三根共十二根，现仅余东壁上层中、北两根，其余已无存，在其与墓壁结合部仍可见石灰黏合的痕迹。边柱宽 14、高 80、侧厚 7 厘米，中柱宽 12、厚 8 厘米，高度与边柱相同。四壁均无石雕装饰（图四二；图版三〇）。

拓片二三　引朗 M6 南壁上层野鹿衔枝图

拓片二四　引朗 M6 西壁上层“福如东海”

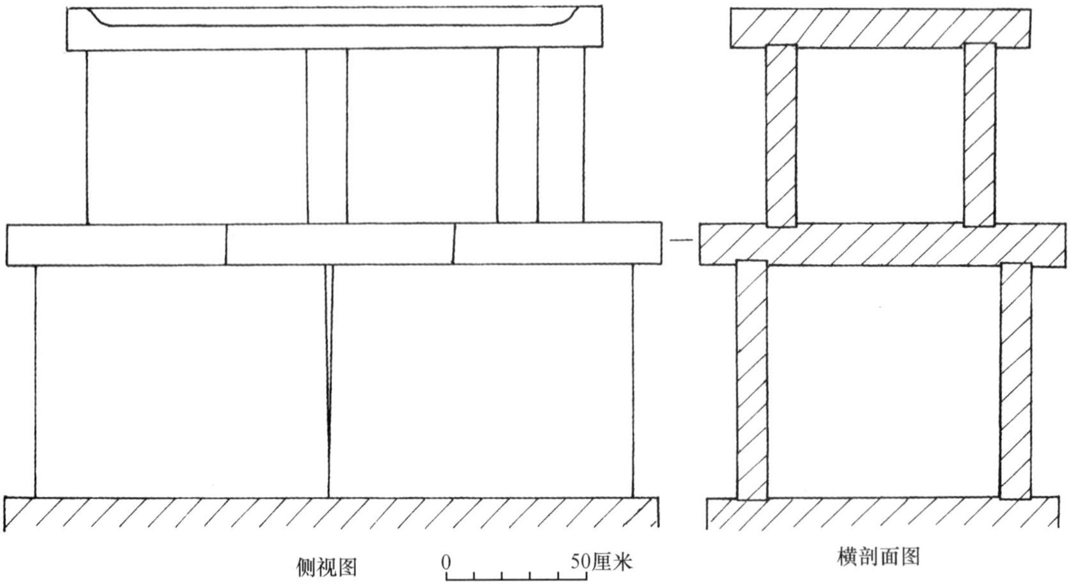

图四二　引朗 M7 侧视、横剖面图

8. 引朗 M8

位于 M7 西侧。墓向正北。长方体双层石结构墓，无碑（图四三）。下层长 216、宽 104、高 80 厘米；下层盖板四角收尖，长 232、宽 130、厚 10 厘米。上层长 183、宽 80、高 56 厘米；上层盖板长 194、宽 106、厚 16 厘米，仿筒瓦屋檐，檐上饰有瓦当，瓦当图案有花卉、太极、寿桃等。墓顶后挡头和两面坡均倒塌，前挡头屹立，为山字形双鱼纹仿牛角造型，正中部位雕一身着裙装脖戴项饰的少数民族妇女形象（图四三；图版三一）。东壁下层支柱余南侧一根，上刻“吉地出坟成”，柱宽 14、高 80、厚 9 厘米；中、北柱缺失，仅余石灰痕迹。上层二柱齐，雕云龙纹饰，宽 11、高 56、厚 8 厘米，上下端皆有榫头，与上下盖板上的臼窝相衔接以加固墓葬。西壁上、下支柱上各浮雕一只狮子盘于柱上，头部朝上（图版三四，1）。墓四壁有石雕装饰。

北（前）壁上层居中雕墓主牌位，文为“皇清故显妣张母韦氏之墓”，右刻“阳命生于乾隆丙戌年吉月吉日建生享寿八十三，没于道光己酉四月丙辰日酉时告终，择吉本年五月初七辛丑卯时安葬”。左为“孝男张士门、张士毛，孙永林、永富、永荣、永华、永贵、永清，重孙开科、开之、开文、开先　永祀”。文字为竖行排列，右左循读。两侧刻对联“平地龙吉穴，明堂秀水朝”。下层刻蟾宫折桂图，云彩围绕的满月下，一株桂花树旁站立两位男性人物，其中一位折下一根桂枝扛于肩上，抬起一腿，单足直立；另外一人位于右下方，身穿长衫，面朝折桂者抬手站立。敛角方形边框。画面宽 60、高 61 厘米（拓片二五）。

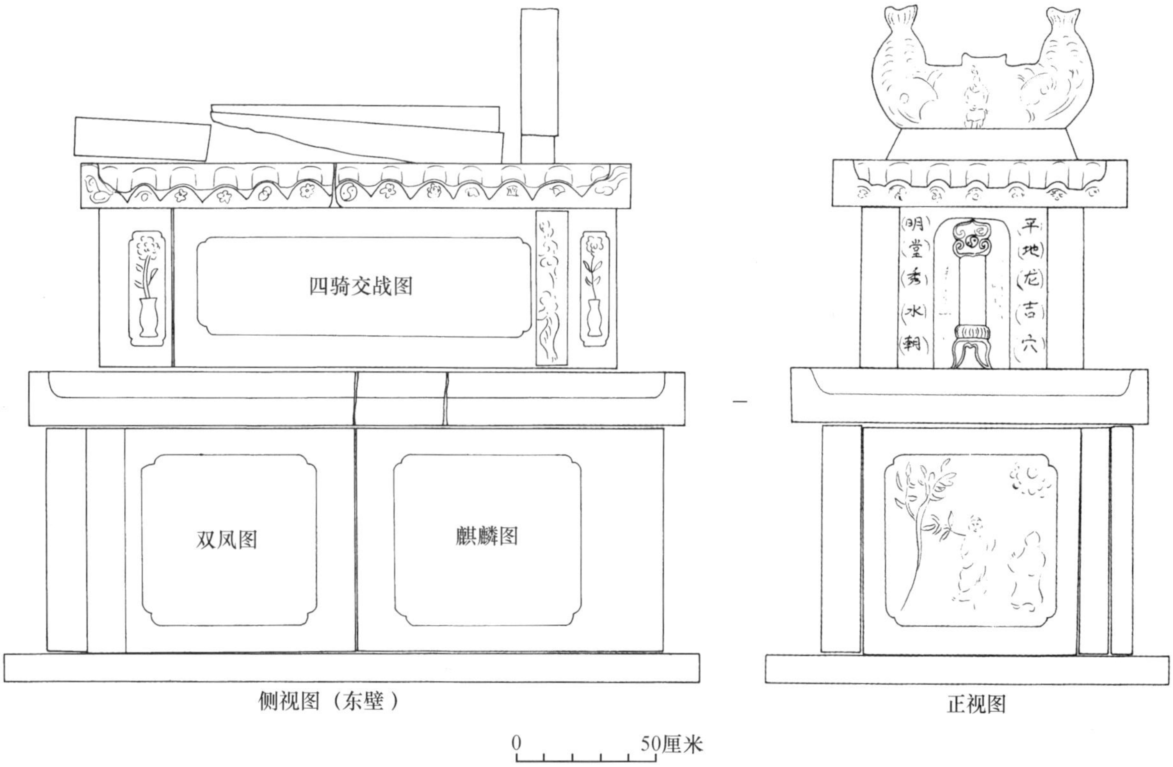

图四三　引朗 M8 正视、侧视图

拓片二五　引朗 M8 北壁下层蟾宫折桂图

东壁下层由两块长 108 厘米的石料拼镶而成，高 80 厘米，各雕石刻一幅。南为上下飞翔的双凤图，头向各异，但互为呼应；北为麒麟图，主体画面刻一只麒麟，左、右角上方各雕一鸟。敛角方形外框。画面均宽 65、高 58 厘米（图版三三，2）。上层为两两捉对厮杀的四骑交战图，南边二人挥舞双刀，北边二人使用长柄大刀，均骑于马上，马首相对。南、北两端饰瓶花。敛角长方形边框。画面宽 117、高 34 厘米。

南壁下层为祭祀图，下刻波浪，上饰双树，西面一张供桌，上燃烛一对，摆祭碗三个，桌下是用以祭祀的一牛一马，东边为三位寨老，皆长衫戴帽，正拱手向上。敛角近方形框。画面宽 60、高 62 厘米（拓片二六）。上层刻双猴摘桃图，敛角方框。边长 36 厘米。

拓片二六　引朗 M8 南壁下层祭祀图

西壁下层二图，南为双鹿图；北为人物图，画中北面一老翁手垂一扇，南面一人抱着一树，还有一鸟展翅于左上方。敛角方形边框。两幅画面皆宽 64、高 58 厘米。上层为出行图，从南向北依次为两开道人、两旗手、两号手、骑马的主人、打伞的随从，共八人。敛角长方外框。画面宽 120、高 35 厘米（拓片二七；图版三四，2）。

拓片二七　引朗 M8 西壁上层出行图

9. 引朗 M9

位于墓地南部靠省保标志处。墓向 28°。长方体双层石结构墓。曾被盗掘，前面封门石壁倒塌，可见墓内少量泥土，顶部前后挡头缺失，余两面坡人字形顶板。墓基为二层台，底层宽 132、厚 12 厘米，面层宽 112、厚 10 厘米，缩边 10 厘米。墓下层长 197、宽 86、高 67 厘米，下层盖板长 212、宽 100、厚 25 厘米。上层长 161、宽 64、高 58 厘米，上层盖板长 169、宽 84、厚 16 厘米。上、下盖四边均做成斜面仿屋顶式样，四角尖收。顶板亦为仿筒瓦屋面形状，斜高 36、厚 10 厘米。全墓无支柱，有石雕装饰（图版二八，2）。

北（前）壁上层雕刻一只系着丝带的葫芦。敛角方框。画面宽 37、高 32 厘米（拓片二八）。

东壁下层雕麒麟与大象图，饰有树木花草。敛角长方边框。画面宽 136、高 41 厘米（拓片二九）。上层为避乱图，正中刻一男性端坐车上，南侧山石背后露出刀枪剑戟等兵器，山前一抱着小孩的妇女与北侧树下一男子正作逃跑状。敛角长方边框。画面宽 116、高 37 厘米（拓片三〇）。

南壁下层雕凤凰、牡丹、蝴蝶图，画面内容与构图与 M2 南壁下层相同，表现手法一致，但技艺稍逊一筹，略显粗糙。敛角方框。画面宽 46、高 51 厘米（拓片三一）。上层雕花卉图一幅。外框左下角呈直角，余为敛角。画面宽 30、高 33.5 厘米（拓片三二）。

西壁下层刻双狮戏球图。敛角长方边框。画面宽 133、高 41 厘米（拓片三三）。上层雕三贤图。北面一人站在云间；中间一人行走树下；南面一人立于竹林，双手握竹。敛角长方形边框。画面宽 160、高 44 厘米（拓片三四）。

拓片二八　引朗 M9 北壁上层葫芦图

拓片二九　引朗 M9 东壁下层麒麟与大象图

拓片三〇　引朗 M9 东壁上层避乱图

拓片三一　引朗 M9 南壁下层凤凰图

拓片三二　引朗 M9 南壁上层花卉图

拓片三三　引朗 M9 西壁下层双狮戏球图

拓片三四　引朗 M9 西壁上层三贤图

10. 引朗 M10

位于墓地南部 M9 与 M11 之间。原为长方体双层石结构墓，现已完全垮塌，残，仅见地面一块长方形墓壁，上面雕刻有两幅方形图案，保存较好，内容为人物形象，均是左侧一人跪姿向右，右侧一人站立面向左。

11. 引朗 M11

位于墓地西南部。墓向 2°。“张士毫”墓。长方体双层石结构墓，有龛式碑。墓下层长 204、宽 88、高 80 厘米，下层盖板长 210、宽 107、厚 17 厘米。上层长 171、宽 66、高 63 厘米，上层盖板长 195、宽 88、厚 16 厘米。墓身四壁皆整石制作，东、南、西三壁有石雕装饰。盖板为拼镶，上下盖板边沿外露部分均做成仿筒瓦屋顶斜面，四角尖收，顶部为四面坡仿瓦屋面结构。人字顶脊长 110、底长 122、宽 40、厚 12 厘米。正面为一梯形石板，上宽 20、下宽 39、厚 11 厘米。墓正面为双重檐牌楼式碑盖、八字形翼墙、双层镂空碑面，碑文内藏，外层罩镂空透雕装饰面以保护内碑。墓主为“近故显考张公讳士毫”。内碑上面有生卒年月，“阳命生于乾隆五十六年吉月吉日，光七十岁殁于辛酉年腊月初四丁巳日午，本年腊月廿九四元壬子日卯辰时□”，孝男有永字辈的祥、兴、华、贵以及孙开泰等。碑侧有两对联，外联为“千里来龙钟吉穴，一弓曲水映方塘”，横批为“永垂千古”；内联为“水绕山环钟甲第，龙盘虎踞起人宅”，横批为“钟灵毓秀”。下联文字现在已经风化不辨，是根据早年所做的调查记录补充的。碑壁内侧上雕青龙、白虎，下部浮雕双狮座（图四四；图版三二）。

东壁下层雕双狮戏球与麒麟图案。敛角长方形边框。画面宽 156、高 43.5 厘米（拓片三五）。上层为四骑交战图，四人骑在马上，马踏祥云，手使长兵，捉对厮杀正酣。敛角长方形边框。画面宽 138.5、高 38.5 厘米（拓片三六）。

南壁下层雕凤凰图。敛角方框。画面宽 41、高 38.5 厘米（拓片三七）。上层雕鹭鸟图，饰

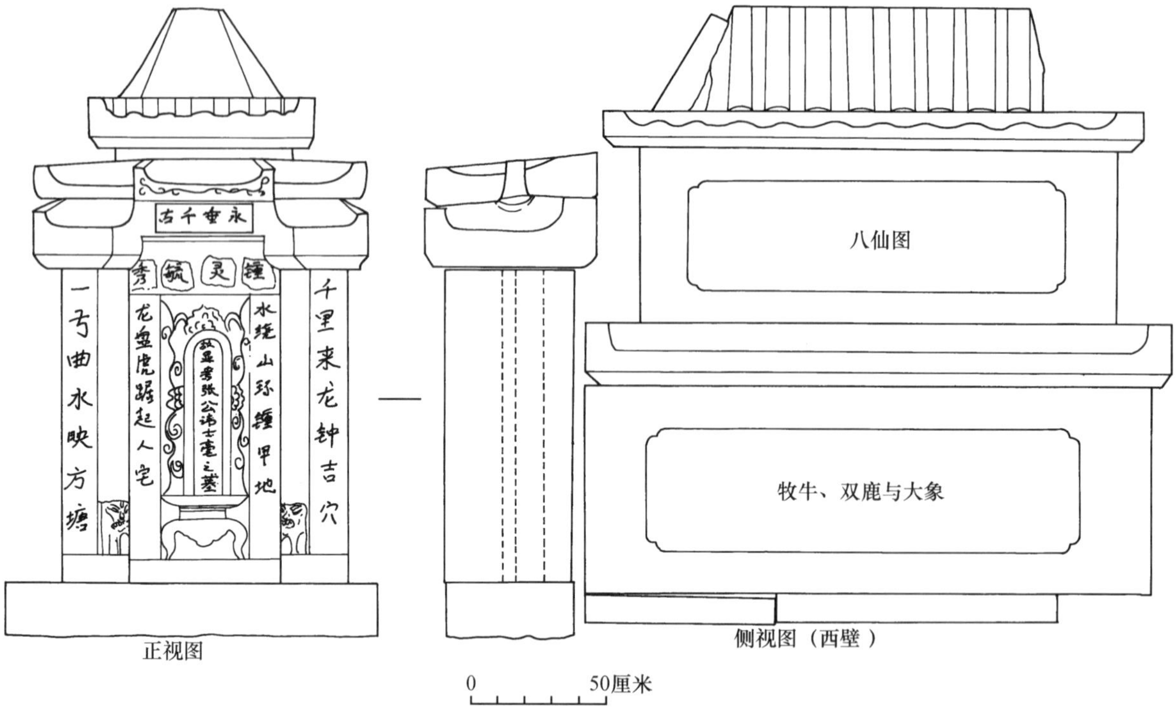

图四四　引朗 M11 正视、侧视图

拓片三五　引朗 M11 东壁下层双狮麒麟图

兰草云纹，与 M2 南壁上层内容相同。画面宽 34、高 42 厘米（拓片三八）。

西壁下层北面一株树下是一只大象；中间一上一下雕两只野鹿衔枝；南面两头水牛，前牛背上站立二鸟，后牛背上骑一戴帽持扇牧童，两牛间还有一鸟翻飞。敛角长方形边框。画面宽 160、高 43 厘米（拓片三九）。上层雕刻八仙人物，较为形象写实，画面简洁无饰。敛角长方形边框。画面宽 136、高 38 厘米（拓片四〇）。

拓片三六　引朗 M11 东壁上层四骑交战图

拓片三七　引朗 M11 南壁下层凤凰图

拓片三八　引朗 M11 南壁上层鹭鸟图

拓片三九　引朗 M11 西壁下层牧牛、双鹿与大象图

拓片四〇　引朗 M11 西壁上层八仙图

12. 引朗 M12

位于 M8 西侧。墓向 340°。圆形石围墓，有碑，墓主为“故显妣张母潘氏之墓”，为“咸丰四年三月立”。

第二节　马联—拉佑墓群

马联—拉佑墓群位于三都水族自治县水龙乡马联村至拉佑村一线，原为成群分布的水族墓地，现因自然与人为的损坏，只余下三三两两为数不多的墓葬，因基本处于同一个区域，故作为一个整体来考察（表四）。

表四　马联—拉佑墓群墓葬登记表

墓号	墓葬形制	墓主	纪年	备注
马联 M1	双层“箱式”墓	韦氏韦母	无	有石雕
马联 M2	双层“箱式”墓	韦阿窽	乾隆丁亥年生，道光乙酉年卒	有石雕
马联 M3	双层“箱式”墓	韦母韦氏	嘉庆二十四年十月立	有石雕
马联 M4	双层“箱式”墓		无	
马联 M5	双层“箱式”墓		无	
马联 M6	双层“箱式”墓	韦母	庚戌年生，同治三年卒，次年立	有石雕
拉佑 M1	双层“箱式”墓	韦母	乾隆辛丑年生，甲子年卒，同治五年立	
拉佑 M2	双层“箱式”墓	韦母	乾隆五十七年生，庚午年卒、立	
拉佑 M3	双层“箱式”墓	潘氏韦母	道光六年立	

一、马联墓区

在马联村一至三组即马联与各倒寨之间，现存6座双层石结构墓葬，有2座并列在一起，另4座独立分布，彼此间距约数十米，其中2座有碑体（M2、M6），3座有纪年（M2、M3、M6），4座可知墓主（M1、M2、M3、M6），有石雕装饰的4座（M1、M2、M3、M6）。墓号自东南向西北编序（图版三五）。

1. 马联M1

位于马联村一组马联至拉佑乡村公路西侧韦家田内，东、南为村寨，西、北为土坡，坡上为三组居住的寨子。墓向220°。长方体双层“箱式”石结构墓。风化较严重。墓下层长210、宽109、高76、壁厚13厘米；前壁内凹13、厚13厘米；下层盖板四角尖收，上沿抹斜呈仿屋檐式样，长222、宽137、厚19厘米。上层长174、宽79、高56、壁厚12厘米；上盖已风化，残长188、宽108厘米。墓顶部已不存。下层支柱两壁原各有三根，现前柱缺，存中、后柱各两根共四根，柱面浮雕花卉。柱宽14、高76、厚12厘米。上层两壁原各有两根，现缺东南壁前边一根，存三根，柱面上靠东南壁的浮雕龙纹，靠西北壁的浮雕狮子。柱宽14、高56、厚12厘米。墓四壁有石雕装饰（图版三六）。

墓西南（前）壁上层刻墓主牌位，上书“清故显妣韦氏韦母之墓”，旁刻对联“高山开甲，龙兴虎富”，后二字已风化不识。下层雕双凤图，壁面风化较重，东南壁前端已经开裂。

东南壁下层刻二图，南为麒麟图，画面宽56、高49厘米；东为垂钓图，一位渔翁头戴斗笠坐在芭蕉树下，左手执鱼竿正钓住一尾鱼，芭蕉叶上还残留有所施的绿彩。图高、宽与左图同。上层雕出行图一幅，面均朝左，从南到东依次为：前面扛三角旗的二人，中间吹长号、唢呐的三人，后为骑马的主人和打伞的随从共七人。敛角长方形外框。画面宽108、高36厘米（图版三七，2）。图南饰有瓶花图一幅，画面宽11、高35厘米。

西北壁下层画面与东南壁对称，亦为二幅，内容西为喜上眉梢图，一对喜鹊登在梅树枝头（图版三八，1）；北图为一位老翁手拿扫帚于树旁打扫，下有一童（图版三八，2）。上层风化严重，仅依稀可见一骑马之人。

东北壁下层雕莲花荷叶图。宽56厘米，下部掩埋，高度不明。上层为野鹿衔枝图。阴刻敛角方框。画面宽34、高35.5厘米（图版三七，1）。

2. 马联M2

位于马联一组姑老坡松林内。墓向190°。长方体双层“箱式”石结构墓。下层长230、宽150、高103厘米，下层盖板长240、宽190、厚18厘米。上层长193、宽94、高54厘米，上层盖板长211、宽130、厚16厘米。碑体通高172厘米。墓壁有石雕装饰（图四五；图版三九）。

墓顶为仿瓦面三面坡，前端立双鱼纹山字形挡头，后两角装饰角状吻，墓顶横脊下部实心，上部镂空透雕双龙抢宝，正中雕一钱币。2006 年笔者调查时还完好无损，现已被毁坏垮掉于地（图版四一，1）。东、西两壁上下各有两根共八根支柱，除下层后面两根素面外，其余均浮雕盘龙纹或盘狮纹（拓片四一；图版四一，2）。

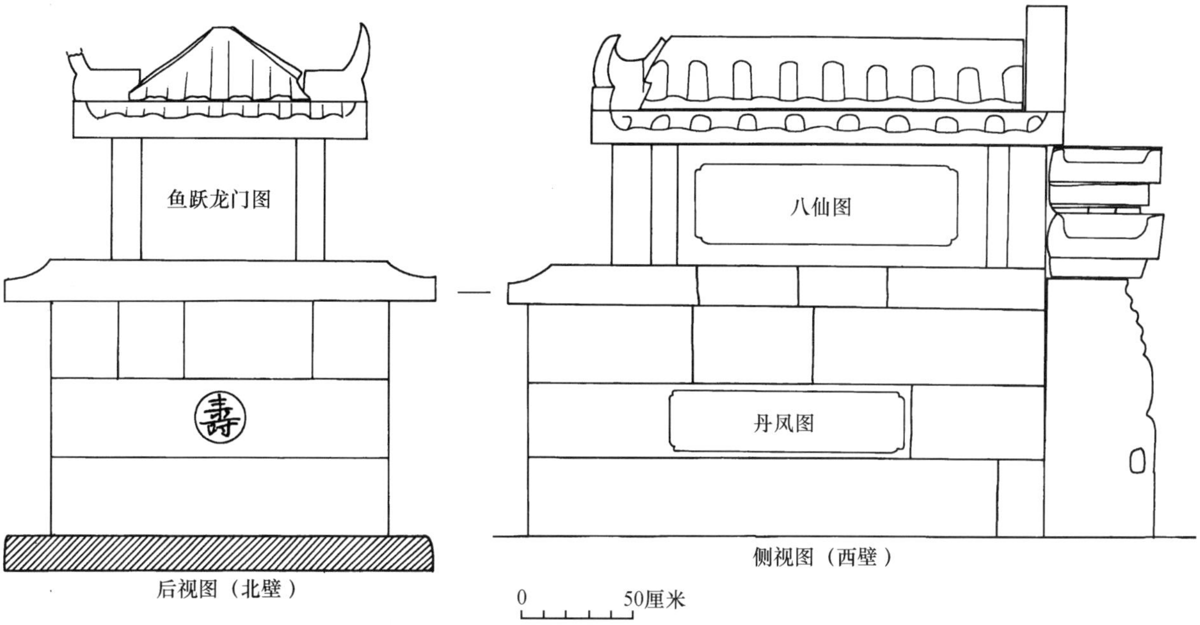

图四五　马联 M2 侧视、后视图

三重檐牌楼式墓碑碑帽为双鱼托福（葫芦）造型，葫芦上刻阴阳太极、下刻洞宾吹箫（图版四〇，1）。碑文为“清故显考韦公讳阿窾老大人正性真灵之墓位，原命生于乾隆丁亥年吉月吉日吉时建生，大限亡于道光乙酉年九月初六日戌时告终，孝男韦阿俭、友忠、阿翁，孙男登…，孝侄韦友琼，侄孙登、登才、登祥”。碑眉书“万古佳成”，右左循读，碑文两边刻大字对联“壬山封马鬣，丙向卜牛眠”。碑面左右各分上下四栏，右上为“长发”二字并一立人形象，以下依次为仙猴摘桃、钓鱼、麒麟图（拓片四二）。左上为“其祥”二字和立人，往下为喜上眉梢图，骑马、打伞人图，骑象人图（拓片四三）。碑前雕两根龙柱，直径 10、高 120 厘米，柱础上圆下方，宽 14、高 22 厘米。碑侧八字形翼墙外展，为抱鼓石式样，上部为云鹤图，中间鼓面饰飞凤图案，鼓径 30 厘米；下雕狮子座，座壁上分别饰野鹿衔枝图和水牛望月图。

东壁下层刻双凤朝阳图，飞凤体细，呈水平状，太阳刻于中下部。敛角长方形边框。画面宽 101、高 23.5 厘米（拓片四四）。上层刻四骑交战图，南、北两边人物为鱼尾人身，南二人使短兵，北二人使长兵，马首相对，两两厮杀。敛角长方形边框。画面宽 120、高 37 厘米（拓片四五）。

拓片四一　马联 M2 支柱龙纹

拓片四二　马联 M2 碑面右侧石雕

拓片四三　马联 M2 碑面左侧石雕

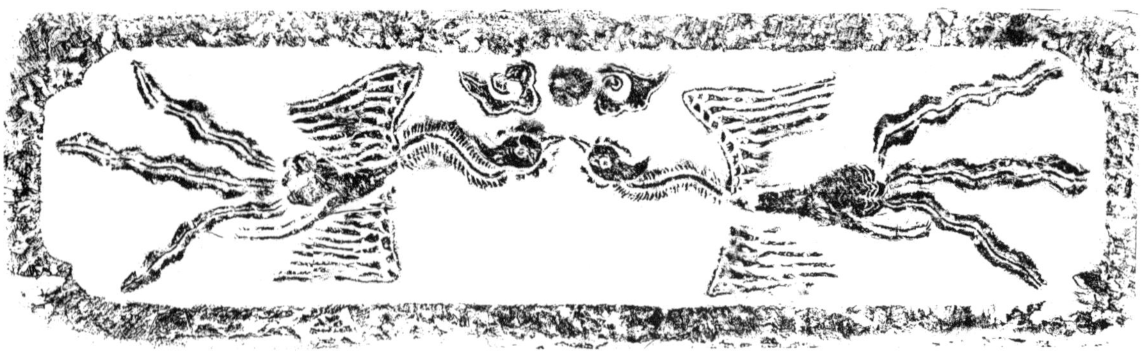

拓片四四　马联 M2 东壁下层双凤朝阳图

拓片四五　马联 M2 东壁上层四骑交战图

西壁下层为三层石料叠砌构筑，壁面中间嵌一宽 105、高 24 厘米的凤凰图（拓片四六）。上层刻足踏祥云的八仙图。

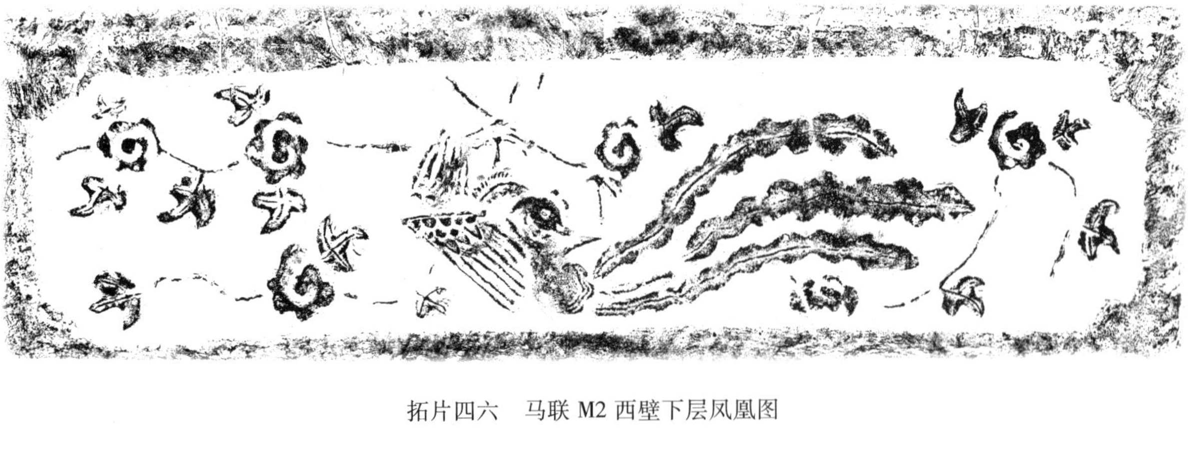

拓片四六　马联 M2 西壁下层凤凰图

北（后）壁上层刻鱼跃龙门图，三门三檐，门扉半开半掩，内现龙尾，鱼跃其间。敛角方框。画面高41、宽54厘米（拓片四七）。

拓片四七 马联M2北壁上层鱼跃龙门图

3. 马联M3

位于M2东侧。墓向192°。长方体双层“箱式”石结构墓，墓形完整，与M2并列。墓基长260、宽140、厚15～18厘米。下层长216、宽102、高76厘米，下层盖板长220、宽125、厚19厘米。上层长172、宽80、高57厘米，上层盖板长178、宽107、厚16厘米。人字形墓顶，墓顶长100、高32厘米，脊部中高44、两端高33厘米，前后两挡头中高33、两端高50、厚12厘米（图版四〇，2）。未立碑，仅在墓的南（前）壁上层刻墓主牌位“清故显妣韦母韦氏墓”，时间为“嘉庆二十四年十月初七日立”，孝男有“韦交富、忠、福、亚”四人。牌位左右刻对联“高山生武士，吉地出文臣”。上、下层盖板形制相同，均为四角收尖、上沿抹斜仿四面坡屋顶式样。墓顶保存完整，两面坡人字形顶板上面雕刻花卉图案，外饰敛角长方形边框。顶部横脊完好，上部为透雕的双龙抢宝造型，正中雕一钱币，下衬云纹。前后挡头均为双鱼纹山字形，以中部卡口承接固定横脊。前山中心两龙首纹之间浮雕一男一女双人图，女绾发髻，着圆领紧身上衣，下穿褶裙立于前；男头戴瓜皮帽，身穿长衫，左手搭在女子肩上，右手与女子的右手相握。后面中刻仕女吹箫，上刻一只凤凰。支柱原为下三根上二根共十根，现存西壁下层中柱（风化）、下层北柱（刻“白虎起”文字）、上层北柱（浮雕狮子）；东壁下层均缺失，上层两根完好，浮雕云龙纹盘于柱上（拓片四八）。墓四壁有石雕装饰（图四六；图版三九）。

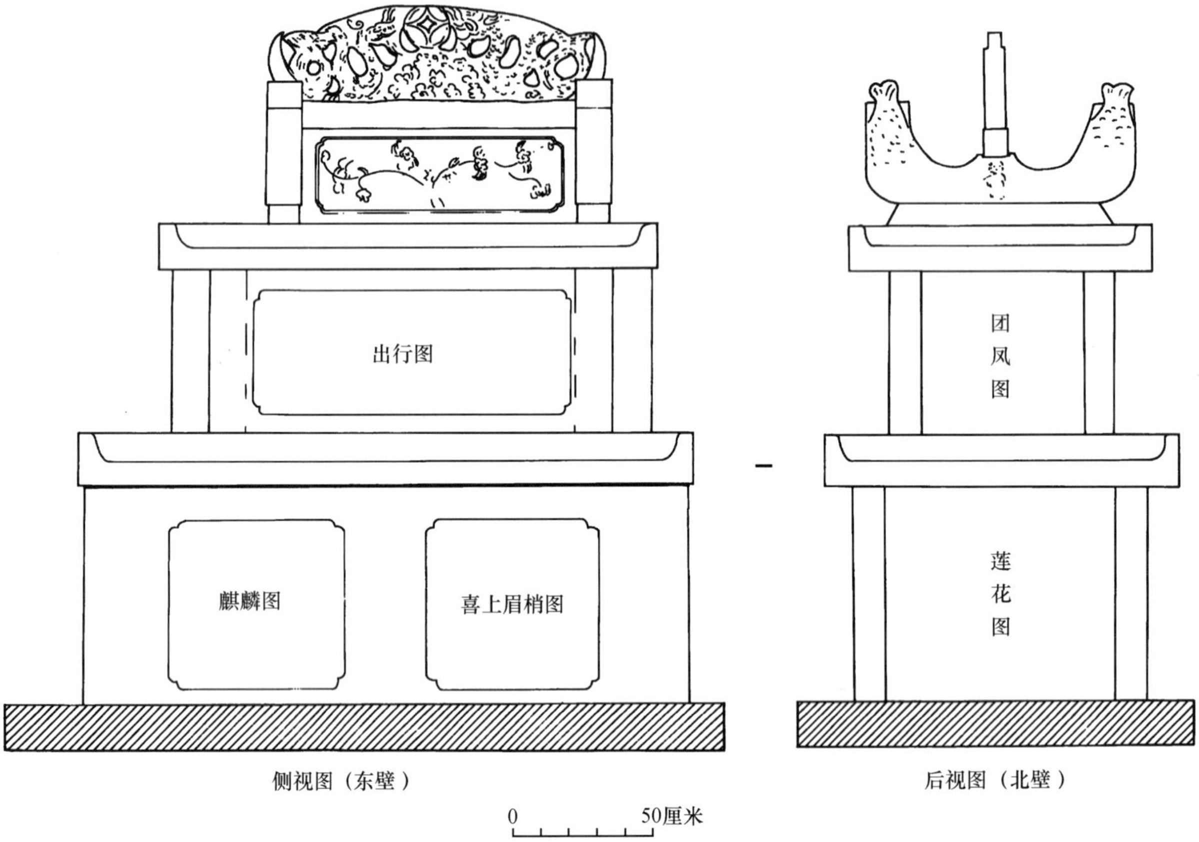

图四六　马联 M3 侧视、后视图

南壁下层还残留有施于石雕画面上的黄、红色彩绘，只可惜由于风化脱落，原画面斑驳不清，仅余鸟头、鹿首、花枝等内容。

东壁下层亦受风化影响，但图案仍存，南为麒麟图，北为喜上眉梢图。上层雕出行图一幅，图中共八人，皆面向南，依次为扛三角旗的二人、吹号的二人、戴尖顶帽的二人、骑马的主人和打伞的随从一人。敛角长方形边框。画面宽 115、高 44 厘米（拓片四九；图版四二）。

西壁风化较重。下层北图为“鱼跃龙门”，三门造型，构图与 M2 北壁上层图案相同；南图已风化不辨。上层为四骑交战图，可见马首皆向北，一人骑于马背回首挥舞长刀，一人手举双鞭，一人仅现马与骑士的轮廓，一人则已无存。

拓片四八　马联 M3 东壁上层支柱龙纹

拓片四九　马联 M3 东壁上层出行图

北壁下层下半部被土掩埋，上半部见三朵莲花。上层雕团凤一只，周围装饰四朵花卉。敛角方框。边长 42 厘米（拓片五〇）。

拓片五〇　马联 M3 北壁上层团凤图

4. 马联 M4

位于各倒寨墓地内，周围是晚期圆形墓葬。墓向340°。长方体双层“箱式”石结构墓，无碑。墓基宽151、厚20厘米，后部比墓室长22厘米，前端埋于地下长度不明（图版四三）。下层东、西两壁长210厘米，由两块长105厘米的石料拼接，南（后）、北两壁各高82、宽70、壁厚10厘米。下层盖板由三块分别长61厘米、72厘米、97厘米的石料拼接，总长230、宽131、厚12厘米。上层东、西两壁亦为两块石料拼成，前长79、后长92、高52、壁厚12厘米。南、北壁各宽54、高53、厚8厘米。上层盖板总长194厘米，由三块石料拼接而成（分别长63厘米、53厘米、78厘米），宽102、厚20厘米。四角收尖上翘，角高24.5厘米，边沿上半部分抹斜做成仿屋檐式样。墓顶为人字形，斜面坡度50°，长96、下宽62、上宽16~17、高32、壁厚11厘米，上有方形凹槽用以固定屋脊。顶端横脊长方形，中间凸起，两面浮雕双龙抢宝，横长95、高17、厚12厘米，中间高25厘米，钱币纹内径8.5、外径13厘米。前后两挡头损毁不存。该墓东、西两壁上下原各有三根共十二根支柱，现均不存，仅见原安装部位遗留的长方形臼窝，臼窝长15~16、宽8~9、深约1厘米（图版四三）。

另外，在墓旁遗留有残柱一根，宽18、残高25、厚8厘米。面上浮雕有睁一只眼闭一只眼的人头像，系出自该墓（图版四四，2）。2006年笔者调查时东壁上层还保留有一根类似的支柱，上面亦浮雕人物形象，今已不存（图版四四，1）；东壁下层墓壁上还见有浮雕的动物图案，现亦不见。

5. 马联 M5

位于马联村各倒寨墓地与田土之间的一颗大杨梅树下。墓向170°。墓身斜靠在杨梅树上，向东倾斜15°。长方体双层“箱式”石结构墓，无碑，无石雕装饰。构件基本保存完好。墓基厚20厘米，由长54厘米、106厘米、56厘米的三块石料拼接平铺。下层前壁开裂，裂缝宽6~7厘米，从中可见内壁镶嵌用的子母口，宽60、高70、壁厚22厘米。下层东、西两壁各由两块石料拼接，南长90、北长88、高72、厚16厘米。西壁后面一块被人为撬斜；东壁后面一块向东倾斜30°，靠在杨梅树根部。下层盖板四面平整，由两块长100厘米的石料拼接，宽124、厚18厘米。上层前壁挡板方形，边长50、厚18厘米。上层东、西两壁各由两块长82、高50、厚14厘米的石料拼接而成。上层盖板四角尖收，四边上沿抹斜仿屋面结构，由两块石料拼接而成，前长89、后长93厘米，宽106厘米，中间开缝2厘米，厚18（斜高7、直高11）厘米。上下盖板之间两边对应有长方臼窝各3个，当为固定支柱用，柱已不存。长13.5、宽8.5、深1~2厘米（图版四五）。

墓顶为两面坡人字形，顶高33厘米；两块顶板各长100、宽41厘米，上面布满凿痕，厚度不一，东面一块厚4~22厘米，西面一块断裂为二，厚4~9厘米。顶部横脊不存。前后挡头均为双鱼托福（葫芦）造型，底宽65、最宽处75、中高53、两边高44厘米，其正面两边为鱼尾纹，中间葫芦造型的下部圆形雕刻成花心，直径21.5厘米，上圆直径14厘米。

6. 马联 M6

位于马联与拉佑甲队之间，前为耕田，后靠“某踈”山，南侧为民国时期大型石雕牌楼墓。墓向 36°。长方体双层“箱式”石结构墓。墓基由零散的石料铺筑，墓壁中后部一块内倾下陷，致墓室下层后部顶盖下塌，造成整个后半部松散垮塌、开裂变形，前半部相对较完整。墓基通长 315、宽 134、厚 19 厘米。墓下层长 195、宽 84、高 60 厘米，两侧壁厚 15 厘米，后壁厚 23 厘米，下层盖板长 244、宽 113、厚 17 厘米。墓上层长 160、宽 82、高 59 厘米，两侧壁厚 15 厘米，前、后壁厚 20 厘米，上层盖板长 195、宽 100、厚 19 厘米。墓顶为两面坡人字形，无装饰图案，顶部横脊残，仅余一小部分，前后挡均为双鱼纹山字造型。人字顶长 110、高 33、东面厚 13、西面厚 9 厘米，前后两挡宽 65、高 35、厚 13 ~ 14 厘米。墓壁有石雕装饰，浅浮雕加阴线刻为其主要特点（图四七；图版四六）。

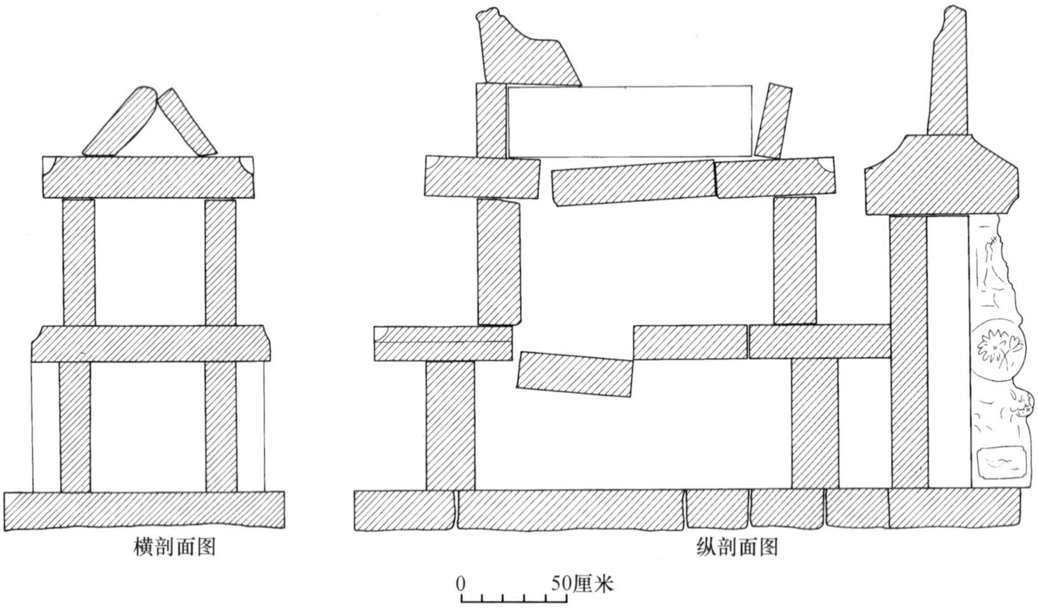

图四七　马联 M6 横剖面、纵剖面图

墓前有龛式碑，碑体通高 225 厘米。碑面上刻“秀纳千祥”四字，右左循读，字下为双龙抢宝图，图下雕墓主灵牌，铭“故显妣韦母老太君之佳城”。碑柱内壁刻生卒时辰“原命生于庚戌年吉月吉日吉时生，大限卒于同治三年甲子岁四月二十申午日卯时正终内寝，择吉于是年七月十三庚戌日亥时葬于某踈山”。时间为“同治四年十一月六日榖旦立”。落款为“男阿當孙朝隆永祀”。碑柱正面刻对联“山环水绕绵甲第，虎踞龙盘肇文”。柱前两翼墙外展，为抱鼓石式样，鼓面刻花卉与团凤，上雕立鹤，下为狮座，狮身下面方座上刻竹筒毛笔文具。碑盖为屋檐式样，碑帽为山字形，两边为龙头鱼尾造型，中间圆环内刻野鹿衔枝图。

东壁下层南侧刻喜鹊登梅与狩鹿图，画面南侧为一株梅树，上立喜鹊一只；中间一只梅花鹿正抬起左后腿至头部；北侧一位猎手打扮似的人物腰系葫芦、手执长矛，目视南侧。敛角长方形边框。画面宽64.5、高42厘米（拓片五一）。北侧刻三虎图，画面上三只老虎一大两小形态各异，中间一只大虎口中衔着一匹小马，两只小虎围在左右。敛角长方形边框。画面宽82、高41厘米（拓片五二）。上层刻“双凤朝阳”图，四周饰云纹，太阳位于中下方，上面有一“日”字。敛角长方形边框。画面宽112、高40.5厘米（拓片五三）。

拓片五一　马联M6东壁下层南侧喜鹊登梅与狩鹿图

拓片五二　马联M6东壁下层北侧三虎图

拓片五三　马联 M6 东壁上层双凤朝阳图

西壁下层北侧刻麒麟一只，身旁饰葫芦、扇子等物。敛角长方形边框。画面宽 81、高 42. 5 厘米（拓片五四）。下层南侧图案为龙，饰有云纹。上层刻双狮戏球图。敛角长方形外框。画面宽 113、高 43 厘米（拓片五五）。

拓片五四　马联 M6 西壁下层北侧麒麟图

拓片五五　马联 M6 西壁上层双狮戏球图

南（后）壁上层刻一圆形“寿”字，外圆直径 54 厘米。下层素面无纹。

该墓的墓身与碑体间距较大，且石质不同，据向当地村民了解的情况并结合实地勘察，推知该墓的立碑时间要晚于建墓的时间。

二、拉佑墓区

拉佑墓群位于马联至拉佑村级道路南侧的甲队墓地，该墓地至今仍在使用，分布有较多墓葬，其中有 3 座完好、2 座坍塌的墓葬属于水族典型墓葬的遗存。墓地坐北朝南，北高南低，北面是山体，上有乡村公路通过，东、南面是坡地，西面建有民居。墓地内空闲地块种植有蔬菜等植物。3 座完整的墓皆有墓主姓氏和纪年，均为长方体双层“箱式”石结构，但无石雕装饰。

1. 拉佑 M1

位于墓地中部。墓向 143°。下层墓壁由两块石料拼接，前长 38. 5、后长 164. 5、宽 103、厚 11 厘米；下层盖板由三块拼镶，总长 213、宽 123、厚 15 厘米；前、后挡板宽 80、高 74 厘米。上层两壁用整块石料做成，但厚薄不一，长 168、西壁厚 13、东壁厚 9 厘米；前后两面挡板为方形，宽、高均 53 厘米。上层盖板四角尖收，边沿上部抹斜成仿屋面造型，由四块石料拼接，通长 178、宽 97、厚 17（斜边 7、直边 10）厘米。无支柱。墓的顶部无存，通体布满凿痕（图版四七）。

上层正面墓壁上刻有较多文字，墓主为“近故显妣韦母老太之坟墓”。生卒年月为“母命生于乾隆辛丑岁吉月吉时生，享年八十四，止殇于甲子年十二月初三日亥时寿终，择吉于乙丑年二月十一丁丑日亥时安葬”。由“登”字辈孝男“那、贤、相”，“朝”字辈孙“岩、□、金、布、隶、平、条、白”以及曾孙“白、科”于“同治五年二月十乙日立”。

2. 拉佑 M2

位于墓地中部 M1 西侧，结构与 M1 相同。墓向 145°。下层两侧壁长 199、高 75、厚 11 厘米；前后挡板宽 68、高 75 厘米，总宽 92 厘米；下层盖板长 201、宽 118、厚 16 厘米，无装饰。上层两侧壁由两块等长 84 厘米的石料拼接，长 168、高 57、厚 10 厘米；前后挡板宽 51、高 57 厘米，总宽 72 厘米；上层盖板长 178、宽 100、厚 17 厘米，四角尖收，边沿上部抹斜仿屋檐式样。墓顶顶板不存，余前后挡头立于墓上，山字形挡头，中间雕刻成葫芦形状。前面一个底部宽 79、中间高 62、两边高 39、厚 15 厘米（图版四八，1）。

碑文刻于上层正面墓壁上，墓主亦为“近故显妣韦母老太之坟墓”。生卒年月为“原命生于乾隆五十七岁在壬子吉月吉日吉时生，享年七十九岁，庚午年十二月初五日辰时告终，择吉十二月十五日亥时安葬”。落款为“孝男韦阿章、所、惟，孙阿毛、又、贵”。

3. 拉佑 M3

位于墓地中部 M2 后方 3 米处，结构、墓石用料与 M1、M2 相同。墓向 155°。墓的主体结构完整，然顶部缺失，余两层长方体。下层长 215、宽 98、高 75、壁厚 9 厘米，下层盖板长 220、宽 121、厚 17 厘米。上层长 179、宽 78、高 57、壁厚 10 厘米，上层盖板长 175、宽 102、厚 16 厘米，四角尖收。上、下层挡板前壁内凹 15 厘米。上、下层间支柱仅余东壁上层中间一根，宽 13、高 75、厚 6 厘米，素面无纹（图版四八，2）。

碑文刻于上层正面墓壁，部分文字已风化不辨，仅见“故显妣潘氏讳韦母老□□□□”，“道光六年十二月廿日立”。

第三节　石板寨墓群

石板寨墓群位于三都水族自治县九阡镇石板村，包括两个墓地：一个是石板村水达上寨（俗称上水达，为石板村第一村民组），内又分东、西两个墓区，东区现存 42 座，西区现存 16 座，共 58 座不同类型的墓葬。另一个是石板寨墓地，位于寨后山脚，墓葬因毁坏已荡然无存，但在寨内水井旁还保留有大量的墓石构件，上面雕刻着各种图案装饰，与上水达风格迥异，属不同的类型，故一并将资料提取，供参考对比。

上水达墓地位于水达上寨东南面的阿郎坡，自村民潘永邦家屋外沿山脚一直朝北偏东方向延伸。墓群西边紧邻村寨，北面靠山，南面为农田，东面为坡地。当地村民均为水族，以农业耕作为主要的生产方式。墓葬集中分布于东、西两个区域，两区相距约 50 米，墓葬基本上是根据自然地形呈条状分布，总长度约 200 米。西区较窄，仅宽数米，最宽处亦不超过十米，东区较开阔，宽度在 20 ~ 30 米（表五）。

表五　上水达墓群墓葬统计表

墓区	墓号	墓葬形制	层数	备注
西区	M1	长方形石室墓	单层	有碑，嘉庆十二年
	M2	长方体“箱式”墓	单层	被遮盖
	M3	长方形石室墓	单层	有石俑
	M4	长方体“箱式”墓	单层	
	M5	长方体“箱式”墓	双层	上层实心体
	M6	长方体“箱式”墓	单层	
	M7	长方体“箱式”墓	双层	上层实心体
	M8	长方体“箱式”墓	双层	上层实心体，有石俑
	M9	长方体“箱式”墓	单层	有支柱
	M10	长方体“箱式”墓	单层	有支柱、石俑
	M11	长方体“箱式”墓	双层	有支柱、石俑
	M54～M56	长方形乱石墓		
	M57	长方体“箱式”墓		地面可见一角
	M58	长方形乱石墓		晚期墓？
东区	M12	长方体“箱式”墓	单层	被树覆盖
	M13	长方形乱石墓		
	M14	长方形石室墓	单层	前面开口
	M15	长方体“箱式”墓	层数不明	残墓
	M16	长方形石室墓	单层	
	M17	长方形石室墓	单层	顶残
	M18	长方形石室墓	单层	
	M19	长方体“箱式”墓	双层	被盗毁，有支柱、石俑
	M20	长方体“箱式”墓	双层	后壁残，有石俑
	M21	长方形石室墓	单层	道光二十二年潘臺墓
	M22	长方体“箱式”墓	单层	有支柱、石俑
	M23	长方体“箱式”墓	单层	有支柱
	M24	长方体“箱式”墓	单层	光绪三十四年潘玉生墓
	M25	长方体“箱式”墓	单层	有石俑
	M26	长方形石室墓	单层	顶部开口
	M27	长方形乱石墓		
	M28	长方体“箱式”墓		残墓
	M29～M53	长方形乱石墓		

上水达墓区内有姓氏和纪年的水族古墓葬仅有 3 座，墓主均为潘氏家族中的男性，其中 M1 为嘉庆十二年，M21 为道光二十二年，M24 为光绪三十四年，其余墓葬均无文字，但从其墓葬形制及建筑工艺等方面来看，该墓群的形成年代亦跨不出清代的范畴。据实地调查，上水达墓群为本地潘氏族人祖先之墓，因年代久远现已无人祭祀。

整个墓区保存下来的长方体“箱式”石结构典型水族墓葬无论是从数量还是形制来说都是现在尚存的水族墓群中最具代表性和价值意义的。其中用整块石料构筑成一层墓体的建筑手法亦仅见于此地。上水达墓群中既有仿汉式筒瓦屋面建筑形式的墓顶，更有较多典型水族墓葬的两面坡人字顶前后两挡头为双鱼纹仿牛角造型。石俑的使用也较为普遍，除了在墓体支柱上雕刻具有民族风格的人物形象之外，在墓的前后壁上亦见有浮雕的抽象人物形象；至于水族墓区通行的在墓后竖立抽象石俑的做法，在上水达墓区也是比较常见的现象，并且石俑的造型从单体、双人、三人到多人连体均有出现，体现出上水达墓地浓郁的水族墓葬民族风格。

一、水达上寨西区

西区现存墓葬 16 座，编号为 M1～M11、M54～M58。其中长方体“箱式”石结构墓 10 座，长方形石室墓 2 座，不规则石块堆砌的长方形乱石墓 4 座（图四八；图版四九、图版五〇）。

（一）长方体“箱式”石结构墓

10 座（M2、M4～M11、M57）。其中单层的有 5 座（M2、M4、M6、M9、M10），双层的 4 座（M5、M7、M8、M11），层数不明的 1 座（M57）。M8 和 M10 在墓后竖立有并列雕刻的抽象石俑 3 个；M11 在墓的后壁上浮雕有双人石俑，并且在墓体支柱上雕刻有写实人物形象石俑。

1. 上水达 M2

位于西区 M3 西南侧。墓向 216°。长方体石结构墓，从外观看应为单层“箱式”墓。构筑墓体的石料较厚，墓身大部被泥土和植物遮挡，仅可见上层盖板，长 258、宽 116、厚 20 厘米，高度不详。

2. 上水达 M4

位于西区中部，墓向 220°。长方体单层石结构墓。下部埋于土中，墓身完整，墓石较厚重，两侧壁厚度与夹在中间的前后壁宽度基本相当。盖板用整块石料加工而成，四角收尖，外沿抹斜呈仿屋面式样。墓顶不存，在盖板上遗留一根残断的横脊，为横长山字形。根据 2006 年的调查，这应该是相邻的 M5 墓顶上的构件。墓长为 175、宽 77、高 62 厘米，墓壁厚 23 厘米，盖板长 193、宽 90 厘米，沿厚 8 厘米，四角高 15 厘米（图四九；图版五一，2）。

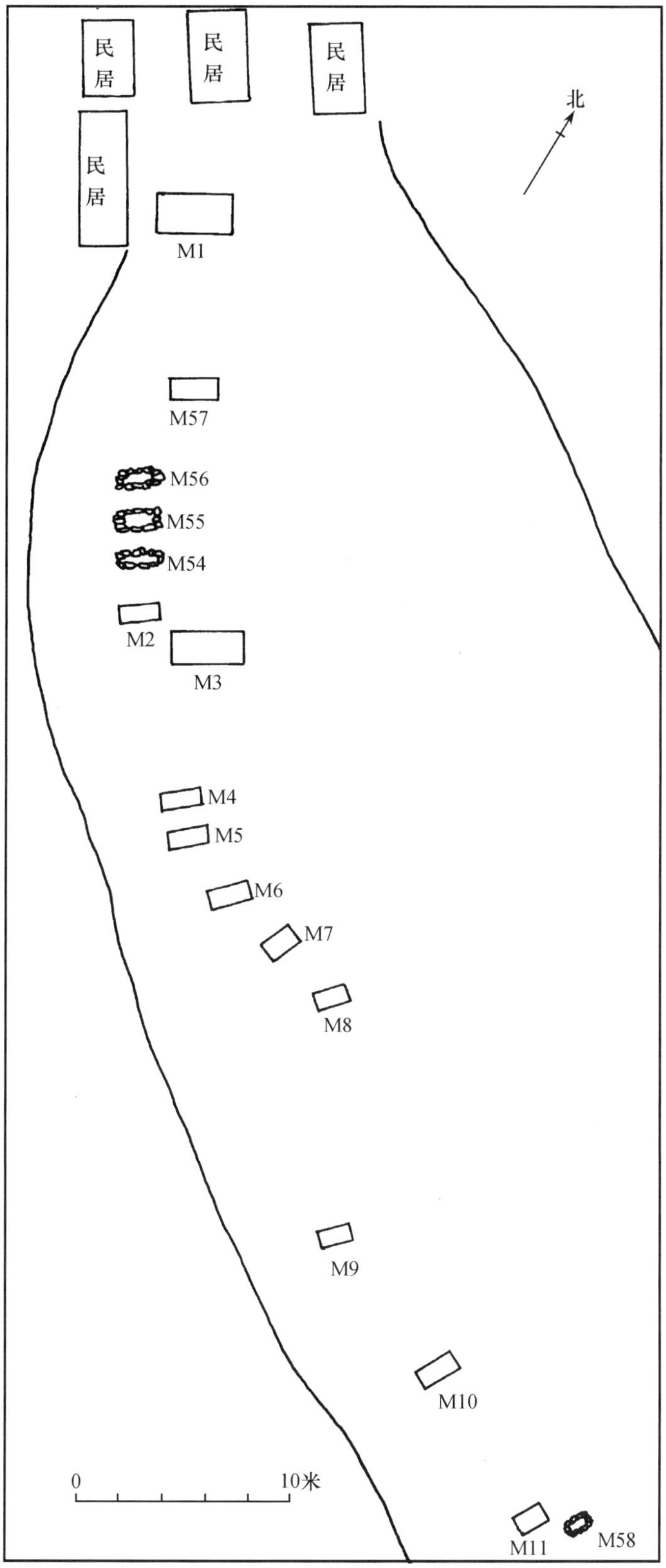

图四八 上水达西区墓葬平面分布图

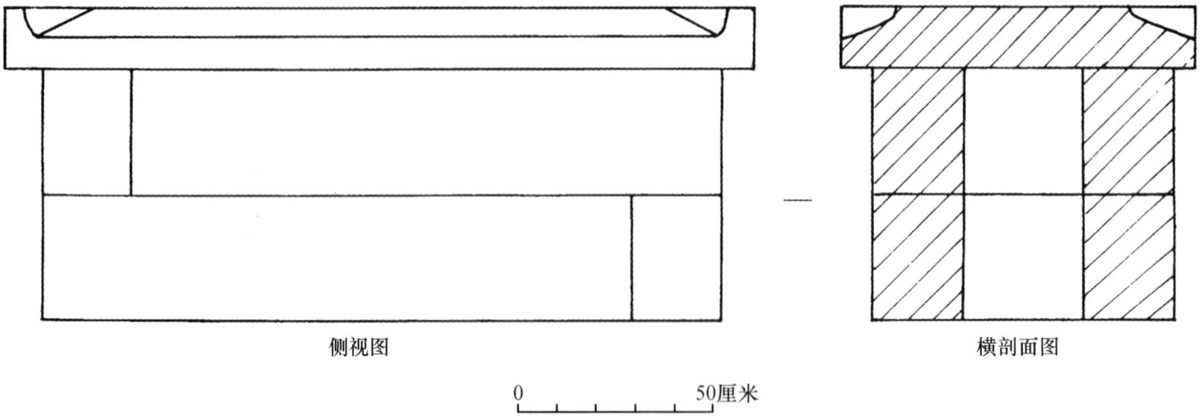

图四九　上水达 M4 侧视、横剖面图

3. 上水达 M5

位于西区中部，与 M4 并列。墓向 220°。长方体双层石结构墓。下层后半部分埋于土中，墓壁由较厚的石料构筑。墓下层长 186、宽 80、高 68 厘米；下层盖板为四面坡仿筒瓦状屋面结构，四角尖收，长 197、宽 92、厚 17 厘米。上层为一块实心的长方体整石，长 136、宽 42、高 33 厘米。上盖仍为四面坡，但顶面平整无瓦脊、瓦沟，顶端横脊缺失，被搁置在右侧的 M4 墓顶上，上层盖板长 150、宽 61、厚 17 厘米，山字形横脊残长 82、两边高 37、中间高 45、厚 13 厘米（图五〇；图版五一，2；图版五二，1）。

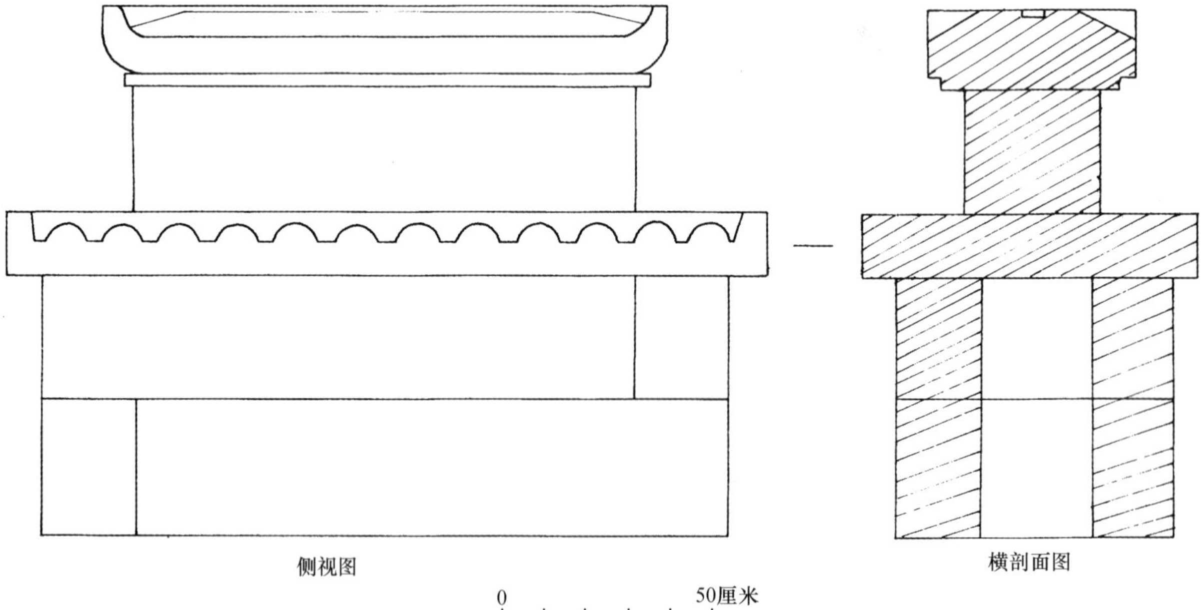

图五〇　上水达 M5 侧视、横剖面图

4. 上水达 M6

位于西区中部 M5 与 M7 之间。墓向 220 °。长方体单层石结构墓，由较厚重的墓石构筑。墓体长 195、宽 83、高 56 厘米。盖板边沿抹斜，四角尖收，顶部由两块平整石板斜靠成两面坡状，长 209、宽 89、厚 18 厘米。前后挡头为山字形，两边为鱼尾状，上残，残高 45、底座横宽 67 厘米。顶端横脊缺失（图版五三）。

5. 上水达 M7

位于西区中部 M6 与 M8 之间。墓向 225°。长方体双层石结构墓。下层两侧壁较厚，前后壁为长方形墓石，夹在两侧壁中间，正面总宽 81 厘米，墓壁长 186、高 57、厚 23. 5 厘米，下层盖板长 197、宽 94. 5、厚 16 厘米。上层为一块实心长方体整石构成，长 143. 5、宽 51、厚 30. 5 厘米；上层盖板长 154、宽 65、厚 11. 5 厘米。上、下盖板均为较平缓的四面坡造型，四棱起脊，尖收至四角。墓顶为横脊式山字形，下部长方体，两端向上斜收，中间为葫芦形状，底长 106 厘米，前、后角距最宽处 116 厘米，中高 43. 5、边高 32 厘米（图五一；图版五四；图版五五，1；图版五六）。

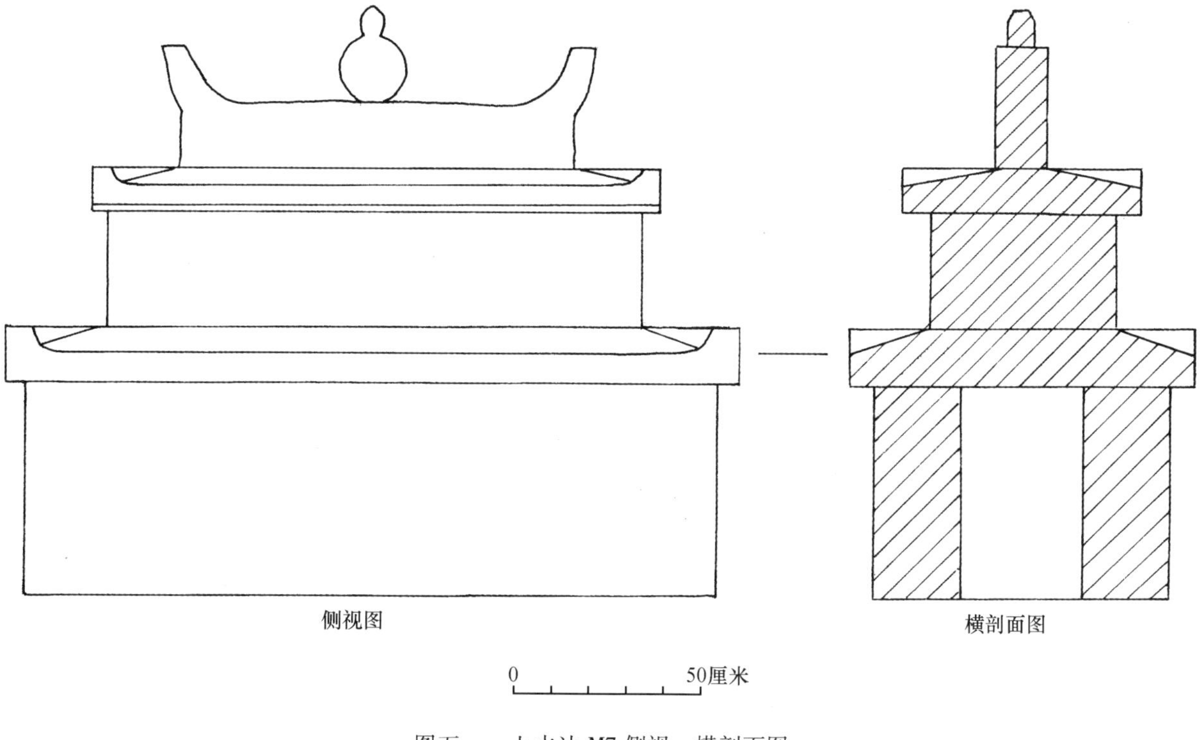

图五一　上水达 M7 侧视、横剖面图

6. 上水达 M8

位于 M7 东面。墓向 227°。长方体双层石结构墓，形制同 M7。上层亦为整块实心石料。不同的是下层墓石的构筑方式不是将前后壁夹在中间，而是用西南（前）壁挡住东南壁、东北壁挡住西北壁，四壁为交互式错缝结构，无论从哪一面直视，都只能看到一个壁面和一个断面。墓下层长 195、宽 81、高 60 厘米，下层盖板长 208、宽 93、厚 16 厘米。上层长 144、宽 50、高 31 厘米，上层盖板长 154、宽 64、厚 17 厘米。墓顶与下层盖板均为筒瓦状仿屋檐式样，顶部中平，上置横长山字形横脊，其前后两端更向外斜，后半部残断，按二分之一测量，两端最宽处为 148 厘米，“山”字中高 39、厚 16 厘米。在墓后地面上，立有一块弧顶长方形石，石宽 41、厚 15 厘米，露出地面部分高 40 厘米，上面雕刻有一组 3 个抽象人物形象，形状相同，均为倒梯形头部，圆形上身，腰部以下上窄下宽如喇叭形长裙样（图版五二，2；图版五四；图版五五，2；图版五七）。

7. 上水达 M9

位于西区东部。墓向 215°。长方体单层石结构墓。墓较小，盖板长方形，大小厚薄与墓壁基本相同，壁面上布满凿痕。主体完好，顶部不存，仅存一双鱼纹仿牛角造型石雕搁置在盖板上。墓长 164、宽 58、高 64 厘米，盖板长 174、宽 84、厚 11 厘米。两边各有支柱两根共四根。

8. 上水达 M10

位于西区东端。墓向 205°。长方体单层石结构墓。前后壁内收，墓长 160、宽 66、通高 144 厘米，盖板长 173、宽 85. 5、厚 12 厘米。顶部由两块石板搭靠成人字形两面坡，其交接处上承横脊，为长方形石料，双面浮雕双龙抢宝图案，中段残缺，前后两挡头为双鱼纹仿牛角造型，均有不同程度残损，顶部通高 70 厘米，前后两挡头间距 114 厘米，顶端残长 134 厘米，挡头最宽处 65 厘米，两边高 50 厘米。两边各有支柱两根共四根，素面无纹（图版五八）。墓后东北部 38 厘米处立有一块宽 20. 5、厚 8 厘米的长方形石雕（因下部埋在土里长度不明），上面浮雕 3 个并列的抽象人物形象，人物头部为方形，椭圆身躯，长条状腿部。

9. 上水达 M11

位于西区最东端。墓向 210°。长方体双层石结构墓。墓下层长 160 厘米，宽、高均为 66 厘米，下层盖板长 170、宽 91、厚 9 厘米。上层长 132、宽 45、高 34 厘米，上层盖板长 147、宽 64、厚 10 厘米。人字顶，顶长 97、斜高 29 厘米，横脊残长 74、高 33 厘米，挡头最宽处 49、两端高 34、厚 8 厘米（图版五九）。上、下层两边原各有支柱两根共八根，现下层两边各缺一根，其余两根素面无纹；上层四根均为石俑造型，石俑为女性，脖戴项圈，腰细，下穿短裙呈三角形，人物比例头、身、裙约各占三分之一（图版六〇）。下层后壁浮雕一对男女形象，立姿，圆形头，三角形身体，长条状腿部已残。两面坡人字顶，上承横脊为镂空透雕双龙抢宝造型，大部残缺。前后挡头为双鱼尾纹仿牛角状造型，前挡头完整，后挡头残。

10. 上水达 M57

位于 M1 东侧，墓体被地表植被和乱石遮盖，仅有少部分暴露在外，可见加工规则且较厚的墓石。墓向与 M2、M3 接近。从形状观察，应为长方体“箱式”石结构墓。层数不明，从其墓身高度与地面相接近来看，估计应为单层。具体尺寸受条件限制无法测量。

（二）长方形石室墓

2 座（M1、M3）。墓室为闭合的长方形石室，其中 M1 有碑、M3 无碑，墓顶有双鱼纹仿牛角造型的石雕，墓后竖立有抽象的石俑。

1. 上水达 M1

位于村民潘永邦家房屋后面。墓向 255°。长方形石室墓，有龛式碑。墓室由长方体石料砌筑，叠砌五层，长 360、宽 153、高 147 厘米。墓石布满凿痕，无装饰，以石灰作黏合剂。盖板平铺，由四块石板拼镶，前部已垮塌。墓顶为人字顶，由两块石板搭靠而成，前半部已垮。

碑通高 190 厘米。碑面居中雕墓主牌位，字迹部分磨蚀，墓主为“清故显考潘阿寅墓”，碑左侧可见纪年铭文“嘉庆十二年本月志　日　立”。碑柱内壁各分四栏雕刻装饰图案，内容为人物、动物、花卉等，多已模糊。柱外两翼为抱鼓石造型，下承狮座，座上分别雕刻麒麟图和骑马人图。碑盖为筒瓦状仿屋檐式样，碑帽已垮塌。

2. 上水达 M3

位于寨旁竹林内。墓向 217°，长方形石室墓，单层，用比较规整的石料二层叠砌，采用石灰作黏合剂。墓基长 265、宽 122、厚 17 厘米。墓室长 200、宽 104、高 79 厘米。平顶，四角尖收，边沿上部内凹呈仿屋檐式样，顶长 212、宽 115、厚 17 厘米；上面原有两面坡人字顶，现已残，可见痕迹，存前后两端双鱼纹造型挡头，中间部位圆圈内前刻太极、后刻花卉，直径 19.5 厘米，上面留有宽 10 厘米用来固定横脊的槽口，底座宽 54、最宽处 63、中高 36、两边高 52、厚 11.5 厘米，前、后挡头间距 133 厘米。墓后立有一块石板，上面浮雕 3 个抽象的并列人物形象，由几何形的半圆形头部、梯形躯干、长条双腿三部分组成（图五二；图版五一，1）。

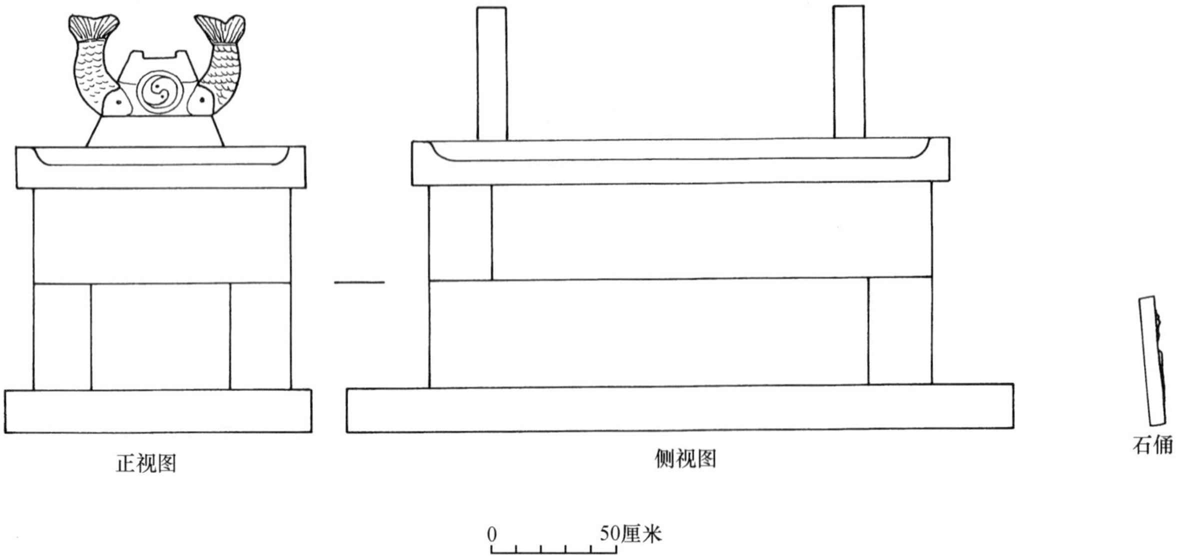

图五二　上水达 M3 正视、侧视图

（三）乱石墓

共 4 座（M54 ~ M56、M58）。

1. 上水达 M54、M55、M56

三墓沿东西向并列，位于 M2 与 M57 之间，墓前为村寨小路。皆为乱石堆砌的土冢墓，大体为长方形，封土较低矮。

2. 上水达 M58

位于 M11 北部。系由大小不一的不规则石块堆砌而成，形状较规整，头高尾低，整体约呈圆角长方形，长 260、宽 115、前高 80 厘米，后面与地面平齐。从墓体保存状况看，该墓较 M54 ~ M56 等其他同类型墓葬要晚，应为晚期墓葬。

二、水达上寨东区

东区共42 座墓葬，均分布在坡脚位置，背靠山体，面临农田，东侧为山坡所阻，西与西区相连。编号分别为 M12 ~ M53，其中属于长方体“箱式”石结构的有 9 座，长方形石室墓 6 座，其余为不规则石块垒砌的长方形乱石墓（图五三；图版六一、图版六二、图版七三）。

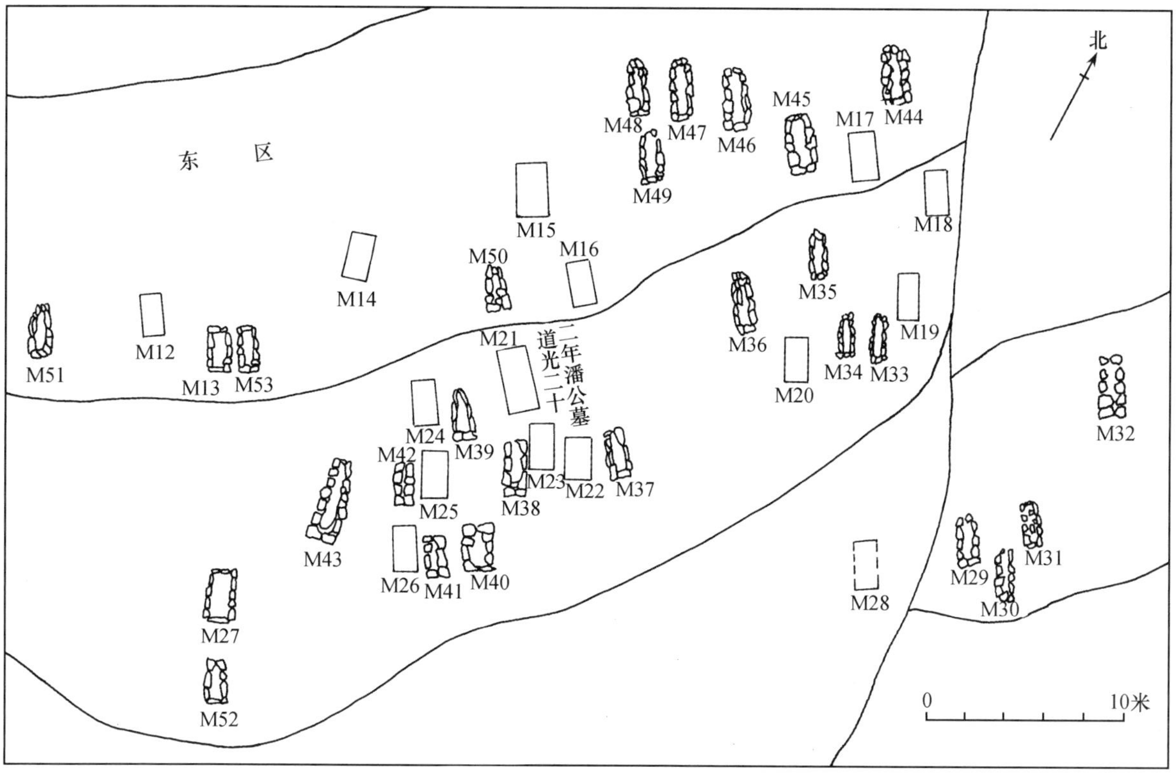

图五三　上水达东区墓葬平面分布图

（一）长方体“箱式”石结构墓

共9座（M12、M15、M19、M20、M22～M25、M28），其中单层5座（M12、M22～M25），双层2座（M19、M20），残墓层数不确切的2座（M15、M28）。墓后地面有石俑的4座（M19、M20、M22、M23），有墓主姓名和生卒年月的1座（M24）。

1. 上水达M12

位于东区西部上方。墓向150°。单层墓。墓身四周已完全被树根藤蔓缠绕、包裹，墓上生长出一株冰粉子树，树冠将墓体全部遮盖，远观犹如一丛树枝生长在土台上，根本看不出下面是墓。由于地形前低后高，加之水土流失，墓基的前端已有部分悬空，基石厚17～18厘米，底长240、宽112厘米。墓体长210、宽90、高74厘米。墓壁分两层叠砌。墓盖长228、宽108、厚12厘米。顶部被树枝覆盖，情况不明（图版六三，1）。

2. 上水达M15

位于东区上方正中。残，墓体已完全垮塌，仅见一堆残缺构件，从前后地面上竖立的两块墓石来看，应该是单层“箱式”结构，石面上布满凿痕。墓长174、宽93、高64厘米（图版七二，1）。

3. 上水达 M19

位于墓区东部、M18 南部。墓向 140°。双层墓。顶残，为平顶。墓基长 210、宽 108、厚 11.5 厘米。上、下层的前后两壁皆内凹。下层长 160、宽 65、高 66、壁厚 8 厘米；下层盖板长 173、宽 91、厚 10 厘米。上层长 132、宽 43、高 33、壁厚 9.5 厘米；上层盖板长 149、宽 64.5、厚 9.5 厘米。墓坑长 220、宽 80、深 68 厘米，边壁石厚 9～10 厘米。顶部残，原为两面坡人字顶，前、后装饰仿牛角造型石雕，现顶面还有与之衔接的凹槽痕迹。下层两边原各有支柱三根，现缺西壁后侧一根，上层原各有两根共四根，现东壁前面一根残断半截，西壁缺失一根，石柱断面呈长方形，边长 8、宽 10 厘米。

在墓后地面上竖立有一块宽 50、高 56 厘米的石板，上部为弧顶，石面上雕刻有 6 个并排的抽象人物形象（图版六五）。

该墓于 2012 年春节期间被盗，现已完全损毁。

4. 上水达 M20

位于墓区东部一棵大树旁。墓向 150°。双层墓，上层为实心整石叠压于下层盖板之上，其下部向内凹进一圈。下层分两层叠砌，北（后）壁被破坏，露出墓室北部。墓基长 253、宽 127、厚 15 厘米。墓下层长 180、宽 79、高 58 厘米，东壁厚 19 厘米，西壁厚 26.5 厘米；下层盖板长 186、宽 100、厚 18 厘米。上层长 155.5、宽 38.5、高 33 厘米；上层盖板长 135、宽 61 厘米，檐边宽 10 厘米，四角高 24.5 厘米。墓顶为四面坡仿屋面式样，四角收尖，山字形横脊垮落于地面，其中间为葫芦造型。墓顶中间有孔，估计是用来安插脊部构件的。

墓后有一块石料，上部残缺，石宽 43、厚 10 厘米，露出地面高度为 23 厘米，上面雕刻有 4 个并列的抽象石俑（图版六六）。

5. 上水达 M22

位于东区中部。墓向 140°。单层墓，较完整，墓体相对较小，前、后壁内凹。墓身长 157、宽 59、高 63.5 厘米，墓基长 271、宽 95、厚 11 厘米，墓盖板长 167.5、宽 80.5、厚 10～11 厘米。两面坡人字顶，前、后两挡头装饰双鱼纹仿牛角造型石雕，前面一个仅见平行线条凿痕，后面一个两边雕刻鱼鳞，中间刻两个直径大小不一的同心圆，并用十字线将圆划分。墓顶上架有较高的扁平长方形石脊，两端弧形下收，脊双面浮雕双龙抢宝图案，顶部则随龙身起伏而呈波浪形。墓顶高 60 厘米；人字顶板长 83、斜宽 34 厘米；横脊上长 138、下长 108 厘米，厚 7～10 厘米；仿牛角形石雕底宽 54、中宽 64、上宽 66 厘米，两边高 55.5、中间高 31 厘米，厚 9～10 厘米。有四根支柱，柱宽 8、高 64、厚 10 厘米（图版六八）。

在墓后地面上竖立有 1 个抽象人形石俑，为长方柱形，高 65 厘米，头部宽 13 厘米（图版六九，2）。

6. 上水达 M23

位于东区中部 M21 的南部，与 M22 并列。墓向 147°。单层墓，保存较好。墓基长 250、宽 113、厚 17 厘米；墓身长 160、宽 56.5、高 66 厘米，墓壁厚 11～12 厘米；墓盖板长 172.5、宽 85.5、厚 16 厘米。两面坡人字顶，前后两挡皆为双鱼纹仿牛角造型，横脊为双面浮雕的双龙抢宝图案，顶端平，正中凸起。墓顶通高 75 厘米；横脊下长 111.5、顶长 152.5、高 41.5 厘米，正中凸起位置高 44、厚 9～12.5 厘米；人字顶石面长 69、宽 38 厘米，垂线高 30 厘米；双鱼纹仿牛角造型石雕宽 60、中间高 31.5、两边高 59、厚 13.5 厘米。有支柱四根，柱体横剖面接近正方形，宽 8～10、厚 8 厘米（图版六九）。

7. 上水达 M24

位于东区中部。墓向 132°。单层墓，保存完整。墓基长 258、宽 123、厚 9 厘米，墓长 173、宽 68.5、高 68 厘米。墓顶为仿筒瓦屋面式样，上承横脊式山字形墓脊，中间装饰为葫芦造型。墓顶长 203、宽 84 厘米，四角厚 17 厘米；墓顶仿筒瓦瓦高 4 厘米，瓦沟深 8 厘米；横脊长 139.5 厘米，主体厚 24 厘米，两端上面厚 16.5 厘米，中间高 65、两边高 43 厘米，两外角距 151 厘米，“山”字中间上宽 7.5、下宽 32 厘米（图版七〇）。

墓侧两壁分两层叠砌，正面前壁较厚，为整块石料，挡住两边侧壁，上面阴刻龛形碑面，龛壁内凹，内刻碑文：

丙庚年
阳命生于道光四年　命富贵
潘阿海　□□
孝男　阿□　□□
阿连　阿弟
故显考潘公讳老大人之坟墓
玉生
七月辰日
阴命死于光绪三十二年告　终
□于光绪三十四年戊申十月廿七日
二元己卯日寅卯时

左右两边刻对联“父志千年馨，子立万年牌”。

8. 上水达 M25

位于东区中部 M24 与 M26 之间。墓向 144°。单层墓，保存较好。墓长 160、宽 60、高 59、壁厚 12 厘米。墓盖平顶，盖板长 167、宽 79、厚 12 厘米。顶部前、后装饰有双鱼纹仿牛角造型石雕挡头，内夹人字形顶板，上承扁平长方形的横脊，脊较高，下面两端跨骑于两挡头中间的凹槽上，脊上双面浮雕双龙抢宝图案，顶端平齐。墓壁两边各有两根支柱，素面。支柱宽8.9、高60、厚9厘米。墓壁上布满凿痕，前、后壁内凹，后壁上面浮雕有并排站立的抽象人形4个一组，前壁则雕刻2个，高均为50厘米（图版七一）。

横脊下长92、顶长142厘米，下部厚5、中部厚13、上部厚12.5厘米；双鱼纹仿牛角造型石雕下宽66、中宽62.5、上宽60.5厘米，中间凹槽处高35厘米，两边鱼尾部位高5厘米，中间圆形装饰直径14.5厘米，石厚7厘米。

9. 上水达 M28

位于东区东部南端。墓向168°。残，已垮塌，仅余前、后两块竖立的石板及杂乱叠压的墓石等部分构件。从形状可知为长方体“箱式”墓，但层数难以辨别。

（二）长方形石室墓

6座（M14、M16、M17、M18、M21、M26）。墓葬分布不集中，散布于墓区内，与其他类型墓杂处，且墓体均比其他类型的墓要大，多用厚重的长方石料砌筑，内空，顶部封闭，多数无碑，其中仅一座（M21）有碑铭纪年。

1. 上水达 M14

位于东区中部北侧坡脚。墓向146°。无碑。墓基宽大，用三块厚21厘米的石料铺筑。因地形是坡地，前低后高，所以基石前端外露，其下泥土流失，形成约20厘米的悬空。墓壁用较大的墓石分两层叠砌，下层尤为厚重，厚度几乎是上层的一倍，未使用石灰黏合，墙体部分开裂，前壁上半部分已经被毁坏，墓室外露，里面空无一物，现以乱石封堵。墓正面宽98厘米，墓壁下层厚23厘米，上层厚11～15厘米，高72厘米。墓顶平整，边沿上部内收仿屋檐式样，顶部上面无其他结构，长满苔藓。墓顶长198、宽102厘米，盖板厚9～11厘米（图版六四，1）。

2. 上水达 M16

位于M21东北部。墓向137°。墓身呈长方体，墓石较厚。墓壁分两层叠砌，侧壁下层石长与墓长等同，南（前）壁下层为小块方形墓石夹在两侧壁中间，上层与墓等宽，挡住侧壁前端。墓顶由四块条石围砌，两边为与墓身等长的长条形墓石，前后两块被夹在中间，边沿均抹斜呈仿屋檐式样。

3. 上水达 M17

位于东区东北面竹林内。墓向152°。墓顶残，南（前）壁上部被破坏，残存下半截。墓长161、宽95、高91厘米。墓壁用石材双层叠砌，厚20厘米。盖板长195、宽107、厚19厘米，沿高9厘米。该墓原有碑，已毁，仅存长方体碑盖倒置于墓顶上，缺一角，长103、宽43、厚22厘米，另见山字形碑帽置于墓前地上。

4. 上水达 M18

位于 M17 西北部。墓向 137°。墓壁分两层叠砌，长 210、宽 95、高 74 厘米。基础部分前、后两端比墓身长 24 厘米，东、西两侧比墓身宽 17 厘米，石料大小不匀，厚 9 ~ 11 厘米，底边长 258、宽 129 厘米。墓盖较厚，边沿上部抹斜呈仿屋檐式样，四角尖收，顶面平，上面无物，盖板长 217. 5、宽 100、厚 16 厘米，沿高 8 厘米（图版六四，2）。

5. 上水达 M21

位于东区中部。墓向 136°。有碑。基础部分含碑座通长 336 厘米，石厚 14 厘米。墓室长 219、宽 114 厘米，包括碑体通长为 286 厘米。墓体下面系由一块长 253、宽 161 厘米的整块石料铺底。墓盖长 230. 5、宽 131、厚 15. 5 ~ 16 厘米。墓壁分三层叠砌，石材制作较好，壁缝很细。墓顶较平，仿筒瓦屋面式样，中置纵向横脊，脊座长方体，两端上翘尖收，中饰上细下粗塔式圆柱体，整体亦呈山字形。

墓碑形制同 M1，墙、盖等构件保存较好。碑顶为四出脊仿屋顶式样，四角收尖，正面仿筒瓦状，瓦当部分刻十字花瓣装饰。山字形横脊底部长 187、高 15. 5 厘米，两边高 39、中间高 48 厘米，厚 15. 5 厘米。圆柱体的直径上面为 7. 5 厘米，下面为 15 厘米。碑顶横宽 132. 2、侧面宽 72. 5、檐厚 12. 5、四角高 19. 5 厘米。碑帽为典型的山字形造型。碑帽中高 78、边高 58、厚 14 厘米，底座横宽 87 厘米，左右两边最宽处 116 厘米。两角装饰鱼纹，中间为圆形太极图，直径 26. 5 厘米，石刻部分风化。碑面刻墓主牌位，文为“清故显考潘公臺老大人之坟墓”，落款时间为“道光二十二年立”，孝男是“潘阿天、阿頭、阿□”。两旁刻对联“高穴发富贵，吉地出文臣”，额书“如在其上”，右左循读。碑额两边各雕一站立的吏服人像。碑面宽 70、高 115 厘米，石厚 14 厘米，两侧碑柱宽 13、厚 21 厘米，上刻八仙人物形象。碑柱外侧有抱鼓石造型的翼墙，方形底座，上面各站一狮，狮背上承圆形石鼓，鼓面及内壁上雕刻立鹤翔凤图，底座石雕内容为野鹿衔枝。翼墙厚 15 厘米，侧面宽度为 38. 5 厘米（图版六七）。

6. 上水达 M26

位于东区中部南面。墓向 144°。整体较厚重，基础、墙体、墓盖均采用较厚的石料建造，基石厚 20 多厘米。墙体分两层叠砌，有石灰黏合痕迹。下层两侧壁与墓身等长，前、后壁下层被夹在中间，而上层则是前、后壁与墓身等宽，将两侧壁上层夹在中间，上下层之间形成错缝结构。墓长 212、宽 84、高 99 厘米、壁厚 23 厘米；基础部分长 269、宽 125 厘米，石料厚 15 厘米。墓上部由两长两短的长条形仿屋檐形状构件压边，四角收尖上翘，顶部中空部分再用两块厚 20 厘米的石材拼接封盖，其中前面一块被人为移动，从中可窥见墓室。檐边沿高 10 厘米，四角高 29 厘米，顶面平整。上檐长 220. 5、宽 108、厚 24. 5 厘米，夹在墓顶中间的顶板长 167、宽 62、厚 8. 5 厘米（图版七二，2）。

（三）乱石墓

共27座（M13、M27、M29～M53）。

均为长方形，用大小不一的不规则石块堆砌，其中M27长235、宽80、高50厘米，M41长235、宽92、高60厘米，M42长216、宽90、高55厘米。

M13堆砌得较为规整，位于M12东部，与M53并列。墓向134°。用厚15～25、长30～50厘米的石料分二至三层堆砌或长方形墓冢，顶层墓石稍大，墓冢高出地面44～53厘米（图版六三，2）。

第四节　水梅墓群

现存4座，位于三都水族自治县九阡镇水梅村定岜寨，形制各异。其中M1位于公路北侧，其余3座位于公路南侧山坡上。

1. 水梅M1

位于定岜寨前公路北侧，南距公路约20米。东面为梅玄寨，北面临姑全寨，西部及墓周围为种植农作物的旱地。当地村民多为水族。墓向324°。长方体双层“箱式”石结构墓。墓基长255、宽137、厚15厘米。下层长210、宽89、高80厘米，下层盖板长240、宽110、厚8厘米。上层长180、宽68、高51厘米，上层盖板长186、宽90、厚7厘米。四根支柱宽15、厚7厘米，高度与同层墓高相同。顶部为两面坡横脊式前后山字造型，现其他构件已毁损，仅存北（前）面一个山字形挡头，两边呈鱼尾状，中间圆环内分别雕花卉与钱币图案。由于风化严重，墓上原有图案多已剥落，仅下层前、后两壁有装饰。后壁下层刻仿铜鼓纹饰，采用线条阴刻，三晕，内圆直径7厘米，与首晕间刻十字线条，次晕为连续三角形，外晕为连续弧线，三晕直径分别是24厘米、34厘米、47厘米。前壁下层刻仿木斜线方格纹（图版七四）。

2. 水梅M2

位于公路南面15米处。墓向312°。长方形单层石室墓，墓前有碑。墓壁由两层石料叠砌，墓顶边沿抹斜呈仿屋檐式样，顶平。墓体通长（含碑）237、宽96、高82厘米。碑面字迹模糊。仅知墓主为“故显考潘阿□”，生于道光年间，具体年月已不可辨，殁于咸丰二年六月二十三日卯时。碑宽89、高111厘米。

3. 水梅M3

与M2并列，间距约20米。墓向309°。长方体单层“箱式”石结构墓，墓长200、宽99、高70厘米，顶部盖板厚18厘米。墓上有树草枝条覆盖。

4. 水梅 M4

与 M2、M3 并列，东距 M3 约 15 米。墓向 310°。长方形单层石室墓。墓长 277、宽 131、高 119 厘米。墓壁由三层墓石叠砌。顶部厚 20 厘米，四角收尖，边沿抹斜呈仿屋檐式样。墓前有龛式六合碑，上部略残，碑盖为仿筒瓦屋面形制。碑残宽 147、高 148、进深 50 厘米，碑盖厚 20 厘米。碑上记载该墓系“道光十八年正月十七日立”，墓主为“清故显考潘公讳阿日之文墓”。

第五节　水备墓群

水备墓群位于三都水族自治县周覃镇水备村下水令组水令河南岸，进入村寨的小路从墓地南边经过，东、西两面为田地，北面临河，河对岸为一片山崖，墓地四周种植有少量竹木，从地表观察现存墓区的范围已经很小，东西宽仅 7 ~ 8 米，南北长约 15 米，总面积在 100 平方米左右。

（一）乱石墓

墓葬的地面部分多已被破坏，部分墓石断裂或外露，墓葬形制基本为长方形，有较为整齐的石板，石板厚度一般为 7 ~ 8 厘米，竖穴土坑，墓壁用石材镶嵌，墓冢以不规则石块堆砌，墓葬排列有序，间距小，数量密集，因叠压破坏等无法准确统计，估计约有数十座。

在部分墓葬的一端，还见有竖立的抽象造型石俑，单体石雕，整体呈柱状，下圆上方，头部为圆角方形，面部刻对角线，上身圆环形，下部为圆柱体，其中水备 M1 的一件保存较完整，通高 78、头高 20、宽 24.5 厘米（图版八一，1）。

（二）双人墓

在墓区东面约 200 米处为下水令寨，现有村民十多户，均为吴姓，水族。在寨脚与水备墓群沿河呈一东西向直线的平地上有一座双室石结构墓（水备 M2），从侧面看与长方体单层“箱式”墓无异，但从正面和后面看则是由两座墓室在地面上拼镶成一个整体。这是所有水族墓葬中唯一的一座双人合葬墓。该墓整体平面近似方形，正面总宽度为 245 厘米，北壁长 247、南壁长 250 厘米，加上前壁 9 厘米的厚度，墓体总长为 259 厘米，后壁断面厚 8 厘米（图五四 ~ 图五六；图版七五）。

南侧墓室保存较好，正面呈龛形，由上、下两部分组成。下半部为竖长方形龛面，宽 79、高 106、厚 9.5 厘米。壁面内凹，面上风化剥蚀，原先是否有文字、图案不辨。两边的墓石外凸，从左右两面护住前壁从而形成龛形结构，靠外一侧的墓石朝外斜，上窄下宽，呈八字形翼墙形状，上宽 11、下宽 26、高 106、厚 19 厘米，内侧面刻有“青山朝吉地”字样。前壁正中的一块墓石为扁平长方形，挡在两个墓室结合部中间，宽 36、高 106

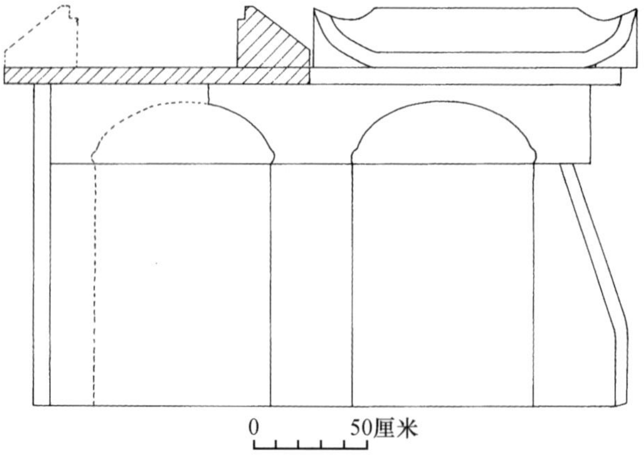

图五四　水备双人墓正视图

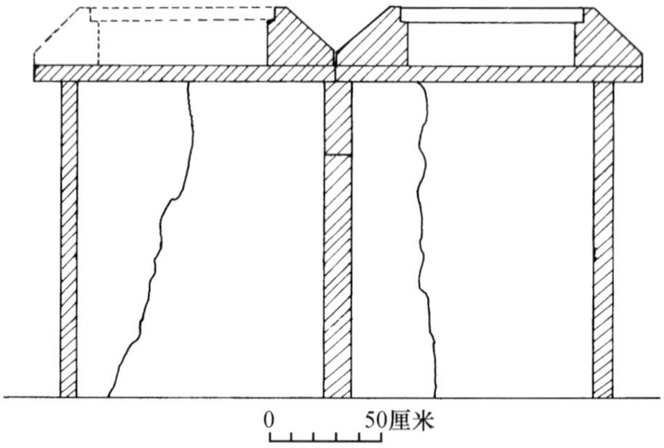

图五五　水备双人墓横剖面图

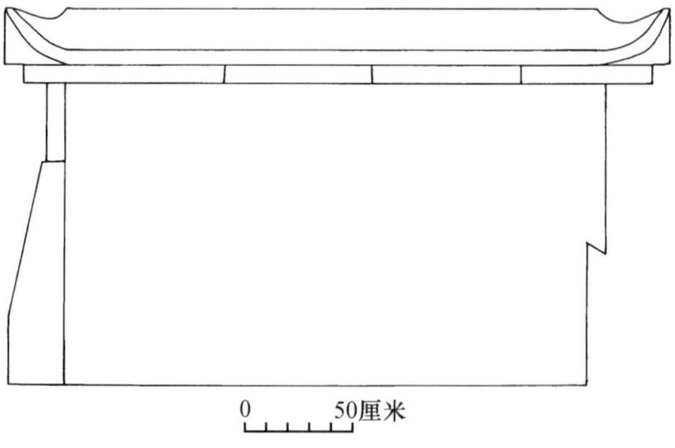

图五六　水备双人墓侧视图（南壁）

厘米，上刻文字“右踏白虎起人□”。正面上方是一块横长方形墓石，因北端残断，原有长度不明，现存长度上端为168厘米，下端为140厘米，高34厘米。其形状是在长方形的基础上挖出两段弧形，将其横架在两个墓室的前壁上方作为前龛的弧形顶，弧高27厘米。顶部盖板由四块扁平石板拼接盖在墓壁上，总长290、宽136、厚8厘米。盖板上再放置四角起翘、檐面抹斜仿屋顶结构式样的墓顶，分别由四块构成，两两对称，前后两块横置，檐角上翘，左右两块顺向置于前后两块之间，四块墓顶石的中间形成一个长182、宽74厘米的长方形中空空间，根据墓石内侧边沿起台的形式分析，墓顶正中原来应该还有一块封顶石盖于其上。四个檐角的高度为26厘米，东西角距306厘米，南北角距144厘米，沿厚7厘米。

北侧墓室结构与南室相同，只是顶部和前面受到破坏，保存情况不如南室完好。南、北两侧墓壁均用整块石料构成，上面布满凿痕，其前端与正面的结合部使用石灰作黏合剂，可见明显的白色灰痕，后部与后壁的结合则采用上下各去掉部分相互扣合的方式。后壁原为一整块墓石遮挡两个墓室，由于人为破坏，在南、北两边各毁去部分形成两个不规则形状的盗洞。在壁面上用阴线刻有圆形图案，因石料系页岩，起层剥落，加上盗墓损坏，现在只保留下来中间一个以及南侧下方一个的局部，直径为50厘米，可见三晕，内刻几何纹饰，从其装饰部位和形状分析，应该属于仿铜鼓纹饰石刻。

从墓后损坏处可以观察到墓室内部结构，两个墓室之间用厚12厘米的石料分两层叠砌出隔墙，墙体与前壁等高，为138厘米，上层高32厘米，下层高106厘米。

第六节　水尾墓群

水尾墓群位于黔东南苗族侗族自治州榕江县水尾水族乡水尾村大寨，该寨含第二、第三村民小组，共七十余户人家，全部是水族，且均为潘姓，无其他姓氏。寨子坐落在水尾乡政府东北面约2千米的高山上，寨内建筑基本还保留着传统的干栏式木结构，按功能分为人居和粮仓两大类。在寨内东北面靠后山的一座粮仓旁，保存有长方体单层“箱式”石结构墓一座，编号为M1；在进寨道路的南侧山上，沿山脊呈长条形分布有密集的水族墓葬。该墓地地形较为狭窄，南、北两面均为较陡的山坡，东面较高，紧邻寨子，西部向下倾斜，植被茂密，长满大树与灌木丛。墓区面积约650平方米，南北坡长约50米，东西横宽为10～15米。在此范围内，墓葬自上而下很有规律地一排排分布着，每排的数量根据地形的宽窄从两三座到四五座不等，除最上方的M2为长方体“箱式”墓以外，其余的墓皆为用不规则天然石块堆砌的长方形乱石墓。由于天长日久，许多墓葬已经垮塌，但地面痕迹和墓葬形制依然可辨，尤为醒目的是在不少墓冢的后面地上竖立有形状和数量不等的抽象石俑，多为单体。以下对各墓所立石俑以及典型墓葬分别予以介绍。

1. 水尾墓群石俑

M2 墓后有 6 个石俑，按位置排序分别高（均为地表所见高度，下同，不另注明）8 厘米、21 厘米、10 厘米、12 厘米、11 厘米、13 厘米，厚度均为 9 厘米。其中 5 个残断，仅第 2 个保存完整。

M3 墓后有石俑 1 个，高 65 厘米，头部宽 12、厚 9 厘米（图版七八，2）。

M4 墓后有石俑 4 个，分两排排列，前、后各两个，其中前排两个高 50 厘米，头部直径 13、厚 6 厘米；后排两个高 46 厘米，头部直径分别为 12 厘米、13 厘米，厚 7 厘米。

M5 墓后有石俑 3 个，分两排排列，前二后一，方形头部。前排两个高 53 厘米，头部宽 11、厚 6 厘米；后排一个高 57 厘米，头部宽 11、厚 6 厘米。墓葬地面封土长 225、宽 50～95、高 70 厘米，石块堆砌，墓顶上放有部分瓦片。

M6 墓后有石俑 2 个，并列，方形头，高 31 厘米，头部宽 13、厚 6 厘米（图版七九，1）。

M7 墓后有石俑 1 个，方形头，高 51 厘米，头部宽 12、厚 7 厘米。

M8 墓后有石俑 5 个，分三排，前排两个圆头，高 64 厘米，头部直径 11.5 厘米，分别厚 5 厘米、6 厘米；中间两个靠左边一个残高 17 厘米，头部厚 10 厘米；右边一个高 67 厘米，头部直径 12、厚 7 厘米；后排一个高 66 厘米，头部直径 12、厚 6 厘米。

M9 墓后有石俑 3 个，分两排，前排两个方形头部，高 51 厘米，头部宽 11、厚 6 厘米；后排一个六边形断面，残高 17、厚 8 厘米（图版七八，4）。

M10 墓后有石俑 2 个，方形头部，高 48 厘米，头部宽 12、厚 9 厘米（图版七八，1）。

M11 墓后有石俑 1 个，圆头，高 52 厘米，头部直径 12、厚 7 厘米（图版七八，3）。

M12 墓后有石俑 2 个，方形头部，俑 1 高 84 厘米，头部宽 14、厚 7 厘米，浮雕；俑 2 高 59、宽 10、厚 8 厘米。

M13 墓后有石俑 5 个，分三排，前排两个圆头，高 67 厘米，头部直径 12、厚 5 厘米。中间两个，一个完整，高 73 厘米，头部直径 12、厚 6 厘米；另一个残高 52、厚 8 厘米。后排一个高 75 厘米，宽 11、厚 6 厘米（图版七七）。

M14 墓后有石俑 1 个，残高 26、厚 12 厘米。

M15 墓后有石俑 1 个，残高 22、厚 10 厘米。

M16 墓后有石俑 1 个，残高 31、厚 12 厘米。

M17 墓后有石俑 3 个，前二后一，前排两个残高分别为 10 厘米、20 厘米；后排一个残高 10 厘米，头部直径 10 厘米。

M18 墓后有石俑 1 个，圆头，高 72 厘米，头部直径 13 厘米，上部厚 4、下部厚 10 厘米（图版七九，2）。

M19 墓后有石俑 9 个，分三排，前排南面者高 16 厘米，后排南、北两边者高分别为 27 厘米、44 厘米，头部宽 9、厚 9 厘米；其余 6 个完整，均为圆头，高 70 厘米，头部直径10、厚6厘米（图版七九，3）。

M20墓后有石俑1个，残，圆头，高65厘米，头部直径12厘米、厚6厘米。

M21墓后有石俑6个，分两排，前、后各3个，前排3个高分别为13厘米、25厘米、38厘米，厚10～14厘米；后排3个分别高31厘米、51厘米、62厘米，均为圆头，头部直径11、厚6厘米。

M22墓后有石俑3个，残，高分别为20厘米、22厘米、39厘米，厚均为9厘米。

M23墓后有石俑1个，残，高11、宽10、厚5厘米。

M24墓后有石俑1个，圆头，高26厘米，头部直径16、厚5厘米。

M25墓后有石俑2个，圆头，高50厘米，头部直径分别为11厘米、13厘米，厚6厘米。

M26墓后有石俑2个，方形头部，高60厘米，头部宽12、厚6厘米，浮雕。

M27墓后有石俑2个，圆头，高16厘米，头部直径9厘米。

M28墓后有石俑1个，圆头，高23厘米，头部直径12厘米。

M29墓后有石俑4个，圆头，高分别为18厘米、10厘米、15厘米、12厘米，头部直径均为9厘米。

M30墓后有石俑1个，残高44厘米，顶部直径9厘米。

M31位于墓地东面禾仓脚，墓后有石俑4个，分两排，前、后各二，后面两个完整，身体呈柱状，圆形头部，圆环形上身，通高62厘米，圆头直径10厘米，厚度分别为4厘米、5厘米。前面两个头部残，写实浮雕人物，脖戴粗大项圈，南边者项圈为3圈，北边者项圈为1圈，皆身穿百褶裙，为典型的少数民族妇女形象，残高分别为27厘米、33厘米，厚10厘米（图版八〇）。

M32墓后有石俑6个，分两排，圆头，残高分别为60厘米、40厘米、8厘米、50厘米、32厘米、25厘米，头部直径9～11厘米。

2. 水尾M1

位于寨子东北部上方，东部靠山，南面紧临粮仓，西、北边为斜坡。长方体单层“箱式”石结构墓。墓体两侧壁用石料分两层构筑，下层石料较小，拼接而成，高28厘米；上层壁面为一块整体墓石，高45厘米。后壁厚12厘米，墓体侧面通长218厘米。墓上盖板为长方形，两块石料拼接而成，四角收尖，侧面上沿斜收成仿屋檐式样，通长228、宽117、厚11厘米。墓顶为两面坡人字顶结构，用两块石板相靠拼搭而成，顶高32厘米，顶面石长117、斜高41、厚6厘米。后部山字形挡头两边为双鱼纹，中间为圆形雕刻，南边残断一角，中上部做成凹槽状，用以承接长方形横脊，底座宽49、中间高34、两边高49、厚8.5厘米，两外侧最宽处为68厘米，凹槽宽10.5厘米；横脊残断，高15.5、厚9.5厘米（图版七六，1）。

墓前有龛式石碑，碑面浮雕花纹，居中雕刻牌位，上刻“清故显考潘阿更之墓”。牌位两侧记有墓主生卒年月“生于道光己丑年吉日”，“没于道光癸卯年六月去世”。两侧刻对联“平地龙吉，风堂秀水”。碑额雕刻双龙抢宝图案。碑面宽73、高100厘米。碑柱正面亦刻有一联“正好团圆兴，启知同泡一”。碑柱宽9、高100厘米，外侧面横宽34厘米，内侧面宽23厘米。碑盖较扁平，仿屋顶结构式样，檐口部位雕刻卷叶连枝纹。碑盖侧宽51.5厘米，正面横长118厘米，三层檐厚分别为2厘米、6厘米、4厘米。碑帽垮塌，掉于地上，双鱼纹山字造型，两边刻对称的龙首鱼身，鱼尾上翘，正中为一圆环，内雕喜上眉梢图，左、右各有一只小鸟踏在梅枝上。山字形碑帽中高58厘米，两边鱼尾部位高43厘米，底座横长88、厚8厘米，下有方形榫头，长5厘米，用以插入碑盖正中的凹槽以使之固定。

3. 水尾M2

位于寨西头山坡上，部分倒塌，由于无人管理，坟上已长出两根胸径分别为15厘米和25厘米的树来。墓体结构基本与M1相同，但无碑。墓身部分倾斜，盖板亦为抹斜仿屋檐式样，四角收尖，人字顶，顶部前面挡头为双鱼纹仿牛角造型，鱼尾部位残断。墓长230、宽116、高92厘米，石材厚14厘米。墓侧葬有一乱石墓，墓后为6个分体式石俑，均不同程度地受到损坏（图版七六，2）。

另外，在墓地周围地面上，随处可见残断的石俑，说明在墓后竖立石俑的做法在该地较为普遍，其是所有水族墓群中使用石俑数量最多的一个地方。现在统计到的32座墓，只能是其中保存下来的一部分，可推知该墓群原随葬有较多的石俑。

第七节　天星墓群

天星墓群位于独山县本寨水族乡双星村天星大寨。全乡现有水族8423人，约占乡总人口的三分之一，而双星村就达千人，天星大寨为第一、第二、第三、第九组，四个组合计120余户，近500人，全部是水族，以韦姓为主。在天星八组麻处寨，原有二至三层的长方体石结构墓葬分布，20世纪80年代以后被毁不存。大寨西侧从寨脚小路旁向上延伸约150米、从南向北延伸约100米的范围内，共有200余座清代至民国时期的水族墓葬分布（图五七）。有部分为清乾隆以前的墓葬碑面刻有水书文字和图画内容。乾隆之后的墓汉化较为明显，比较有代表性的韦占科墓，葬于民国戊子年十月，有牌楼式墓碑，制式恢宏，为五檐六柱结构，且雕刻精美，最具特色为一幅“哺老图”：右边一女子抱着一襁褓中的婴儿，左边孩子的母亲却正在直接用乳房喂食坐在椅子上年迈的老公公，表现出水族敬老爱老的传统风尚。难得的是在墓上还特地注明工匠为“荔波阳安乡石工莫少瑜”，为我们研究水族民间工艺的传承提供了直接的证据。

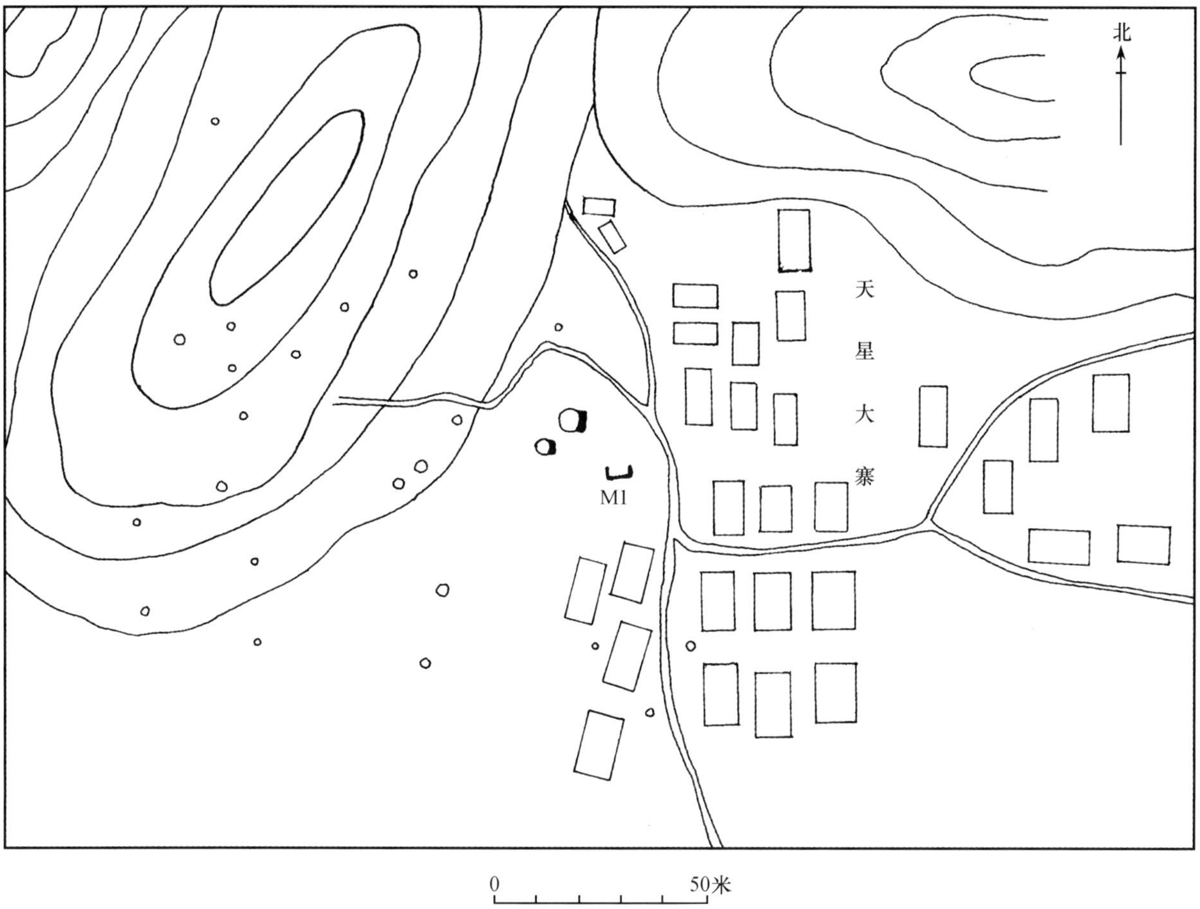

图五七 天星墓群分布示意图①

天星大寨墓地是一处面积较大、墓葬集中、使用年限较长的水族公共墓地，地势西北高东南低，西、北面为山坡，东面为村寨，南面为农田。在墓群坡面下部中央位置所测GPS点为东经107°46′55.1″、北纬25°48′43.4″，海拔741米。

墓区东南角靠小路旁现存长方体石结构残墓一座，编号为M1，仅余墓的部分前壁，壁上雕刻一牛一马，马在上方，牛、马周围饰以几何纹线条外框。前壁两侧各有一石俑雕像，均为立姿，一男一女，女性脖戴项圈，身穿喇叭状百褶裙（图版八五，2）。

另有一墓，墓碑所刻汉字与水书文字并存，额书“万古佳成”，右左循读，墓主为“清故显妣潘母韦□□”，生卒年月为“阳命生于丁丑年□□□□，物于道大年十二月”，立碑人为“孝男韦阿抱、阿千”。碑左侧刻有两行水书文字。

① 摘自独山县第三次全国文物普查资料。

第八节　洞托墓群

洞托墓群位于荔波县水利水族乡洞托寨，为一处水族先民的公共墓地，墓葬集中分布在寨子东面，地形为斜坡地带，北高南低。由荔波县通达洞托寨内的乡村公路围绕墓地经过。墓群主体分布在公路北侧的半山腰上，紧邻着公路，另有2座位于公路的南侧，其中M2部分被压在公路下。墓群南面为一片梯田，其余皆为群山环绕，植被较好（图五八）。

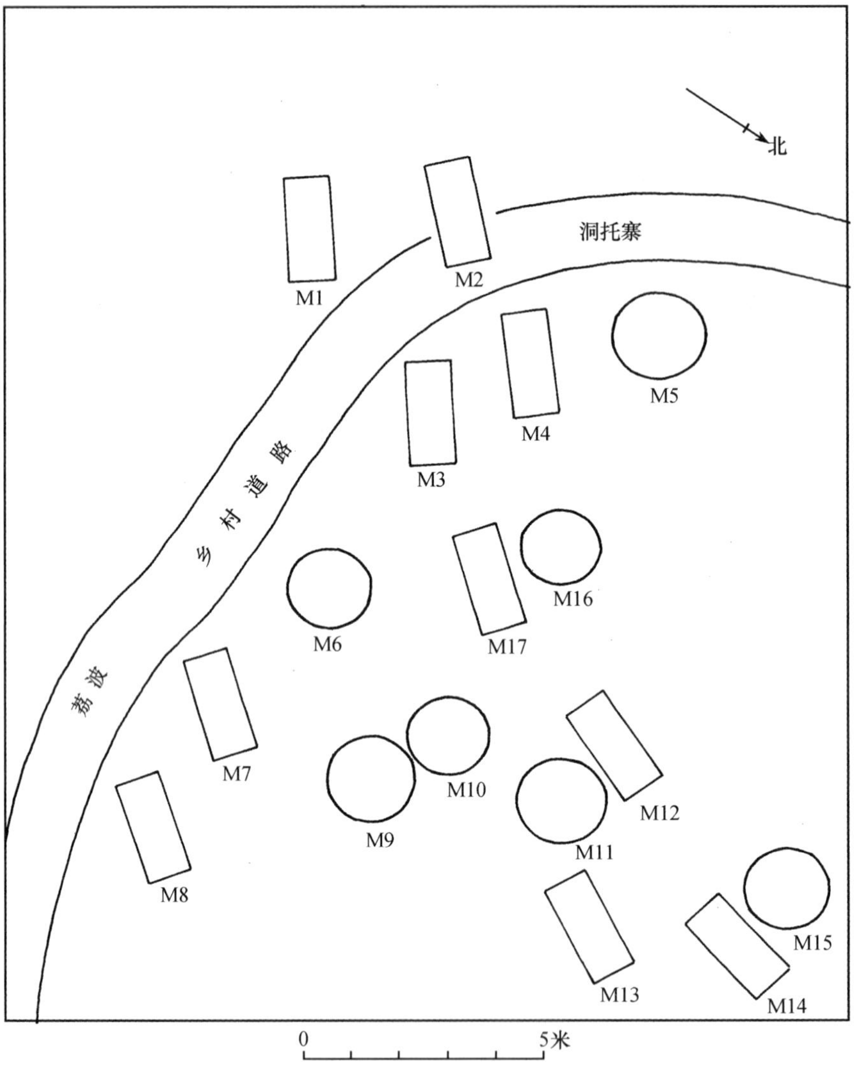

图五八　洞托墓群平面分布示意图

洞托墓群的墓葬基本上为长方形，有墓顶封闭的石室墓和墓顶不封闭的石围墓两种。墓前多有龛式碑，且碑帽基本为山字造型，多饰阴阳太极图案，部分墓葬有纪年（表六）。下面按形制分述如下。

表六　洞托墓群墓葬登记表

墓号	墓葬形制	墓向	墓主	生卒年月	备注
M1	龛式碑长方形石室墓	240°	吴□朝	乾隆五十七年生，咸丰二年九月卒	
M2	龛式碑长方形石室墓	210°	吴母杨氏	乾隆五十八年生，咸丰三年十二月卒	
M3	龛式碑长方形石室墓	230°	吴母潘氏	乾隆十五年生，嘉庆二十五年卒，道光十四年三月立	
M4	龛式碑长方形石围墓	225°			碑面无文字
M5	龛式碑圆形石围墓	220°	吴母	乾隆四十一年生，道光十年八月卒	
M6	龛式碑圆形石围墓	230°	吴母	乾隆五年五月生，嘉庆十七年八月卒	
M7	龛式碑长方形石室墓	225°	吴書簪	乾隆十年三月生，嘉庆二十二年卒	
M8	龛式碑长方形石围墓	228°			碑面刻一太极图
M9	三檐四柱碑圆形石围墓	228°	吴把料	乾隆三十三年十月生，道光十一年十一月卒，道光十二年十月立	
M10	龛式碑圆形石围墓	230°	吴母	乾隆三十二年生，道光七年十二月卒	
M11	龛式碑圆形石围墓	210°			碑文不可辨
M12	龛式碑长方形石室墓	224°	吴母潘氏	乾隆四十六年生，咸丰十一年八月卒	
M13	龛式碑长方形石室墓	232°		乾隆□□年九月生，道光二十六年八月卒	墓主不辨
M14	龛式碑长方形石围墓	234°			碑面无文字
M15	龛式碑圆形石围墓	218°	吴建英	嘉庆己卯戊辰月生，光绪二年八月卒	
M16	龛式碑圆形石围墓	225°	吴阿海	乾隆三十五年四月生，道光七年五月卒	
M17	龛式碑长方形石围墓	225°			碑面无文字

一、长方形石室墓

此类墓的结构由两部分构成：长方形石材构筑而成的地面石室和嵌碑式石龛。共有6座（M1、M2、M3、M7、M12、M13）。

1. 洞托M1

位于墓群最南端公路南侧，墓尾紧临公路。墓向240°。“咸丰二年”吴□朝墓。石室两侧壁及后壁分别由长方形的石料分两层叠砌，上方盖两块宽石板封顶，顶部边缘凸出于墙体，其上缘抹斜内收修整成仿屋檐式样，墓室底部平铺规整的长方形石板作基础。墓室长194、宽102、高99厘米。墓顶两块石长分别为99厘米、90厘米，两者之间有裂缝宽5厘米。基石长234、宽130、厚12厘米（图五九；图版八六，2）。

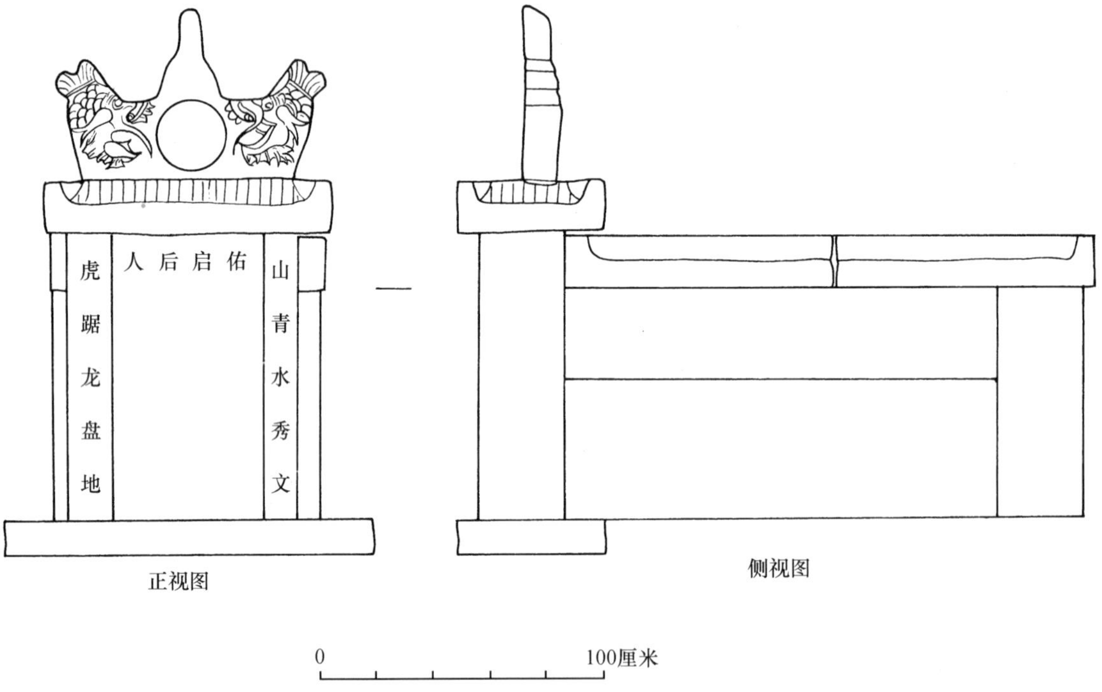

图五九　洞托M1地面部分正视、侧视图

墓基长于碑面形成祭台，两侧的碑柱围住墓碑，加上上方的碑盖，形成龛式碑的结构。碑面宽52、高99厘米。碑盖为仿屋顶式样，底座长102、宽55厘米，座基厚10厘米。碑座四角尖收微翘，高17厘米。碑帽呈双鱼纹山字形，两边各雕一尾鱼，鱼尾朝上；中部为凸起的瓶形帽尖，碑面正中阴刻有一圆形装饰，因风化严重，图案不明。整个碑体至基础部分通高188厘米。

碑面上横批刻“佑启后人”，两侧碑柱上刻“山清水秀文，虎踞龙盘地”对联。碑文竖行排列，自上而下右左循读，内容为：

咸丰二年九月乙卯

清故显考吴公讳□朝老大人□府君之墓

孝男吴□贵

乾隆五十七年□□□孟月生

2. 洞托 M2

位于公路的南侧，墓室后部被公路所压，与 M1 相距 3 米。墓向 210°。“咸丰三年”吴母杨氏墓。墓葬形制与 M1 基本相同。只是主体部分被路面掩埋，仅露少许石室顶部，碑盖与碑帽均已不存，碑柱倒塌在侧面，在墓碑边缘还有少许残留的白色石灰痕迹，可知原结构为龛式碑。碑体宽 54、高 96、厚 22 厘米。墓碑下部基石宽 86、厚 10 厘米。

墓碑碑额横批为“永古佳城”四字，碑文竖行排列，右左循读，内容为：

原命生于乾隆五十八年受生不幸

清故显妣杨氏吴母老孺之灵墓

殁于咸丰三年十二月□一日幸卯日卯时

3. 洞托 M3

位于公路北侧路边。墓向 230°。“道光十四年”吴母潘氏墓。石室长 164、宽 84、高 82 厘米，后壁墙体厚 20 厘米。

龛式碑碑面宽 48、高 82 厘米。碑盖为仿屋顶式样，四角微凸，底座长 104、宽 54 厘米，座基厚 14 厘米，角高 20 厘米。碑帽亦为山字形双鱼纹造型，两角与中部之间保留有石基，未作透雕，故鱼纹部分呈现为浮雕而不是通常所见的立体雕塑；“山”字中部为一凸起的葫芦造型，正中部分阴刻的圆圈内饰由两条鱼交互构成的太极阴阳纹。碑体通高 162 厘米（图六〇；图版八五，1）。

碑面横批为“腾蛟起凤”。两旁碑柱刻对联一副“吉土马鬣千年盛，佳水牛眠万载兴”。碑文竖行排列，自上而下右左循读，内容为：

阳命于乾隆十五年受生享年七十一岁终于嘉庆二十五年告终

清故显妣吴母潘氏老孺人之墓

孝男吴阿雲

大清道光十四年三月初八吉日立

4. 洞托 M7

紧邻公路北侧。墓向 225°。“嘉庆二十二年”吴書簪墓。墓葬形制结构与 M1 相同，但是墓顶部分受损残缺，石室底部平铺规整的长方形石板。石室长 164、宽 84 厘米。

碑帽缺失，在碑盖上方可见安装碑帽的长条形凹槽，碑盖仿四面坡屋顶结构，其正面及两

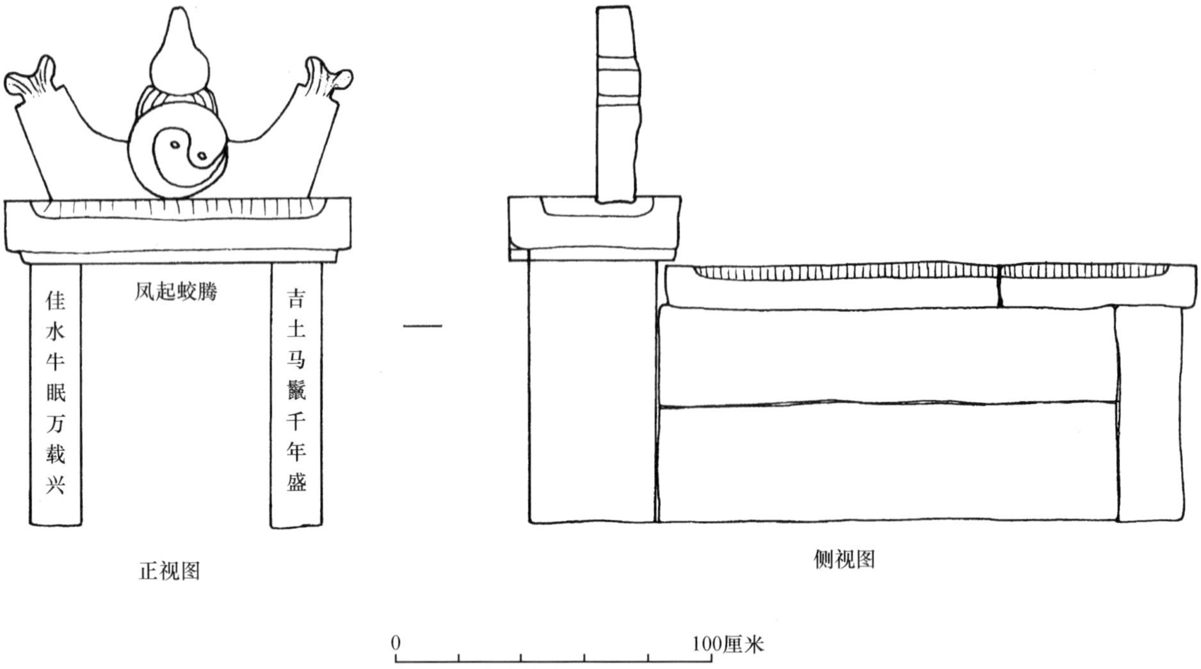

图六〇　洞托 M3 地面部分正视、侧视图

侧浮雕成仿筒瓦造型，后面靠墓室一方为素面。

碑文竖行排列，右左循读，记载了墓主姓名、生卒年月及用四头（匹）牛马进行祭祀的孝男名字，内容为：

原命生于乾隆十年三月甲申日辰时生
清故显考吴公讳書簪大人墓
牛马四个　　孝男吴把料
殁于嘉庆二十二年己酉日卯时死

两侧碑柱阴刻对联一副“绿水勇贤孙，青山崇吉地”。

5. 洞托 M12

位于 M11 西侧，两墓相邻。墓向 224°。“咸丰十一年”吴母潘氏墓。墓室两侧壁及后壁均由整块石料构筑，上面亦覆盖整块的石板封顶，底部平铺规整的长方形石板作基础。墓室长 160、宽 86 厘米。

龛式碑碑面宽 60、高 92 厘米。碑盖脊线较低平，立体感不如其他墓葬，四面坡仅正面浅刻仿筒瓦式样，其余均为素面。碑盖底座长 90、宽 52 厘米，座基厚 12 厘米，座基四角微凸起的檐角高出 5 厘米。碑帽整体呈五角形，只在上部浅雕出“山”字轮廓，两边的双鱼纹图案及中部葫芦造型也是在平面上以简洁的形式用阴线刻出，整个制作工艺与墓地其他墓葬相比极为简略。中心圆圈内浅刻阴阳太极图。碑帽底宽 64、高 76 厘米（图版八八，2）。基石横宽 120 厘米。碑柱宽 13、高 92、厚 37 厘米。碑体通高 192 厘米。

长方形碑面刻墓主姓氏及生卒年月，内容为：

原命生于乾隆四十六年辛丑岁时生不幸

清故显妣潘氏吴母老孺大人之墓

殁命咸丰十一年八月二十二日一梦告寝

两侧碑柱阴刻对联一副“吉地千载盛，□玉万代兴”，横批为“永古佳城”。

6. 洞托 M13

位于墓区上方 M11 的东北部。墓向 232°。“道光二十六年”墓。长方体石室的两侧壁及后壁分别由两层长条形墓石砌筑，上方覆盖一块宽石板封顶，底部平铺规整的长方形石板作基础。墓室长 150 厘米，前面碑柱厚 35 厘米，总长 185 厘米。正面基石宽 110、厚 45 厘米。

龛式碑碑面宽 52、高 95 厘米。碑盖底座长 98、宽 60、厚 19 厘米。碑帽呈山字形，右角残缺，两边雕鱼纹装饰，中部稍高位置有一圆形雕刻，上刻复合纹饰组成的十字花纹。碑帽通高 76、厚 10 厘米（图版八八，3）。碑体通高 202 厘米。

碑文内容部分磨蚀，其中墓主一栏已不辨，仅存死者生卒年月。内容为：

生于乾隆□□九月初□卯时建时不幸

□□□□□□□□□□□□□□

殁于道光二十六年八月□□□

墓碑两侧刻有对联一副“青山崇吉地，绿水涌贤孙”。

二、长方形石围墓

此类墓与上面的龛式碑长方形石室墓大体相同，由龛式碑与长方形墓室两部分构成，有所不同的是石室墓墙体上面有墓室盖板闭合呈封闭式结构，而石围墓只是用石料围砌成一个长方形的空间，顶部敞开，里面填充泥土。墓区内共见有 4 座（M4、M8、M14、M17），均无文字记录。

1. 洞托 M4

位于公路北侧，前方为 M2。墓向 225°。其结构由两部分构成：不规整长条形墓石砌成的长方形石围和龛式碑。石围内填充封土，其底部平铺规整的长方形石材作基础。石围长 230、宽 118 厘米。

墓碑宽 57、高 85 厘米。仿屋顶造型的碑盖底座长 123、宽 30 厘米，座基厚 12 厘米，四角尖收上翘，角高 21 厘米。碑盖顶部中间有一安放碑帽的凹槽，其上原有构件现已不存，碑面上布满凿痕，无文字、图案。

2. 洞托 M8

位于公路北侧东北角。墓向 228°。形制与 M4 相同，其两侧壁及后壁分别由不规整的长条形石料砌成，无顶盖，内填封土，石围长200、宽106厘米。

墓碑宽64、高100厘米。仿屋顶式样的碑盖宽114、厚16厘米，底座长114、宽48厘米，座基厚13厘米。碑帽系由在近似扇形的石料上浮雕双鱼纹和葫芦造型而成，其中部阴刻有太极图案。碑帽下宽90、上宽108、通高64厘米。在墓碑正中亦有一阴刻的太极图，无其他碑文。碑体下部基础宽130、厚16厘米。碑柱宽16、高100、厚44厘米。整个碑体通高196厘米（图版八六，1）。

3. 洞托 M14

位于墓区最北面上方。墓向234°。两侧壁及后壁分别由三层长条形石板砌成，内填封土，底部平铺规整的长方形石板。

墓碑系长方形石块简单加工而成，上面布满平行水平线凿痕，无任何文字。碑盖为四面坡仿屋顶式样，上承山字形碑帽，饰双鱼纹。

4. 洞托 M17

位于墓地中部，与洞托M16并列。墓向225°。长方形石围由三层长条形墓石叠砌，内填封土，长214、宽100厘米。

墓碑布满凿痕，无文字内容。碑宽46、高79厘米。碑盖座长92、宽44厘米，角高26厘米。碑帽为双鱼纹造型，鱼身肥硕，体型较大，两鱼之间没有其他装饰，仅以阴刻剔除部分石面突出鱼形。碑帽宽75、高63厘米（图版八九，3）。碑座宽100、厚10厘米。整个碑体通高178厘米。

三、圆形石围墓

此类墓由龛式碑和圆形墓体两部分构成，碑有单面碑和三檐四柱三面碑两种，墓身均由长方石料围砌成圆形，内填封土。共有7座（M5、M6、M9、M10、M11、M15、M16）。其中除洞托M9为三面碑外，其余的均为单面碑。

1. 洞托 M5

位于公路北侧，与M4相邻。墓向220°。“道光十年”吴母墓。墙体四周系用四层石料叠砌而成，最上一层墓石的外侧上部抹斜为简化的屋檐形，其下三层为普通的规整墓石构筑。石围直径为200厘米。

龛式碑碑面宽66、高109厘米。顶部平置仿屋顶结构造型的碑盖，其底座长144、宽60厘米，座基厚5厘米，四角尖收上翘，角高14厘米，座基上雕刻仿屋面结构的屋檐和瓦当，共有5个瓦当图案，内容主要为三叶图。

碑额横批为“永古佳城”。两侧碑柱刻有对联一副“吉地千载盛，□玉万代兴”。碑文内容为：

原命生于乾隆四十一年时受生不幸
清故显妣吴母老孺人之墓
孝男吴羅生吴阿□
殁于道光十年八月癸巳日卯时□□告寝

2. 洞托 M6

位于公路北侧中部。墓向230°。“嘉庆十七年”吴母墓。墓壁由两层墓石叠砌而成，上面一层为较宽的弧形石料，下面一层较矮，底部铺有长方形的厚石块，墙体上方叠压有外斜面呈简化屋檐形状的墓石，石围直径为178厘米。

龛式碑碑面宽58、高100厘米。碑盖仿屋顶结构造型，前面饰圆形瓦当13个，除最右边纹饰为太极图外，其余的均为花卉图案，有四叶、五叶包括重瓣花朵。底座长100、宽64厘米。碑帽两端雕刻双鱼纹装饰，鱼尾朝上，鳞甲清晰，整体为浮雕而非立雕造型。八字形碑柱内侧雕有三层浅浮雕图案，外框均为方形，下部直角、上部敛角略呈龛形，系平雕阴刻而成，其右侧最上层可辨为文官图，中层为骑马图，其余图案因风化严重，已不可辨识。碑座横宽120厘米。碑体通高180厘米。

碑面所刻为灵牌式造型，分三层内容：第一层为碑额横书“永古佳城”四字。第二层为双龙抢宝图案。第三层为文字主体内容，上雕“清故显妣吴母老孺人之墓”牌位，其右侧碑文为死者生辰年月，“原命生于乾隆五年五月十三日时受生不幸”。左侧为死亡时间，“殁于嘉庆十七年八月十七日时□□告寝”。

3. 洞托 M9

位于公路北侧M6上方。墓向228°。“道光十二年”吴把料墓。圆形石围墓，墓前立三檐四柱碑。圆形石围墙体系用四层石料叠砌，最上一层的外檐为简化的仿屋檐形状，其下三层为普通的较宽、弧形石料砌筑，内填封土。直径为300厘米（图版八七，2）。

该墓正面较宽，分三部分。正中为主体碑面，宽75、高162厘米，分别雕刻有三层内容：最上方第一层内左、右两边敛角长方形画框内各雕一站立的文吏像，中间碑额上刻“钟灵秀”三字；第二层高浮雕双狮戏球图，双狮为头下尾上，嘴衔中国结；第三层为文字内容。碑文竖行排列，右左循读，其中的墓主称谓一栏外围用阴线刻成灵牌式，原文为：

原命生于乾隆三十三年十月十三日建生
殁于道光十一年十一月三十
清故显考吴公讳把料大人墓

	立	
才	芳	
孝男国志	孙正显	敬刊
□	祥	
	品	

道光十二年十月初七日立

碑两侧阴刻对联一副“荔水重环开甲第，龙山还镇启人文”。碑前左、右各竖石柱一根，圆形柱面上浮雕花卉装饰。柱础分为三部分，最上一层为圆环形，中间一层为六面体，最下一层为正方形。

两侧副碑各分三栏，上层分别为“佑启”、“后人”文字；中层各雕一只凤鸟；下层右为奔马，左为水牛望月图（图版八七，1）。外框为敛角方形，浅浮雕。

碑体外侧为八字形翼墙，下雕狮座，上承石鼓，上方各雕立鹤一只。

碑盖为三重檐结构，皆为仿筒瓦屋面造型，边角尖收上翘，中檐横长148、高20厘米，饰瓦当11个，图案风化不明。顶部碑帽不存。两边碑盖檐面低于主檐，左面横脊为长方形，檐角上翘，浮雕鱼纹装饰，应源于双鱼纹碑帽造型。右面碑盖上的横脊缺失，从整体观察，应与左面为对称性结构。

4. 洞托 M10

位于M9西侧，两墓紧邻。墓向230°。“道光七年”吴母墓。墓壁共有五层，底层为基础部分，主体为三层石墙，上方为简化的仿屋檐结构式样，内填封土。石围直径为200厘米。

龛式碑与墓区内同类型墓葬相同，惟碑帽不存。碑文内容为：

原命生于乾隆三十二时生不幸

清故显妣吴母老孺人之墓

殁于道光七年十二月二十四日寅卯时一梦告寝

　　吴阿谨

孝男吴王皆　　孝孙吴大歌

　　吴阿老　　　吴阿巴

墓碑两侧有对联一副“吉地千载盛，□玉万代兴”，横幅为“永古佳城”，与M12内容相同。

5. 洞托 M11

位于M10北部上方。墓向210°。圆形石围系用四层修整规范的墓石叠砌，内填封土，底部平铺规整的长方形石板。石围直径为170厘米。

碑面风化较重，碑文已不可辨识。碑盖右上角残缺，碑帽呈山字形，两侧装饰龙首鱼身纹样，中部为葫芦造型，下圆内浮雕一兽，嘴部大张，首左尾右，四蹄作奔跑状（图版八八，1）。墓碑两侧有对联一副“绿水勇贤孙，青山崇吉地”。

6. 洞托 M15

位于墓区北部上方，与M14并列。墓向218°。“光绪二年”吴建英墓。圆形石围系用三层修整较规则的长条形墓石砌成，内填封土。

碑宽60、高106厘米。碑盖底座长110厘米，上立双鱼纹山字形碑帽，“山”字正中为尖三角形，上饰两个圆形雕刻，上圆内刻阴阳纹，下面稍大的圆形内浮雕一“福”字（图版八九，1）。碑座宽110厘米，碑柱宽17、高106厘米，碑帽中高66、边高45厘米，两翼最宽处104厘米。

碑文内容为：

父命生于嘉庆己卯戊辰月庚午日

享寿五十八年不幸殁于光绪二年八月□告终

清故显考吴公讳建英老大人之墓

碑侧刻有对联一副“秀水秀山秀地脉，合年合穴合天时”。

7. 洞托M16

位于墓区中部。墓向225°。“道光七年”吴阿海墓。石围四层叠砌，内填封土。

碑底平铺规整的长方形石板，碑盖为仿屋面结构，双鱼纹山字形碑帽，中为葫芦造型，上圆内雕刻阴阳太极图，下圆内为鹿回首构图（图版八九，2）。

碑文内容为：

生于乾隆三十五年四月壬申日酉时建生不幸

清故显考吴公讳阿海老大人之墓

殁于道光七年五月十八日卯时告终

碑柱上刻对联一副“吉地千载盛，□玉万代兴”，横幅“永古佳城”。

第九节　尧古墓群

尧古墓群位于荔波县永康水族乡尧古村拉坑组（五组）的一处山坡上，正处在荔波县城通往茂兰的公路西侧，是一个墓葬比较集中分布的墓区。据了解2003年修建公路时就曾挖掉3座水族墓葬。当地村民均为水族，寨内现有29户。水语称这里为“母”（音译），意即墓地。在公路上就可以看到数座墓葬以及带有石雕图案的残墓构件。现存保护相对较好的清代墓葬十余座，年代多在嘉庆年间，在墓前多雕刻有比较精美的石雕装饰。鉴于圆形石围墓与现在的墓无更多区别，故我们只选取了墓上有代表性的石雕内容进行了收集整理，部分较有特色的进行了拓片提取，以资能够全面地了解不同区域水族墓群的具象特点，提供更多横向比对的材料，在整体研究上也尽可能地做到宏观把握，减少盲点。

墓地西高东低，西北为高山，东、南为田野，墓葬就分布在山下的斜坡上，朝向东南方，间距几米至几十米不等，周围的空地被村民开垦用来种植农作物。墓号由南向北、由东向西编序。墓葬皆为圆形石围，有龛式碑，料石叠砌，尺寸大小与今墓无异，故不详叙（图版九〇）。

1. 尧古 M1

位于墓地东南部。嘉庆年墓。圆形石围墓，有龛式碑，碑面下部剥蚀，仅见“清故显考”及“嘉庆”等字样。两碑柱内侧雕彩绘人物等图案，各分三栏。上二栏内各雕人物形象两位共八仙，下栏则各雕梅花鹿一只（拓片五六、拓片五七；图版九一）。

2. 尧古 M2

位于 M1 北侧。碑文记载为嘉庆十一年“清故显考蒙公讳中艮坟墓”。碑面为灵牌式造型，墓主称谓居中，其左侧刻“嘉庆十一年　立”，字体较大；右侧刻“孝男阿欧、博于　等永祀”，字体较小。墓碑底座正中位置雕一圆盆，内浮雕一尾鲤鱼（图版九二，1）。两侧碑柱内壁各分四栏，左侧上三栏为头戴三角帽身着铠甲的骑士，下雕果树一株。右侧第一栏刻二人祭祀图，一男一女站立桌前，桌上供着鱼、酒壶、酒杯；第二栏为一长髯老翁健步舞鞭；第三栏为男女相拥场景：一男一女搭肩拉手，女子绾发，脖戴双项圈，下着百褶短裙（图版九三，1）；第四栏为一头两角锋利、体格健壮的水牛（图版九三，2）。画外配一副对联“立坟台岁时祭告，祈保佑世代荣昌”（拓片五八、拓片五九）。柱外为抱鼓石造型，底部方座，座上雕石狮，狮背承鼓，鼓上为云鹤。座上分别雕刻水牛与鱼图以及麒麟图（图版九二，2）。鼓面上右翼雕花，左翼刻一座五重檐的建筑，门前有转角台阶，一位女性居于正中（拓片六〇、拓片六一；图版九四，2）。

3. 尧古 M3

碑面风化较重，字已不辨。碑柱两侧各分四栏，上二栏各雕两人，合为八仙（图版九四，1）。下左二栏残，下右二栏分别雕野鹿衔枝图和双鹤图。

4. 尧古 M4

“嘉庆十一年”蒙母墓。龛式碑碑体开裂，碑盖为瓦脊屋面式样。碑面上部方框内刻三字已不清晰，似为“佑人文”，框外左右各浮雕一人侍立；中部刻双凤朝阳图；下部雕墓主牌位“清故显妣蒙母老大人位”。其左侧原有纪年，现仅能辨识下部“二月”二字，右侧上刻“嘉庆十一年”，下刻“孝男蒙德□”等。碑柱内壁刻八仙人物、喜上眉梢、花卉图。左侧翼墙已不存，右侧翼墙狮座刻双牛图一幅（拓片六二）。

5. 尧古 M5

碑体结构完好，碑面形制与 M4 相同，只是碑文风化不辨。碑盖仿屋檐式，碑帽山字形，双鱼尾造型，龙首，中间葫芦上刻太极、下刻花瓣。两侧碑柱内壁各分三栏，上栏各雕八仙中的两位，中下栏雕野鹿衔枝图与喜上眉梢图，内容错开相对（拓片六三、拓片六四）。两翼抱鼓石亦为狮座。狮座内壁上左刻麒麟，右刻一位身背弓箭的骑士。

拓片五六　尧古 M1 右侧碑柱石雕

拓片五七　尧古 M1 左侧碑柱石雕

拓片五八　尧古 M2 右侧碑柱石雕

拓片五九　尧古 M2 左侧碑柱石雕

拓片六〇 尧古 M2 左侧翼墙石雕

拓片六一 尧古 M2 右侧翼墙石雕

拓片六二　尧古 M4 右侧翼墙石雕

拓片六三　尧古 M5 右侧碑柱石雕

拓片六四　尧古 M5 左侧碑柱石雕

6. 尧古 M6

碑体结构与 M2、M5 等相同，石雕保存较好，两侧碑柱内壁石雕各分三栏，中、上栏刻八仙人物各二人，下栏各刻一幅梅花鹿。图外刻对联“青龙作主是阴宅，白虎保山精般地”（拓片六五、拓片六六）。碑柱外为八字形翼墙，其底部方形狮座左为麒麟图，右为水牛望月图。狮背上圆形石鼓左雕荷花双鸟，右雕飞凤，鼓上方均雕立鹤。

7. 尧古 M7

该墓已残，龛式碑不见翼墙，碑体开裂，碑面风化，左侧上刻双凤朝阳；中刻祭祀图：图中一张供桌上摆着鱼和酒杯酒壶，四位形象各异的人物站在桌后，桌下还有一只小狗；下刻钓鱼图：一位头戴斗笠的老翁坐在左边，手执渔竿正钓起一尾小鱼，下面还有一对大鱼在游弋。

在墓前北侧地上立着一块与墓体分离了的石雕，画面清晰，保存较好，表现集体砍牛的场面：六头健壮的长角水牛被拴住鼻绳吊在廊柱上，廊上站立五人，西面为两位绾发妇女，脖戴项圈，身穿褶裙，手中捧着一个尖底钵，预备接牛血；东面二人为腰挎长刀的男性，中间一人短衣长裤打扮，手握砍刀，似乎正要开始进行砍牛（拓片六七；图版九五）。

8. 尧古 M8

位于 M7 的东部。墓已毁坏不存，仅剩一块石雕立在地上。长方形，分三栏，上层刻双龙抢宝图；中间一幅左面为一株三叶树，中为两位身穿花边长袍的妇女，右边一位肩扛斧子的男子正跑过来；下图为两位骑在马上的男子分别挥舞大刀与长矛正在交战（拓片六八；图版九六）。

9. 尧古 M9

位于墓地西侧坡上。墓已部分垮塌，外围墓壁内倾。碑面风化，左右碑柱也向里倒塌呈八字形，碑盖与山字形碑帽亦向后倒。

10. 尧古 M10

位于墓地上方北侧。有碑，碑额居中刻“万古千秋”四字，两旁各雕一身穿长袍、手持大刀、头插发饰的立人。字下雕云纹环绕的双龙抢宝图。碑文记载墓主为“清故显妣蒙母老太奶之坟墓，生于乾隆五十年四月十七日壬时”，由“孝侄蒙的務”于“咸丰四年十二月十二日卯时立”。碑侧左右刻对联“高山曾武，吉地出贤”。

拓片六五　尧古 M6 右侧碑柱石雕

拓片六六　尧古 M6 左侧碑柱石雕

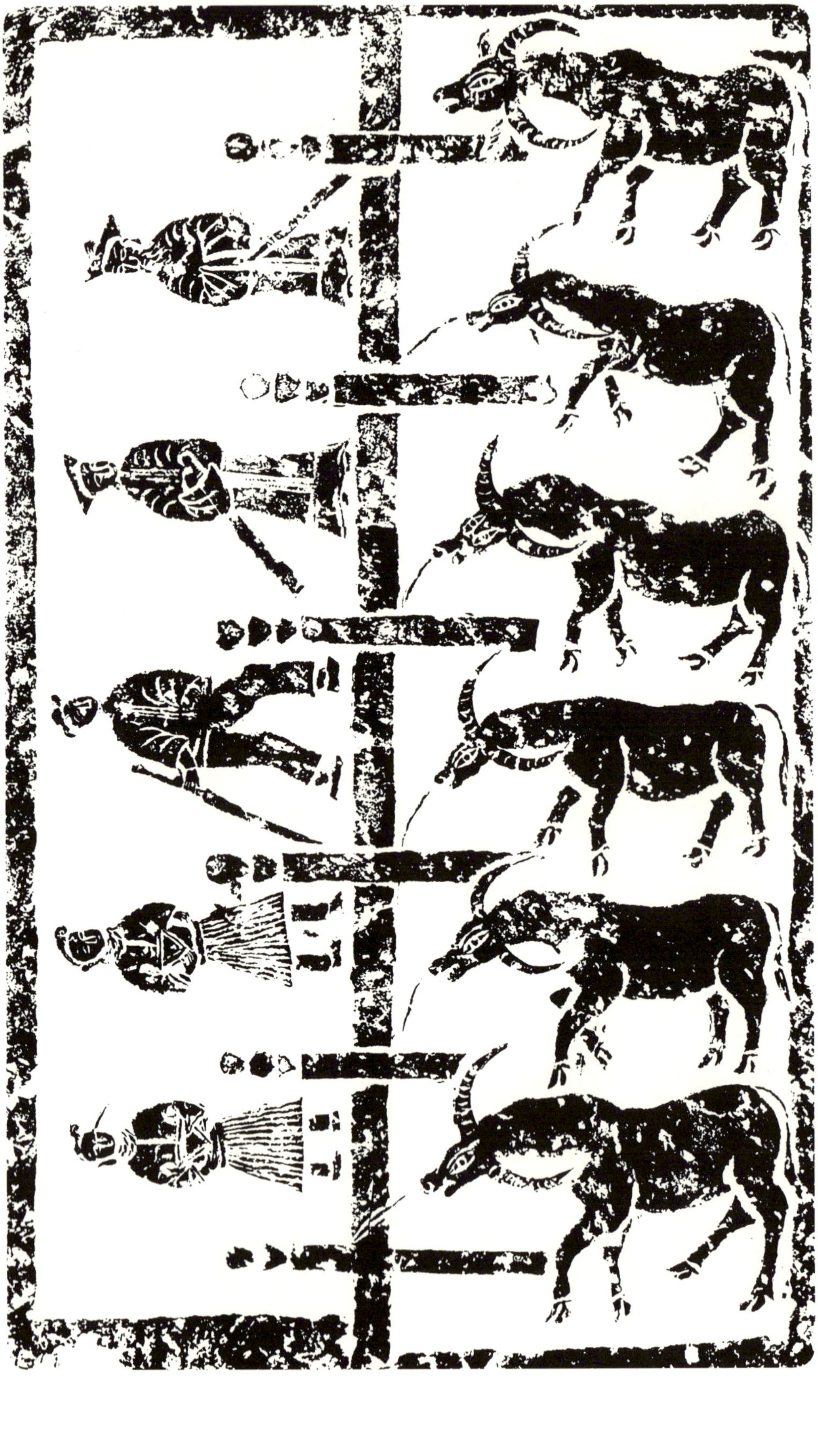

拓片六七　尧古 M7 牛栖图

拓片六八　尧古 M8 石雕

碑柱内侧雕刻八仙人物图与仙猴摘桃图。翼墙狮座右雕麒麟图，左雕水牛望月图（图版九七，1）。狮背承鼓，鼓面雕刻三鱼图。

11. 尧古 M11

位于墓地对面拉坑组寨内南端。圆形墓，有四柱三檐碑。现碑体左面已破坏，余正面与右面。正面碑面上方高浮雕双蟾戏珠图，外围刻8字形链索纹将蟾身与宝珠锁住。碑文为“清故上上寿显妣蒙母吴氏老孺人之佳成，母命生于乾隆十二年十月初六卯时受生，享寿八十四岁，殁于道光十年二月十二日戌时告终，道光十年□月初九日立永祀”。在碑文两旁各分两栏共四栏雕刻有人物形象与鱼。

右侧碑面亦分四栏，自上而下分别雕刻人物图、双龙抢宝图、头插双羽的双人骑战图、手持大刀的四人交战图。

碑柱侧面雕刻一男子搀扶一位脖戴项圈、身穿对襟短衣和褶裙的老孺人之尽孝图，两位男子在一亭内对坐桌旁宴饮图，喜上眉梢图，鹿回首图，双牛图，四鸡图共六幅，一侧三幅（图版九七，2）。

12. 零散石刻

除了以上还保存在墓体上面的石雕外，在该墓地还见有一些散失残断的石雕和构件，具有一定的参考价值，采录了其中的3件。

尧古01号　山字形碑帽残件。中间葫芦造型上部刻阴阳太极图，下部圆圈内雕一位身穿铠甲的武士，头扎三角巾，右臂上伸拉着一个圆环作行走状。

尧古02号　狮座残件。座壁上雕刻双牛图，内容、构图与M4如出一辙，分析可能是该墓缺失的右翼。

尧古03号　长方形，下残，余两栏。上图为双凤朝阳，下图为吹箫的吕洞宾、执拂尘的钟离等四位八仙人物（拓片六九）。

另外，永康水族乡政府所在地东北方向约1800米处的太吉村四组墓地亦有较多清代墓葬分布，其中部分石雕图案与尧古村拉坑墓地所出者接近，除八仙人物外，比较具有民族特色的石刻内容有牧牛图、卧牛望月图、三鱼图以及身着民族服饰的人物形象等（图版九八～图版一〇一）。由于该墓地更多表现的是汉文化的特征，且形制均已汉化，故未采录，仅取部分图片作为参考。

第十节　甲路墓群

甲路墓群位于三都水族自治县九阡镇水懂村甲路组，分布在进寨土路两侧的竹林内（图版八二，1）。墓葬数量较多，因毁损和被覆盖难以统计准确数目，初步踏勘观察到的有30余

拓片六九　尧古03号石雕

座。共有三种不同的形制：第一种是比较典型的长方体“箱式”石结构墓，第二种是用薄石板镶砌的长方形小型墓，第三种是以零碎的石头、石块、石板堆砌的不规则封土堆墓。

第一种以 M1 为代表，位于竹林中部。墓向 235°。已被破坏，残存局部结构，可见下层的长方形“箱体”大部，其两侧墓壁前部残断，东南壁残长 144、西北壁残长 135 厘米，墓宽 63 厘米，墓壁厚 11 厘米，墓室可见深度为 60 厘米。其上部的一块盖板被掀翻在一侧，残长 92、宽 102、厚 11 厘米。头部一侧墓壁（东北壁）宽 46、可见高度 60、厚 9 厘米。在东北壁上浮雕有凸出壁面 2 厘米的圆形铜鼓纹石雕，鼓面直径 38.2 厘米，纹饰为太阳纹八芒五晕，芒间与第一晕、第二晕因风化已不清晰，第三晕、第五晕均为波浪纹，第四晕为栉纹（图版八二，2；图版八四，1）。

在墓后距后壁约 40 厘米的地方，原竖立有一块上部方形、下半部倾斜、整体形状近似长方形的石材，其上半部浮雕有 4 个并列的石俑形象，头部整体呈方形，上身椭圆，细腰，腰下为类似喇叭裙的三角形造型，腿部呈柱状直立。右边 3 个大小基本一致，唯独左边 1 个体形要瘦小一些。石材通长 88、宽 38、厚 5 厘米，雕刻俑体的部分高 37、凸起 1.8 厘米。该连体石俑现被三都水族自治县文物管理所采集保存（图版八三，2）。

第二种墓见于进村土路西南侧的竹林内，以 M2 为例，地面封土和上部结构均已不存，仅见整体呈长方形的墓穴平面以及竖立在墓圹四边的部分薄石板，石板厚度在 3 厘米左右，长、宽均不规整，大小也不一致，比起第一种“箱式”墓来要显得简陋随意得多。墓向为 242°。墓残长 158、宽 57 厘米，深度不辨。

第三种墓与水甫墓地和水尾墓地的同类型墓葬相差不大，地面封土不高，分析下面也是竖穴土坑。封土多以泥土加石块堆砌而成，石料未经加工，大小不一，形状也不规整，系捡拾而来就直接使用。由于竹林内长期堆积的枯枝和落叶掩盖，此类墓的数量和尺寸难于统计。所能观察到的代表性特征是在部分墓冢的后面同样竖立有水族墓葬独有的标志物——雕刻的抽象石俑。

在三都水族自治县文物保护管理所，我们见到了 3 件他们从甲路墓地采集来的单体石俑（图版八三，1）。遂记录于兹：

石俑 1，两端略残，现通长 95 厘米，其中头部长 30、下部长 65 厘米。头部呈锥形六面体，头以下为圆柱状，上细下粗。

石俑 2，通长 76 厘米，其中雕刻石俑的上半部分宽 18、高 33、厚 10 厘米。系先将石料上部加工方整，然后在上面浮雕出人形，俑的形象为椭圆形头部、三角形上身、圆柱状腿。石俑下部埋入地下的部分基本未作加工，保留其不很规整的自然形状。

石俑 3，通长 93 厘米，由头、身、腿和埋入地下的桩体四部分组成。头部为扁平方形，上薄下厚，头长 26 厘米，上面宽 17、厚 8 厘米，下面宽 19、厚 15 厘米。身体部分略呈方形，腿部位置则为正面略呈狭长梯形、横剖面呈六边形，长 32、上宽 7、下宽 15 厘米。下部则为近似圆柱状的桩体，高 35、直径 17 厘米。

另外，三都水族自治县文物保护管理所的工作人员在甲路墓地还征集到一面铜鼓纹石雕，石料长66、宽55、厚8.5厘米，面上布满凿痕，有两角略残。鼓面直径52厘米，磨损较重，许多部位纹饰已漫漶不清，依稀可辨中间似为八芒，芒间夹双瓣翎眼纹，有十晕，首晕为带圆点的∽形纹，第二晕为折线纹，第三晕、第八晕为圆点纹，第四晕及第七晕素面，第五晕为变形符箓纹，第六晕为栉纹，第九晕为连续回纹，第十晕为复线勾连纹（图版八四，2）。

第四章　零散典型墓葬与藏品

第一节　零散典型墓葬

除了前面数量相对集中的几处墓群外，调查中还发现都江镇甲找村、合江镇丙奇寨、恒丰乡丰明组、九阡镇水懂大寨、塘州乡牛洞寨、塘州乡下丁寨王敨墓、廷牌乡务旦组、扬拱乡板劳村、周覃镇下水蒙、周覃镇某刁坡、坝街乡阿刘公墓、塘州乡石腊组等12个地点仅存一两座以独立形式分布的水族典型长方体“箱式”石结构墓葬，形制从单层、双层到三层不等。墓上有装饰石雕、石俑的，也有毫无装饰的，分别记叙如下。考虑到水族村寨小地名多有雷同和当地的称呼习惯，故在冠名时以乡、镇为别，再加以村、组小地名兼谓，以便于区分识别。

一、都江镇甲找村

墓群原位于三都水族自治县都江镇甲找村一组，距村寨东南约700米的乌凶坡上，后遭毁损，现仅一座，为长方体三层石结构墓。1981年9月27日被列为县级文物保护单位。当地村民为水族和苗族。以农业耕种和林业种植为基本生产方式，主要农作物为水稻、小麦和油菜子。墓地周围均为山坡，属于低山峡谷地貌，山下有条里帮河。气候属中亚热带湿润季风气候，年均气温为15~17℃，年均降雨量为1200毫米。墓向271°。墓用石板构筑，分地下和地上两个部分，地下部分为安置棺木的墓室，长方形竖穴土坑，墓壁用石板围砌。地上原为三层，上层已被破坏垮塌，余中、下层。整体上小下大呈塔式。下层石室长206、宽97、高83、壁厚7厘米；下层盖板长218、宽133、厚9厘米。中层石室长177、宽73、高56、壁厚6厘米；中层盖板长194、宽113、厚7.5厘米，在两端距边36厘米正中位置有一个长12、宽4、深3厘米的凹槽以固定挡板，凹槽左右各有一个长9、宽8、深2厘米的臼窝，边距分别为20厘米、21厘米，其作用应是衔接上层立柱榫头的。中、下层盖板四边均为直角，素面无纹。两层的前、后两挡板（即西、东两壁）皆向里内收呈凹形，即两室的实际长度小于墓壁的边长。中、下层四壁皆有阴线刻装饰图案（图六一；图版一〇二）。

西壁下层刻一大一小两匹马，前大后小，大马身长23.3、高21.3厘米，马身上通体饰有圆圈纹，马首下吊有一个铃铛；小马长19.5、高17.5厘米，素面。两马皆有鞍，刻法较为简练。马的上方有一菱形图案，双线勾边，内刻踏在树枝上的立鸟一对，两首相对。图案外刻有单线条正方形框线，四角内敛，边长61.5厘米（拓片七〇；图版一〇三，2）。中层刻一座与

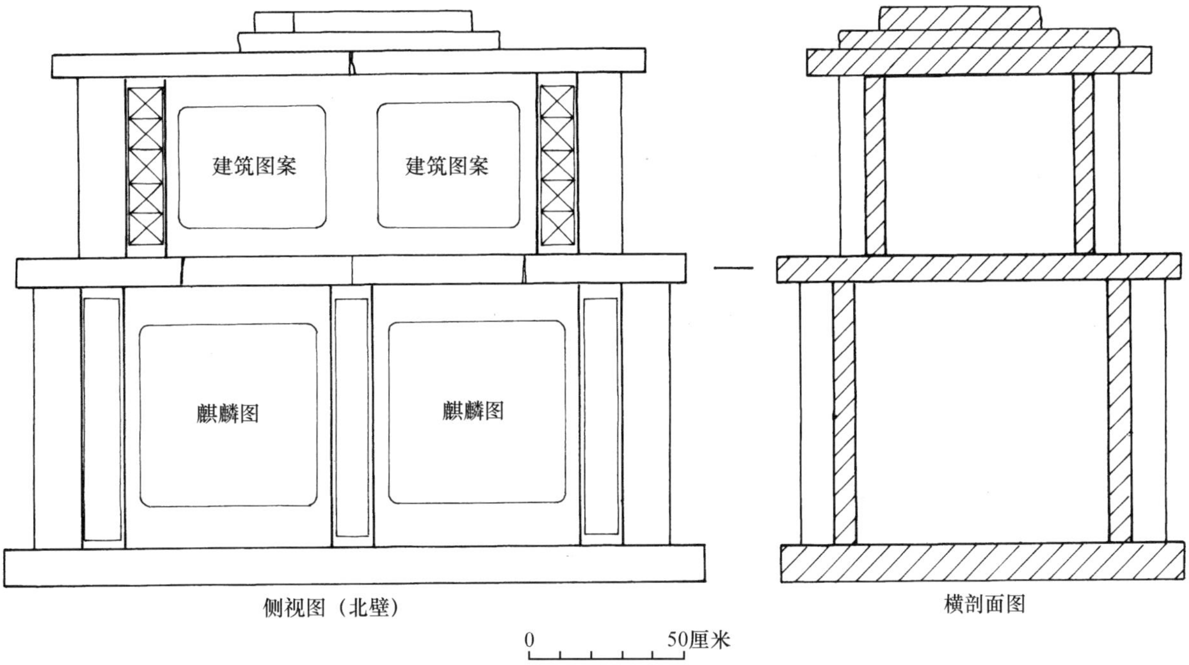

图六一　甲找 M1 侧视、横剖面图

墓葬形制相似的三层建筑，下为基座，饰几何纹，中、上两层为长方形，各分为两格，中层两格饰万字几何纹。两侧屋檐角均收尖上翘，屋面顶部正中立有一葫芦形装饰，建筑图案外围是两道线刻方框，内框宽 42. 4、高 36. 6 厘米，外框宽 54. 5、高 49 厘米，内外框之间饰卷曲连枝纹（拓片七一；图版一〇三，1）。

东壁进深为 16 厘米，下层阴刻一同心圆，由里小外大共七圈组成，直径分别为 5 厘米、14 厘米、20 厘米、26 厘米、33 厘米、40 厘米、48 厘米（图版一〇四，1）。中层刻一座三层房屋图案，图形与西壁中层者相同。

南壁下层东、西各阴刻麒麟一只，头部分别朝向西、东两侧，两尾相对，身形较团，饰鳞甲，尾尖圆形上翘，头部夸张地张开大口，露出锋利的四枚犬齿及长长的舌尖作嘶鸣状。麒麟身长 40、通高 35. 5 厘米。两图外框均高 62. 5 厘米，西侧图宽度为 63. 5 厘米，东侧图宽度为 61. 5 厘米，四角内收（拓片七二；图版一〇四，2）。中层东、西各刻一座房屋建筑图案，图形较为简单。均为二层结构，用双阴线刻出主体结构线，上、下共分隔为四格，下面两格内饰万字几何纹，上两格内空无纹饰。屋檐均四角上翘，西侧建筑屋顶部正中刻一葫芦形装饰，东侧图无。图形边框均为方形，直角。西侧图宽 54、高 43. 5 厘米，东侧图宽 52. 5、高 44. 2 厘米（拓片七三）。

北壁下层东、西各刻麒麟一只，大小、形状与南壁下层者相同，但风化较为严重，有些部位已经模糊不清。外框为敛角方形（拓片七四）。中层亦与南壁中层相对应刻两座房屋图案。屋形结构为三层，与西壁中层图案相似。下为饰几何纹的基座，中层饰万字纹，上层内刻复线方框如窗户样。单线条方框，四角内敛。东侧图宽 51. 5、高 46. 4 厘米，西侧图宽 51. 7、高 46

拓片七〇　甲找 M1 西壁下层双马图

厘米（拓片七五）。

中、下层南、北两壁原来上、下各有三根共十二根支柱，现在由于被破坏，南壁只剩下中层东柱和下层西柱。北壁保存较好，只缺少中层的一根中柱。下层的支柱皆素面，仅在正面外围刻一圈长方形边线。中层支柱正面则都刻成连续方格对角线纹。支柱皆为长方体条石，下层柱宽 14、高 83、厚 11 厘米，中层柱宽 13、高 56、厚 8 厘米。支柱上下两端有榫头，与底、盖的凹槽衔接固定，槽深 2 厘米。两边柱的凹槽长 10、宽 9 厘米，中柱的凹槽长 7、宽 7 厘米，基本都是方形坑。支柱的竖立方式是边柱贴着墓壁直立平放，宽面靠墙；中柱则是直立侧放，窄面贴墙。

墓的上层根据中层顶部镶嵌石材的凹槽和部分残存的构件观察，亦为长方体，墓壁边长经余下的二分之一石料计算，应长 152、高 40 厘米，石壁的厚度较薄，仅 3 厘米。残件上的装饰

拓片七一　甲找 M1 西壁中层建筑图

图为三幅相接以双线条勾边的菱形画面，居中一幅内刻一头牛，牛的形象较为写实逼真，头部朝向正面，双角弯曲，两眼直视前方。左、右各刻小鸟一对，两鸟之间有一株花草。三幅图外围有一单线条阴刻的长方形边框（拓片七六）。东、西两壁残余一块缺角的正方形挡板，边长 40 厘米。正中以双线刻一铜钱纹，外圆直径为 13 ~ 14 厘米；四边刻方格对角线纹饰。盖板残余一块，残长 72、宽 93、厚 8 厘米，经测算长应为 170 厘米。盖板上面有承接顶部的凹槽和固定顶部前后挡板的臼窝。凹槽残长 41、宽 7、深 2 厘米，距左右两边 16 ~ 17 厘米；臼窝长 10、宽 5、深 4 厘米，左右边距 26 ~ 27 厘米。

墓顶原为两面坡人字顶，现已毁坏，仅存部分构件。通过上层顶部的凹槽和残件测量，再参照上、中、下三层盖板长、宽的比例，原顶长应为 107 厘米，斜高 40 厘米。顶端前后两头呈山字形，下半部分宽 93、上面两翼最宽处 97、通高 41、厚 7 厘米。座底为双榫头，榫头长 4 厘米，截面 10 厘米 ×5 厘米。

拓片七二　甲找 M1 南壁下层西侧麒麟图

拓片七三　甲找 M1 南壁中层建筑图

拓片七四　甲找 M1 北壁下层西侧麒麟图

二、合江镇丙奇寨

长方体双层“箱式”石结构墓，1 座，为“韦母王氏”墓。位于三都水族自治县合江镇（原烂土乡）石奇村丙奇寨南偏东约 250 米处。墓前是一条乡村便道，墓后靠着一个小山坡脚，南面是一片耕土，西面为一座晚期圆形石围墓。墓向 304°（图版一〇五，1）。

除顶部部分受损外，王氏墓保存相对较好。下层长 198、宽 86.5、高 74、壁厚 8.5 厘米。前后挡板方形，边长 73 厘米，两头内凹，进深为 15 厘米。左右各有三根支柱，素面无纹，柱宽 13.5、厚 8.5 厘米。下层盖板长方形，长 209、宽 115、厚 15.5 厘米，素面无装饰，由两块石材拼成。上层长 165、宽 70、高 53、壁厚 10 厘米。前后两块挡板方形，边长 52.5 厘米，两头内凹，进深 13 厘米。前后支柱原各两根，现存三根，缺失北壁东侧一根，柱宽 13、厚 6.5 厘米。上层盖板为弧形边，四角收尖上翘，长 175、宽 91.5、厚 12 厘米。墓顶为人字形两面坡

拓片七五　甲找 M1 北壁中层建筑图

拓片七六　甲找 M1 上层残构件水牛与双鸟图

结构，仿筒瓦屋面，一面有九列瓦面八道瓦沟，边长 103、斜宽 39、厚 9 厘米。顶上为雕刻龙纹的屋脊，现残断一块，残长 84、高 47、厚 10 厘米。顶部前端为双鱼造型，底部宽 66、上部最宽处 70 厘米，底部高 9、中部高 30～32、两边高 51、厚 12.5 厘米。

西（前）壁上层刻有墓主牌位，为“故显妣韦母王氏老太墓”，右刻“原命生于乾隆四十七年壬寅岁，□□年道光卅年冬月廿二”，左刻“孝男士斌、士明永祀”。两侧是“龙穴地旺坐，子孙富贵眠”的对联。

南壁上层刻出行图一幅，画面上共六人，依次为扛伞盖和三角旗开道的2人、吹号手1人、吹唢呐1人、骑马的主人1人、马后打伞的1人。敛角长方形边框。画面宽89、高35厘米（拓片七七）。与之相对的北壁上层则刻左右对称的凤凰一对，外框与尺寸与南壁者大小相同（拓片七八）。上层西侧两根支柱上各浮雕狮子一只，头下尾上盘于柱上；东侧柱仅存南壁一根，上面浮雕盘龙一条。

下层壁面无石雕装饰。

拓片七七　丙奇王氏墓南壁上层出行图

拓片七八　丙奇王氏墓北壁上层双凤图

三、恒丰乡丰明组

长方体双层“箱式”石结构墓葬，1座。位于三都水族自治县恒丰乡丰来村丰明组韦群瑶家附近。墓葬位于在寨后山头上，后靠村寨，前面临坡，两旁为菜地。墓向354°。墓前现已被族人平整为水泥地面，做成一长324、宽133厘米的平台。墓基长229、宽137、厚15厘米。下层长208、宽86.5（含前挡板宽67厘米）、高78、壁厚11厘米；下层盖板长208、宽113、厚11厘米，前面两个角收尖，后面两角做成斜面。上层部分残，长170、壁厚9厘米。上层前面挡板宽42.5、高54、厚9厘米。上层盖板受损残断，斜靠在墓壁上，残长87、宽69、厚10厘米（图版一〇七，1）。

该墓上、下层两壁原各有支柱两根共八根，现缺东壁上层两根。下层支柱皆素面无纹，侧面靠墓壁而立，宽8、高78、厚11.5厘米。西壁上层两根为人形装饰柱，靠北一根为女俑造型，立姿，绾发，头大脸圆，弯眉大眼，鼻硕口小，脖子上戴两个粗大的麻花纹项圈，身着圆领短衣，下穿百褶长裙，双手抚于腹前，足部略残。柱通高52厘米，俑高38厘米，底座宽11、厚15厘米（图版一〇七，2）。靠南端一根为男俑造型，坐姿，头戴小帽，椭圆脸形，面部较大，与身躯、双腿各占三分之一，杏眼蒜头鼻，蓄八字胡和长须，身穿长衫，右手抚须，左臂残。柱通高51厘米，俑高26.5、面宽10、厚13厘米（图版一〇七，3）。

墓北（前）壁上、下层均有石刻装饰，采用阴线刻手法，上层刻一鸽子图案；下层刻二人物形象：居中一人分腿正坐，面向前方，头戴三角形帽，左手扶膝，右手执一长烟杆作抽烟状，杆上吊一圆形烟袋，其右方站立一人，头亦戴帽，左手上举，右手提一物。由于石质风化，图像不是十分清晰，上面布满凿痕。南壁上层原来也有阴线刻装饰，现在亦风化不辨。

四、九阡镇水懂大寨

长方体三层“箱式”石结构墓葬，1座。位于三都水族自治县九阡镇水懂村大寨组。墓葬坐落在寨子里面西北部，寨内居住的均为水族，有400余人，潘姓为主，以农业耕作为主要生产方式，该地系切割地貌，山大谷深，四周多为农田，气候类型属中亚热带湿润季风气候，降雨充沛，适宜农作物生长。墓室的旁边建有民房与粮仓，周围堆垛着大量谷草。墓向274°，头东脚西。除下层前面封门挡板和墓顶被毁外，其余结构保存较好，建筑用材考究，每一个部位皆用整块石料制作，无拼接，包括墓的基石亦为整料，并且每一层每一个壁面都雕有精美的石刻装饰。墓基长225、宽117、厚10厘米。下层长187、宽72、高57、壁厚10厘米，下层盖板长196.5、宽107、厚10厘米。中层长155、宽59.5、高44、壁厚10厘米，中层盖板长162、宽87、厚9厘米。上层长124.5、宽49、高33、壁厚7.5～9厘米，上层盖板长136、宽75、厚10厘米。中、上层两边原有支柱各两根共八根，现均不存，仅余上下衔接用的方形臼窝，中层的边长10厘米，上层的边长8.5厘米。上、中、下三层的前后挡板与墓壁内侧结合部也是采用子母口衔接的结构。下层两侧壁各有两根共四根支柱为抱鼓石造型，下雕狮坐，背承石鼓，是所见同类型墓葬中最为讲究的（图六二；图版一〇八；图一〇九，1）。

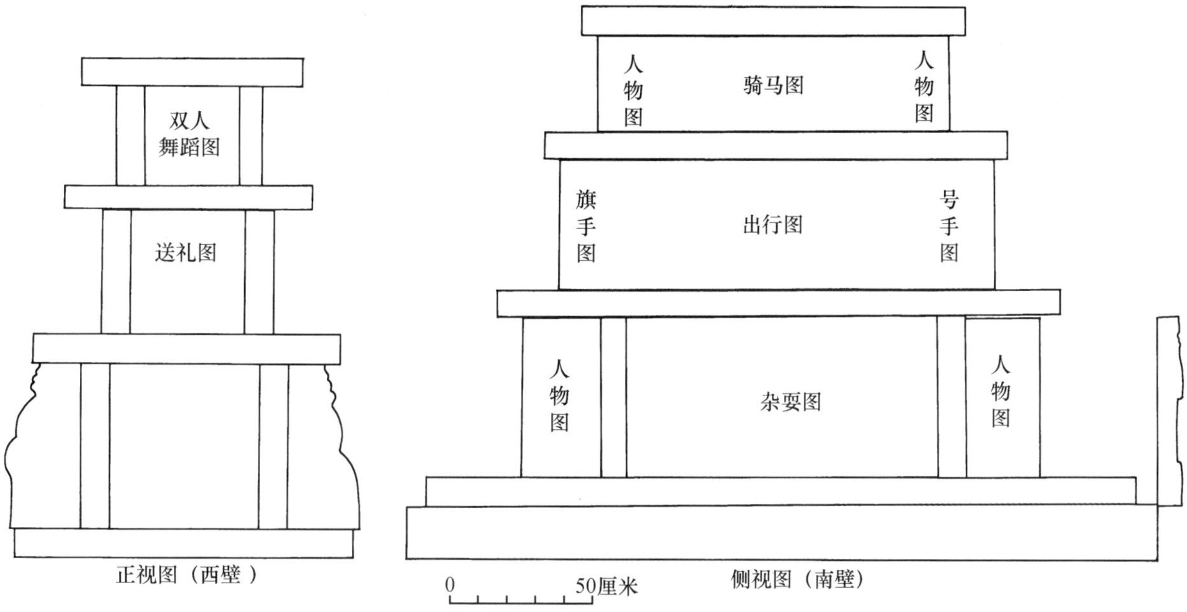

图六二　水憧 M1 正视、侧视图

墓西（前）壁下层被毁，墓口敞开，墓室内堆有部分瓦片杂物。

东壁下层头部位置雕刻一面仿铜鼓纹饰，芒心受损无纹，十六芒间夹复线翎眼纹，芒尖刺穿首晕，共七晕，第一晕、第六晕乳钉纹，第二晕回纹，第三晕勾连卷云纹，第四晕交叉水波纹（亦可看作辫索纹），第五晕栉纹，第七晕人字形折线纹。鼓面直径47、向上凸起1厘米（拓片七九；图版一一三，2）。中层雕刻一幅麒麟图。上层为野鹿衔枝图，敛角方框内一只体态优美、动感十足的长角梅花鹿正驻足回首，口衔一枝长茎花卉。画面边长26厘米（拓片八〇；图版一一三，1）。

南壁下层西侧雕刻一立姿男子形象，头戴帽，腰束带，身着明式宦服，双手上托作说唱状（拓片八一）。东侧为一戴帽、着长衫老年男性，左手握一长柄大刀，刀柄拄地，右手抚胸前（拓片八二）。居中为一幅杂耍场面：左右两根棍子支起一根钢丝绳，上面一人头扎巾、衣袂飘飘、手握平衡杆在表演；下面一个箱笼里装着刀、枪、剑、戟等表演器械，一个老翁戴帽、拄杖坐在下面观看；西侧另一人手举一物作行走状；东侧一头戴瓜皮帽老头坐着正鸣锣伴奏。左、右上角各饰云纹一朵。敛角长方形边框。画面宽104、高43厘米（拓片八三；图一一〇，2）。中层为出行图，分三栏。西侧一栏为一手举三角旗的开道夫；中间图案为四个轿夫抬着一乘轿子，轿中人从轿窗处露出头部向外张望；东侧一栏为跟随在后的吹号手。整幅画面宽153、高40厘米（拓片八四；图一一〇，1）。上层为

拓片七九　水憧 M1 东壁下层铜鼓纹石雕

骑马图，亦分三栏。东、西两侧为身穿长袍、腰系在身前打结后两端下垂的长长腰带、怀抱一根管状物、手托银锭、蓄较长胡须的老年男子形象。中间是两马一人，一个男子骑在前面一匹马上，左手执鞭，右手拉缰，正扬鞭策马前进。两匹马皆佩有马鞍笼套，马首向西，奋蹄前行。画面宽 122、高 30 厘米（拓片八五；图版一〇九，2）。

西壁下层残，构件缺失，原是否有石雕装饰及内容已无从知晓。中层雕刻拢客送礼图，图中二名男子头戴小帽，上穿紧身短衣，下着裤腿较短的裤装，用扁担合抬着一条牛腿作行走状。前面一名男子的手中还拿着一支烟杆。所刻二人眉目清晰，栩栩如生，动感较强。边框四角上下不一，下面为直角，上面为敛角。画面宽 33、高 34 厘米（拓片八六；图版一一二，2）。上层为双人舞蹈图。一身穿裙装、绾发、腰系飘带的女子与一位头戴瓜皮帽、身穿裤装的男子正一手相握、上身紧靠在一起相拥而舞，女子身后一吊钩上吊着一釜形器物，下面有一只猪正

拓片八〇　水懂 M1 东壁上层野鹿衔枝图

在觅食。敛角方框。画面宽 27、高 28 厘米（拓片八七；图版一一二，1）。

北壁下层东侧为喜上眉梢图，三只喜鹊或立或栖或飞围绕一株梅花树间，较为生动活泼（拓片八八）；西侧为仙猴摘桃图，三只猴子坐在树上摘食桃果（拓片八九）；中间为双龙抢宝图，两条蟠龙与宝珠下方皆托有祥云，底部为水波浪，两条鲤鱼首尾露出水面。长方形边框。中图宽 106、高 45 厘米（拓片九〇）。中层刻乐舞图，是所有石刻画面中最具代表性的一幅，分三栏。东、西两边是头戴山字形帽、身穿长衫、吹着长号行走的相同人物造型。中间是一组六人的乐舞队，前面五人皆头戴羽冠，为首一人身穿披风式长袍，上系两粒宽大的横扣，双手上举，摇着一对响铃引领前行；第二至五人身穿民族服饰裙装，腰上吊着飘带，身体朝前，其中第二、第三、第五人吹奏着芦笙，第四人吹奏着芒筒边舞边行；第六人为头戴小帽、身穿裤装、吹奏着芦笙跟随在后的男子形象。整幅画面较为写实逼真，气氛欢快热烈，民族特征浓郁，几种民间常用的乐器都有体现。画面宽 153、高 40 厘米（拓片九一；图版一一一）。上层东、

拓片八一　水懂 M1 南壁下层西侧人物图

拓片八二　水懂 M1 南壁下层东侧人物图

拓片八三　水懂 M1 南壁下层中部杂耍图

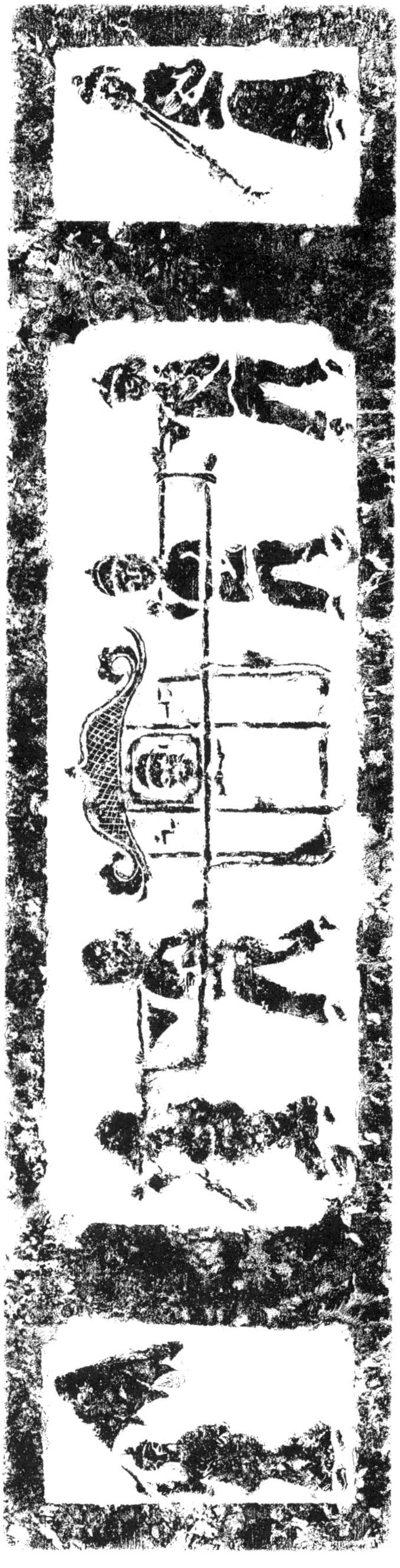

拓片八四 水僮 M1 南壁中层出行图

拓片八五 水僮 M1 南壁上层骑马人物图

拓片八六　水慬 M1 西壁中层送礼图

西两边同为一身穿长袍、腰束带的立姿男性，两人各手举一物朝向中间。居中一幅画面为双凤朝阳图，两只凤凰展翅飞向中心云纹环绕的太阳。画面宽 120、高 30 厘米（拓片九二）。

此外，在上层东、西两壁南、北两端及内侧皆雕刻瓶花图案装饰。

调查中，在墓后清理出一块石俑雕刻，原立于墓后，后被土掩埋，上雕抽象的直立人物形象一排共 18 人，头部近似方形，上身呈梯形，下半部为半圆柱状。人像高 44 厘米，距上边 6 厘米，距下边 16 厘米。整块石雕长 133、宽 66、厚 8 厘米。

五、塘州乡牛洞寨

长方体三层“箱式”石结构墓，1 座。位于三都水族自治县塘州乡灯光村牛洞寨西 50 米的引荡坡上，墓前为田地，墓后是长满松林的小山坡，坡脚作为坟地散布着数座晚期坟墓。墓向 77°。整体呈塔式，墓身布满加工石材留下的条纹状凿痕，无装饰性石雕，造型略显古朴、坚实。该墓保存较为完好，下层后部埋于土内，除北壁中层缺少中间一根支柱

拓片八七 水慬 M1 西壁上层双人舞蹈图

外，全墓构件基本未受破坏。墓基厚 18.5 厘米，前面宽 14.5 厘米，前端伸出 12 厘米，后部土掩。下层长 203、宽 99、高 69 厘米，南壁厚 7、北壁厚 11 厘米；下层盖板长 213、宽 137、厚 14 厘米，直角边无装饰。中层长 170、宽 79、高 52 厘米，南壁厚 10、北壁厚 13 厘米；中层盖板长 188、宽 116、厚 13 厘米，直角边无饰。上层长 122、宽 65、高 41 厘米，南壁厚 8、北壁厚 7 厘米；上层盖板长 139、宽 94、厚 13 厘米，边沿上半部分弧收做成仿屋檐式样。

墓顶完好，先以两块长方形石料搭成人字形两面坡屋面，再用两块仿牛角造型的双鱼纹装饰构件挡在前、后两端，最后用一块山字形的条石作屋脊横放在屋顶结合部和两挡头中间下凹部位，将三个部分固定下来，形成一个标志性的整体。顶部通高 62 厘米。前后两挡头底宽 62、两边高 53、厚 9.5 厘米，人字形顶板长 71、斜高 34 厘米，横脊长 108、高 34 厘米。该墓支柱较多，下层两边各三根、中层两边各三根、上层两边各两根共十八根，由上往下逐层递增，且两面对称，均素面无纹，为长方体条石，既稳固墓葬结构，亦增添造型的美感（图六三；图版一一四）。

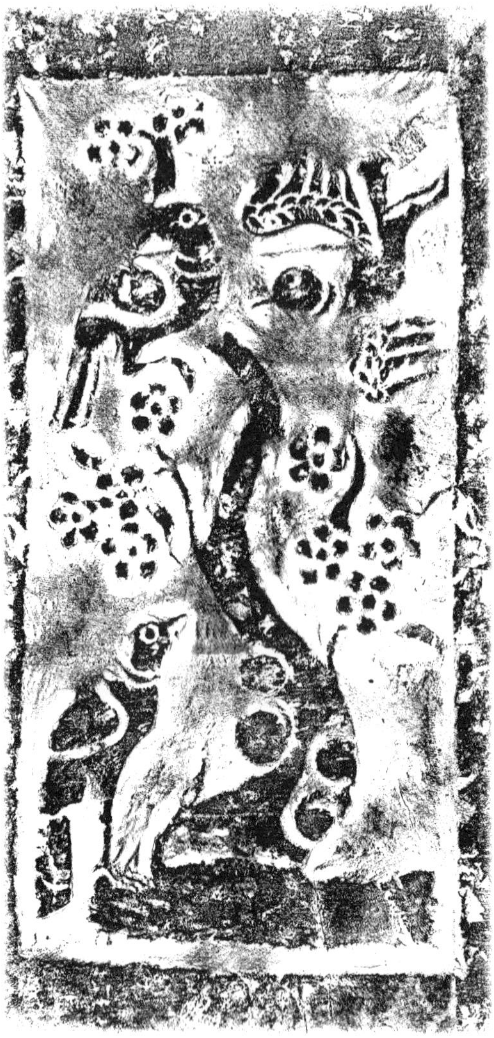

拓片八八　水懂 M1 北壁下层东侧喜上眉梢图

拓片八九　水懂 M1 北壁下层西侧仙猴摘桃图

拓片九〇　水懂 M1 北壁下层中部双龙抢宝图

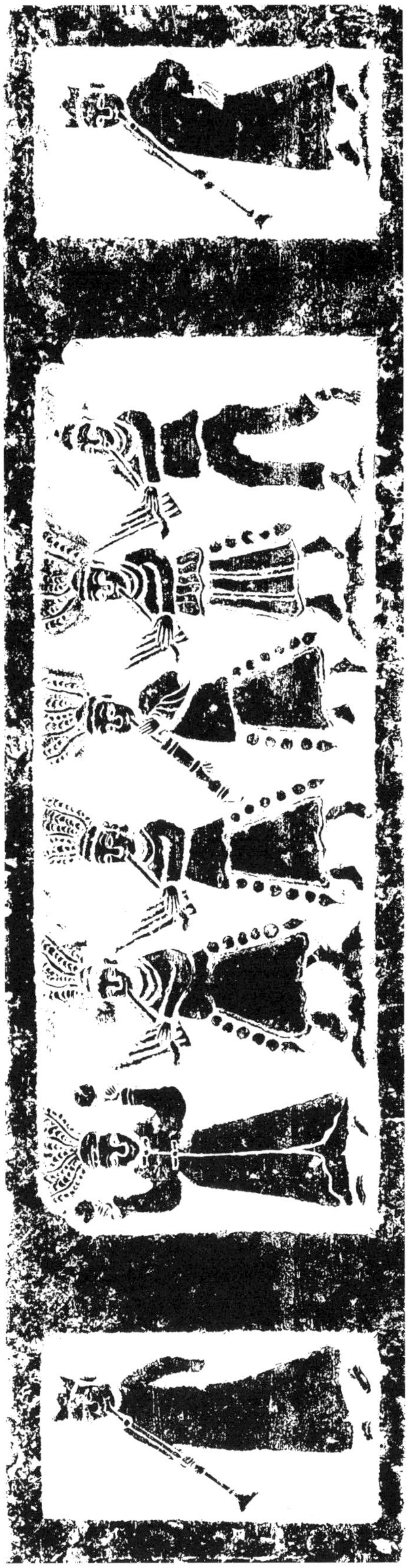

拓片九一　水幢 M1 北壁中层乐舞图

拓片九二　水幢 M1 北壁上层双凤朝阳与人物图

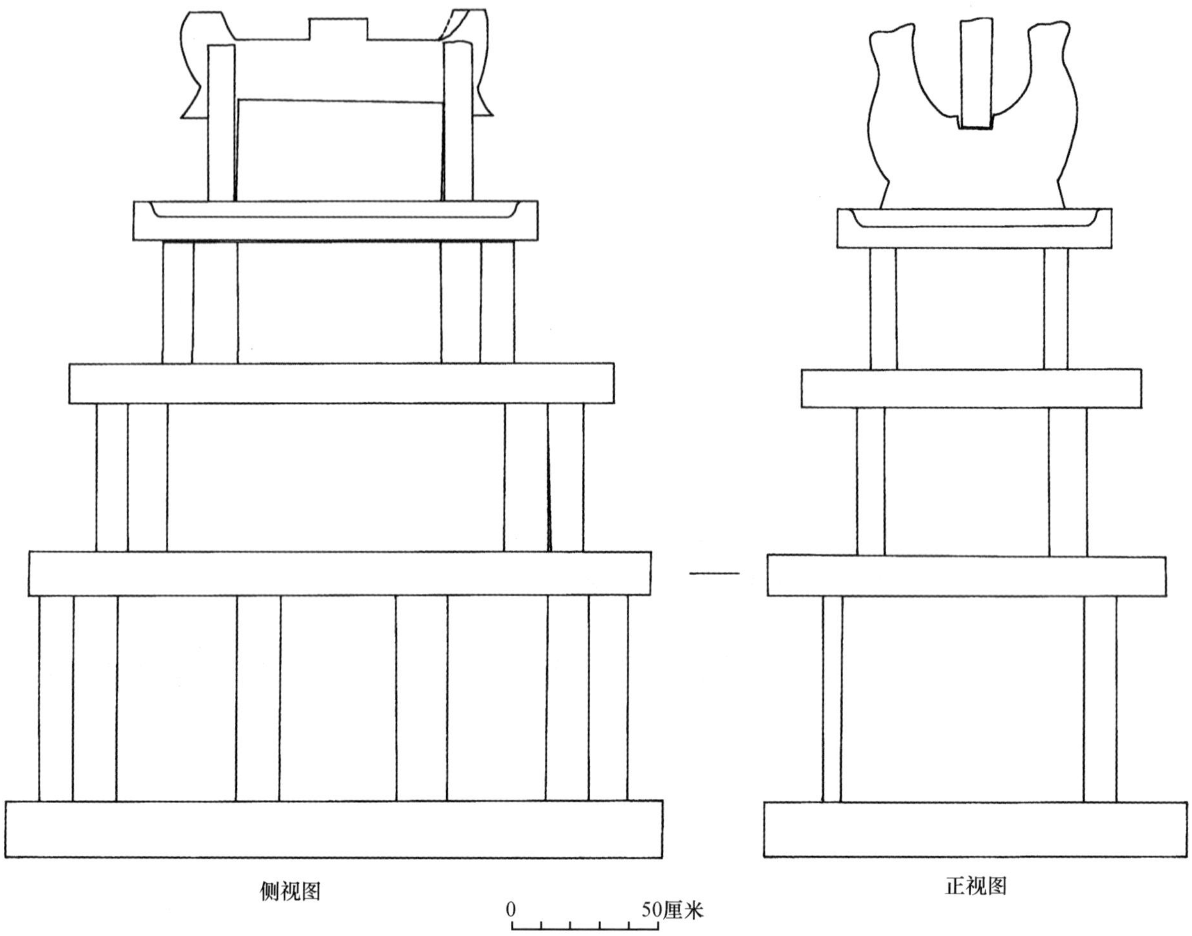

图六三　牛洞寨 M1 正视、侧视图

六、塘州乡下丁寨王啟墓

长方体三层“箱式”石结构墓葬，1 座。墓主“王啟”，葬于嘉庆十四年。位于三都水族自治县塘州乡丁寨村下丁寨西北 200 米处，墓冢地处缓坡中部，前为农田菜地，后面杂草丛生，四面环山，周围属低山丘陵地貌，中亚热带湿润季风气候，所住居民皆水族，王姓为主要姓氏，以农业耕种为基本生产方式。墓前 200 米处有一条乡间公路通往灯光村。墓向 15°，坐南朝北。墓顶上的一些构件受损散落在地，顶部垮塌，墓主体仍较完整。下层后部内凹，两侧壁后延外伸，侧壁由两块石料拼接，风化较重，无石雕装饰。下层长 244、宽 91、高 61、壁厚 12 厘米；下层盖板长 256、宽 135、厚 8.5 厘米，直边无装饰。中层长 118、宽 77、高 61 厘米，东壁厚 13、西壁厚 10 厘米；中层盖板长 235、宽 114、厚 9 厘米，边沿为仿屋檐式样。上层长 176、宽 55、高 39、壁厚 6 ~ 7 厘米；盖板受损，仿屋檐式样，四角上翘，长 133、宽 46、厚 8.5 厘米（图六四；图版一一五、图版一一六）。

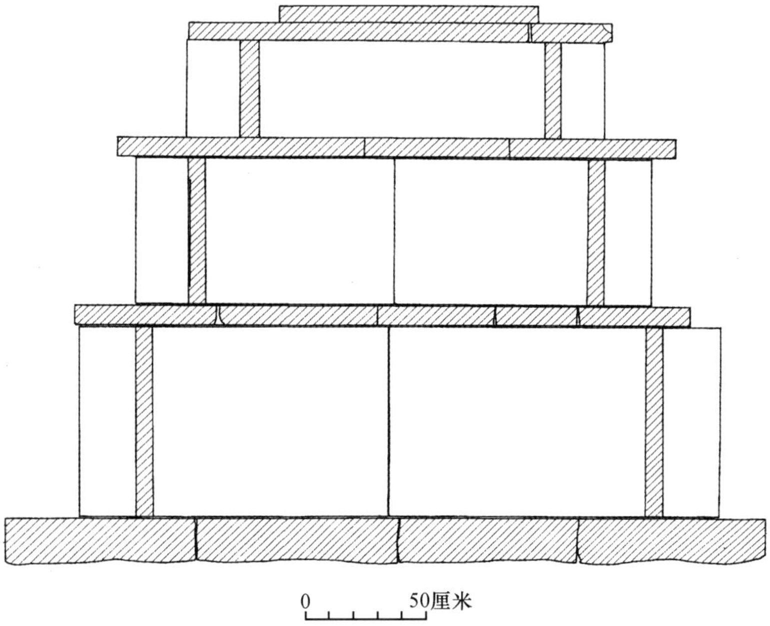

图六四　王敞墓纵剖面图

下层东、西各有三根共六根支柱，现缺中间两根，皆素面无纹。中层亦为六根，现存五根，缺西壁北侧一根（现保存在三都水族自治县文物管理所），中间两根为素面，四根边柱则为石俑造型。东壁南侧一根为男性，坐姿，眉目清晰，裹头帕，身穿三排横扣的对襟上衣，双手扶膝而坐。通高61、底座高17、上高13、俑高31厘米（图版一一七，1）。北侧一根为女性，坐姿，头绾发髻，脖戴粗大的麻花纹项圈，下着百褶长裙，上身赤裸，露出双乳，怀抱婴儿作哺乳状。通高61、底座高17、上高14、俑高30厘米（图版一一七，3）。西壁南侧一根为女性，立姿，头绾发髻，脸圆、大眼，脖戴三个粗大麻花纹项圈，身穿喇叭形百褶短裙。通高61、底座高16、上高15、俑高30厘米（图版一一八，1）。上层原为四根，现仅存南端两根，皆为石俑造型，北侧两根由三都水族自治县文物管理所工作人员采集回县保管。东壁一根为男性，着大摆长衫，束腰带，两腿分立，足尖朝外。通高41、底座高6、上高5、俑高30厘米（图版一一七，2）。西壁一根为女性立姿，绾发，脖戴两个粗大麻花纹项圈，手持酒壶，着百褶短裙，分腿站立。通高41、底座与上部各高5.5、俑高30厘米（图版一一八，2）。

北（前）壁中层雕刻有墓主牌位，上书“清故显考王公讳敞之坟墓”，落款为永字辈孝男贤、龙、凤、富、贵五人；时间为“嘉庆十四年十四年初三日立”。王敞“原命生庚午年七月初二日午时生，大限殁于己巳年二月初十日寅时告终”（拓片九三）。牌位两侧有石刻对联“高山增武士，吉地出文臣”。

东壁中层为四幅敛角方形画面，从南向北分别是奔鹿、麒麟、双猴摘桃、仕女骑马图，最北的仕女骑马图有一部分被支柱遮挡（拓片九四、拓片九五）。四幅图的尺寸依次为：鹿与麒麟图的宽、高均为33厘米，双猴摘桃图宽37、高34厘米，仕女骑马图高34厘米，宽只能看见

拓片九三　王啟墓北壁中层碑文

24. 5 厘米。上层为出行图，画面上共有六人。前面二人鸣号开道，中间二人武士打扮，腰挎刀剑，第五人为骑马执缰的主人，最后是一打伞的随从。长方形边框。画面宽 89、高 32 厘米（拓片九六）。

南壁中层亦为敛角方形画面，内容系野鹿衔枝与双飞鸟构成的鹿鸟图。图上方饰云纹，左下角装饰有花草。画面宽 38、高 50 厘米（拓片九七）。上层为一敛角方形的鲤鱼图，画面宽 26、高 30 厘米（拓片九八）。

西壁中层与东壁中层对称，也是四幅敛角方形石雕，只是靠北侧的两幅已经严重风化，仅依稀可辨为马与人物造型。南侧两幅保存较好，内容为喜上眉梢图和鹤报平安图。均为敛角方形。画面宽、高35 厘米（拓片九九）。上层为八仙图，八仙皆各执法器，足登祥云。长方形边框。画面宽98、高 33 厘米(拓片一〇〇)。

北壁上层为方形画面，雕仙鹤长春图。下层仅见几何纹细线条凿痕。

墓顶已垮塌，顶部残余一块仿瓦脊屋面构件，墓后地面有一山字形墓顶挡头，中部有凹槽卡口用以承接屋脊横梁。由此可知原墓顶为两面坡，前后有山字形挡板。前挡头亦垮落墓前，中刻太极图，直径 20 厘米，两侧为龙首鱼尾纹，中间同具凹槽接口，口宽 8、深 4 厘米。整个挡头通高 59、最宽处 68、厚 8 ~ 10 厘米，下部底座上宽 54、下宽 67、厚 11 厘米。

七、廷牌乡务旦组

长方体三层“箱式”石结构墓葬，1 座。位于三都水族自治县廷牌乡新仰村务旦寨外田坝中间小路旁。墓向 297°。墓的前半部分已经被损毁，后半部分墓室洞开，里面被火烧过。下层墓壁由两块石料拼镶，中、上层为整块石材。下层长 216、宽 101、高 84、壁厚 9 厘米，下层盖板残长 160、宽 130、厚 13 厘米。中层残长 173、宽 78、高 55、壁厚 9 厘米，中层盖板残长 130、宽 114、厚 17 厘米。上层残长 130、宽 58、高 37、壁厚 9 厘米，上层盖板残长 80、宽 93、厚 15 厘米。上层盖板四角收尖，中、下层盖板边沿呈梯形逐层上收。在上、中、下三层两侧东部皆有长方形支柱各一根共六根，素面无纹。全墓无石雕装饰（图版一一九）。

拓片九四　王敞墓东壁中层鹿图与麒麟图

拓片九五　王敞墓东壁中层双猴摘桃图与仕女骑马图

拓片九六　王敀墓东壁上层出行图

拓片九七　王敀墓南壁中层野鹿衔枝与双鸟图

拓片九八 王敢墓南壁上层鲤鱼图

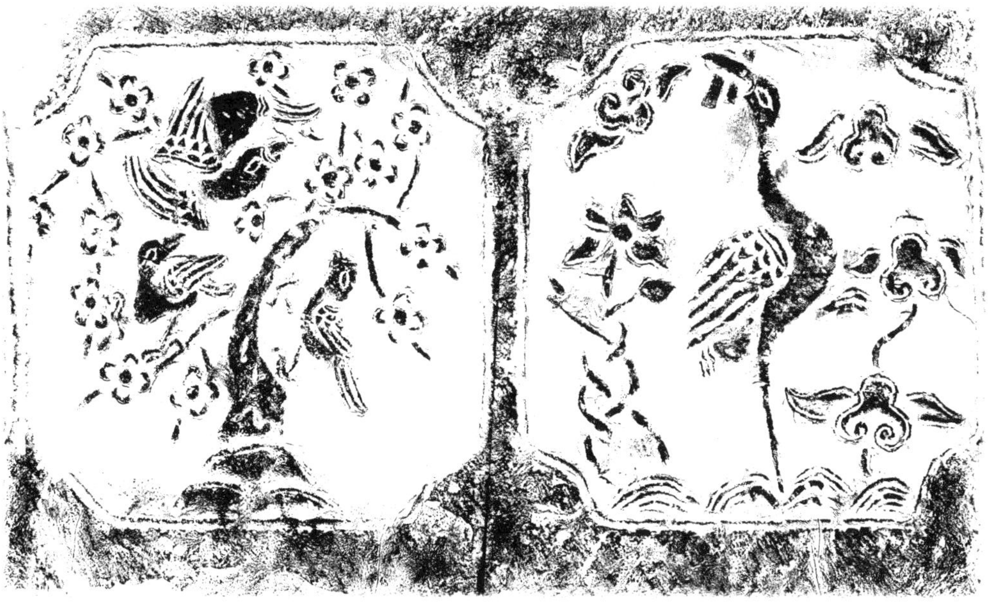

拓片九九 王敢墓西壁中层喜上眉梢图与鹤报平安图

拓片一〇〇　王敨墓西壁上层八仙图

八、扬拱乡板劳村

长方形石室墓，1座。位于三都水族自治县扬拱乡板劳村2组村头竹林内。墓壁用大型长方形墓石分四层叠砌，墓边长276、壁厚17厘米。顶部为两重檐四面坡式，第一层檐厚13厘米，外伸7厘米（两边）和13厘米（后边），坡面厚8～9厘米；脊高30、残长88厘米；四角吻部上宽47、下宽26、高33、厚11厘米；横脊残宽153厘米；正面上层檐宽119、斜长67厘米，下层檐宽175.5、厚11厘米（图版一二〇，2）。后壁正中镶太极图一幅，直径25.5厘米。前面为抱鼓石造型的八字形翼墙，石鼓下承狮座，翼墙高137、厚17厘米，底座宽38厘米，鼓径34厘米。石座上左雕麒麟图，右刻骑马图，鼓上雕仙鹤独立。墓正面上刻“百代流芳”四字，右左循读，字旁各雕一人侍立左右，下刻双龙抢宝；下半部分雕墓主牌位，上书“清故显考潘公讳阿岡之墓”，“孝男阿荣、官、张、富、贵”，墓主“生于乾隆庚寅年八月吉日”。旁边是据古人词句改写的对联“明月坟间照，清泉石上流”。两侧立柱上分别刻着“佐水青龙开甲第，佑山白虎启坟人”。立柱内侧各分三栏，上二栏各雕人物二人共八人合成八仙，左下栏为喜上眉梢图，右下栏为瓶花蝴蝶图。在墓前供台正中央刻有一圆形凹盆，内径26、外径35、深1厘米，内雕三条头部相连的鲤鱼，构成一幅三鱼图（图版一二〇，1）。

在墓前村口柏树下，还见有数块同类大型墓石，可知原来此地为一墓群。

九、周覃镇下水蒙

长方体双层“箱式”石结构墓葬，2座。位于三都水族自治县周覃镇水蒙村下水蒙寨东南约500米处。附近为农田，所住皆水族。墓旁有两座晚期墓葬。两墓相距约20米。

1. 下水蒙M1

墓向91°。“近故显妣韦母墓”。下层完整，长201、宽83、高70、壁厚9.5厘米；东

（前）、西壁宽64、高70厘米，东壁内凹15厘米，里面竖立一块宽20.5、厚5厘米且与东壁同高的石板作墓碑，内刻碑文。据墓壁所刻文字记载墓主生于清乾隆五十七年，葬于道光十五年十一月十六日。下层盖板长209、宽112、厚10厘米，边沿上半部分弧形内收形成四个尖角。上层北壁缺失，形成一空腔，长169、高58、壁厚10厘米。前、后两挡板宽51、高58、厚8.5厘米。上层盖板由两块石料拼镶而成，四角收尖，长178、残宽73（原宽为95）、厚9厘米，上面有凹槽用于安放墓顶构件。顶部已垮塌，残余仿筒瓦屋面一块，长122.5、宽50、厚10厘米。墓两侧壁上、下原共有八根支柱，现余六根，缺北壁上层两根。支柱断面较为扁平，上柱宽14、高55、厚5厘米，上、下各有榫头，长2厘米。下柱正面两边抹斜，宽17、厚5~7厘米。全墓无石雕装饰（图版一〇五，2；图版一〇六）。

2. 下水蒙M2

位于M1东面。墓向109°。形制同M1，素面无装饰，石料上布满加工留下的线形凿痕。基石厚18~20厘米。下层两侧壁长198、高70、厚10厘米，前后两挡板宽65、高70厘米，前壁内凹，进深17厘米。下层盖板由两块石料拼镶而成，长206、宽107、厚15厘米。上层长163、高57、壁厚9厘米，前、后壁宽47、高57、厚9厘米，前壁进深14厘米，四边以子母口相扣合。上层盖板长170、宽93、厚12.5厘米。上、下盖板边沿上半部均抹斜弧形内收至四角。上、下原有八根支柱现存七根，缺少北壁上层东侧一根。柱高与墓同，下柱宽17、厚6~8厘米，上柱宽15、厚4~7厘米。从上层盖板面上观察，原墓顶结构亦为两面坡加前后挡形式，有与顶部镶嵌用的凹槽，边槽长118、宽10、深3厘米，向内倾斜；前后槽横长75、宽10、深2厘米；正中为方形，长15、宽14、深4厘米，用以固定两挡头（图版一〇五，2）。

十、周覃镇某刁坡

圆形石围墓，有水书石刻墓碑，2座。位于三都水族自治县周覃镇的查村干幺组某刁坡上。两墓前后排列，间距约5米。本地村民多韦姓，皆水族，以农耕为主业，墓前方是大片的农田。虽然形制与晚期无异，但墓碑上的水书文字和石刻是目前水族地区唯一保留下来的实例，具有重要的研究参考价值，第三次全国文物普查中建议将其申报为省级文物保护单位。

1. 的查M1

墓向185°。圆形封土，直径240厘米。龛式碑最宽处72、高95、前后角距50厘米。碑盖四角尖收上翘，正面呈筒瓦屋面状，余为素面，碑顶宽49.5、高14.5厘米，上有一方形臼窝，边长7厘米、深3厘米，用以安放碑帽。长方形碑面宽36、高66厘米，上刻圆形太极图，直径15厘米；下为一长方形边框，宽18、高24厘米，内刻倒写水书文字二十三个字，其中一字已模糊不辨，竖列，分三行，由下往上释读，汉译原文为“戊子年□二十五日，第一乙未日卯时，壬寅年四十六年木”。碑两边立柱宽10.5~11.5、高66、厚13厘米（拓片一〇一；图版一二一，1）。

拓片一〇一　的查 M1 墓碑水书文字与太极图

2. 的查 M2

位于 M1 前方。墓向 185°。圆形石围墓，直径 260 厘米。墓石外壁呈圆弧形，石长都在 100 厘米以上，高 64 ~ 65、厚 17 ~ 20 厘米。正面为龛式碑，碑盖四角上翘，顶平，长 80、宽 16 厘米；中间有承接碑帽的臼窝，长 14、宽 8、深 7 厘米。在仿筒瓦状屋面式碑盖上面，左雕有一手中握刀作奔跑状的男性，右雕一幅太极图（图版一二二，2）。碑前左侧立柱宽 13、右侧立柱宽 14 厘米，高均为 62 厘米，侧厚均为 13 ~ 14 厘米。右柱内侧浮雕一只长颈仙鹤，左柱内侧雕一少数民族妇女形象，立姿，发髻高耸，上插两根长条状发饰，身穿开襟短衫，左手撩开衣襟，露出上体，双乳突出，右手高举，五指大张，下穿长度及膝褶裙，两足尖朝外分立（拓片一〇二；图版一二二，1）。碑下方基石（碑座）横宽 113、高 16、厚 25 厘米。碑面近似方形，宽 60、高 61.5 厘米。上面无文字，有石雕，上部雕一对相对而飞的鸽子，下为三个人物造型：居中一人骑在马上，右手拉缰，左手持一火炬；两边各站立一人，一胖一瘦，穿戴打扮相同，手中捧着酒杯（拓片一〇三；图版一二一，2）。

另外，在的查村后山坡上，原有长方体石结构墓葬数座，现已被拆毁。在村后竹林旁，我们发现一座目前尚存但已经垮塌的石结构墓葬，根据现场遗留的墓壁、盖板、支柱等构件分析，应为长方体双层石结构墓。

十一、坝街乡阿刘公墓

阿刘公墓位于三都水族自治县坝街乡羊翁村大寨西面 200 米处。为一东高西低的坡地，东靠不累坡，东南面为大寨和中寨，西为排尧坡，北有李花坡，墓前方200米处有321国道通过，下临都柳江。本地村民皆为水族，以农业耕作为主业。该墓墓向287°。用方形墓石砌筑，外围圆形，直径300、高90厘米（图版一二三，1）。

墓前有牌坊式墓碑，最宽处160、通高180厘米。碑盖为长方石料，长93、宽52、厚14厘米。碑帽为长方体石结构墓顶部常见的山字造型，浮雕双龙抢宝图案，上半部残断，中部残高30厘米，底座横宽66厘米。碑面上半部分方形，高、宽均为34厘米。两肩各置一石板并向外伸出如重檐式样，肩板长63、宽36、厚9厘米。两肩外侧装饰鱼尾纹牛角造型石雕。铲形碑面，上窄下宽，下半部宽80、高78厘米，碑面刻有麒麟、龙凤、花草等装饰图案及楷书碑文，文字居中，以长方形回纹带为格，其外为装饰图案，墓主为“清故父狄阿刘公之墓”，左刻“于生　　　　　癸卯年吉月吉日立旦”，右为“乙卯年二月吉日立旦”，由“孝男阿二、阿三　　立”，其上记载有“牛六集、马二集”。

碑正面有石俑造型的装饰性支柱四根，面朝西，其中立在碑体南、北肩位置各一根，立在碑体下半部两边各一根；另外在碑的两侧面南、北还各有一根，总计六根。俑柱底座均为长方体，石俑为少数民族人物形象。按俑1～俑6分别叙述：

俑1，位于碑左肩（南侧）上方，面朝西，立姿，女性，头大，脸扁平，脖长，戴粗大项饰，双臂呈环形，胸部双乳外露，下穿百褶裙，左腿残缺，高34厘米。

俑2，位于碑右肩（北侧）上方，面朝西，立姿，女性，头大，顶平，脖戴粗大麻花辫索纹项圈，下穿百褶短裙，双足分立，人体比例较矮，面部及手足略残，高34厘米。

俑3，位于碑左肩下方，面朝西，立姿，女性，头大，脸圆，双眼较大，颈直，脖戴麻花辫索纹项圈，身穿中长直身连衣裙，双手贴身下垂，双足分立，整体形象较高，左臂残缺，宽10、高45厘米（图版一二三，3）。

拓片一〇二　的查M2墓碑右侧挥手女性图

俑4，位于碑右肩下方，面朝西，立姿，女性，头圆，面部五官雕刻较精细，脖戴粗大麻花辫索纹项圈，身穿百褶短裙，胸部双乳外露，手、足部分残，宽9、高40厘米（图版一二三，2）。

俑5，位于碑外南侧，面朝南，立姿，男性，头部几乎与上身同大，高鼻大眼，脖戴项饰，身穿开襟长衫，双手于腹部撩开衣襟分向两侧，分足站立，高度同俑3。

拓片一〇三　的查 M2 碑面人物与双鸽图

俑 6，位于碑外北侧，面朝北，立姿，男性，头大而圆，五官较大，脖戴项饰，身穿中长收腰百褶服饰，双手下垂，两腿分立，自头顶向下至两腿间有一道裂痕，高度与俑 4 相同。

十二、塘州乡石腊组

在三都水族自治县塘州乡枚育村石腊组寨内民居旁，原有两座长方体“箱式”石结构墓葬，现已毁。残存一座小型的，上半部分已不见，剩下半部掩于柴草内，盖板上镶嵌墓壁的凹槽痕迹可见，墓上无石雕装饰。

第二节　藏品资料

本节所收录的材料均来自黔南水族地区，出自该地的水族墓葬，分别由贵州省博物馆、黔南布依族苗族自治州博物馆、三都水族自治县文物保护管理所、荔波县文物保护管理所以及民间收藏，谨著录于下。

一、贵州省博物馆藏水族墓葬构件

在贵州省博物馆收藏的藏品中，有6件铜鼓纹石雕和8件石俑是来源于黔南水族地区，而且其形制与水族墓群上面的构件相同，应该是采自损毁的水族墓葬，所以一并介绍于此。

（一）铜鼓纹石雕

6件。均为长方形石料，分别在其正面雕刻写实铜鼓纹或简约的仿铜鼓纹饰，保存状况不是很好，其中1件断裂为两块，余5件鼓面纹饰或多或少受损，然总体纹饰仍清晰可辨。

1. B. 1. 15096号

保存较差，鼓面多处受损，石料长60、宽51、厚8厘米。浅浮雕石刻鼓面外凸，边沿厚2、直径44厘米。纹饰较模糊，芒间繁芜，圆形芒心外为十六芒间复线翎眼纹，七晕，首晕乳钉纹，被芒尖刺入十六等分，每两芒间夹乳钉四枚，第二晕较宽，回纹，其下依次为勾连卷云纹、交叉水波纹、栉纹、乳钉纹、人字形折线纹（拓片一〇四）。

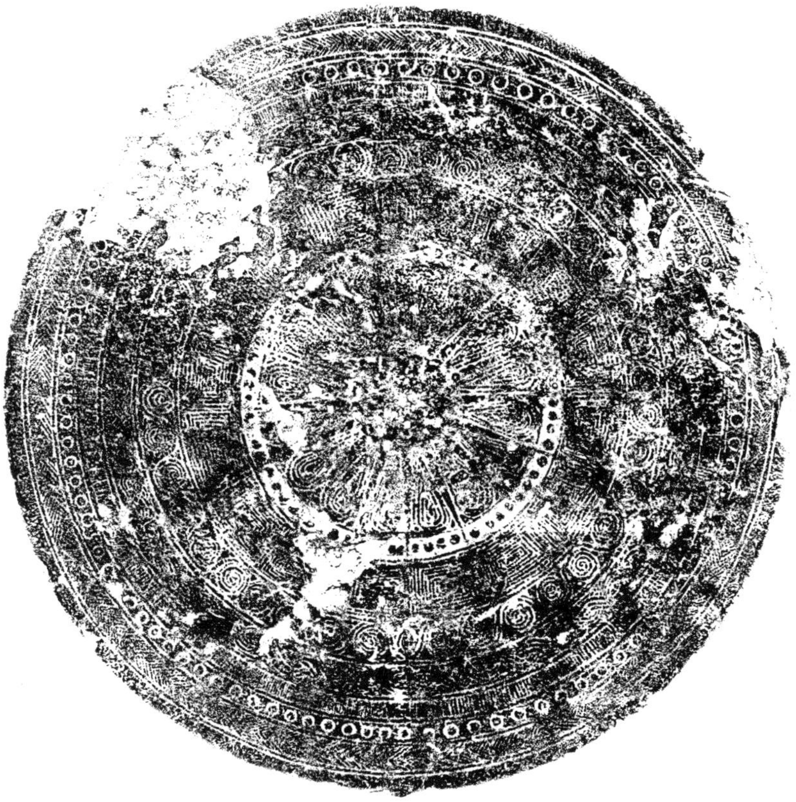

拓片一〇四　铜鼓纹石雕（B. 1. 15096号）

2. B. 1. 15097 号

保存较好，纹饰清晰，石料长 71、宽 57、厚 9 厘米。浅浮雕鼓面，上小下大，边沿倾斜呈圆台状，厚 3 厘米，鼓面直径 49 厘米，基部直径 52 厘米。十芒七晕，芒划较粗，不太整齐规则，芒间有四个对称的半圆形同心圆，另有一个多线条组成的三角形，其余五芒间为空白，似为未完工之作。七晕以阴刻七圈单线条分隔，纹饰较稀疏，依次为单个卷云纹、分组栉纹、乳钉纹、双钩 8 字形纹、方形回纹，反向人字形纹夹乳钉纹、辫索纹（拓片一〇五；图一二七，1）。

拓片一〇五　铜鼓纹石雕（B. 1. 15097 号）

3. B. 1. 15098 号

已断裂为两块，石料长 77、宽 52、厚 9. 5 厘米。浮雕鼓面外凸 1. 5 厘米，总厚 11 厘米，鼓面直径 44 厘米。芒间受损，应为八芒七晕，纹饰雕刻不甚规整，首晕为“曰”字形纹，两两为芒尖所分；第二晕为方点纹；第三晕为乳钉纹；第四晕较宽，方形，类似刻划符号；第五晕由内圆外长方两道纹饰组成；第六晕为人字形纹；第七晕为回纹（拓片一〇六）。

拓片一〇六　铜鼓纹石雕（B. 1. 15098 号）

4. B. 1. 15099 号

石料长 74、宽 54. 5 厘米。全部图案采用平面阴刻，中刻圆形仿铜鼓纹，下刻二山相托，上刻二鸟对峙，十二芒四晕，芒以直线条表示，并十二等分首晕，每芒夹一“曰”字图形，其中两芒与第三晕相连，不知是刻错还是另有寓意；第二晕为素面；第三晕以短线十二等分，等分线与芒尖相对，每组内夹水书文字两字；最外一圈由水书文字组成，内容不清晰（拓片一〇七）。

拓片一〇七　仿铜鼓纹石雕（B. 1. 15099 号）

5. B. 1. 15100 号

残断为五块，缺失一块，石料长 85、宽 61、厚 7 厘米。平雕阴刻，整体布满粗糙短横纹，似开凿石料所遗留痕迹，中心内圆阴刻四叶花瓣纹，外围三晕，依次为卷云纹、方形连续折线纹、波浪式折线纹。整体图形较为简略（拓片一〇八）。

6. 展存品

无编号，1 件。石料长 64. 5、宽 48、厚 7 厘米。浅浮雕鼓面外凸 1、直径 43 厘米。八芒七

拓片一〇八 仿铜鼓纹石雕（B. 1. 15100 号）

晕，保存较好，纹饰清晰，芒间分别夹复线三角形纹和首晕蝙蝠纹，第二晕至第七晕依次为乳钉纹、波浪纹、鱼尾纹、“日”字夹符箓纹（？）、乳钉纹、人字形折线纹（拓片一〇九）。

（二）石俑

8 件。均为长方体人形雕刻，保存状况总体较好。根据实际调查情况，应该是墓室外壁用作支撑的装饰性构件。

1. B. 1. 8888 号

立姿，脸型下收、圆润，脖戴粗大项圈，上穿长袖衣，胸部服饰为左右对称的方块，饰乳钉纹，腹部纹饰呈三角形，身着喇叭形百褶短裙，双手下垂置于身体两侧。通高 36 厘米。底座方形，边长 8.2 厘米（图版一二四，1）。

拓片一〇九　铜鼓纹石雕（展存品）

2. B. 1. 8889 号

立姿，绾发，脖戴双项圈，身着百褶短裙，双手握伞左上右下抱于胸前，通高 38 厘米。长方形底座，宽 10、厚 13 厘米（图版一二四，2）。

3. B. 1. 8890 号

立姿，头上正中挽一发髻，头发左右分开，贴脸下垂及耳。脖戴项圈装饰，腰部较细，身着裙装，双手怀抱一婴儿，下部残断。残高 29 厘米（图版一二四，3）。

4. B. 1. 8891 号

立姿，风格类似 B. 1. 8888，方脸，浓眉大眼，头戴帽，脖戴粗大双项圈，双手下垂内收于腹下，上穿长袖衣，胸部服饰为左右对称的方块，饰乳钉纹，腹部纹饰呈倒三角形，下着百褶短裙，下部残断。残高 28 厘米（图版一二四，4）。

5. B. 1. 8892 号

老年女性形象，慈眉善目，脖戴双项圈，胸露双乳，细腰，身着百褶长裙，双手下收合于腹部。残高 30 厘米（图版一二五，2）。

6. B. 1. 8893 号

立姿，男性，头戴瓜皮帽，脖戴项圈，身穿紧身长袖上衣，着裤装，双手十指分开按于腹前，残断为两节。通高 37 厘米（图版一二五，3）。

7. B. 1. 8894 号

坐姿，头戴三角形帽子，双手左上右下抚于腹前，上穿紧身长袖，脖子下方刻一对襟衣扣，下穿开裆裤。通高 36、最宽处 9. 3、厚 7 厘米（图版一二五，4）。

8. B. 1. 8895 号

坐姿，头、眼较圆，双手托下巴，双肘支于双膝上，通高 39 厘米。长方形底座，宽 10、厚 12 厘米（图版一二五，1）。

二、黔南州民族博物馆藏水族墓葬构件

共 9 件。其中动物石雕 2 件、铜鼓纹石雕 3 件、石俑 4 件。本文编号藏品 01 ~09 号。

（一）动物石雕

1. 藏品 01 号

长方形石料，长 129、宽 36、厚 9 厘米。正中浅浮雕六只家畜，皆头左尾右，下面一排雕刻长角水牛三头，上左为一马、中为一猪、右亦为一牛。左、右两端各雕人物图案一幅，左侧一人头戴笠帽，肩挑扁担，担子两头似为竹篓，以右手握担、左手前摆作行走状。右侧一人形象同左，头戴笠帽，右手执鞭作放牧状。三幅图案均在石面上凿去多余部分保留主体形象浅浮雕而成，图形外框皆为敛角长方形，中间画面宽 75、高 28 厘米（拓片一一〇）。

2. 藏品 02 号

长方形石料，长 170、宽 46、厚 7 ~10 厘米。浅浮雕长龙一条，首左尾右，双角锋利，尖收如牛角状，张嘴露齿，口吐长舌，躯体坚实，呈波浪形三折起伏，上、下各三只共有六只末端卷曲如象鼻形的龙足，龙身与足皆被鳞甲，龙尾上翘，扇形展开。在右下角龙尾下方，雕刻有老鼠一只。画面整体为长方形构图，线刻边框。画面宽 111、高 32 厘米（拓片一一一）。

拓片一一〇　家畜与人物图（藏品01号）

拓片一一一　龙纹图（藏品02号）

（二）铜鼓纹石雕

3件。均为在长方形石料上雕刻出仿铜鼓纹圆形鼓面，其中一件上面刻有纪年铭文。

1. 藏品03号

鼓面从中破裂为两半，石面上有方向交叉的凿痕。石料长59、宽49.5、厚6厘米，鼓面直径42、凸起1厘米。芒心受损，八芒八晕，芒尖将首晕分隔为八格，每格有回纹三个，芒间各刻铭文一字共八字，内容为“道光元年冬月吉旦”纪年铭文，楷书，逆时针循读。第二晕起依次为带装饰纹样的“田”字或“日”字纹（每字以三竖线相隔）、乳钉纹、勾连卷云纹、人字形折线纹、交叉三角形纹、乳钉纹、栉纹（拓片一一二；图版一二七，2）。

拓片一一二　铜鼓纹石雕（藏品03号）

2. 藏品04号

石料长67、宽48.5、厚8～9厘米。石面上布满水平凿痕，鼓面直径44.5、凸起0.8厘米。八芒九晕，芒间饰复线翎眼纹，由里向外分别为近似S纹、几形纹、乳钉纹、人字形折线纹、素面纹、栉纹、乳钉纹、回纹、勾连纹（拓片一一三）。

拓片一一三　铜鼓纹石雕（藏品04号）

3. 藏品05号

镶嵌于黔南州民族博物馆陈列大厅水族墓葬模型展品正面。石料长方形，长70、宽54厘米。居中雕刻仿铜鼓鼓面纹饰，鼓面直径46、凸起1.5厘米。八芒七晕，正中有一圆心，线刻芒体如花瓣形，首晕与第七晕为水波纹，次晕与第六晕为乳钉纹，第三晕为栉纹，第四晕模糊不辨，第五晕斜线纹（拓片一一四）。

拓片一一四 铜鼓纹石雕（藏品 05 号）

（三）石俑

4 件。长方柱体，背面平齐，人物皆为立姿，立体雕刻于石柱正面，其形制与水族墓葬所出构件如出一辙，应为水族墓群遗物。

1. 藏品 06 号

男性形象，发型为盘条状，慈眉善目，蓄八字胡须，脖戴两条粗大项圈，上身服饰胸部为两块正方形，腰部为三角形，下穿上窄下宽竖条喇叭形褶裙，两手下垂略收，双腿直立，人物比例较协调（图版一二六，1、2）。

2. 藏品 07 号

头部以上为方形柱体，下雕女性人物形象，头形较大，圆脸，脖戴上小下大三条粗大项圈，胸部服饰方形，下着收腰宽摆百褶半腰裙，双手下收于腹前，左手仅存手掌部分，右手着长袖，戴圆环形手镯。

3. 藏品 08 号

女性，头圆，脖戴一条粗斜绳纹项圈，双手下垂呈弧形，穿竖条褶裙，两足直立，底部为方形榫头，用以固定在墓室上。

4. 藏品 09 号

形制与 07 号类似，上部为方形柱体，下雕女性人物，头部较大，整个形体比例失调，亦戴三条粗大项圈，双腕皆有手镯，左手弧形下收于腹前，右手曲臂上抚胸前，腰部较细，着喇叭形半腰百褶裙，裙下即为石柱底部。

三、三都水族自治县文物保护管理所藏水族墓葬构件

三都水族自治县文物保护管理所收藏有石质水文碑刻 1 通、铜鼓纹石雕 4 件、石俑 4 件，皆采自该县水族墓葬。介绍如下。

（一）水文碑刻

采自塘州乡拉下村，应为一座用不规则长条石砌筑的长方形水族墓葬的构件，碑身主体长方形，碑头接近正方，两侧有肩，整体形如铲形。现残断为三块，通高 114 厘米，碑体宽 72、高 75 厘米，碑头宽 42.5、高 39 厘米。碑面正中阴刻水书文字五排 34 字，内容直译为“乙巳年七十六年庚申六十四日丙申日己亥时丁第六癸酉日二十一丁卯时丙辰时”，由下往上倒写，要调转 180°才能从上往下正确右左循读，字体与水书文本如出一辙。碑头部分居中阴刻一古钱纹，斜向对称刻四组葫芦纹饰相接，葫芦上小下大，其下部刻三岔纹、上部刻三叶纹，整体图形如交叉十字花纹。碑身水书两侧各阴线刻一人物图像，左侧一人，立姿，双足尖朝右，头顶上凸似绾发，衣长过膝，左手执有一伞；右侧一人，立姿，双足尖向外，头圆，右手执一羽毛扇，左手握一长度接近身高的粗大旱烟杆。碑身下部阴刻动物花卉，中部线刻敞口鼓腹圈足釜形花钵，上插长茎花朵三支，花钵左侧阴刻一牛，右侧为一绾发骑马人，马背有鞍（拓片一一五）。

（二）铜鼓纹石雕

4 件。采自九阡下水龙一带水族墓地。均为在长方形石料上雕出凸起 1～1.5 厘米厚的圆形鼓面，在鼓面上用阴刻手法雕刻铜鼓纹饰制作而成。

拓片一一五　三都水族自治县文管所藏水文碑刻

1. B. 1. 57. 1 号

长方形石料，长 57. 5、宽 50. 5、厚 7. 5 厘米。四角有三角缺损，鼓面不居中，靠一端雕刻，直径 41. 5、外凸 1. 5 厘米。八芒六晕，中部芒间磨损较重，纹饰模糊，第一晕模糊不清，第二至六晕依次为 S 纹、乳钉纹、回纹、栉纹、水波纹（拓片一一六；图版一二八，1）。

拓片一一六　铜鼓纹石雕（B. 1. 57. 1 号）

2. B. 1. 57. 2 号

长方形石料，长 56、宽 49、厚 8. 4 厘米。一角缺失，鼓面居中，直径 40. 5、凸起 1 厘米。纹饰较清晰，阴刻，八芒八晕，正中圆形，圆心部位有一小孔，由里向外依次为回纹、带“日”字鸟形（?）纹（以三条一组竖线分隔为 20 间）、乳钉纹、勾连卷云纹、交叉水波纹、人字形折线纹、栉纹、乳钉纹（拓片一一七；图版一二八，2）。

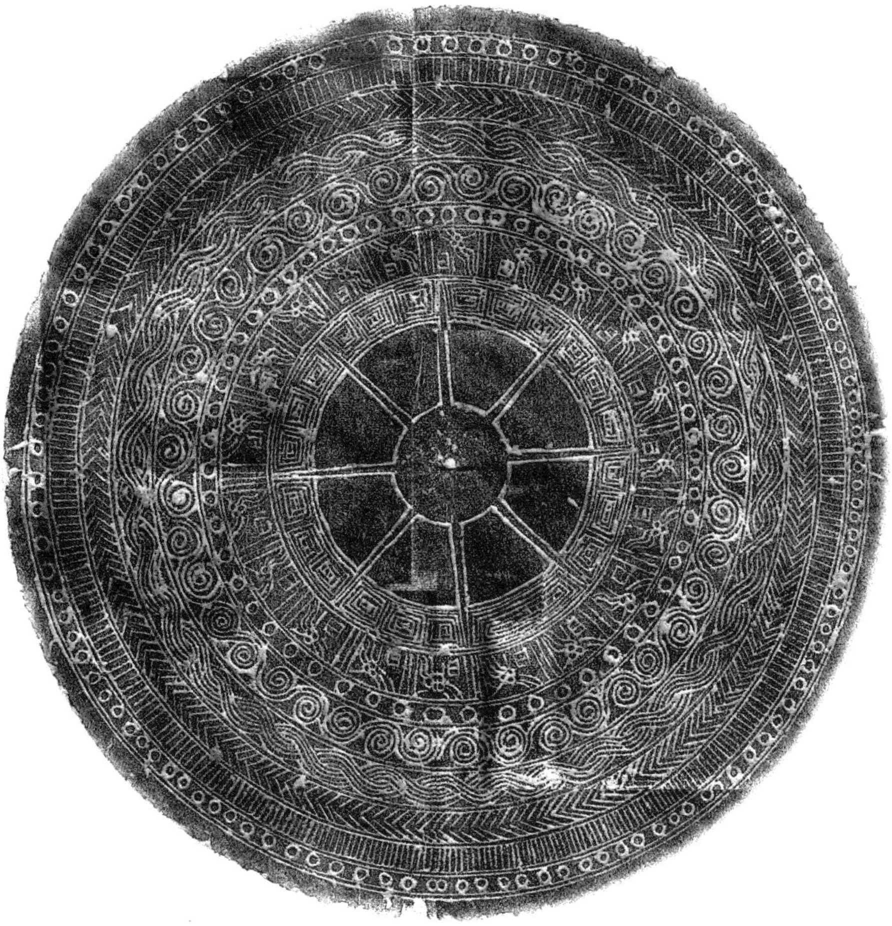

拓片一一七　铜鼓纹石雕（B. 1. 57. 2 号）

3. B. 1. 57. 3 号

长方形石料。长 62. 5、宽 52. 5、厚 9. 5 厘米。一角稍缺，鼓面居中，直径 44. 5、凸起 1. 5 厘米。纹饰受磨损，十二芒八晕，圆心部位有一小孔，纹饰与 B. 1. 57. 2 相似，由里向外依次为回纹、乳钉纹、带“日”字的变形鹭鸟纹、勾连卷云纹、交叉水波纹、人字形折线纹、乳钉纹、栉纹（拓片一一八；图版一二九，1）。

4. B. 1. 57. 4 号

长方形石料。长 57. 6、宽 52、厚 11. 2 厘米。石料靠近鼓沿部分向下斜凿一圈以突出鼓面，鼓面居中，直径 44、凸起 1. 5 厘米。纹饰部分受损，有多道不规则划痕，八芒七晕，芒间饰双瓣复线翎眼纹，纹饰与 B. 1. 57. 2 和 B. 1. 57. 3 雷同，从里向外依次为乳钉纹、带纹饰的“日”字纹、交叉水波纹、勾连卷云纹、栉纹、乳钉纹、人字形折线纹（拓片一一九；图版一二九，2）。

拓片一一八　铜鼓纹石雕（B. 1. 57. 3 号）

（三）石俑

4 件。均为现场采集品，其中 3 件为塘州乡下丁寨王啟墓构件。

1. 周覃水东的查 01 号

1 件。立姿，头大腿短，身躯呈长方形，着裙装，左手下垂，右手抚按腹部。通高 50（底座高 10、俑高 37、上部高 3）、面宽 9、厚 13 ~ 15 厘米（图一二六，5）。

2. 王啟墓 01 号

1 件。原位于王啟墓西壁中层北侧，由县文物管理所工作人员在现场采集。立姿，绾发，头较大，面部椭圆，脖戴双项圈，身着裤装，双手怀抱一个婴儿。通高 62（底座高 17、俑高 30、上高 15）、面宽 11、厚 12 厘米（图版一一八，3）。

拓片一一九　铜鼓纹石雕（B. 1. 57. 4 号）

3. 王敀墓 02 号、03 号

2 件。原位于该墓东、西两壁上层北侧。均为立姿，绾发，脖饰双项圈，身着裙装。03 号双足朝外分立。通高均为 41 厘米，02 号底座高 5、俑高 30、上高 6 厘米，03 底座高 6、俑高 31、上高 4 厘米。俑体上、下两端呈方形，宽 11 ~ 12、厚 11. 5 ~ 12 厘米（图版一一八，4、5）。

四、荔波县文物保护管理所藏水族墓葬石俑

荔波县文物保护管理所现收藏有石俑 2 件，据资料介绍其来源于该县玉屏镇水甫村板寨水族墓地，席克定先生在《灵魂安息的地方——贵州民族墓葬文化》一书中编号为 L · S · M1∶1 和L · S · M1∶2。从其形制与造型来看，与三都、荔波一带所出水族墓葬同类构件极为相似，应为水族墓葬遗物无疑。

1. 总登记号 QNLB041

三级文物。立姿，头顶发型呈尖状三角形，方额长脸，面部略损，眉目清晰，纺锤状鼻，方形小口，下颌圆润，弧形耳较长，脖戴一上细下粗项圈，双手环抱于腹前，身体近似圆形，上身穿交衽长袖短衣，领口部位呈三角状，胸部圆形双乳突出外显，下着百褶短裙。整个人物系在一长方体石柱上面浮雕而成，构件上下两端均有榫头，用以连接墓体，现残断为三截，分别为头部、身体躯干、腰部以下部位。通高 43、面宽 10.5、厚 9 厘米（图版一二六，3）。

2. 总登记号 QNLB042

三级文物。整体造型与 QNLB041 相同。立姿，头顶发型呈尖状三角形，脸型较长、椭圆，左半边脸部缺损，鼻部以下长度几乎占整个脸长的二分之一，弧形耳部相应也较长，脖戴上细下粗项圈，身穿圆领长袖上衣，双手环于身前，整个上半身胸部形状和手臂外轮廓线均呈圆形，下穿上窄下宽喇叭形褶裙，双足直立。通高 43、身宽 10、厚 9 厘米（图版一二六，4）。

第三节　民间资料

除了上述几个单位收藏的水族墓葬石质雕刻构件之外，在黔南水族地区民间同样也保存有一定数量来源于水族墓群的文化遗物，一并介绍如下。

（一）石板寨

三都水族自治县九阡镇石板村是一个水族墓群集中之地，除了在该村上水达组分布有大量水族墓葬外，在村口水井旁还放置有不少来自于水族墓葬的石雕，作为村民休息的石凳来使用，且多雕刻精美，保存完好，采用平面剔除多余部分保留画面内容的浅浮雕手法制作而成。由于只能就地保存，除测量、照相之外，已全部制作了拓片资料，在此一并介绍如下。

1. 石拓 01 号

石长 179、宽 73 厘米。石上分布石雕图案三幅。居中为长方形构图，四角内敛，内刻人物八个，中间二人站立于方桌前，两旁分别为一坐姿童子和一立姿老翁，左右两端各二人，手执不同的物件作行走状，八人皆足踏祥云，栩栩如生，画面下部装饰连枝纹。画面宽 110、高 62 厘米。左、右图为竖长方形构图，内容左为三猴摘桃；右为立姿长髯男性，身穿长衫，左手执长刀，右手上举，握一管状物。左图宽 21.5、高 62 厘米，右图宽 20.5、高 62 厘米（拓片一二〇）。

拓片一二〇　八仙图（石板寨 01 号）

2. 石拓 02 号

石长 177、宽 74 厘米。中为主图，加上左一右二共四幅图案，皆长方形构图。主图正中为一魁梧男性形象，分足站立，头戴长翅官帽，胸前一轮太阳，下为一头上尾下的鱼形图案，身旁各有一人跪侍左右，两边为骑士护卫，左举长矛、右挺大刀，最左边还有一三角旗帜，马皆配鞍戴缰，踏于山石之上。画面宽 110、高 62 厘米。左图为一立姿吏人形象，着长袍，腰束带。画面宽 20、高 62 厘米。右上为钓鱼图，一翁头戴笠帽，坐于石上，右手执鱼竿钓起二鱼。画面宽 20. 5、高 29. 5 厘米。右下为野鹿衔枝图。画面高 29、宽 20 厘米（拓片一二一）。

拓片一二一　人物图（石板寨 02 号）

3. 石拓03号

石长124、宽34.5厘米。画面分三幅，中间一幅为主图，内容为一骑马人和一匹马，骑马人左手执缰绳，右手握一剑（?）扛于右肩，两马皆配马鞍，头向朝左。画面高26.5、宽68厘米。两边辅图均为竖长方形，皆雕罐形瓶插花图，画面宽15.5、高26厘米（拓片一二二）。

拓片一二二　骑马图（石板寨03号）

4. 石拓04号

石长156、宽41厘米。分三栏构图，中图为抬轿画面，四名轿夫分前、后各两人一组用横杠连接轿杆方式肩抬一轿作行走状，轿身长方形，轿顶呈四角攒尖形，开有轿窗，露出坐轿人头部，轿子前后还各有一童子跟随。画面宽94、高31厘米。两边辅图均为竖长方形，宽17、高31厘米，同为一立姿人物，男性，头戴瓜皮帽，左侧一人左手和右侧一人右手相对上举，皆握有一物（拓片一二三）。

拓片一二三　抬轿出行图（石板寨04号）

5. 石拓05号

石长148.5、宽41厘米。三栏构图，中图亦为抬轿画面，四轿夫、两随童、轿身轿杆以及抬轿方式与上图基本相同，只是该石雕磨损较重，画面内容相对较为模糊。画面宽88、高31.5厘米。两边辅图宽16、高31.5厘米，亦各雕一人，左为棋手，执一三角旗开道，右为号手，正吹奏着长管唢呐跟随其后（拓片一二四）。

拓片一二四　抬轿出行图（石板寨05号）

6. 石拓06号

近正方形石料。四角内敛，男前女后二人共抬一只牛腿作行走状，二人皆左手下摆、右手握扁担，身着短衣裤装，男性戴帽、脸长方、浓眉大眼，女性绾发、圆脸、眉目清秀。画面宽31.5、高31厘米（拓片一二五）。

拓片一二五　送礼图（石板寨06号）

7. 石拓 07 号

石料正方形，图边较宽，四角内敛，雕刻麒麟一只，昂首奋蹄，动感强烈。画面边长皆为 30 厘米（拓片一二六）。

拓片一二六　麒麟图（石板寨 07 号）

除上述保存完整的石雕之外，在石板寨村头水井旁，还有一块铜鼓纹石雕，由于被村民用来垫脚踩踏，上面的纹饰已被磨平，只留下方形石料上凸起的圆形鼓面。另外在井边地面上，还见有数块残碎的墓葬石雕，图案有双鱼、太极、圆环内饰四叶纹等，从其内容和形状观察，应该是来自两座墓葬同一部位的构件。

（二）九阡母改

三都水族自治县九阡镇母改村母改寨村民潘玉新家门前有取自水族石结构墓葬的三块仿铜鼓纹石雕，其中一块用来作为门前台阶，一块置于门前台阶下，另一块放在门外院内屋旁。

1. 母改 01 号

置于台阶上，石料长 35、宽 33、厚 6.5 厘米。写实纹饰，十二芒五晕，芒心外接十二芒，每两芒之间夹一“西”字，第一晕、第四晕乳钉纹，第二晕为双钩 8 字形纹，第三晕栉纹，第五晕素面。鼓面直径 26 厘米。该构件形体完整、纹饰清晰，惜被潘家用水泥固定在门前用作台阶，长期出入践踏，已受磨蚀，经年日久，纹饰有磨平不辨的危险（图版一三〇，1）。

2. 母改 02 号

置于台阶下，长方形石料上浮雕铜鼓鼓面纹饰，石长 66、宽 48、厚 7 厘米。写实纹饰，有一角已经断裂，芒心及局部纹饰受损。八芒八晕，芒间夹翎眼纹，首晕游旂纹，次晕回纹，第三晕、第八晕为乳钉纹，第四晕为栉纹，第五晕为水波纹，第六晕为直角折线纹，第七晕为勾连卷云纹。鼓面直径 42.5 厘米（图版一三〇，2）。

3. 母改 03 号

置于院内，长方形石料上阴刻仿铜鼓鼓面式样写意纹饰。石长 79、宽 59、厚 7 厘米。中心雕刻四叶花瓣，外围四晕，依次是线刻花边、方块纹、连续三角纹和素面。鼓面直径 58.5 厘米。由于常年风化磨蚀，纹饰已经有点模糊不清。

另外，在九阡镇水梅至母改的路旁，有一条田间便道几乎全部是用水族墓葬的墓石来铺砌的，路宽约 1.5 米，长达数十米，石面上的结构痕迹清晰可辨，不知是用了多少座墓的材料来铺就的（图版一三一）。该地水族墓群的原有规模和被破坏的程度由此可见一斑。

第四节　消失墓葬

由于水族墓地缺乏行之有效的保护管理措施，加上水族墓群中特别是长方体仿房屋建筑结构式样的“箱式”墓，其建筑构件极易受到人为损坏，因此有一部分典型墓葬现在已经不存。我们根据早年做过的调查记录以及发表的资料，将有参考价值和代表意义的几座墓葬一并报告于此，为今后的研究提供较为完整的资料。

一、水庆上寨

原位于荔波县茂兰镇水庆村上寨，系双层“箱式”石结构墓，1 座。现已不存。原墓号为 L·M·M1。墓向南偏东 42°。当时保存较好，仅人字形墓顶脱落一块。

下层长 146、宽 104、高 60 厘米，上层长 115、宽 84、高 43 厘米，顶部长 115、宽 60 厘米，墓顶山字形装饰宽 47、高 65 厘米。在上层南端壁面上，浮雕有一圆形凸出面，类似铜鼓纹饰，但无纹饰，仅见凿痕，其他部位亦无雕刻装饰①。

另外，在水庆村东头学校篮球场旁的路边上，有一座已经倒塌损毁的“箱式”墓残迹。从地表墓石的痕迹测量，该墓长202、宽108厘米。石面上凿有承接墓壁墙体的凹槽。在一块残余的石面上还见有两头阴刻的水牛，牛身长39厘米，由此推测原墓装饰有石雕。

二、荣耀村下寨

三都水族自治县九阡镇荣耀村下寨的大坟山，当地水族称为“木老山”，原为该村的水族公共墓地，是水族墓群的一个集中分布地点。在大坟山西部东西宽25、南北长36米面积为900平方米的范围内，自然形成上、下两个台地。1982年调查时了解到，在上台地原来有2座、下台地原来有3座共5座水族“箱式”石结构墓葬。1967年因山火蔓延，将其中的M2、M3、M5烧毁，但M1、M4仍存。然而，2006年再进行调查时，剩下的这两座墓亦荡然无存，只留给我们一段有限的文字记录（图六五）②。

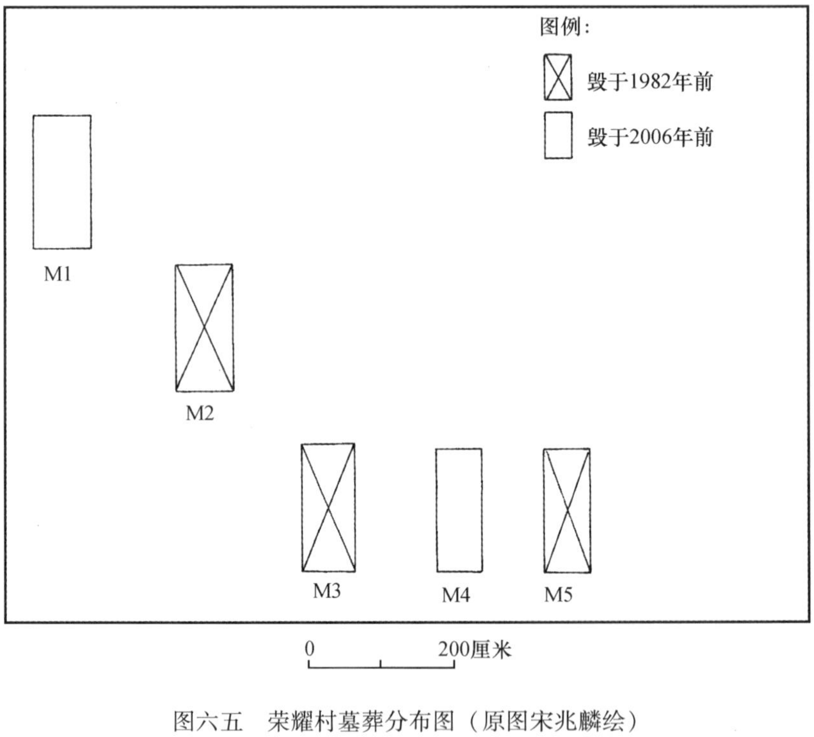

图六五　荣耀村墓葬分布图（原图宋兆麟绘）

① 席克定：《灵魂安息的地方——贵州民族墓葬文化》，第98页，贵州民族出版社，1990年。

② 宋兆麟、严汝娴：《三都县荣耀村水族画像石墓》，《贵州民族研究》1983年第1期。

1. M1

当时“1号墓顶部已毁，但二层仍露在地表，长170厘米。”其前、后两端墓壁向内“凹15厘米，高57厘米，宽46厘米”，后壁上装饰有一幅仿铜鼓鼓面图案，鼓面直径37厘米。“此鼓属麻江型。中心为太阳纹，有八道光芒，其外有九道晕圈层层环绕。由里往外：第一圈为回纹（或称雷纹）；第二圈为鸟纹，右上角有一日字纹；第三圈为连鼓纹，也称雷纹；第四圈为圆纹；第五圈为编织纹；第六圈席纹；第七圈圆纹；第八圈线纹；第九圈无花纹。墓门头高54、宽48厘米，其上有一个莲花图案。上有一石棺盖，宽82厘米，长177厘米，厚10厘米，一头残缺。”

2. M4

保存基本完好，长方体双层石结构墓。下层“棺长168厘米，高52厘米，宽62厘米”。后壁“内凹14厘米，高、宽44厘米，其上也刻一铜鼓，花纹虽然已经风化，但是形制与一号墓铜鼓相同”。前壁“内凹13厘米，宽、高均44厘米，素面”。上层高52、长122厘米，盖板长135、宽73.7厘米，前、后壁“内凹12厘米，高31厘米，宽32厘米”。在该层的两侧，“各有两根石柱，高35厘米，宽14厘米，厚8厘米。这四根石柱上均刻有画像，属剔底浮雕，即先在石柱上凿出图像轮廓，然后以阴刻勾勒，其中的女像浮雕出整个身体。四根石柱像是：右侧前柱，门卫像。头戴幞头，手持如意身穿长袍。右侧后柱，女仆像，发式为椎髻形，上衣着右衽短衫，下穿百褶裙，裙长及膝。左侧前柱，门卫像。头戴方巾，身穿长袍，手持如玉，脚踏彩云。左侧后柱，门卫像。头戴方巾，右手持扇，脚踏彩云”。

墓顶前后各安置一件双鱼纹仿牛角造型石雕，“前高而后稍低。此牛角叉水族称‘哈木高’，即三角叉的意思。高者46厘米，低者44厘米，两角横距59厘米。在两个牛角中间有一凸起的石板。前后两架牛角之间，距离77厘米，原立有一石板，现已遗失。其他同类墓上尚存，一般刻有一龙或二龙戏珠等形象”。

第五章　水族丧葬礼仪调查

水族墓群反映了水族人民对死者的崇敬和表现这种尊崇之情的隆葬之风。在这里，有形的墓葬是一种现象，而水族在处理一个人从死亡到下葬整个环节中以水书为依据、以水书先生为主持人的一整套繁琐的丧葬礼仪则是一个过程。鉴于本报告针对的主要内容是水族的丧葬文化，在田野调查工作和资料收集阶段，根据水族现在仍然保留着的一些传统的丧葬礼仪形式，我们对水族地区目前盛行的比较具有代表意义的丧葬行为过程，以及该民族还在实行的古老的“二次葬”活动进行了实地的民族学调查，获取了许多珍贵的第一手资料。在此将水族丧葬礼仪的基本过程作一简要说明，并以丹寨县高寨村潘姓老人的葬礼以及独山县本寨乡林桥村 9 组吴仕明举行二次葬的过程为例介绍如下。

第一节　水族丧葬礼仪习俗

水族盛行隆葬，在处理死者后事的过程中，有一整套相对固定的模式和内容。首先是这一活动的所有环节，都必须是在当地比较有名望的水书先生（以一个为主，规模大的需要聘请几个水书先生）的主持下进行，其次是由水书先生根据水书的内容和死者的生辰八字、死亡时间等相关内容来测算决定下葬的日子（择吉），如果当时不宜下葬，还需要停棺待葬，待到水书先生择定的吉日之时再入土安葬，方能完成这个漫长的过程。据了解，待葬的时间有长有短，短的只有几个月，长的则要等待数年甚至十几年的。在待葬的过程中，为了表示棺木还没有落土，过去是用木凳或木料等支撑物搁置起来，在棺木上面覆盖杉树皮作遮挡，然后再象征性地放置一土饼或少量泥土在其上，作为假葬；或以木板等物遮挡住棺木，其上再用土暂时掩盖，等吉日到来再取出重新安葬；也有临时搭盖一个简易的草棚停放棺材的。现在为了清洁卫生，则往往是先行浅葬，临时找个地方，将棺木草草掩埋，在棺木的下面用木棍或木板作支撑，以示与地下相隔。还有的为了节约省事，干脆就先埋葬下去，在棺木下面垫上两根竹条作表示，等到了水书先生择定的日期，再将竹条抽出来就算完成了落土的过程。更有最为简单的，就是埋葬的时候在封土堆的正中心位置预留下一个出气孔，等到了择好的吉日再将这个气孔用土封堵好就算完事。这些不同的处理方式，虽然繁简不一，但是都体现出对安葬日期的笃信不疑和恪守遵从。

在现在仍保留的水族丧葬礼仪中，除了水族本身的传统民族文化内涵外，或多或少的也融合了一些汉族文化的内容，形成了一种水、汉文化交织的现象。但是相对于其他一些兄弟少数民族，水族则更多地保留了本民族浓厚的传统文化特征。比如在丧事活动中，其他民族通常是大吃大喝别无禁忌，尽量把来宾客人款待好，而水族则是在吊丧期间规定都要忌荤食素，除了以鱼为主的水产品可以食用之外，其他的动物肉食从丧事活动一开始就规定一律不得进食，只有等到最后要下葬的时日，才开放禁忌，大酒大肉，敞开尽情吃喝。

由于民族文化相互之间的传播影响，现在水族的丧葬礼仪在某些具体环节如报丧、入殓和最后的出殡、下葬等过程和当地的汉族基本上差不多，区别不是很大。但是有许多内容是水族一直传承下来独具本民族特色并为其他兄弟民族所不见的。水族为死者举行的丧葬仪式一般是根据死者情况及其家庭人员、经济条件等分别采取不同的形式。最简单的一种为“便葬”，即不举行水族传统的“开控”仪式就行安葬。最快的一种为“急葬”，是在环境和条件不允许的情况下没有来得及举行任何丧葬仪式就安埋。在正常的情况下，水族通常是要请水书先生举办规模不同的“开控”仪式，按照参与人数的多寡、举行悼念仪式时间的长短、宰杀牛马数量的数目、开支花费的多少等来划定等级。规模小的称“小控”，水语称为“控的”，通常只吊唁两天，杀一头猪。稍大一点的“中控”，水语称“控胆”，一般举行三天左右的吊唁活动，砍牛一头或敲马一匹。规模比较大的就称“大控”，水语作“控劳”，时间在三至五天左右，需宰杀几头牛或几匹马，参与的亲友族人多到几千人。还有一种最大规模的则称为“特控”，水语称为“控腊”，前来参加丧葬活动的人数可谓成千上万，宰杀猪、牛、马无数，没有一定的经济实力根本负担不起。从中我们可以看出，水族是一个非常重视丧葬仪式的民族，他们把人的死亡过程看得远远超过了人的出生，即所谓的“轻生重死”观念。在这样的思想意识指导下，不仅产生了“开控”这种隆重、独特的民族丧葬形式，也营造出多层仿房屋建筑结构式样的墓葬形制，以及墓后竖立形状、数量不同的石俑这样一些丧葬行为。

“开控”的核心内容之一为开、闭铜鼓。由水书先生在死者入殓后主持进行，伴之以铜鼓、木鼓、芦笙、芒筒等民族礼乐器。乐器的组合和数量也根据“开控”规模的大小和水书先生的规定而不一。仪式开始时，通常是在祭桌上倒扣着九个小碗，旁边辅之以酒、小鱼、糯米饭等祭品。仪式开始后，由水书先生念诵祭词，每念完一段，便鸣哨一声，旁边的铜鼓、木鼓、芦笙、芒筒一起合奏齐鸣，然后水书先生将倒扣的碗翻一只过来，在里面斟上酒，算是完成一个阶段。如此过程，反复循环进行，第一次奏乐一遍，第二次奏乐两遍，依次递增，直至第九次结束，祭桌上倒扣的小碗全部翻过来，里面都斟上酒，开铜鼓的仪式才算完毕。

等到了死者安葬的头天晚上，相应的还要举行闭铜鼓的仪式。过程和内容与开铜鼓差不多，祭席与器乐组合不变。不同的是桌上的九只小碗先是碗口朝上放好的，里面斟有酒，水书先生每念完一段祭词以后就会将一只碗里的酒祭奠以后把碗口朝下倒扣在桌上，行九遍直至九只小碗全部祭毕倒扣好。铜鼓、木鼓、芦笙、芒筒是与开铜鼓时的从一到九依次递增相反，在闭铜鼓的时候反过来从九到一依次递减，即一开始水书先生念完第一段祭词，鸣哨一声，鼓乐齐鸣九响，第二次则是八响，逐渐递减，直至最后一声，所有的器乐停止发音，铜鼓放下，一切都变得安静下来。象征着送亡人渐渐走远……

在开铜鼓的环节中，水族还有一项传统的规矩，即“升幡”，水语称为立“杆泐”。就是在开铜鼓仪式行将结束之时，鼓乐齐鸣中，用一根长约数丈、新砍的竹或木杆将白布做成的旗幡升起来立在死者房屋的高处，作为一个象征符号，以此表明这里正在进行着丧事活动。

水族崇鬼，是一个拥有多鬼观念的民族。在该民族中，能够数得出来有名有姓的各种各样的鬼多达数百个。因此在丧葬祭祀过程中，除了在家中举行的家祭之外，还需在屋外进行野祭，水语称为“熬腊”，即对相关的鬼魂进行祭祀安抚，希望他们在整个丧事活动过程中不要来捣乱作祟，以保证丧葬活动的正常顺利举行。

除了安抚鬼魂，水族还要对前来奔丧吊唁的亲友族人进行一项特殊的仪式——“封口嘴”。即在进寨的要道上，由水书先生覆一斗笠，旁置祭品，焚香烧纸，叨念咒语，宰鸭行祭，祭毕，将斗笠踩烂，让每一个经过此地的人都能看见，用以告诫各位参加丧事活动的人在此期间管好自己的嘴巴，不要惹是生非，尤其是在饮酒之后不要酗酒闹事，否则必将会受到神的惩罚。

此外，水族在丧事过程中还有一项大型的活动——巡游，水语称为“放腊”。时间在安葬的头天下午进行，由孝子手捧亡人遗像在前引路，按安排好的人员顺序，沿着从丧家到聚会场所的路线，分别手举各色旗幡、吊笼、伞盖，执芦笙、芒筒等，浩浩荡荡地在寨子周围巡游一圈，以此向寨邻和族人昭示和炫耀此番丧事的规模和风光。巡游的队伍最后到达集中的场地，便开始绕场行进，同时边走边吹奏芦笙、芒筒，预先准备好的铜鼓、木鼓也一起奏响，人们载歌载舞，进入一种狂欢的状态。

此后的程序诸如出殡、下葬、扫除、送水、除服等，与其他民族差异不大，恕不赘述，详见下节。

第二节　高寨水族葬礼调查

丹寨水族分布于丹寨县龙泉镇合心、金钟、高排、高寨、马寨、排廷、望城、金瓜洞，扬武乡五一，雅灰乡乌锦、送拢、上从，长青乡大朗，兴仁镇兴仁等水族聚居的村寨，水族人口约 15 000 人。但是在这些水族村寨中，由于受外来文化的影响，水族的文化特征正在逐渐减淡，只有高寨是丹寨县目前还保留水族语言、文字、服饰和习俗等民族文化特色较为浓郁的水族村寨。因此在该村进行的葬礼习俗调查有着其他地点不可比拟的典型意义。

2009 年 8 月 2 日，在接到丹寨县文物保护管理所电话告知该县高寨村一位水族老人去世将举行比较隆重的水族传统丧葬仪式（开控）的消息后，贵州省文物考古研究所水族墓群课题研究小组即委派吴小华同志带队赶赴现场，在丹寨县文物保护管理所黄晓海等同志的配合支持下，从 8 月 2 号至 8 月 9 号，对整个葬礼进行了实地连续的追踪调查。调查所获取的第一手资料，一方面，使我们对水族如何安葬死者的过程和礼节有一个直观的了解和认识；另一方面，对研究水族丧葬文化、揭秘民族风俗习惯、解析水族墓群产生的背景等，均有着很直接的说服力和参考性。高寨水语称为“高厚”，是一个自然村落，寨子规模与其他水族寨子相比并不算大，只有 30 多户人家，但分布相对较为集中，主要聚集在当地一座大山的山头上（不知高寨是不是因此得名）。相比四周，高寨的海拔要高出许多，山顶上不但土地十分稀少，而且连生活用水和农业生产用水都有些困难。周围的植被也不是很好。寨子里主要以潘、韦两姓为主。除了村里的小学教室是现代砖房外，其余人家住的房子均为传统的干栏式木结构建筑。村民以农业生产为主要的生产方式，伴有少量的家畜养殖。近几年来，也有少量的妇女从事商品性蜡染工艺产品的生产，但产量不多，外销也很少。寨子里外出务工人员也比较少，与前几年相比而言，有逐步增长的趋势。交通条件也很差，一条窄窄的石子路看起来也是新修不久。与其他地方诸如三都、荔波等县依山傍水而居的水族寨子相比，高寨看起来似乎不是很典型。总的感觉，高寨村的经济发展水平还较为低下。正是因为如此，水族的一些传统文化在这里得到了较好的传承和保持，举行的水族式葬礼（开控）在一定程度上也具有代表性意义。

当我们的车子到达高寨村子里，年过八旬的潘XX老人的遗体已经经过净生、穿衣、扶柩等程序后被安放进了一具较大的木棺里，棺材外面还刚髹上了生漆。从他家的房子状况来看，比起村子里其他大多数家庭来，死者的家庭显然并不怎么富裕，甚至还有一点贫穷。停放棺材的房间有点狭小，使得棺材旁边那些族人送来的祭品都没有了放处，只得一一累叠起来。祭品数量有很多，但种类却并不复杂，主要是酒、糯米饭，还有鱼和豆腐。这些祭品大都放在一个篮子里，各家送的数量也不等，就拿酒来说，有的是一大桶，但更多的是用一个矿泉水瓶装着送来的，也就一斤左右。糯米饭一般都是盛了满满的一大碗，再在每碗饭上放上几条小鱼，鱼有生有熟，豆腐却并不是每家人送来的祭品里面都有的。很显然，酒、糯米饭和鱼则是必不可少的。棺材旁边还放着一张小方桌，上面不仅摆有鱼、糯米饭和苹果之类的供品，还点上了油灯和香烛，不时有死者的家属进来更换燃完的香烛和纸钱（图版一三二）。

和其他一些民族一样，水族族人去世后也有土葬和火葬两种埋葬方式。土葬为正常死亡，火葬为死月子（难产）、跌倒、溺水等非正常死亡。火葬较为简单，而土葬则隆兴厚葬，大多数水族在丧葬过程中都有杀牛、杀马祭祀亡灵的习俗。如是正常死亡，首先是要按死者的生辰八字等相关信息请水书先生按照相对应的水书内容来测算其下葬的日子。听一位水书先生介绍，主要就是根据一些诸如五行、阴阳和十二生肖等相生相克的道理来推算的。这个过程相对较为简短，一般只要一个懂水书的先生就能胜任。日子测算出来后，他们就要为下一个重要的仪式——“开控”做准备了。

距开控仪式还有一个多小时，丹寨县文物保护管理所的黄晓海所长带我们去了寨老潘公的儿子家。潘公是一位退休的小学老师，之前一直在高寨小学上课，是高寨村子里一个不折不扣的读书人，还写得一手好字。同时，潘公还是一位水书先生。他有两个儿子都在丹寨县城工作，所以退休后他大多数时间都住在县城里。但凡遇到高寨村子里有什么婚丧嫁娶之类的红白喜事，他是一定要被族人请回去参加的，而且他也乐意参加这样的活动。由于他懂得水书，而且还是一些重要仪式的主持人，这一回潘XX的葬礼，当然是少不了他的。后来通过了解才知道，潘公是高寨村子里懂得水书的人中年龄最大的一个，声望也很高，前几年还被列为丹寨县水族水书的文化传承人，在寨子里很受人尊敬。

我们一行五人（连同丹寨县文物保护管理所的两个同志）在潘公的大儿子家吃了午饭，菜很简单，就是酸汤煮广菜沾辣椒水。席间，潘公向我们解释道，他们水族有个风俗，就是遇到村子里有族人去世，在吊丧期间，整个寨子里的族人都要“忌荤吃素”以示对死者及其家属的尊重，包括死者嫁出去的女儿，直到下葬前一天为止。但是，他们的忌荤吃素有些特殊，只忌禽畜类的油肉，不忌水产类的鱼虾。相反，他们还以鱼为至珍的供祭品，甚至万一没有鱼类，虾、螺、蚌、鳖均可。通过了解知道，鱼是水族的图腾。虽然作为图腾这个概念还有争议，但鱼在水族人的现实生活和精神世界里起着重要的作用则是无疑的。鱼不但是水族人生活中的重要食物，在很多诸如婚丧嫁娶和起造的仪式中也离不开鱼。水族对鱼的崇尚，据称其缘由大致有三个方面：一是认为鱼是水族祖先的救命者，二是远祖生存的时空地望对鱼类等水产的依赖，三是对鱼的旺盛繁殖力及机灵特性的崇尚。从这三个方面来看，水族对鱼的崇尚更多体现为一种原始崇拜。这种崇拜其实质就是一种族人追问自己从哪里来又将要到哪里去的一种关于生命起源与回归的思考。这种思考一般在事关一个人的出生与死亡的礼仪中会体现得淋漓尽致。带着这种思考去继续观察这位水族老人的葬礼，无疑会给我们带来更多的认识。席间潘公还告诉我们，最近几十年来，高寨村子里举行这样隆重的葬礼（大控）已经很少了，一般来说，水族是轻生重死的，但是，举行这样隆重的葬礼开销很大，在以前，都是有钱有势的大户人家才有能力举办这样隆重的葬礼（大控）；另一方面，近些年来，不管是政府还是族人，都在提倡改革这种厚葬的风气。这一次的葬礼算是个例外，一则是死者年过八旬，算是高寿了。另外，死者的子女较多，虽然家境都不算是很好，但为了表达孝道，才决定举行这样隆重的葬礼。虽然说是“大控”，但相比以前而言，只能算是个“中控”级别般的规模了。

一般来讲，“开控”都是在堂屋（停放棺材的地方）里举行。由于丧者家的房屋较小，在一间屋子里，停放了棺材外加摆放大量族人送来的祭品，剩余的空间已经不多了。所以除了给四个水书先生念水书时站的地方外，其他的诸如铜鼓、木鼓、芦笙和芒筒，就只能被安排在隔壁的房间里。其中，铜鼓有两面，一公一母，分别由两个小伙子负责击打；木鼓只有一面，外加几个芦笙手和芒筒手，一起约八九个人。在房屋外，还有很多人也在忙乎着，有的负责燃放鞭炮，有的准备升旗幡。潘公和他的大儿子，还有另外两个年轻的水书先生都换上了蓝布长衫。其中一个水书先生应该是这次仪式的主持人，年龄在四十岁左右。头上裹着一块长长的白布一直垂到半腰间，头顶还戴着一顶竹子编的斗篷，手持一把铁匣宝剑和一支竹柄长矛。脚踏木“登”（一个用木板和草绳做成的像人字拖鞋一样的东西）。四个水书先生并排站着，在他们面前还放有一块长方形木板，上面倒扣着九个小碗，每个碗边都放有一条炸熟的小鱼外加九块小竹片，当然酒是必不可少的了。在棺材的另一边坐着几个妇女，应该是死者的女儿和儿媳之类的直系亲属，她们是来哭丧的。四个先生开始念起水书来，他们互相附和着，声调一致。大多数情况下，他们都是靠着记忆念的，偶尔一个人或许会有忘记祭词的时候，就跟着别的先生附和一下，有时他们也还会翻翻一本小册子。小册子好像是不久前才写下来的，后来听潘公说上面写的是死者在去世后为他测下葬的日子以及举行各种仪式的时间和内容，还有家属的名字等。他们念的祭词好像区别不是很大，都是分段的，每念完一段，潘公就会吹一下手里的小竹管并发出声响，随后就听到了隔壁屋子里的铜鼓、木鼓、芦笙还有芒筒一起合奏出的美妙乐章。特别是铜鼓和芒筒发出的声音，浑厚而宽广。每当他们念完一段，都会揭开一个倒扣着的碗，将它翻转过来朝正面放着，并向里面掺了酒，鱼的位置也会挪动一下，外面的合奏乐曲也会有不同的时间长度。祭词一共有九段，每次差不多都要念上十分钟的时间。直到第九段念完，倒扣着的碗全都翻了过来掺满了酒，鱼的位置也全部挪动了一遍。随着潘公吹出的哨音，隔壁鼓锣齐鸣，芦笙手边吹边跳，屋外点起了鞭炮和土炮，挂在枝上的旗幡也竖在了屋檐上。屋内还传出了至亲们悲恸的哭丧声。碗里的酒和鱼也悉数分给在场观看的人们享用（据说喝这个酒是相当吉利的）。整个开控仪式便在这最后的高潮中走向了结束（图版一三三）。

下葬的吉利日子选在了一个星期之后，所以直到下葬的前一天，除了期间族人和水书先生一起剪制花纸伞和纸旗（花纸伞120面为一套）、制跑马灯、立牌坊（即在灵堂边扎制各种花样制成“祭奠堂、纸府、瑶宫”彩门围住灵堂）之外，基本没有什么仪式了。

下葬的前一天，是最隆重的时候了。不只是族人，周围的村子和所有的远亲都会前来奔丧，当然免不了是要送礼的，但一般不会送现金，主要是酒、粮食和豆腐之类。如果是嫁出去的女儿或舅家，还要送一头活猪来（在宰杀女儿送来的猪之后，还要由水书先生念一段祭词）。当然，芦笙和芒筒组成的乐队那是必不可少的。从这一天开始，“吃素忌荤”也正式结束，今天他们终于可以放开吃肉和喝酒。吃了这么多天素的族人，早已是饥肠辘辘。一大早起来，他们就开始为这一天丰盛的晚餐而忙乎了。如果说在“吃素忌荤”的日子里他们的一日三餐是除了酸汤广菜还是酸汤广菜的话，那么今天，他们吃的就是除了肉还是肉了。为此，主人家杀了差不多十来头猪，还有别人送来的，也要一起杀掉，光这一项，就要花费数千甚至上万元。这对于大多数水族家庭来说，是笔相当大的开支，无疑是难以承担的。由于来奔丧的人数众多，而且对大多数来奔丧的人来说，他们这一天的活动主要是以吃肉、喝酒和跳芦笙舞为主，而且还是没完没了地吃和喝。为防止有人喝醉后会闹出什么事来，所以一大早，趁客人们都还没有到来之际，水书先生们就要进行一个重要的仪式——“封口嘴”。

高寨村小学位于整个村子的中心部位，学校的操场平时还是寨子里的村民们举行公共活动的主要场所。一些事关村子里的重要通知、告示以及村规民约等都立在操场边上。学校旁边有一条公路，虽然很窄，但却是要道，也是外来奔丧客人进入丧者家的必经之路。于是一个水书先生把封口嘴的地点选在了这里，而且是在路的正中间。“封口嘴”在水语里又叫“加散蓬”（水语译音，意为封住那些在吊丧中爱乱吵乱闹人的嘴）。仪式开始时用一个斗篷，里面放有两碗糯米饭、几条炸熟的小鱼，外加一壶酒和纸钱若干，在斗篷里面还放有几块钱作为水书先生的酬劳，在水书先生的身后还有一只鸭子。水书先生开始念起水书来，手指还不停地比划着一些动作。这次念的时间不算太长，大概念了二十分钟，便将香纸点然，献上一点糯米饭、鱼，并向烧着的香纸上倒了点酒。随后杀死鸭子，并用鸭血做了献祭。等到纸钱烧完后，便将斗篷倒扣，并在斗篷上踩了几脚。剩余的糯米饭和鱼都分给了小孩子们，而将踩破的斗篷和烧过的钱纸灰一同留在原地，以便让路过的人都知道“封口嘴”是在这里举行的。后来听潘公介绍，凡是举行葬礼的前一天，都会举行这样的仪式。之所以选在这里举行，就是要让每一个来奔丧的客人都知道，并警告这些来奔丧的客人，不要在葬礼上喝醉了酒而寻机闹事。通过举行这样的仪式就是要封住客人们的嘴，如果有人在葬礼上闹事了，他必将会遭到神的惩罚（图版一三四，2）。

“封口嘴”仪式主要是针对活人来的。而在水族的葬礼中，不但要针对活人，而且有时还有针对死鬼的仪式。比如另外还有一个仪式，也和“封口嘴”差不多，叫“熬蜡”，“熬蜡”是水语的音译，意思就是把爱捣乱的鬼装进坛子里，使吊丧期间清净无事。举行仪式之前，先在桌子上摆放用竹子新编成的酸坛套，装放糯米饭、鱼和酒，在桌子下放一个空坛，用白纸封住坛口。桌上摆放的糯米饭、酒、鱼的份数为单数，一般至少是5份，其中主家一份，姑妈家每家一份。在下葬前一天的清晨，水书先生先念“安桌”词。到下午傍晚时分水书先生又念“倒桌”词，念毕，围观的众人争抢桌上的糯米饭、鱼、酒、旗幡、旗杆等（认为把抢到的旗幡送给姑娘绣花，姑娘就会心灵手巧）（图版一三四，1）。

一般到中午的时候，奔丧的客人便会陆续开始到来，水族称之为“拢客”，就是在安葬前一天前来参加吊丧仪式活动。但凡来到的亲友们都会送米、酒、豆腐、冥钱币、芦笙芒筒队、八仙队、跑马灯及鞭炮、铁炮等前来吊丧。有的还会送一盆鱼作为对死者的献祭。请了芦笙芒筒队的，一进寨子，芦笙芒筒队便吹奏起悠扬浑厚的曲子，跳着芦笙舞，一直到停放棺材的房间里绕着棺材跳上几圈。屋外则燃放起了鞭炮和铁炮。

就在“拢客”这一天的下午还有一个重要的活动，那就是孝子们抱着夹有死者照片的相框，由一个水书先生拿着铁制宝剑走在前面开路，跟在后面的族人则拿着之前做好的花纸伞、纸旗、跑马灯等，一路浩浩荡荡到村子周围的田间游行。一路上还要吹奏芦笙和芒筒、燃放烟花、鸣铁炮，以显示其葬礼的隆重。前来奔丧的客人则在周围观望，整个活动热闹非凡。田间的游行结束后，所有的人来到操场，围成一个大圆圈，伴随着悠扬浑厚的乐曲声一起跳起了欢快的芦笙舞，他们边唱边跳边吆喝着，跳芦笙舞的人越来越多，不论是男女老少，都不知不觉地加入到了队伍中，好多妇女为此还盛装前来，顷刻之间，这里变成了一片芦笙歌舞的海洋。此时，尽情地吃喝也开始了，这样的吃喝活动，一直要持续到深夜甚至是通宵达旦。仿佛这并不是什么生离死别、令人寸断肝肠的葬礼，而是一场酒肉饭饱之后死而复生似的彻底狂欢。生命的生死轮回成了他们对人生的另一种理解（图版一三五）。

经过大半夜的吃、喝、跳、唱，到了凌晨两三点的时候，客人们有的喝得酩酊大醉，胡乱找个地方打起了鼾声；一部分人则是选择去寨子中的人家里找了睡处。天亮后，他们还要起来参加死者的下葬仪式。不过这个时候，却是水书先生们起床准备下一个重要仪式的时候了。前面我们已经叙述过，在死者去世的当天，一个最重要的仪式就是“开控”，即“开铜鼓”。那么到了今天（下葬当天的清晨），则是到了“闭铜鼓”的时候了。闭铜鼓举行的地点和所需的道具与开控时完全一样。也是四个水书先生（其中以一个为主）站成一排念祭词，但程序却是和开控时恰恰相反。闭铜鼓时也要在灵柩前摆糯米饭，男丧九串，女丧七串。每串三个糯米饭团，还有鱼和豆腐等。水书先生们念完一段闭鼓词后，隔壁屋子里仍然用铜鼓、木鼓、芦笙、芒筒伴奏，但这次节奏与开铜鼓节奏相反。第一次吹奏九声，第二次吹奏八声，……第九次吹奏一声，即完毕，铜鼓轻轻放下，不能敲响，所花的时间也和开控时差不多。闭鼓仪式结束后，天早已大亮，接着就是出殡的时候了。

族人们把棺材扶到了学校的操场上。用两根长木料夹在棺材的左右两边，再用绳子捆成一个井字形的丧架，前面系上一根又粗又长的纤绳。年轻力大的小伙子负责抬棺架，年老的和妇女们则是在前面拉着长长的纤绳，孩子们扛着花纸伞、纸旗和花圈等跟在后面，芦笙芒筒队也做好了准备。一位水书先生手持宝剑和火把，在棺材前念了一段祭词，然后拔出宝剑在前面开路，另一个人接下火把跟着水书先生撒下了“买路钱”，其他的人大喝一声，棺材被抬起，芦笙芒筒队齐齐奏响，鞭炮和铁炮声连绵不断（图版一三六）。

过去水族都是挑选一个风水好的地方作为族人家族墓地进行集中安葬，但是由于现在土地已经分包到户，墓地的选择就较为自由多变。在下葬前一天，族人已根据死者亲属的意见在选中的墓地上挖好了墓穴，并在挖好的墓穴里撒上朱砂粉。灵柩入穴时，孝子先动手盖土，其他人才跟着掩土，垒成头圆尾长的鱼形坟丘，意为让亡者变为鱼龙深入大海当龙王。等到安葬后男性满29天、女性满27天时，孝家还要举行“送水”仪式（水语称为“亥茫借”），即由孝家准备好一罐井水以及鱼、饭、酒、肉，再请祭师把上述供品一一点祭送给亡灵，至此丧葬仪式才算全部结束（图版一三七）。

从这位水族老人的葬礼我们可以看到，在整个仪式活动进行的过程中，水书先生是导演各个环节的主角，铜鼓、木鼓、芦笙、芒筒是烘托气氛进行伴奏的乐队，所有参加丧葬活动的族人都是里面的演员，而作为食物和祭品的糯米饭和鱼始终是不可或缺的。关于这种“饭稻羹鱼”的文化现象，韩荣培先生在《“饭稻羹鱼”——水族传统文化的主题》一文中，分别从水族祖先生活的生态环境及其与之相适应的生计模式上作了考察，并最后总结到“正是千百年来‘鱼稻共生’的文化传统，促成了水族‘饭稻羹鱼’的独特的农业文化文明，从而使其宗教、巫术与现实社会生活中，处处体现着‘鱼稻共生’，有稻必有鱼的农业文化特点”①。除了葬礼，在水族的许多其他仪式中也是离不开鱼的。比如在水族人的婚姻中也有崇鱼的习俗。在荔波、九阡等地往往用竹篮盛礼品带去女方家提亲。男方母亲通常悄悄把几条包好的小干鱼塞在篮子底部。女方母亲接到礼品之后，首先要摸一摸是否有小干鱼。接亲时，女方家要看到男方迎亲队伍送来的信物——罩鱼笼和象征大鱼的一串金刚藤叶才允许发亲。另外，善于挑花刺绣的水家妇女，习惯在儿童的帽子、围兜上面刺绣鱼虾图案。同时，妇女们在自己的围腰胸牌、鞋、背带上刺绣美丽的鱼虾图案，期冀生育健壮的孩子。此外，在很多水族石雕墓门的上部雕刻双鱼托葫芦石雕造型。这些无不体现水族对鱼的崇尚这一文化现象。

就高寨村来说，从其自然环境看，由于山高田少，水源也较欠缺，比起其他很多水族村子来，并不是太适合稻作渔业这种生计模式，但由于长时间的民族传统文化和习俗，他们仍然在极其有限的环境下扼守着自己的民族文化传统。但这种文化传统在全球化和城市化的浪潮中还能坚守多久呢？我们不得而知。在寨子小学操场边上竖有两块1999年9月12日新立的“移风易俗碑”，上面的主要内容是“废除忌荤食素陋习，今后凡有人死亡去世停丧期间，不再忌猪、

① 韩荣培：《“饭稻羹鱼”——水族传统文化的主题》，《贵州民族研究》2004年第2期。

牛、羊等动物油肉，保留亲子孝忌，提倡节俭办丧事；废除忌锅灶陋习，今后凡娶媳嫁女不再忌摸锅灶”。我们看到上面有很多人的签名。只是不知这种“移风易俗”情景的背后，是出于政府或是某种外来力量的干预和推动，还是他们内部一种力求革新的思想转变，这已不是本文所要考证的问题。我们在这次丧葬活动过程中看到的，仍然是沿袭着水族传统的古老的丧葬行为。

第三节　本寨“二次葬”调查

在野外调查工作期间，我们了解到独山县本寨乡林桥村9组吴仕明的亲属将要为其举行“二次葬”，在得知其确切的时间和地址后，为不错过天亮之前就要开始的仪式，我们便在独山县文物保护管理所吴文明所长和本寨乡吴良智乡长的陪同下，于2010年9月11日（即准备进行“二次葬”的头一天）赶到目的地住下。

本寨系独山县三个水族自治乡之一，现有水族人口8423人，占全乡总人口的32%（乡政府提供的统计数据）。林桥村坐落在乡政府所在地正北方向直线距离约14千米处。因为是沿山势而开辟的极为简陋的崎岖山路，蜿蜒前行的路途实际上超过了20千米，有的地段非常陡峭狭窄，越野车前进得异常艰难，下午从县城出发，到达村里时已经快到傍晚。

死者吴仕明原是村里的老支书，于农历庚寅年七月十二号（2010年8月21日）因病去世，时年57岁。当时请水书先生看的适宜下葬的日子是农历八月初五（2010年9月12日），所以死后便草草将其浅葬在村外路旁，准备着在挑好的良辰吉日进行第二次安葬（深葬）。

到达吴家后，死者亲属和族人对我们都很热情客气。在鞭炮声中，吴乡长代表乡政府和乡党委敬献了花圈和祭奠礼品（床上用品），算是对这位曾经的支部书记的追悼。接下来，死者的亲属先把我们领到在家里摆设的灵堂进行吊唁。这是一座老式的水族木结构房屋，门楣上张贴着白纸书写的“致哀堂”三个字，门框两侧分别是白纸黑字的一对哀联，上联为“我夫有遗言望子女守法为先与时俱进移风易俗改革追丧余归紫府方瞑目”，下联为“吾归亦嘱语希孽儿依时顺势务行正道勤劳致富耕谈传家魄游仙宫亦尤欢”。进门正对着上楼的木梯，扶梯而上，楼上原来是作为堂屋使用的，墙壁正中还供着“天地国亲师位”。在此神龛的右侧摆放了一张小方桌作为供桌设置祭台，上面放着用彩色纸扎的“神仙府”房屋模型，前面是亡灵的牌位，牌位前放着装米的方形木升用以插香，里面是许多燃尽的香头和正烧着的三炷高香，旁边盛有一碗糯米饭。由于供桌太小，在前面又放置了一张较矮的长方形木凳相接，上面摆放着祭奠用的三个搪瓷茶缸（作酒杯用）、三双筷子、两个玻璃茶杯、一碗糯米饭、一包香烟。地上放一搪瓷脸盆用以焚烧纸钱。一些装酒的塑料瓶、壶和来人赠送的礼品分别放在桌子的两旁。几根扎好的哭丧棒靠在左边，还有五六顶冠状孝帽堆在“神仙府”的上面。供桌后面则是“晨昏化纸报亲恩，朝夕焚香酬父德”的哀联，横批为“祭奠如在”。中间是落款为“孝婿谭忠平”的白布所书祭文。在灵堂的墙壁上，张贴着一张安排人事各司其职的告示清单，内容为“呜呼哀哉，吴公吴仕明老大人新逝，故测日于本年八月初五，安排如下：……”，后面就是具体的人员分工，共有外总管2人、内总管4人、煮菜16人、扶孝1人、包孝帕1人、芦笙1人、鼓手1人、接客1人、招饮2人、煮汤2人、放铁炮2人、司盐2人、摆桌20人（家）、司酒2人、工地10人，计67人（家）。最后为“今列此单，望各位亲族自觉执行为感”。

上楼以后，我们一行四人也被每人发给一张白布孝帕裹在头上，似乎孝家以自家有省、县、乡来的贵客引以为豪。祭奠已罢，我们在楼上看了看，除了堂屋布置成灵堂，在旁边的一间屋子里同时还放了一张木椅，上面同样用木升作香炉插着三炷香，摆三双筷子，放三个玻璃茶杯作酒具，供一块豆腐作祭品，另有几张纸钱。屋里小凳上坐着两个上了年纪的乐手，随身带着两只唢呐和两只民间用的长号，根据祭祀的需要变换着吹奏这两种乐器，唢呐的高音和长号的低音交替出现，在乐手不多的情况下也显得有些音色上的丰富变化，避开了总是使用一种乐器的单调。一般情况下，他们都是吹着唢呐，曲调较为低沉缓慢，到了关键的节点，如祭奠、下葬的时候，深沉雄浑的长号才会呜咽般鸣响，把人带入一种苍凉悠远的原始境界。

祭奠已毕，我们走出村外，沿着村西一条勉强可供车行的土路前行二百余米，来到死者浅葬的地方。这里紧挨着路边，在一座小山脚下，山上是乱石凸出的荒坡，山下是一小片红薯地和一小块稻田。路旁原有一座圆形石砌坟墓，距该墓不到十米的地方，堆着一丘黄土，上面遮盖着一层枯黄的玉米秆，下面就是暂时浅葬于此的吴仕明的棺木。

因为天色已晚，主人家把我们安排在村口新修的屋子里休息就餐，晚餐是酒肉火锅，与平时丧葬过程中忌食油荤不同，此时并无禁忌，大家围坐炉边，大块吃肉、大碗喝酒，酒足饭饱后就开始等待第二天将要举行的活动。

9月12日凌晨5点多钟，天还未亮，大家就开始忙碌起来了。按照事先的分工，死者亲属和前来帮忙的族人分成两拨，一拨负责在新选择好的墓地打井，一拨负责将浅葬的棺木取出。

新选的墓地就在村外稻田里，与临时安葬的地方仅一路之隔，相距不到50米。由于还未到收割季节，所以就提前把这一丘田的稻子割了，清理出场地。用来堆砌坟茔的一批毛石料也早已准备好放在这里。

仪式在6点钟准时开始。由水书先生主持进行，因为是在野外，在新墓地上只好因陋就简，以一捆稻草当桌，上置三个碗、三双筷子、三个酒杯、一叠纸钱，碗里面分别装着豆腐、糯米饭、盐和辣椒面，糯米饭放在中间，内插三炷香。水书先生祭毕，拿出一个内装有大米的三角形白布袋放在地上作依托，然后将风水用罗盘放在上面确定方位和向山，用细绳拉出墓圹的中轴线，负责打井的几个人就着手开挖墓穴。

6点17分左右，在浅葬的地方，负责这边的人已把遮盖在上面的玉米秆全部移开拿走，水书先生来到浅葬之处，嘴里念完祭词，焚香烧纸之后，先手握锄头象征性地挖了一下，众人便手持工具开始刨土，将髹有黑漆的棺木暴露出来。因为是浅葬，埋得并不深，基本上就是搁在地表上，仅仅将地里的耕土层刨开。棺木上的封土也不多，只是刚好把整个棺材掩住，所以看起来就是一个长条形土冢。木棺是现在通行的平底弧顶半圆墙式样，上面分别捆有两道竹篾。棺木的下面垫有两根木棍，将棺底与地面分隔开来，以此表示该棺还没有正式入土（图版一三八；图版一三九，1）。这种情况最早是用凳子等将棺木支撑起来放在房屋附近等处不落地，后来才是临时放在村外或简单的浅葬。

6点25分，浅葬的棺木被完全暴露出来，众人上前团团围住，用手捧住棺底边缘部分，在没有任何工具辅佐的情况下，一起用力将它抬起来，离开这个临时性的存放之地，放在了路上预先准备好的两条长凳上，等待下一个仪式的到来（图版一三九，2）。

吴家一个身穿孝服的孝子抓了一把稻草将棺木上的泥土打扫干净，点燃香纸，在棺前摆好一张供桌，桌上同样是三双筷子，三个酒杯，分别装着豆腐、糯米饭、盐和辣椒面的三个碗，一把香，一摞纸钱，糯米饭同样是插着三炷香放在中间。

昨晚在屋里吹奏的两个号手也来到现场，坐在路边的岩石上，断断续续地吹着唢呐。新的墓地上，准备工作同时在紧张地进行。7点左右，一个长方形的竖穴土坑已经挖好，水书先生燃香焚纸，然后下到坑里用掺了朱砂的大米开始画符和写字。先是在坑底中间画出一幅阴阳太极图，太极的外围再画上八卦，以此为界，又分别在坑底两边各画出一个田字格，最后在格子里写上“富贵双全”、“子孙发达”两条吉祥语（图版一四〇，1）。书写完毕，又以一只公鸡作祭，念完祭词，时间已到7点30分。

一切准备停当，7点40分开始抬棺。这次因为要正式绕场一周（从停棺处在田间绕行一圈再到墓地），所以拿来了专用的抬棺工具：一根粗大的抬梁先用绳索顺向捆在棺上，两端各有一孔，用木楔穿进去与横杠相连接，横杠两端以同样的方式接上抬杠，形成八抬的制式。行进过程中，除了抬棺的八人外，还有一些人在前后左右帮扶着。

出殡的队伍由手捧灵位和香盒的孝子开道，手里同时拿着哭丧棒，其余三个孝子紧跟其后，左手持香，右手握哭丧棒，四人皆身穿白布长衫孝服，头裹孝帕，顶戴竹篾编成、上缠白纸做成的孝冠，凡是遇到沟沟坎坎等难行的路段，孝子都要下跪迎接。在孝子后面跟随的依次是举着白布祭文的一人、抬着纸扎“神仙府”房屋模型的一人以及抬着花圈的一人（乡政府和党委所送）。接着就是牵引的孝女队伍，共有四人，皆身着孝服，头包孝帕，左手拉着一端系在棺上以长长的白布做成的牵引绳，右手执燃香，香的数量多寡不等，有的是一把，有的只有两炷。孝女身后就是抬棺的队伍，其余的人跟随在棺后，两名吹号手一路吹着唢呐在最后。

在行进的过程中，一名头戴孝帕的壮年男子牵来一匹四蹄乌黑的枣红色骏马，据了解是孝家花了两千多元买来祭祀的。在马背上交叉驮着两束稻谷，马鞍上挂着一柄雨伞，该男子牵马绕场一周后也跟在出殡队伍的后面，一起来到挖好的墓穴旁（图版一四一，1）。

棺木抬到墓地后也是用长条凳支起，不让其与地面接触，以示在正式入土之前仍在待葬中，不能随便落地。原先摆放路边的小供桌此时也移来放在棺前，供品依旧。烧一遍香纸，又吹奏一遍唢呐，牵马的男子牵着马又绕棺一圈，然后取下马背上的东西，卸掉马鞍，将马牵回寨子敲来做祭品。

敲马的过程极为残忍，称为“敲”而不是“宰”或“杀”，是因为在传统风俗里杀牛砍马进行祭祀时确实是使用“敲”的方法。由牵马的男子一手拉着马缰绳，一手握铁锤朝着马的额头部位猛烈敲击，据说手法好的可以一锤致命，将马击晕击倒，然后再使用刀具来放血，这样就可以减少马的痛苦和挣扎。只是我们看到的这一次，没有传说中的那么干净利落。也许是没有找准马的致命部位或是敲马的人有点胆怯手软，一连敲了好几下都没有把马击倒，殷红的血顺着马的额头淌下来，这匹马仍然不肯屈服倒下，又换了一个人来敲亦是如此。看到这种局面，围观的其他人只好一拥而上，拿来棍棒使劲将马拽倒并死死地压在地上，让其无法动弹，随后用刀刺向马的咽喉，将血放出，汩汩的马血流淌一地，形成一幅血腥的屠宰场面，让人不忍目睹（图版一四一，2）。

9点左右，墓地上开始进行下葬。先是烧了一些纸钱在墓穴内，长号奏鸣（图版一四二，1），鞭炮、铁炮齐响，众人抬起棺木移到墓穴边缓缓向内放下，落土之后，水书先生又念起祭词，几个孝子顺向跪在棺木和地上，旁边的人从两侧扯起孝子身后的孝服后摆，接住水书先生扔过来的土粒，称为“谢土”（图版一四〇，2）。礼毕，大家一起动手向墓内掩土，当墓坑填平开始垒坟包的时候，原先准备在路边的石料被一块块抬过来，垒砌在封土的外围，保护土壤不坍塌下来，最后形成一个圆头长尾的坟丘。10点左右，封土垒完，至此，一个从浅葬到深葬的过程基本结束。

做完这一切，外面的客人陆陆续续成群结队带着不同的祭礼向寨内走来，有挑、有提、有抬、还有车载的，能看得见的有爆竹、粮食、稻谷、活鸡、生猪、床上用品等。有些礼品是装在箱子、口袋里；也有抬着祭席来的，上面放着盛在盘子里的水果点心等祭品（图版一四二，2）。最为醒目的是一杆杆五彩的纸扎旗幡、吊笼、伞盖，还有一只硕大的纸鸟，全身用白纸扎成，圆圆的身子，长长的脖子，小小的翅膀，尖而长的吻部，火红的眼睛和上、下冠点缀其中分外耀眼（图版一四三，2）。这些是直接送到墓地祭祀的，所以都插在了墓旁的稻田里。除了前来祭奠的宾朋，还有专门请来的芦笙、花灯队等，跳芦笙、唱花灯等活动也是葬礼中一项亦悼亦欢的内容。我们看到一支从三都水族自治县周覃镇请来的如意花灯队，就是吹着芦笙、敲锣打鼓进村来的（图版一四三，1）。每当有客人到来，在村口就会响起铁炮，以示迎接，带着鞭炮的客人也会在村外就开始燃放起来，此起彼伏的炸响声回荡在山野，一团团烟雾随之在村头升腾，剩下要做的，就是吃饭喝酒，大宴宾朋了。

这一餐吃的全部是杀来祭奠的马肉。马是水族最喜爱饲养的家畜之一，在水族人民的生活中有很高的地位，水族男子去世能够杀马来祭祀，通常被视为是给予死者的最高礼遇和荣耀。每逢水族最为重要的盛大节庆——过端的时候，别开生面的登高赛马，则是把节日气氛推向高潮必不可少的活动内容。然而回想起敲马的场面，马头、马尾被割下，剖开马腹，切下马肉，一匹活生生的骏马转眼变成了锅中肉，虽然族人们吃得有滋有味，而我们还沉浸在回忆之中，一点也吃不下，只好放下碗筷，辞别主人，启程回返。

观察了这么一个肇始于原始风俗习惯的葬礼，看到了从浅葬到深葬各个具体环节的行为，使我们了解了水族在处理死者遗体时较为传统、特殊的心理动态指导下的思维模式和行为方式。在这里，体现出一种水族“轻生重死”的观念以及盛行隆葬的风气，体现出一种民族传统文化在重大事项和关键时刻所起到的核心纽带作用，体现出一种以水书和水书先生为表征的民族宗教灵魂。有所不同的是，本寨的“二次葬”与高寨的葬俗，一个是以浅葬的形式停丧待葬，等待所测时日的到来；一个是直接举办隆重的葬礼（开控），一次性完成整个丧葬过程。

“开控”使用了铜鼓、木鼓、芦笙、芒筒等礼乐器；二次葬则较简单，只有两个既吹唢呐又兼吹长号的乐手。还有一项最大的区别是在“二次葬”的葬仪活动期间，并未像通常那样实行“吃素不吃荤”，无除鱼肉之外其他任何肉食油荤都不得进食的饮食禁忌，而是百无禁忌什么都可以吃。这也是水族风俗习惯的一种特例。

第六章　水族墓葬的年代、艺术及民族文化特征

第一节　墓葬类型与年代

一、墓葬类型

在本报告中，共调查并记录了荔波水甫、三都引朗、三都马联—拉佑、三都石板寨上水达东区和西区、三都水梅、三都水备、三都甲路、榕江水尾、独山天星大寨、荔波洞托、荔波尧古等11个水族墓群以及三都都江镇甲找村M1、合江镇丙奇寨韦氏墓、恒丰乡丰明组M1、九阡镇水懂大寨M1、塘州乡牛洞寨M1、塘州乡下丁寨王啟墓、塘州乡石腊组M1、廷牌乡务旦组M1、扬拱乡板劳村潘阿岡墓、周覃镇下水蒙M1和M2、周覃镇某刁坡的查M1和M2、坝街乡阿刘公墓等12个地点14座水族典型墓葬的田野资料。其中包括了水甫墓地M3、M7、M25、M26、M35、M36、M37、M38、M40等9座墓葬的发掘材料，以及已经消失了的水甫M1、水庆上寨M1、荣耀村下寨M1和M4等三个地点4座墓葬的原始调查材料。总计共记录了208座不同类型的水族墓葬。按其地面形制结构划分，共有长方体单层“箱式”石结构墓19座（9.13%），长方体双层“箱式”石结构墓35座（16.83%），长方体三层“箱式”石结构墓5座（2.4%），层数不明的长方体“箱式”石结构墓7座（3.36%），长方形石室墓20座（9.62%），长方形石围墓16座（7.69%），圆形墓30座（14.42%），不规则石块堆砌的长方形乱石墓71座（34.13%），形制不能确定的4座（1.92%），双人墓1座。详见表七。

表七　水族墓葬形制统计表

序号	墓葬形制	墓号	备注
1	长方体单层“箱式”石结构墓	水甫M2	有石俑10个
2	长方体单层“箱式”石结构墓	水甫M4	道光三十年，潘阿猛，有碑、石雕
3	长方体单层“箱式”石结构墓	水甫M6	双鱼石雕
4	长方体单层“箱式”石结构墓	水甫M24	残墓
5	长方体单层“箱式”石结构墓	水甫M25	已发掘
6	长方体单层“箱式”石结构墓	水甫M29	有石俑
7	长方体单层“箱式”石结构墓	上水达M2	被遮盖
8	长方体单层“箱式”石结构墓	上水达M4	可见上部
9	长方体单层“箱式”石结构墓	上水达M6	

续表

序号	墓葬形制	墓号	备注
10	长方体单层“箱式”石结构墓	上水达 M9	有支柱
11	长方体单层“箱式”石结构墓	上水达 M10	有支柱、石俑
12	长方体单层“箱式”石结构墓	上水达 M12	被树覆盖
13	长方体单层“箱式”石结构墓	上水达 M22	有支柱、石俑
14	长方体单层“箱式”石结构墓	上水达 M23	有支柱
15	长方体单层“箱式”石结构墓	上水达 M24	光绪三十四年，潘玉生
16	长方体单层“箱式”石结构墓	上水达 M25	有石俑
17	长方体单层“箱式”石结构墓	水梅 M3	
18	长方体单层“箱式”石结构墓	水尾 M1	道光癸卯年，潘阿更墓，有碑
19	长方体单层“箱式”石结构墓	水尾 M2	有石俑，残
20	长方体双层“箱式”石结构墓	水甫 M1	已消失
21	长方体双层“箱式”石结构墓	水甫 M3	已发掘
22	长方体双层“箱式”石结构墓	水甫 M13	残墓，有石雕
23	长方体双层“箱式”石结构墓	引朗 M2	有石雕
24	长方体双层“箱式”石结构墓	引朗 M3	有支柱
25	长方体双层“箱式”石结构墓	引朗 M5	有碑，有石雕
26	长方体双层“箱式”石结构墓	引朗 M6	有石雕
27	长方体双层“箱式”石结构墓	引朗 M7	有支柱
28	长方体双层“箱式”石结构墓	引朗 M8	道光己酉年，张母韦氏，有石雕
29	长方体双层“箱式”石结构墓	引朗 M9	有石雕
30	长方体双层“箱式”石结构墓	引朗 M10	已消失
31	长方体双层“箱式”石结构墓	引朗 M11	辛酉年，张士毫，有石雕
32	长方体双层“箱式”石结构墓	马联 M1	韦氏韦母，有支柱，有石雕
33	长方体双层“箱式”石结构墓	马联 M2	道光乙酉年，韦阿窥，有碑、支柱、石雕
34	长方体双层“箱式”石结构墓	马联 M3	嘉庆二十四年，韦母韦氏，有石雕、支柱
35	长方体双层“箱式”石结构墓	马联 M4	有支柱
36	长方体双层“箱式”石结构墓	马联 M5	
37	长方体双层“箱式”石结构墓	马联 M6	同治四年立，韦母，有碑、石雕
38	长方体双层“箱式”石结构墓	拉佑 M1	同治五年立，韦母
39	长方体双层“箱式”石结构墓	拉佑 M2	庚午年，韦母
40	长方体双层“箱式”石结构墓	拉佑 M3	道光六年立，潘氏韦母，有支柱
41	长方体双层“箱式”石结构墓	上水达 M5	上层实心体
42	长方体双层“箱式”石结构墓	上水达 M7	上层实心体
43	长方体双层“箱式”石结构墓	上水达 M8	上层实心体，有石俑
44	长方体双层“箱式”石结构墓	上水达 M11	有石俑、支柱
45	长方体双层“箱式”石结构墓	上水达 M19	有支柱、石俑
46	长方体双层“箱式”石结构墓	上水达 M20	后壁残，有石俑

续表

序号	墓葬形制	墓号	备注
47	长方体双层“箱式”石结构墓	水梅 M1	有石雕
48	长方体双层“箱式”石结构墓	丙奇寨 M1	道光卅年，韦母韦氏，有支柱、石雕
49	长方体双层“箱式”石结构墓	丰明组 M1	有支柱、石俑、石雕，顶部残
50	长方体双层“箱式”石结构墓	下水蒙 M1	道光十五年，韦母，有支柱，残
51	长方体双层“箱式”石结构墓	下水蒙 M2	有支柱
52	长方体双层“箱式”石结构墓	水庆上寨 M1	已消失
53	长方体双层“箱式”石结构墓	荣耀村下寨 M1	有铜鼓纹石雕，已消失
54	长方体双层“箱式”石结构墓	荣耀村下寨 M4	有铜鼓纹石雕，已消失
55	长方体三层“箱式”石结构墓	甲找村 M1	有支柱、石雕，顶残
56	长方体三层“箱式”石结构墓	水懂大寨 M1	有石雕、支柱
57	长方体三层“箱式”石结构墓	牛洞寨 M1	有支柱
58	长方体三层“箱式”石结构墓	下丁寨 M1	嘉庆十四年，王敀，有支柱、石俑、石雕
59	长方体三层“箱式”石结构墓	务旦组 M1	残墓
60	长方体“箱式”，层数不明	水甫 M30	残墓，有石俑
61	长方体“箱式”，层数不明	上水达 M15	残
62	长方体“箱式”，层数不明	上水达 M28	残
63	长方体“箱式”，层数不明	上水达 M57	地面仅现一角
64	长方体“箱式”，层数不明	石腊组 M1	残墓
65	长方体“箱式”，层数不明	天星大寨 M1	残墓，有石雕
66	长方体“箱式”，层数不明	甲路 M1	墓上层毁，有铜鼓纹石雕
67	长方形石室墓	水甫 M9	道光十五年，潘阿索，有碑
68	长方形石室墓	水甫 M31	
69	长方形石室墓	水甫 M33	
70	长方形石室墓	上水达 M1	嘉庆十二年，潘阿□，有碑
71	长方形石室墓	上水达 M3	有双鱼石雕、石俑
72	长方形石室墓	上水达 M14	前面开口，残
73	长方形石室墓	上水达 M16	
74	长方形石室墓	上水达 M17	顶残
75	长方形石室墓	上水达 M18	
76	长方形石室墓	上水达 M21	道光二十二年，潘臺，有碑
77	长方形石室墓	上水达 M26	顶部开口
78	长方形石室墓	洞托 M1	咸丰二年，吴□朝，有碑
79	长方形石室墓	洞托 M2	咸丰三年，吴母杨氏，有碑
80	长方形石室墓	洞托 M3	道光十四年立，吴母潘氏，有碑
81	长方形石室墓	洞托 M7	嘉庆二十二年，吴書簪，有碑
82	长方形石室墓	洞托 M12	咸丰十一年，吴母潘氏，有碑
83	长方形石室墓	洞托 M13	道光二十六年，有碑

续表

序号	墓葬形制	墓号	备注
84	长方形石室墓	板劳村 M1	有纪年，潘阿岡，有碑、石雕
85	长方形石室墓	水梅 M2	咸丰二年，潘阿□
86	长方形石室墓	水梅 M4	道光十八年，潘阿日
87	长方形石围墓	水甫 M5	嘉庆八年，潘母吴氏，有碑，残
88	长方形石围墓	水甫 M7	已发掘，咸丰元年，潘阿合，有碑、石俑
89	长方形石围墓	水甫 M15	咸丰四年，潘阿改，有碑，残
90	长方形石围墓	水甫 M19	道光十六年，潘阿龙，有碑，残
91	长方形石围墓	水甫 M20	有凸形碑、浮雕石俑
92	长方形石围墓	水甫 M21	后代重修
93	长方形石围墓	水甫 M22	后代重修
94	长方形石围墓	水甫 M26	已发掘，出土银簪、耳环
95	长方形石围墓	水甫 M28	有碑，残
96	长方形石围墓	水甫 M34	后代重修
97	长方形石围墓	水甫 M41	有碑，残
98	长方形石围墓	水甫 M42	嘉庆二十二年，潘拱贵，有碑、水书文字
99	长方形石围墓	洞托 M4	有碑
100	长方形石围墓	洞托 M8	有碑，碑面刻太极图
101	长方形石围墓	洞托 M14	有碑，无文字
102	长方形石围墓	洞托 M17	有碑，无文字
103	圆形墓	水甫 M8	光绪十五年，潘成癸，有碑
104	圆形墓	水甫 M10	道光二十三年，潘母吴氏，有碑
105	圆形墓	水甫 M11	道光二十六年，潘阿打，有碑
106	圆形墓	水甫 M12	道光三十年，潘阿余，有碑，残
107	圆形墓	水甫 M14	道光二十四年，有碑
108	圆形墓	水甫 M16	道光三十年，潘阿遠，有碑
109	圆形墓	水甫 M32	残墓
110	圆形墓	水甫 M43	道光二十二年，潘母吴氏，有水书文字
111	圆形墓	引朗 M12	咸丰四年，张母潘氏
112	圆形墓	洞托 M5	道光十年，吴母，有碑
113	圆形墓	洞托 M6	嘉庆十七年，吴母，有碑
114	圆形墓	洞托 M9	道光十一年，吴把料，有三面碑
115	圆形墓	洞托 M10	道光七年，吴母，有碑
116	圆形墓	洞托 M11	有碑
117	圆形墓	洞托 M15	光绪二年，吴建英，有碑
118	圆形墓	洞托 M16	道光七年，吴阿海，有碑
119	圆形墓	的查 M1	碑面刻水书文字
120	圆形墓	的查 M2	碑面雕刻图案

续表

序号	墓葬形制	墓号	备注
121	圆形墓	羊翁大寨 M1	阿刘公，凸形碑，有石俑
122	圆形墓	尧古 M1	嘉庆年，有石雕
123	圆形墓	尧古 M2	嘉庆十一年，蒙中艮，有石雕
124	圆形墓	尧古 M3	有石雕
125	圆形墓	尧古 M4	嘉庆十年，蒙母，有石雕
126	圆形墓	尧古 M5	有石雕、碑
127	圆形墓	尧古 M6	有石雕
128	圆形墓	尧古 M7	有石雕
129	圆形墓	尧古 M8	有石雕，墓已毁
130	圆形墓	尧古 M9	残墓，有碑，石雕
131	圆形墓	尧古 M10	咸丰四年，蒙母老太奶，有石碑、石雕
132	圆形墓	尧古 M11	道光十年，蒙母吴氏，有三面碑、石雕
133	乱石墓	水甫 M17	有石俑
134	乱石墓	水甫 M18	
135	乱石墓	水甫 M23	
136	乱石墓	水甫 M27	有石俑
137	乱石墓	水甫 M35	已发掘
138	乱石墓	水甫 M36	已发掘
139	乱石墓	水甫 M37	已发掘
140	乱石墓	水甫 M38	已发掘
141	乱石墓	水甫 M39	
142	乱石墓	水甫 M40	已发掘
143	乱石墓	上水达 M13	
144	乱石墓	上水达 M27	
145	乱石墓	上水达 M29	
146	乱石墓	上水达 M30	
147	乱石墓	上水达 M31	
148	乱石墓	上水达 M32	
149	乱石墓	上水达 M33	
150	乱石墓	上水达 M34	
151	乱石墓	上水达 M35	
152	乱石墓	上水达 M36	
153	乱石墓	上水达 M37	
154	乱石墓	上水达 M38	
155	乱石墓	上水达 M39	
156	乱石墓	上水达 M40	
157	乱石墓	上水达 M41	

续表

序号	墓葬形制	墓号	备注
158	乱石墓	上水达 M42	
159	乱石墓	上水达 M43	
160	乱石墓	上水达 M44	
161	乱石墓	上水达 M45	
162	乱石墓	上水达 M46	
163	乱石墓	上水达 M47	
164	乱石墓	上水达 M48	
165	乱石墓	上水达 M49	
166	乱石墓	上水达 M50	
167	乱石墓	上水达 M51	
168	乱石墓	上水达 M52	
169	乱石墓	上水达 M53	
170	乱石墓	上水达 M54	
171	乱石墓	上水达 M55	
172	乱石墓	上水达 M56	
173	乱石墓	上水达 M58	晚期墓?
174	乱石墓	水尾 M3	有石俑 1 个
175	乱石墓	水尾 M4	有石俑 4 个
176	乱石墓	水尾 M5	有石俑 3 个
177	乱石墓	水尾 M6	有石俑 2 个
178	乱石墓	水尾 M7	有石俑 1 个
179	乱石墓	水尾 M8	有石俑 5 个
180	乱石墓	水尾 M9	有石俑 3 个
181	乱石墓	水尾 M10	有石俑 2 个
182	乱石墓	水尾 M11	有石俑 1 个
183	乱石墓	水尾 M12	有石俑 2 个
184	乱石墓	水尾 M13	有石俑 5 个
185	乱石墓	水尾 M14	有石俑 1 个
186	乱石墓	水尾 M15	有石俑 1 个
187	乱石墓	水尾 M16	有石俑 1 个
188	乱石墓	水尾 M17	有石俑 3 个
189	乱石墓	水尾 M18	有石俑 1 个
190	乱石墓	水尾 M19	有石俑 9 个
191	乱石墓	水尾 M20	有石俑 1 个
192	乱石墓	水尾 M21	有石俑 6 个
193	乱石墓	水尾 M22	有石俑 3 个
194	乱石墓	水尾 M23	有石俑 1 个

续表

序号	墓葬形制	墓号	备注
195	乱石墓	水尾 M24	有石俑 1 个
196	乱石墓	水尾 M25	有石俑 2 个
197	乱石墓	水尾 M26	有石俑 2 个
198	乱石墓	水尾 M27	有石俑 2 个
199	乱石墓	水尾 M28	有石俑 1 个
200	乱石墓	水尾 M29	有石俑 4 个
201	乱石墓	水尾 M30	有石俑 1 个
202	乱石墓	水尾 M31	有石俑 4 个
203	乱石墓	水尾 M32	有石俑 6 个
204	双人墓	水备 M2	两室并列，顶及后壁残，有圆形石刻
205	不确定	引朗 M1	咸丰四年，张母韦氏
206	不确定	引朗 M4	残，仅余碑体
207	不确定	天星大寨 M2	有纪年，潘母韦氏，有水书文字，墓残余碑
208	不确定	甲路 M2	地上部分已毁，余墓圹

二、墓葬年代

在以上调查统计的 208 座墓葬中，有各种方式纪年的墓葬共有 54 座，达到总数的 25.96%，超过了四分之一。其中绝大多数（50 座）有明确的年号纪年或年号干支纪年，可与公元纪年相对应。只有 4 座可知其相对年代而绝对年代不能完全认定：即独山县天星大寨 M2 潘母韦氏墓、荔波县尧古 M1 嘉庆年间墓，三都水族自治县扬拱乡板劳村潘阿岡墓、坝街乡羊翁大寨阿刘公墓。

天星大寨 M2 墓主为“清故显妣潘母韦氏□□”，其“阳命生于丁丑年”，“物于道大年十二月”。按“物”应该是“无”、“殁”之意，而“道大年”疑为“道光年”、“道元年”或“道九年”，以清朝干支纪年统计，共有康熙三十六年（1697 年）、乾隆二十二年（1757 年）、嘉庆二十二年（1817 年）和光绪三年（1877 年）四个“丁丑年”。第一个距离道光年间最近也有 124 年，肯定不可能；第二个离道光年间为 64 ~ 93 年；第三个为 4 ~ 33 年；第四个已在其后更不可能。如是，则墓主“潘母韦氏”理应大于 64 岁或小于 33 岁，结合其碑文上只有“孝男韦阿抱、阿千”而无孙辈的情况，第三种即生于嘉庆二十二年的可能性比较大。

尧古 M1 没有准确年代，但是碑面上立碑时间落款处有“嘉庆”字样，由此可知其嘉庆年间的相对年代，即嘉庆元年至二十五年（1796 ~ 1820 年）之间。

潘阿岡墓，墓主“生于乾隆庚寅年八月吉日”，即乾隆三十五年（1770 年），以水族墓葬中死者的平均寿命为 60 多岁计算，该墓的建造年代大体在道光年间。

阿刘公墓碑文为“清故父猕阿刘公之墓”，左刻“于生　癸卯年吉月吉日立旦”，右刻“乙卯年吉月吉日立旦”，按干支癸卯年与乙卯年仅有一轮12年的距离，所以阿刘公既然有儿子“孝男　阿二、阿三”，必不会只有12岁，应该是往前推一个甲子，12加60等于72岁才合道理。在清朝267年间，癸卯年与下一个甲子乙卯相符的有康熙二年癸卯（1663年）～雍正十三年乙卯（1735年）、雍正元年癸卯（1723年）～乾隆六十年乙卯（1795年）、乾隆四十八年癸卯（1783年）～咸丰五年乙卯（1855年），再往后就没有了。故阿刘公的生存时间应该在上述三个时间段内，根据其圆形封土墓冢观察，估计其时代不会太早，以最后一种时间跨度的可能性为大。

再有，拉佑M2韦母墓其死亡和安葬时间均为“庚午年”，根据墓碑上记载的墓主出生时间（乾隆五十七年）和“享寿79岁”计算，应为同治九年之庚午年（1870年）。

将这几座时间不是非常明晰的墓葬廓清后，我们再来看全部54座墓葬的纪年，首先可以明确的是所有这些墓都没有跨出清代的范畴，纪年明确的最早一座是葬于嘉庆八年（1803年）的水甫M5潘母吴氏墓，最晚的是葬于光绪三十四年（1908年）的上水达M24潘玉生墓。早晚两墓的绝对年代相差仅有105年。如果我们再进一步按帝王年号划分，则只涉及清后期从爱新觉罗颙琰到爱新觉罗载湉五位皇帝所处的年代。按照葬年（或立碑时间）来统计，属于嘉庆年间的墓有7座，属于道光年间的墓有16座，属于咸丰年间的墓有9座，属于同治年间的墓有3座，属于光绪年间的墓有2座。如果按照死亡时间来统计，则死于嘉庆年间的有6人，死于道光年间的有13人，死于咸丰年间的有7人，死于同治年间的有3人，死于光绪年间的有2人。具体死亡或埋葬时间均不明的有4人。详见表八。

表八　水族纪年墓葬统计表

序号	墓号	墓主	生年	卒年	葬年
1	水甫M4	潘阿猛	乾隆庚戌年		道光三十年
2	水甫M5	潘母吴氏	康熙五十九年	嘉庆年间	嘉庆八年
3	水甫M7	潘阿合	乾隆丁未年	咸丰元年	咸丰元年
4	水甫M8	潘成癸	嘉庆二十五		光绪十五年
5	水甫M9	潘阿索			道光十五年
6	水甫M10	潘母吴氏	嘉庆庚申年	道光二十三年	咸丰壬子年
7	水甫M11	潘阿打			道光二十六年
8	水甫M12	潘阿余	乾隆三十七年	道光丁未年	道光三十年
9	水甫M14				道光二十四年
10	水甫M15	潘阿改			咸丰四年
11	水甫M16	潘阿遠	庚戌年	丙午年	道光三十年
12	水甫M19	潘阿龙			道光十六年
13	水甫M22	潘阿□	道光十年		咸丰六年
14	水甫M42	潘拱贵	乾隆十八年	嘉庆二十二年	咸丰三年
15	水甫M43	潘母吴氏	甲申二十九年		道光二十二年
16	引朗M1	张母韦氏	道光十年	咸丰四年	咸丰四年

续表

序号	墓号	墓主	生年	卒年	葬年
17	引朗 M8	张母韦氏	乾隆丙戌年	道光己酉年	道光二十九年
18	引朗 M11	张士毫	乾隆五十六年	咸丰十一年辛酉	咸丰十一年
19	引朗 M12	张母潘氏			咸丰四年
20	上水达 M1	潘阿□			嘉庆十二年
21	上水达 M24	潘玉生	道光四年	光绪三十二年	光绪三十四年
22	上水达 M21	潘臺			道光二十二年
23	马联 M2	韦阿窫	乾隆丁亥年	道光乙酉年	
24	马联 M3	韦母韦氏			嘉庆二十四年
25	马联 M6	韦母	庚戌年	同治三年	同治四年
26	拉佑 M1	韦母	乾隆辛丑年	甲子年	同治五年
27	拉佑 M2	韦母	乾隆五十七年	同治九年庚午	同治九年庚午
28	拉佑 M3	潘氏韦母			道光六年
29	水梅 M2	潘阿□	道光年间	咸丰二年	
30	水梅 M4	潘阿日			道光十八年
31	水尾 M1	潘阿更	道光己丑年	道光癸卯年	
32	天星大寨 M2	潘母韦氏	丁丑年	道大年?	
33	洞托 M1	吴□朝	乾隆五十七年	咸丰二年	
34	洞托 M2	吴母杨氏	乾隆五十八年	咸丰三年	
35	洞托 M3	吴母潘氏	乾隆十五年	嘉庆二十五年	道光十四年
36	洞托 M5	吴母	乾隆四十一年	道光十年	
37	洞托 M6	吴母	乾隆五年	嘉庆十七年	
38	洞托 M7	吴書簪	乾隆十年	嘉庆二十二年	
39	洞托 M9	吴把料	乾隆三十三年	道光十一年	道光十二年
40	洞托 M10	吴母	乾隆三十二年	道光七年	
41	洞托 M12	吴母潘氏	乾隆四十六年	咸丰十一年	
42	洞托 M13	?	乾隆年间	道光二十六年	
43	洞托 M15	吴建英	嘉庆己卯年	光绪二年	
44	洞托 M16	吴阿海	乾隆三十五年	道光七年	
45	尧古 M1				嘉庆年间
46	尧古 M2	蒙中艮			嘉庆十一年
47	尧古 M4	蒙母			嘉庆十一年
48	尧古 M10	蒙母老太	乾隆五十年		咸丰四年
49	尧古 M11	蒙母吴氏	乾隆十二年	道光十年	道光十年
50	丙奇寨 M1	韦母王氏	乾隆四十七年	道光卅年	
51	下丁寨 M1	王啟	庚午年	嘉庆己巳年	嘉庆十四年
52	板劳村 M1	潘阿冏	乾隆庚寅年		
53	下水蒙 M1	韦母	乾隆五十七年		道光十五年
54	羊翁大寨	阿刘公	癸卯年	乙卯年	

在上面 54 座纪年墓中，按墓葬形制划分计有：

长方体单层“箱式”石结构墓 3 座（水甫 M4 潘阿猛、上水达 M24 潘玉生墓、水尾 M1 潘阿更墓）；

长方体双层“箱式”石结构墓 10 座（引朗 M8 张母韦氏墓、引朗 M11 张士毫墓、马联 M2 韦阿簸墓、马联 M3 韦母韦氏墓、马联 M6 韦母墓、拉佑 M1 韦母墓、拉佑 M2 韦母墓、拉佑 M3 潘氏韦母墓、丙奇寨 M1 韦母王氏墓、下水蒙 M1 韦母墓）；

长方体三层“箱式”石结构墓 1 座（下丁寨王敔墓）；

长方形石室墓 12 座（水甫 M9 潘阿索墓、上水达 M1 潘阿□墓、上水达 M21 潘臺墓、水梅 M2 潘阿□墓、水梅 M4 潘阿日墓、洞托 M1 吴□朝墓、洞托 M2 吴母杨氏墓、洞托 M3 吴母潘氏墓、洞托 M7 吴書簪墓、洞托 M12 吴母潘氏墓、洞托 M13、板劳村 M1 潘阿岡墓）；

长方形石围墓 6 座（水甫 M5 潘母吴氏墓、水甫 M7 潘阿合墓、水甫 M15 潘阿改墓、水甫 M19 潘阿龙墓、水甫 M22 潘阿□墓、水甫 M42 潘拱贵墓）；

圆形墓 20 座（水甫 M8 潘成癸墓、水甫 M10 潘母吴氏墓、水甫 M11 潘阿打墓、水甫 M12 潘阿余墓、水甫 M14、水甫 M16 潘阿遠墓、水甫 M43 潘母吴氏墓、引朗 M12 张母潘氏墓、洞托 M5 吴母墓、洞托 M6 吴母墓、洞托 M9 吴把料墓、洞托 M10 吴母墓、洞托 M15 吴建英墓、洞托 M16 吴阿海墓、尧古 M1、尧古 M2 蒙中艮墓、尧古 M4 蒙母墓、尧古 M10 蒙母老太奶墓、尧古 M11 蒙母吴氏墓、羊翁大寨阿刘公墓）；

其他形制不辨的墓 2 座（引朗 M1 张母韦氏墓、天星大寨 M2 潘母韦氏墓）。

根据这批纪年墓所跨的年代以及墓葬形制，我们大致可以看出本报告所记录的 208 座水族墓葬其基本年代多以清代中后期为主。当然任何一种成熟的墓葬形制在此之前都会有一段孕育、产生、发展的过程，但是从实际的情形和当地社会的发展变迁及墓葬形制的衍变状况来看，这个进程不会延续太久，故我们认为现在所见的这些水族墓葬极少有跨出清代范畴的墓。在实际田野调查工作中，我们在水族聚居地区也见有部分做工精美、雕刻繁复、具有一定水族民族文化风格的墓葬，如独山县天星大寨韦占科墓，该墓葬于民国戊子年十月，制式恢宏，为牌楼式墓碑，五檐六柱结构，碑面及碑座上装饰有多幅石雕内容，其中最具特色的一幅为“哺老图”，图中右边一女子抱着一个襁褓中的婴儿，左边孩子的母亲却正在直接用乳房喂食坐在椅子上年迈的老公公，表现出水族敬老爱老的传统风尚。难得的是在墓上还特地注明工匠为“荔波阳安乡石工莫少瑜”，为我们了解水族民间技艺的传承和变迁提供了一份真实可靠的材料。但是考虑到民国时期的墓葬绝大多数受汉文化及其他民族文化的同化影响，与典型的水族墓葬相比已经发生较大的变异，再加上我们所见的水族代表性的长方体“箱式”石结构墓，无论是单层、双层还是三层的，步出清代的门槛后就销声匿迹了，故我们把清末（1911 年以前）界定为水族墓群的年代下限，所以民国墓在此不作为本报告所调查收集的范围之内。

在有纪年的墓葬中，我们或多或少地可以找到“箱式”石结构墓、长方形石室墓、长方形和圆形石围墓的身影，但是对于大量存在的不规则石块堆砌的乱石墓而言，既无任何碑铭更无任何年代的记载，而这种墓在水族墓葬中所占比例最大。虽然从外观来看它们似乎不具备什么特点，在其他地区其他时代其他民族中也较为常见，但是通过我们的调查和发掘得知，这一类墓首先是分布在水族聚居村寨的水族公共墓地中，除地面简单的处理方式与其他类型的墓不同外，其地下掩埋死者的葬具和形式与上述几种石砌墓、石结构墓则完全是相同的。还有在部分此类墓葬尤其是榕江县水尾水族乡水尾大寨水族公共墓地中，随处可见代表水族墓葬特殊习俗的各种立体几何形状的抽象人物造型石俑竖立在这种不规则石块堆砌的墓冢后，这种强烈的民族文化符号，使我们无法将它与水族墓葬分割开来，当视为水族墓群有机整体中较为普遍的一种类型。

至于它的成因，曾有专家学者根据民族学的材料，将之与当地世居少数民族处理诸如坠崖、溺水、暴病、难产等一系列非正常死亡的现象联系起来，认为是属于此类情况所致。然而综观此类墓葬，一均是密集有序地与其他类型的墓葬相间排列分布在水族公共墓地中，而以民间的传统习俗，非正常死亡者是不能进入家族墓地划定的区域范围内的，从它们所处的具体位置上可以排除这种可能；二是通过发掘工作，我们对地下不同类型的墓葬进行解剖后发现，不同类型的墓葬未见有任何处理方式上的不同，均是在竖穴土坑中放置木质葬具，将遗骸纳入其中，而按照民间的惯例，非正常死亡者的尸体通常都是要经过火烧焚化处理，这更是一种实质性的区别。故我们没有任何理由将乱石墓划归非正常死亡者墓葬的行列。之所以会有大量简陋的乱石墓存在，这应该是与死者家庭的经济状况有关。明清时期黔南桂北一带少数民族聚居的地方，社会经济的发展相对于其他地区滞后，即使是在同一块地域（村寨）、同一个基层的社会组织（家族）中，家庭经济条件的好坏也是不尽相同的，这种现象时至今日依然存在。这就不可避免在安葬死者的时候会出现完全不同的处理方式。据当地传统的说法，在水族地区建造一座考究的“箱式”石结构墓，当时所耗费的工时与财力大略相当于十头牛的价值，而这样的丧葬消费水平，对于那个年代绝大多数的家庭而言无疑是难以承受的。故在任何一个水族墓地，用材讲究、加工规整、构建有型的墓都只是少数，大多数墓葬相对而言简单得多。这显然是那段历史时期社会生活的一个缩影。按乱石墓与“箱式”墓在数量上的比例，也在一定程度上体现出贫困与富裕家庭的多寡结构。

至于水族墓群的时代上限，目前未见有确切的更早依据。虽然也有个别意见认为水族的这批墓葬中有早到明代者，例如水族学者王品魁先生在《水族画像石墓和水文字石墓》一文中，根据碑文中水族文字记载的内容，将的查 M1、M2 的年代定为明代中后期，认为的查 M1 记载的“第一”是指水历中元的第一个甲子，即明世宗嘉靖四十三年（1564 年）至熹宗天启四年（1624 年），并以此认定墓主生于明嘉靖二十一年（1542 年），卒于明万历十六年（1588 年）①。实际情况是否如此，还有待于讨论。从两座墓的形制结构来看，无论是龛式墓碑还是圆形石围墓冢，与明代墓葬仍有较多差异，还需要更多的材料来论证支持。

从贵州发现的大量明代墓葬来看，用宽大厚重的石板拼镶而成的长方形石室墓是主流，这一点或多或少地在水族“箱式”石结构墓中还能找出一点痕迹，这也许是“箱式”墓最早诞生

① 王品魁：《水族画像石墓和水文字石墓》，《黔南民族》1992 年第 2 期。

时所参考借鉴的墓葬形制之一。有所不同的是，贵州明代以石质板材构筑的墓葬无论单室、双室还是多达七八室的多室墓，均为在同一水平面上的并列结构，而水族“箱式”墓，则是采用上小下大重叠起来向空中发展的建筑模式。前者是为了将家庭抑或家族成员聚葬在一起而采用异穴同冢、一个墓室内放置一具遗体的做法，后者则是将遗骸葬于石构建筑的地下，地面的建筑主体不用封土掩埋成冢，而是直接裸露在外，耸立于墓穴之上，向世人昭示其独具风格的存在。

关于水族墓群中不同类型墓葬之间的关系，我们认为其在时空分布上更多体现地是一种共存的状态。在前面的相关介绍中，我们已经了解到在同一处水族村寨公共墓地内，往往构建有不同类型的墓葬。过去曾有观点将“箱式”墓依据层数的多寡分型分式，也有试图在不同类型的墓葬之间建立起一个时代早晚的发展序列，但是通过表八中所列的纪年，我们看不出它们之间存在有早晚关系。依实际情况并比对相关材料，可以明确的是不规则石块堆砌的长方形乱石墓是使用时间最久的一种墓葬，自史前文化中的新石器时代一直至现在，纵贯数千年，其一直是一种最为普遍、最大众化并广为使用的墓葬形制。

圆形墓应该是水族墓群中最晚的一种墓葬，时至今日仍广泛存在，是水族墓地中唯一没有消亡的墓葬类型。

长方形石室墓和石围墓，就其形制而言，无论是产生或消亡的时间均早于圆形墓。至于其本身的衍变，墓顶封闭的石室墓的上限当早于顶部不封闭、趋于简略的石围墓。

“箱式”墓在几种墓葬类型中应该是最早消亡的，跨出清代门槛后就不复存在。即使是在它流行的年代，也仅限于水族聚居的中心区域。不像其他几种墓葬在各地都广为流传。单层、双层以及三层，除了整体结构上的层数不同，没有更多的材料证明它们之间存在着从单层向多层或者从多层向单层发展的必然联系。

如果非要人为地在几种不同类型的墓葬中寻找一条发展轨迹的话，大致的情形是，与大多数贫困家庭相适应的乱石墓一直贯穿始终，“箱式”墓仅在明清时期昙花一现，长方形石室墓衍生出长方形石围墓并最终为圆形石围墓所完全取代。

三、墓主性别与年龄

除了年代的记录之外，在墓碑上我们所获取的信息中，死者的性别年龄也是一项值得关注的内容。根据我们对 53 座记载有相关内容的墓葬所进行的统计，男性死者有 28 人（52.83%），女性死者有 23 人（43.4%），性别不明 2 人（3.77%）。这个数据假设不考虑后期破坏可能会导致统计数据不完全正确的因素，其男女结构也还比较接近现实的比例。同时男性墓多于女性墓在一定程度上亦体现出封建时代男尊女卑的思想，以及男性在死亡安葬环节同样较之女性更受重视的风气。

至于水族墓葬中死者的寿命，调查所见最长寿的达 84 岁（水甫 M5 潘母吴氏、拉佑 M1 韦母、尧古 M11 蒙母吴氏），此三人墓碑上所写的享寿 84 岁与实际纪年中生卒时间的计算结果不符，对比相差一岁，这应该是民间以虚岁来计算以及未精确到月、日而造成的差异。年龄最小的一例则只有14岁（水尾M1潘阿更）。

水甫M4潘阿猛出生于乾隆庚戌即乾隆五十五年（1790年），立碑时间为60年之后的道光三十年（1850年），由于没有死亡时间，故我们只能判断其应小于或等于60岁。

水甫M5潘母吴氏生于康熙五十九年（1720年），死于嘉庆年间，立碑时间为嘉庆八年（1803年），根据其“享年八十四岁”的记载，吴氏当死于1803年。

水甫M8潘成癸亦是只有出生时间（嘉庆二十五年）和立碑时间（光绪十五年），而无死亡时间，以同理推算，光绪十五年（1889年）减去嘉庆二十五年（1820年），潘成癸的寿命应该小于或等于69岁。

水甫M22潘阿□生于道光十年（1830年），立碑时间为咸丰六年（1856年），没有具体死亡时间，故也只知其寿命小于或等于26岁。

水甫M43潘母吴氏生于甲申二十九年，碑立于道光二十二年（1842年），死亡时间无记载。按清代甲子纪年中，能与“二十九年”相对应的只有乾隆二十九年是“甲申”年，即1764年，故潘母吴氏的寿命当小于78岁，若以立碑时间计算，则等于78岁。

引朗M1张母韦氏“原命生于道光十年庚寅岁吉月日时生，享寿　　咸丰四年十一月廿四己丑日子时告终，择吉于本年十月廿六辛卯日丑时。”以卒年“咸丰四年”（1854年）与生年“道光十年”（1830年）相距时差计算，墓主张母韦氏死亡时年仅24岁，故“享寿”后面空出两格未刻。

水梅M2的墓主出生于道光年间（1821～1850年），卒于咸丰二年（1852年），所以其理论年龄当在2～31岁之间。排除婴幼儿的可能性，墓主应该是死于青年时期。

天星大寨M2潘母韦氏，上面我们已经推论过应该大于64或小于33岁。

马联M2韦阿窽“原命生于乾隆丁亥年吉月吉日吉时建生，大限亡于道光乙酉年九月初六日戌时告终”，“乾隆丁亥”为乾隆三十二年（1767年），“道光乙酉”为道光五年（1825年），韦阿窽的死亡年龄为58周岁。

马联M6韦母“原命生于庚戌年吉月吉日吉时生，大限卒于同治三年甲子岁四月二十申午日卯时正终内寝，择吉于是年七月十三庚戌日亥时葬于某踈山”，“同治四年十一月六日穀旦立”。“同治三年”为1864年，前推庚戌为道光三十年（1850年），既称“韦母”，自然不会只有14岁龄，只能再往前推一个甲子，应为乾隆五十五年（1790年）之庚戌，故韦母当享寿74岁。

拉佑M1韦母，生卒年月为“母命生于乾隆辛丑岁吉月吉时生，享年八十四，止殇于甲子年十二月初三日亥时寿终，择吉于乙丑年二月十一丁丑日亥时安葬”。“乾隆辛丑”为1781年，依墓葬的年岁计算，此处的“甲子年”当指1864年（同治三年），以年计算实际寿命为83周岁，若依碑上84岁的记载，应该是指以月份计算已满83岁进入84岁之际。

拉佑M2韦母老太“原命生于乾隆五十七岁在壬子吉月吉日吉时生，享年七十九岁，庚午年十二月初五日辰时告终，择吉十二月十五日亥时安葬”。“乾隆五十七年”为1792年，此后下推一轮的庚午年为1870年（同治九年），排除虚岁影响，实际年限为78周岁。

水尾M1潘阿更“生于道光己丑年吉日”，“没于道光癸卯年六月去世”。“道光己丑”为道光九年（1829年），“道光癸卯”为道光二十三年（1843年），潘阿更仅存活了14年。

洞托M13墓主“生于乾隆□□九月初□卯时建时不幸”，“殁于道光二十六年八月□□□”。“道光二十六年”为1846年，乾隆年间为1736～1795年，以此推算死者年龄在51～110岁之间。若将目前所见的84岁作为水族墓群中死者年龄的最高上限，则洞托M13墓主人的年龄应该在51～84岁之间。

下丁寨王敀“原命生庚午年七月初二日午时生，大限殁于己巳年二月初十日寅时告终”。依天干地支中庚午与己巳之间相差59年，根据立碑时间“嘉庆十四年十四年初三日立”。可以得知王敀死亡的“己巳年”与此“嘉庆十四年”应该是同一年的不同纪年方式，以此往前推王敀出生的“庚午年”应为“乾隆十五年”之庚午，亦即1750年。

下水蒙M1韦母生于清乾隆五十七年（1792年），葬于道光十五年（1835年）十一月十六日。没有具体的死亡时间。故只能得知其寿命小于或等于43岁。

羊翁大寨阿刘公“于生　癸卯年吉月吉日立旦”，死亡时间为“乙卯年二月吉日立旦”，没有立碑时间及年号，根据甲子推算，由癸卯至乙卯两者相距12年，从阿刘公有子嗣“孝男阿二、阿三”这一情况分析，这一时段理应推翻，故只能再往后推一轮，加上60年，寿命为72岁。

的查M1墓主依碑上水族文字记载，出生于“壬寅年四十六年木”，葬于“第一乙未日卯时”，卒于“戊子年□二十五日”。按干支纪年中壬寅与戊子相差46年，也即是说墓主死亡年龄为46岁。

理清了各个纪年墓中死者的生卒时间、立碑时间、具体寿命、相对寿命等情况以后，我们就很容易地得知出以现今三都水族自治县为中心地区、距今大略100～200年前之际水族人民的平均寿命和不同年龄段之间的死亡率，这些数据由于均采自第一手田野资料，应该具有相当高的可信度和真实性。

在53座具有与死者性别、年龄相关数据的墓葬中，有32座（60%）能够确定墓主人的具体年龄，有8座（15%）可以得知其上、下限相对年龄时段，有13座（25%）则没有年龄记载的数据。通过对32个有明确年龄记载的墓主统计得出的平均寿命为64.125岁。

32人中按年龄段来划分，10～19岁之间的只有1人（3.125%），20～29岁之间1人（3.125%），30～39岁之间0人，40～49岁之间2人（6.25%），50～59岁之间6人（18.75%），60～69岁之间8人（25%），70～79岁之间8人（25%），80～89岁之间6人（18.75%），90岁以上无。从这个数据我们可以看出，死亡年龄在79岁之前是呈逐步递增的态势，过了80岁则又开始逐步递减，说明当时大多数人是死于79岁之前，80岁以上的长寿老人开始减少，而84岁在当时是一个上寿极限。至于在30岁之前死亡的每个年龄段都仅有一人，表明这只是一种个别现象，不代表正常情况下的死亡年龄，这一点也与上面统计的平均年龄数据相吻合。

另外，可以知其相对年龄段的8人中，在2～31岁之间的1人，33～64岁之间的1人，51岁以上的1人，26岁或26岁以下的1人，43岁或43岁以下的1人，60岁或60岁以下的1人，69岁或69岁以下的1人，78岁或78岁以下的1人。见表九。

表九　水族墓葬性别、寿命统计表

序号	墓号	姓名	性别	生年	卒年	寿命
1	水甫 M4	潘阿猛	男	乾隆庚戌年（1790年）	道光三十年（1850年）	≤60
2	水甫 M5	潘母吴氏	女	康熙五十九年（1720年）	嘉庆八年（1803年）	83
3	水甫 M7	潘阿合	男	乾隆丁未年（1787年）	咸丰元年（1851年）	64
4	水甫 M8	潘成癸	男	嘉庆二十五年（1820年）		？≤69
5	水甫 M9	潘阿索	男			
6	水甫 M10	潘母吴氏	女	嘉庆庚申年（1800年）	道光二十三年（1843年）	43
7	水甫 M11	潘阿打	男			
8	水甫 M12	潘阿余	男	乾隆三十七年（1772年）	道光丁未年（1847年）	75
9	水甫 M15	潘阿改	男			
10	水甫 M16	潘阿遠	男	庚戌年（1790年）	丙午年（1846年）	56
11	水甫 M19	潘阿龙	男			
12	水甫 M22	潘阿□	男	道光十年（1830年）		？≤26
13	水甫 M42	潘拱贵	男	乾隆十八年（1755年）	嘉庆二十二年（1817年）	62
14	水甫 M43	潘母吴氏	女	甲申二十九年（1764年）		？≤78
15	引朗 M1	张母韦氏	女	道光十年（1830年）	咸丰四年（1854年）	24
16	引朗 M8	张母韦氏	女	乾隆丙戌年（1766年）	道光己酉年（1849年）	83
17	引朗 M11	张士毫	男	乾隆五十六年（1791年）	咸丰十一年（1861）	70
18	引朗 M12	张母潘氏	女			
19	上水达 M1	潘阿寅	男			
20	上水达 M24	潘玉生	男	道光四年（1824年）	光绪三十二年（1906年）	82
21	上水达 M21	潘臺	男			
22	马联 M2	韦阿窾	男	乾隆丁亥年（1767年）	道光乙酉年（1825年）	58
23	马联 M3	韦母韦氏	女			
24	马联 M6	韦母	女	庚戌年（1790年）	同治三年（1864年）	74
25	拉佑 M1	韦母	女	乾隆辛丑年（1781年）	甲子年（1864年）	84
26	拉佑 M2	韦母	女	乾隆五十七年（1792年）	庚午年（1870年）	78
27	拉佑 M3	潘氏韦母	女			
28	水梅 M2	潘阿□	男	道光年间	咸丰二年（1852年）	2～31
29	水梅 M4	潘阿日	男			
30	水尾 M1	潘阿更	男	道光己丑年（1829年）	道光癸卯年（1843年）	14

续表

序号	墓号	姓名	性别	生年	卒年	寿命
31	天星大寨 M2	潘母韦氏	女	丁丑年	道大年?	33～64
32	洞托 M1	吴□朝	男	乾隆五十七年（1792 年）	咸丰二年（1852 年）	60
33	洞托 M2	吴母杨氏	女	乾隆五十八年（1793 年）	咸丰三年（1853 年）	60
34	洞托 M3	吴母潘氏	女	乾隆十五年（1750 年）	嘉庆二十五年（1820 年）	70
35	洞托 M5	吴母	女	乾隆四十一年（1776 年）	道光十年（1830 年）	54
36	洞托 M6	吴母	女	乾隆五年（1740 年）	嘉庆十七年（1812 年）	72
37	洞托 M7	吴书簪	男	乾隆十年（1745 年）	嘉庆二十二年（1817 年）	72
38	洞托 M9	吴把料	男	乾隆三十三年（1768 年）	道光十一年（1831 年）	63
39	洞托 M10	吴母	女	乾隆三十二年（1767 年）	道光七年（1827 年）	60
40	洞托 M12	吴母潘氏	女	乾隆四十六年（1781 年）	咸丰十一年（1861 年）	80
41	洞托 M13		?	乾隆年间	道光二十六年（1846 年）	51～110
42	洞托 M15	吴建英	男	嘉庆己卯年（1819 年）	光绪二年（1876 年）	57
43	洞托 M16	吴阿海	男	乾隆三十五年（1770 年）	道光七年（1827 年）	57
44	尧古 M2	蒙中良	男			
45	尧古 M4	蒙母	女			
46	尧古 M10	蒙母老太	女	乾隆五十年（1785 年）	咸丰四年（1854 年）	69
47	尧古 M11	蒙母吴氏	女	乾隆十二年（1747 年）	道光十年（1830 年）	83
48	丙奇寨 M1	韦母王氏	女	乾隆四十七年（1782 年）	道光卅年（1850 年）	68
49	下丁寨 M1	王敀	男	庚午年（1750 年）	己巳年（1809 年）	59
50	板劳 M1	潘阿岡	男	乾隆庚寅年（1770 年）		
51	下水蒙 M1	韦母	女	乾隆五十七年（1792 年）		？≤43
52	羊翁大寨	阿刘公	男	癸卯年	乙卯年	72
53	的查 M1		?	壬寅年	戊子年	46

第二节 水族墓葬的石雕艺术

一、石雕与不同类型墓葬之间的关系

在墓体上装饰不同内容、不同造型的石雕，是水族墓葬的一大特点。尤其是在具有代表性的长方体“箱式”墓中，都将石雕视为一个重要的组成部分，往往在四壁雕刻不同的内容，最多的一座如水懂 M1，在上、中、下三层共 11 个壁面（其正面下层被人为破坏，原是否有雕刻现已不明，但考虑到其他三壁的上、中、下层均有雕刻，其应当是也装饰有雕刻的）包括侧边的建筑构件上均雕刻有不同内容的纹饰与图案。还有部分墓葬将两侧的支柱也雕刻为石俑的造型。墓顶建筑也充分运用透雕或立体雕塑的手法，将汉式的龙纹屋脊（双龙抢宝）和独具民族

特征的仿牛角造型的双鱼托福（中为葫芦，两侧饰鱼纹）造型作为一种通行的式样。以此划分，水族墓葬装饰的石质雕刻可以分为两大部分：一是以墓壁和碑体等为主体的平面雕刻，多采用平雕阴刻的手法，画面往往根据壁面空间的大小取方形或长方形构图，多数带有单线条或复线边框，四角既有直角也有敛角，内容丰富多彩；二是在墓侧、墓顶、墓前、墓后、碑体等凸出于墓壁的立体空间，采用浮雕、透雕或立体雕塑的手法，将一些建筑构件艺术化，使之既传达出墓体构建者所想要表达的信息，更增添了整座墓的象征性、纪念性和美感。

石雕装饰在水族墓群中根据不同类型的墓葬而有不同的表现形式。在不规则石块堆砌的长方形乱石墓中，由于没有任何可供创作的平面，故只见竖立在墓后地面的抽象人形石俑。在形制已经完全汉化基本与现代墓葬接近的圆形墓上，则只有墓檐与墓碑还有装饰的空间，通常就是将圆形石围上部抹斜雕凿成仿屋檐结构式样，还有就是碑盖雕刻成筒瓦屋面、碑帽仍使用传统的山字形双鱼托福造型。在长方形石围墓中，所见的情况与圆形墓大致相同。长方形石室墓虽然不乏大面积的平面墙体，但是该类墓多数是用加工整齐的石料叠砌而不是像“箱式”墓那样整个壁面以石板镶嵌构筑，就单块的墓石而言壁面并不大，加上这一类墓葬总体的建筑风格是向大型化以及庄重、厚实发展，石雕装饰就逐渐淡化，除了墓顶和墓碑上面还保留典型的仿牛角造型的双鱼托福外，只有极个别的在墓壁上还雕刻有少量的装饰图案，以及在墓后地面竖立有抽象的人形石俑。

装饰石雕最多、最具代表性的一类墓葬当数长方体“箱式”石结构墓葬，其中又尤以双层和三层的墓葬居多。这应该是与该类型墓的造型和适宜雕刻的墓壁相关。在我们统计的第一类有石质雕刻的墓中（不含第二种雕刻于支柱、墓顶、墓脊、碑盖、碑帽等部位的墓葬），基本不见单层的“箱式”墓，三层的有2座（水懂大寨M1和下丁寨王啟墓），双层的有16座，占总数35座的45.7%，差不多接近一半的数量。由此可见两层及两层以上的“箱式”墓是水族墓群中有装饰石雕的主体墓葬。

水甫发现的01号石刻，从其雕刻内容和平面大小来看，应该属于双层以上的“箱式”墓。水甫M13虽已垮塌，但是无论石雕画面的大小和内容，均与水甫M3如出一辙，故将其划为双层墓。水备M2装饰极为简单的圆形仿铜鼓鼓面纹饰，表明这种双室合葬墓同样包含水族墓葬的核心元素。天星大寨M1为残墓，但据其下层雕刻的牛、马图案和石俑分析，也不像是单层墓。引朗墓群的“箱式”墓，无论是否有石雕装饰，均为双层结构。这种情况在相邻的马联—拉佑墓区亦如是。

从地理位置上观察，墓壁装饰石雕的墓主要分布在水甫、引朗、马联—拉佑、甲找、水懂、水梅、天星大寨等几个地点。荔波的尧古和太吉只有圆形墓，发现的石雕全部是装饰在碑体上。最为奇特的现象是在石板寨发现有大量的“箱式”墓上的石雕构件，许多内容与水懂M1完全相同或相似，但是在同属一村的水达上寨，除了在墓上装饰有石俑、龙脊、双鱼构件外，所有墓壁上面都不见有任何石雕装饰，并且上水达西区M5、M7、M8上层墓体采用整块的石料来做成实心的结构，这在其他地点均未发现，这是出于地域文化的差异还是时代早晚形成的区别抑或是水族内部不同支系之间不同的文化现象，值得我们深入探讨。下面将有石雕装饰的墓葬按图幅数量统计如下（表一〇）。

表一〇　水族墓葬石雕统计表

序号	编号	数量	雕刻内容	备注
1	水甫 M3	6 幅	麒麟、双龙与虎、两号手与龙、生母娘娘、龙与三鱼	已拓
2	水甫 M13	2 幅	麒麟、双龙与虎	已拓
3	水甫 M1	2 幅	铜鼓纹	消失
4	水甫 01 号	1 幅	双鸟、鱼、蛙、马、鹿、人、仿铜鼓纹等	已拓
5	引朗 M2	7 幅	花篮、双狮麒麟、四骑交战、鹭鸟、凤凰牡丹与蝶恋花、出行、牧牛鹿象	已拓
6	引朗 M5	6 幅	仅余牧牛鹿象、骑马图	风化
7	引朗 M6	9 幅	出行、麒麟、骑象、福如东海、寿比南山、野鹿衔枝、钓鱼、双牛	已拓
8	引朗 M8	9 幅	蟾宫折桂、出行、双凤、双鸟麒麟、四骑交战、双猴摘桃、祭祀、双鹿、人物	已拓
9	引朗 M9	7 幅	葫芦、避乱、麒麟大象、三贤、双狮戏球、花卉、凤凰	已拓
10	引朗 M11	6 幅	四骑交战、双狮麒麟、八仙、牧牛鹿象、凤凰、鹭鸟	已拓
11	马联 M1	9 幅	双凤、麒麟、垂钓、出行、喜上眉梢、清扫、骑马、莲荷、野鹿衔枝	风化
12	马联 M2	7 幅	“长发”、“其祥”、八仙、双凤、四骑交战、凤凰、鱼跃龙门	
13	马联 M3	8 幅	出行、团凤、麒麟、喜上眉梢、四骑交战、鱼跃龙门、莲花	风化
14	马联 M6	6 幅	双凤、喜鹊登梅与狩鹿、三虎、双狮戏球、麒麟、云龙	已拓
15	水梅 M1	2 幅	仿铜鼓纹、几何纹	
16	水备 M2	3 幅	仿铜鼓纹	残
17	天星 M1	1 幅	牛马	残墓
18	尧古 M1	2 幅	八仙、鹿	对称
19	尧古 M2	4 幅	人物、牛、树、狮、鹤、鸟、门楼、麒麟、牛鱼	对称
20	尧古 M3	2 幅	八仙、野鹿衔枝、双鹤	对称
21	尧古 M4	3 幅	八仙、双牛、狮、鹤、喜上眉梢、花卉、双凤	对称
22	尧古 M5	2 幅	八仙、喜上眉梢、野鹿衔枝	对称
23	尧古 M6	4 幅	八仙、野鹿衔枝、麒麟、水牛望月、荷花双鸟、飞凤、立鹤	对称
24	尧古 M7	3 幅	双凤、祭祀、钓鱼、牛犄	残
25	尧古 M8	3 幅	双龙抢宝、人物、骑战	墓毁
26	尧古 M10	4 幅	八仙、仙猴摘桃、水牛望月、麒麟、三鱼	
27	尧古 M11	13 幅	人物、鱼、尽孝图、宴饮、交战、喜上眉梢、鹿回首、双牛、四鸡等	残
28	太吉		牧牛、卧牛望月、三鱼等	未计
29	甲找 M1	13 幅	双马、建筑、同心圆、麒麟、水牛、小鸟	残
30	丙奇 M1	2 幅	出行图、双凤	已拓
31	丰明组 M1	3 幅	鸽子、人物	风化
32	水懂 M1	21 幅	铜鼓纹、麒麟、野鹿衔枝、杂要、出行、骑马、乐舞、送礼、舞蹈、双龙、双凤等	已拓
33	下丁寨王敨墓	13 幅	鹿、麒麟、双猴摘桃、出行、喜上眉梢、鹤报平安、鹿鸟、鲤鱼、八仙等	已拓
34	板劳 M1	6 幅	麒麟、骑马、鹤、八仙、喜上眉梢、瓶花蝴蝶、三鱼、太极	对称

续表

序号	编号	数量	雕刻内容	备注
35	的查 M1	1 幅	太极图	已拓
36	的查 M2	4 幅	双鸽与骑马人物、鹤、挥手女性、挥刀男性、太极图	已拓
37	黔南州民族博物馆 01 号	1 幅	家畜与人物图	藏品
38	黔南州民族博物馆 02 号	1 幅	六足龙	藏品
39	三都水族自治县文管所	1 幅	水书文字图画碑	残
40	石板寨 01 号	3 幅	八仙、三猴摘桃、持刀立人	采集
41	石板寨 02 号	4 幅	人物、钓鱼、野鹿衔枝	采集
42	石板寨 03 号	3 幅	骑马、瓶花	采集
43	石板寨 04 号	3 幅	抬轿出行、人物	采集
44	石板寨 05 号	3 幅	抬轿出行	采集
45	石板寨 06 号	1 幅	送礼	采集
46	石板寨 07 号	1 幅	麒麟	采集
47	甲路 M1	1 幅	铜鼓纹	

二、石雕的技艺与造型

石雕是一门古老的艺术，因其原材料的自然存在而被人们加以利用，使之从天然的状态蜕变成艺术的结晶。在水族民间传统技艺中，加工、雕刻石材的能工巧匠不乏其人，如前面曾经介绍到的雕刻、制作独山县天星大寨韦占科墓的“荔波阳安乡石工莫少瑜”即是。

水族墓群中所见石雕我们在介绍石雕与不同类型墓葬之间的关系中已经将其分为两大类，即以平面装饰为主的壁面石刻和以立体装饰为主的石雕构件。

第一类因为是在加工平整的石材上进行雕刻，所以装饰的图案绝大多数是采用平雕阴刻的手法，即在石材平面上画出图案，将不需要的部分浅刻几毫米剔除，保留画面需要的内容，形成一种浅浮雕的样式和效果；也有少部分工艺较为简单的，尤其是线条和几何纹，直接采用阴线刻的方法，用简约的形式来表现所要传达的内容。在水懂大寨 M1 和马联 M1、M3 韦氏等墓上，墓壁石雕的上面还保留有红、黄、蓝等色泽鲜艳的彩绘颜料，将石雕与彩绘有机地结合在一起。由于是在平面上创作，虽然有的雕刻内容生动形象，但屡屡也见缺乏透视感的败笔，这固然是囿于材料和构件的局限性，但是也体现出当时民间石雕工艺水平的相对滞后，同时石雕题材的雷同也在一定程度上反映出其思维和技艺的局限性。

第二类相对要复杂一些，一是装饰部位各异，二是装饰构件的形状不同，因此采用的技术包括了浮雕、半浮雕、透雕、圆雕等手法。在墓两旁的支柱上，雕刻的内容和形式则更加多样化一些，有的只是在柱面上浅浅地雕刻出装饰纹样，而有的采取将柱体雕刻成写实人物形象的方式。墓体上下盖板的边沿和部分墓顶以及碑盖，通常的做法是仿照筒瓦屋面的形状雕刻，个别细致的还装饰有带花卉纹饰的瓦当。墓顶前后和碑帽最为通行的做法是装饰仿牛角造型的双鱼纹山字形或中间是葫芦形状的“双鱼托福”造型石雕。墓顶横脊大体是两种处理方式：一种是采用透雕或双面浮雕的“双龙抢宝”造型，另一种是简单的横长山字形屋脊，两边角略微上翘，中间多为葫芦造型。在有龛式碑的长方形或圆形墓前，将八字形翼墙雕刻成方形狮子座上承抱鼓石的式样似乎是一种不变的模式。

在上水达 M11 和 M25 的后面及前面墓壁上，采用半浮雕的形式装饰着并列的抽象人物形象。

板劳村潘阿冈墓的墓碑供台正中位置，赫然浮雕刻着一幅呈圆形的三鱼图。

引朗 M8 张母韦氏墓、马联 M2 韦阿窥墓、马联 M3 韦母墓等装饰的石柱上，浮雕盘狮纹或圆雕盘龙纹则显示出它们的与众不同。

在乱石墓、“箱式”墓或长方形石室、石围墓后面竖立的抽象石俑可以说是水族墓群中一种特殊的石雕。作为一个特别的标志，这些石俑分别被雕刻成两大类：一类是雕刻在同一块石材平面上的半浮雕抽象人物形象，以相同的形象并列在石面上，人物数量不等，最常见的是三个一组，如上水达 M3、M8、M10 等，最多的是水懂大寨 M1，并列着 18 个相同的造型。另一类是雕刻的立体造型单个或两个、三个一组的抽象人形，一般高出地面40～60 厘米，宽 10～12 厘米，厚6～9 厘米。躯干部分多为柱状，头部常见的有圆形、方形、三角形等几何形状。数量也是从单个到十余个不等，少量的就立为一排，数量多的就分为两排或三排排列。这一类可参见水甫 M2 墓后所立的石俑。

三、石雕的主要内容

在水族墓群壁面上装饰的石雕内容形式多种多样，按照画面内容划分，主要有动物、人物、植物、房屋、铜鼓纹、几何形纹饰等几大类。分类介绍如下：

（一）动物类

这一类包含有水族地区广为流行并视为饮食重要组成部分与精神图腾的鱼类形象，生产生活中与人们息息相关的牛、马以及喂养的犬只，作为吉祥物和瑞兽的野鹿、大象、麒麟、双狮、龙、虎、猴等。鱼有呈圆形图案的三鱼图、呈牛角造型的双鱼雕刻，还有单个的鲤鱼出水、鱼跃龙门、钓鱼图中的鲤鱼等；牛、马在数量上有单个出现和多个一起出现的，也有与骑牛、骑马的人物一同出现的。最具代表性的是立在尧古 M7 墓前的一幅牛牺图，画面上有六头长角水牛被一字排开吊挂在栏杆上待屠，上面站着两位身穿百褶裙的少数民族妇女、两个公差模样佩剑的男性以及一位身着短衣长裤、手持砍刀的屠夫。鹿几乎都是以野鹿衔枝的单体造型或与牧牛图一同出现于墓壁。大象、麒麟在同一座墓上可见多次出现的，但是在同一幅画面上则多是以单个的形式出现。狮子除了雕刻在石柱上的是单体形象，其余出现在墓壁画面上的基本都是按双狮戏绣球的内容成双成对。龙也是以双龙抢宝的造型出现为多，且多装饰在墓顶屋脊上，也有上下两条游龙中间夹有一虎以及一条龙遨游于人物之上的，另外还有雕刻于石柱上的盘龙纹。虎有单只与大小三虎共存于一幅画面的。猴则都是坐或攀爬于树上摘食桃果的造型。飞禽类最常见的是白鹭、仙鹤，还有传说中吉祥的凤凰，有丹凤朝阳，也有圆形造型的团凤，单个和成对出现的都有。以“喜上眉梢”为寓意的喜鹊登梅也是比较常见的内容之一。昆虫类仅见有蝴蝶，纷飞于花草之上，构成一幅“蝶恋花”的画面。

（二）人物类

按表现手法可分为写实与写意两种。按内容则可分为普通人物与神话人物两类，其中普通人物又有身穿民族服装和汉式服饰两种。着民族服饰的人物多与现实生活内容有关，如吹奏芦笙、芒筒、长号表现芦笙舞的场面，男女二人相拥舞蹈的情景，两人抬一牛腿祭祀送礼的过程，垂钓的老翁，吹号的号手，牧童与骑手，祭祀的长老等。身着汉式服装的多为明朝吏服形象，以单个立人和成队表现出行场面的为多，也有骑马、坐轿和抬轿、玩杂要等人物形象。从数量上看，出现得比较多的一是出行图，不仅画面上的人物众多，而且见于多座墓葬之上，是一种较为流行的图样；再就是四骑交战图，图中四人手持兵器骑于马背之上，两两捉对厮杀。神话人物出现最多的当数八仙，在多座墓上均有刻画，有八仙列成一排共一画面的，也有分成若干画面，一幅画面只有一至二人的，最为独特的一座墓为引朗 M6，将八仙的形象镶嵌于“福如东海、寿比南山”八个字当中，一字一个人物，图文并茂。此外，玉皇大帝的形象在个别地方也有发现。以上各类皆为写实人物。写意的人物见于水甫 M3，在其上层东壁一侧，以阴刻的方式象征性的雕有九个身手相连的人形，其图案与水族民间家中供奉的“生母娘娘”如出一辙。除了平雕画面上的人物，在部分墓葬外部还竖有采用立体雕刻用作墓室支撑、加固的人物造型支柱，人物多是脖戴粗大项圈、身着百褶短裙的少数民族人物形象，有男性也有女性，有坐姿也有站姿，最独特的两例是在所雕妇女的怀中还抱着襁褓中的婴儿，其中一例还露出双乳作哺乳状。

（三）植物类

植物类所见最多的是葫芦，有两种情况，一是将葫芦的形状阴刻于画面上，呈平面效果；二是将墓顶山字形石雕装饰的中间雕刻成葫芦的形状，呈现出立体的效果。大量葫芦石雕的出现，一是取汉字“福、禄”的谐音，以求吉祥，再就是在水族历史传说中，葫芦曾经是救助人类和生命孕育过程中的体现，是一种作为图腾崇拜的物件。除葫芦之外，墓壁石刻中常见的还有各种林木花卉，一是自然生长的花树叶蔓，包括前面提及的喜上眉梢图中的梅花、仙猴摘桃图中的桃树、人物伫立其间的竹林、围绕凤凰的牡丹、仙鹤脚下的兰草、蝶恋花下的花枝等，再就是野鹿衔枝图鹿口中的灵芝以及以插花形式出现的篮花、瓶花等。

（四）建筑类

表现建筑类内容的石刻比较少，目前所见仅两类。一是作为三都水族自治县县级文物保护单位的都江镇甲找村 M1，该墓的两侧及后面石壁上以阴刻的手法共刻画了五座建筑，形象均为长方形塔式建筑，其结构有两层和三层两种，上小下大，底部为石刻基础，顶部正中有的为葫芦形装饰，两层屋檐的四角均往上起翘，从画面观察，既像房屋类建筑，亦像墓葬本身的地面造型结构。另外一处为马联 M2 韦阿窳墓北壁和相邻的马联 M3 韦母墓西壁下层鱼跃龙门的石刻建筑，画面呈四柱三门结构，中间为大门，高度高出两侧门约三分之一，宽度也比两旁略宽，三门的顶部皆为人字顶两面坡仿筒瓦屋面形状，大门顶部横脊正中为葫芦形装饰，屋脊两端包括两侧门靠外一侧脊尾处均向上起翘内收呈新月形，四根立柱的底部皆支撑有柱础，门均为弧顶双扇仿木结构，作半遮半掩状，三门左侧一扇门扉都关闭着，右侧开启，分别有鱼、龙遨游其间。属于这一类的还见有尧古墓群翼墙和碑柱内壁上面雕刻的建筑形象。

（五）铜鼓纹

铜鼓是我国南方许多少数民族使用的礼器，在水族地区也不例外，凡族内举行宗教礼仪、年节祭祀等重要活动皆离不开击铜鼓。这一点在水族古墓葬的石雕上面也得到充分的印证。在调查清理中，我们发现有一定数量的墓上装饰有仿铜鼓纹样的石雕，并且都很有规律性地位于地表第一层死者头部的一端壁面上。鼓面直径绝大多数在 40 厘米左右，最大的为 58.5 厘米，最小的为 26 厘米。从仿铜鼓纹饰的繁简来划分，有三种类型：第一种是写实的手法，完全按照实物铜鼓的纹样来雕刻，除材质不同外，基本看不出有多大差别；第二种是简化的手法，在晕间以较大的花纹来表现铜鼓纹饰，且中间的鼓芒多雕为花瓣形；第三种更为简略，直接在石壁上阴刻数道同心圆来表示鼓晕，不仅中部无芒，晕间亦无任何装饰纹样，如甲找 M1 后壁所雕。在黔南州民族博物馆收藏的一面铜鼓纹石雕上，还有“道光元年冬月吉旦”的纪年铭文（表一一）。

表一一　水族墓葬铜鼓纹饰统计表

序号	地点	位置及编号	纹样	尺寸（厘米）	备注
1	水甫	M2 西壁	内米字形纹，外十六芒		
2	水甫	M1 下层前、后壁	十二芒九晕	直径 45	已消失
3	水懂大寨	M1 东壁下层	十六芒七晕	直径 47	
4	甲找	M1 东壁下层	同心圆七晕	直径 48	
5	水梅	M1 南壁下层	同心圆三晕	直径 47	
6	水备	M2 东壁	几何纹三晕	直径 50	
7	贵州省博物馆	藏品 B. 1. 15096 号	十六芒七晕	直径 44	
8	贵州省博物馆	藏品 B. 1. 15097 号	十芒七晕	直径 49	
9	贵州省博物馆	藏品 B. 1. 15098 号	八芒七晕	直径 44	断为两块
10	贵州省博物馆	藏品 B. 1. 15099 号	十二芒同心圆四晕	石料 74 × 54. 5	有水书文字
11	贵州省博物馆	藏品 B. 1. 15100 号	同心圆三晕	石料 85 × 61	
12	贵州省博物馆	展存品	八芒七晕	直径 43	

续表

序号	地点	位置及编号	纹样	尺寸（厘米）	备注
13	黔南州民族博物馆	藏品 03 号	八芒八晕	直径 42	有纪年铭文
14	黔南州民族博物馆	藏品 04 号	八芒九晕	直径 44.5	
15	黔南州民族博物馆	藏品 05 号	八芒七晕	直径 46	石料 70×54
16	三都水族自治县文管所	藏品 B.1.57.1 号	八芒六晕	直径 41.5	中部磨损
17	三都水族自治县文管所	藏品 B.1.57.2 号	八芒八晕	直径 40.5	
18	三都水族自治县文管所	藏品 B.1.57.3 号	十二芒八晕	直径 44.5	
19	三都水族自治县文管所	藏品 B.1.57.4 号	八芒七晕	直径 44	
20	母改寨	潘玉兴家 02	八芒八晕	直径 42.5	
21	母改寨	潘玉兴家 01	十二芒五晕	直径 26	
22	母改寨	潘玉兴家 03	花瓣形四晕	直径 58.5	
23	荣耀村	M1 后壁	八芒九晕	直径 37	
24	荣耀村	M4 后壁	八芒九晕		
25	甲路	M1 东北壁	八芒五晕	直径 38.2	

（六）几何纹

几何纹的使用较为普遍，并且多是与其他纹样组合在一起使用。最常见的有米字形、十字形、回字形、万字形、菱形、方格形、弧形、八字形等。通常装饰在画面的边框部分，少数直接镶嵌于画面内容之中。

第三节　水族墓葬的民族文化特征

通过肇始于 2006 年 11~12 月荔波县水甫村水族公共墓地的调查发掘，以及此后数年之间在水族分布区域内反复进行的野外考古调查和民族学调查，我们走遍了水族聚居的绝大多数自然村寨，排查了每一处历史上曾作为水族墓地的处所，调查记录了目前还保留在世的每一个水族墓群以及每一座典型水族墓葬，包括残存的个别墓葬我们也都进行了实地勘察，对这些在一定程度上代表和反映水族历史文化的遗存，分别进行了调查清理、数据采集，以文字、测绘、拓片、照相等不同技术手段记录信息，掌握了大量翔实可靠的第一手资料和数据。所以才有了今天这本集考古学与民族学以及体质人类学材料为一体的水族墓群调查发掘报告。根据对这些田野资料的调查、收集、整理，我们初步认识了水族墓群的分布地域、墓葬形制、墓形演变、具体年代、埋葬方式、工艺水平、装饰手法、石雕艺术形式与内容及其所体现的民族风格与其中折射出的民族丧葬习俗和宗教信仰等。

在现代的水族聚居地区，由于年代久远失传以及人们埋葬行为方式的变迁，早已不再使用水族墓群中典型的长方体“箱式”石结构仿房屋建筑式样的墓葬形式，因此在调查访问中除部分当地的水族村民从墓主姓氏上知道是其祖坟外，还有相当一部分群众不知晓该类墓葬是他们本民族的文化，而是将这些墓葬称为“苗坟”或“苗罐坟”。过去我们将其定义为水族墓葬，一是基于其局部外貌特征，二是其主要发现于水族地区，此外并无更多直接有力的证据，从而缺乏充分的说服力。因此，在对这些墓群进行研究的整个过程当中，族属的判定和有关民族文化特征的解析就成了首要任务。

当然，对墓主人族别的鉴定是最为直接有力的证据。在这方面，通过与中山大学人类学系的合作，我们将发掘过程中采集的部分死者的人体骨骼标本进行了相关研究，所得出的结论一是囿于标本数量和完整性的有限，二是个体的差异也不能够完全代表整体的族属特征，三是水族在自身的历史发展过程中，不可避免地会与其他兄弟民族通婚联姻从而产生民族融合现象（参见附录的相关内容）。故从这批采自水甫墓地的标本所观察到的自明清时期一直延续到现在的阔额特征特别是在面颅形态方面虽然与现在水族居民具有较多的一致性，但是另一方面，在脑颅形态上与现代水族（包括三都水族和荔波水族）的差异又非常明显。这种延续性与差异性既可以证明水甫墓地出土人类骨骼标本与现在水甫水族居民的关联性，但是又不能完全肯定他们在血缘上的遗传学关系。

因此，在田野调查、发掘过程中观察记录到的相关资料，就成了我们认识这批墓葬性质的一份重要依据。通过对田野考古资料和相对应的民族学材料的归纳分析、参考印证和对比研究，该类墓群浮现出一系列水族民族文化的独有特征，从不同的侧面充分证明了这些墓群是当地水族先民的文化孑遗，二者反映了相同的文化内涵，从而直接和间接地论证了水族墓群的民族文化特征，从而以令人信服的事实确立了其族源文化属性。下面即从田野工作中观察到的几个方面浅析其民族文化特征凸显的内容。

一、墓地位置与水族村寨的关系

以田野资料为依托，我们可以看出水族墓群尤其是水族墓葬中最具代表性的长方体“箱式”仿房屋建筑结构式样的石结构墓葬，其分布的主要范围和中心区域均围绕三都水族自治县，包括与之相邻的荔波县、榕江县、独山县靠近三都的部分地区，其中最为集中、最具典型的区域则是三都水族自治县与荔波县相结合的九阡镇、周覃镇与水甫村一带，可谓水族典型墓葬分布的“金三角”。这是一个宏观的分布范围。具体到每一个墓地、每一座墓葬，我们发现几乎所有我们定义为“水族墓葬”的墓或者墓群，其分布的具体位置都和现在水族居住的地点高度统一，大多选择紧邻村寨的缓坡、林地，两者之间的直线距离一般都在几十米或几百米之内，如水甫墓地，离水甫村板本寨仅 50 余米，还有部分墓葬甚至就坐落在村子里面，与村民的房屋相比邻，如水懂大寨 M1 和引朗墓群等。这虽然不排除后期由于村寨建设带来环境发生变化的因素，但从寨子的历史规模来看，亦应相差不远，这一特征反映出这些墓葬与水族村寨的紧密关系。在水族地区，聚族而居是一种传统现象，这既源于自身的繁衍，亦源于自我保护的需要和共同的生活语言环境。水家人世代居住在边远贫困山区，主要从事农业小生产，生产和生活条件非常艰苦，自然的血缘亲属关系不可避免地成为社会关系的一个重要方面。在这样的社会生活环境中，难以产生足以担当本民族政治、经济、文化中心的重镇，只能是在一定的区域范围内分布着许多大大小小的自然村寨，而有的村寨本身就是一个宗族（家族），也有一些较大的村寨同时居住着几个不同的宗族以及几个较小的村寨同属一个宗族的现象。但不管是哪一种情况，在村寨附近选择适当的地点作为公共的家族墓地是没有区别的。这里面还包含着水族视祖宗为神灵的观念，将逝去的先人安葬在居所的旁边，一是表示死者仍和自己生活在一起，二是寻求神灵的庇佑，再者在实际生活中也便于安葬和照看管理。因此，在紧挨水族村寨的地点大量分布有水族墓群就不足为奇了。这论明了坐落在水族聚居地的这些墓葬应该就是水族文化凝聚而成。

二、墓葬年代、墓主姓氏与水族的关系

在第一节的内容中，我们已经得知水族墓群所处的年代基本没有超出清代的范畴，上限不排除早到明代的可能性，下限则止于晚清。而在这一时段，水族早已定居于此。虽然同时也有苗族、布依族等一些兄弟民族活动于兹，然而无论是从人口数量、历史渊源、活动规模等方面来看，其在这一区域远远不及水族的势力和影响深远。故这批明清时期大量分布于水族活动中心区域的墓葬理当与水族有关。再者，墓碑碑文所反映的墓主姓氏也与墓地所处水族村寨家族姓氏一致。如表九统计的水甫墓地 14 座有姓名、性别的墓中，11 位男性无一例外地皆姓潘，其余 3 位女性则均为“潘母吴氏”，这表明水甫墓地是潘姓家族的公共墓地，在那个时代潘家主要是和吴姓联姻。时至今日，水甫村老寨、板本寨等仍然是以潘姓为大姓，潘氏家族在该地占据着主导地位，是一个人口众多的水族家族。引朗墓群中，有姓氏的男性虽然只有张士毫一人，但是其他女性墓上体现出来的也都是嫁入张家的“张母韦氏”、“张母潘氏”，表明这是张氏家族的墓地，联姻的家族有韦姓、潘姓。而今居住在寨内的也都是张姓家族成员，知道这批墓葬是他们的祖坟，当为其后裔。还有与引朗墓地相去不远的马联—拉佑墓群，情况也是一样，除了马联 M2 韦阿窥一位韦姓男性之外，其他有姓氏的也都是女性墓，但是也都是嫁到韦氏家族的“韦母”，有韦、潘两姓。上水达 3 座有姓氏的墓葬的墓主潘阿寅、潘玉生、潘臺，也是和现在居住在当地的潘氏家族同出一脉。至于洞托墓群，17 座墓葬中有姓氏的共有 11 座，比例达 65%，几近三分之二。男性全部姓吴，女性则全部是吴家的媳妇，有“吴母杨氏”和“吴母潘氏”，经调查该地村民亦为吴姓，该墓群是其祖坟。尧古墓群中的“蒙公”、“蒙母”，同样与现在所居的水族村民姓氏相同。根据这些墓葬墓主姓氏与当地水族村民姓氏的一致性，以及他们对其祖坟的认同，我们基本就可以确认这些墓葬与当地水族居民的族属与血缘关系，以此证明这些墓群的水族族属。

三、墓形结构与水族民居的关系

在水族地区，“轻生重死”、“事死如事生”是一种普遍的观念，人死了不称为死，而是称

为“拜仙”，意思是去当神仙、升仙了，因此在这一观念指导下，整个丧葬活动从举行丧事、墓地选择、时间安排、坟茔构筑（仿民居建筑的样式）、石俑陪葬等，都浸透着这一观念意识。体现在“开控”中，首先第一件要做的事就是搭建死者亦即神仙居住的宫殿“香亭”，其制作方法通常是用竹条搭建，衔接处用绳子固定，然后用彩色的剪纸和金纸贴好，并在“香亭”的“门”、“柱”等处写上“玉宇”、“瑶池”、“神仙府”以及“九楼宽广佛仕居，丸阁辉煌仙人住”等对联，反映出死者成仙到另一世界生活同样需要有一定住所的意识行为。而我们调查发掘的长方体仿房屋建筑结构式样的“箱式”墓，其地面建筑部分，无论是一层、两层甚至三层结构的，基本上都是用整块的石料作墓壁，镶嵌成长方体的形状，下面铺设较大的石材作基础，上面再用厚十几厘米的石板覆盖，多层的则做成上小下大的形式，重叠呈塔形，顶部通常用石板斜拼成两面坡人字顶式样，也有雕刻成四出脊、四角尖收、仿筒瓦屋面的形状，屋脊上通常还装饰双龙抢宝造型的石雕，墓顶前后位置装饰山字形或仿牛角造型的“双鱼托福”石雕，使整座墓望上去犹如一座房屋建筑。即使是在长方形、圆形等非典型性水族墓葬中，将墓壁上沿或墓顶四周抹斜雕刻成仿屋檐的式样也是一个一成不变的内容。另外，所有带墓碑的墓，碑盖均为仿屋顶的造型，碑帽也是绝大多数做成山字形或“双鱼托福”的式样。在一些“箱式”墓的两侧，往往还立有两面对称的长方形支柱支撑上部和固定四壁，而这些石柱从侧面望去，犹如百越民族包括现今水族居住的干栏式建筑中的干栏，因此有的学者也以此把这类墓葬称为“干栏式石板墓”。这些特点一方面反映出这些墓葬与共存的水族民居的相似之处和亲密关系，另一方面也说明这些墓葬是源于水族先民的传统意识和生存环境。

四、水族墓葬中的“二次葬”

水族对安葬死者的时间是十分看重和讲究的，在处理死者后事的过程中，有一整套相对固定的模式和内容。首先是这一活动的所有环节，都必须是请当地比较有名望的水书先生来（以一个为主，规模大的需要聘请几个水书先生），在他们的安排主持下进行，其次是族人死后需由水书先生根据水书的内容和死者的生辰八字、死亡时间等相关内容来测算决定下葬的日子（择吉），如果当时不宜下葬，还需要停棺待葬，待到水书先生择定的吉日到来之时再入土安葬，方能完成这个漫长的过程。据了解，待葬的时间有长有短，短的只有几个月，长的则要等待数年甚至十几年的。在待葬的过程中，死者的灵柩不能入土，只能放在家里或村寨旁停丧待葬，进行浅葬或假葬。为了表示棺木还没有落土，过去是用木凳或木料等支撑物搁置起来，在棺木上面覆盖杉树皮作遮挡，然后再象征性地放置一土饼或少量泥土在其上，作为假葬；或以木板等物遮住棺木，其上再用土暂时掩盖，等吉日到来再取出重新安葬；也有临时搭盖一个简易的草棚停放棺材的。现在为了清洁卫生，则往往是先行浅葬，临时找个地方，将棺木草草掩埋，在棺木的下面用木棍或木板作支撑，以示与地下相隔，到时间再取出来重新安葬。就像我们在第五章第三节所介绍的独山县本寨乡林桥村9组吴仕明举行二次葬的过程即是。还有的为了节约省事，干脆就一次性先埋葬下去，在棺木的下面垫上一根竹条表示与土隔离，等到了水书先生择定的落土日子再把竹条抽出来以示入土完成整个丧葬过程。更有最为简单的，就是埋葬的时候在封土堆的正中心位置预留下一个出气孔，等到了择好的吉日再将这个气孔用土封堵好就算完事。这些不同的处理方式，虽然繁简不一，但是都体现出水族对安葬日期的笃信不疑和恪守遵从。这种丧葬行为反映在墓葬中，即表现为死者的人体骨骼所处位置不可避免地会发生位移。我们在清理水甫 M3 时，就发现有二次葬的现象，死者的头骨和肢骨摆放比较散乱，与正常死后即安葬的人体遗骨有明显的差别，当是该民族特殊的丧葬习俗所致。

五、葬俗上的“伴祖添葬”现象

在发掘水甫 M37 和 M38 的过程中，我们发现两者之间具有一种特殊的关系：即两座墓位于同一封土堆下，系典型的异穴同冢，然而由于封土下面都是采用的长方形竖穴土坑，两者在平面上相互之间又具有明显的打破关系，后埋的 M38 打破先葬的 M37，显示出两者在埋葬时间上具有一定的早晚差别，且墓向也不完全一致。按常理推论，通常会认为是过去常见的夫妻合葬墓，后经过相关的民族学调查，始得知这是源于水族特有的一种丧葬习俗，称为“伴祖添葬”，即有晚辈去世后，为了不用再另行选择吉地和吉日，就在前辈安葬的地方就近靠着安埋，陪伴祖先，亦沾祖先的光，受祖先的庇佑。通过这种葬俗的发现，也体现了该墓葬独具的水族文化特点。

六、石俑陪葬现象

水族墓群最为明显的一个特征是在墓上或墓后雕刻、竖立各种造型不同的石俑（表一二）。可分为两种，一种是装饰在墓上的石雕人物，多为身穿少数民族服饰的写实人物形象，通常是雕刻在墓壁两旁支柱上，也有个别如羊翁大寨的阿刘公墓，石俑是装饰在墓碑左右两边，在上水达墓地还见有在前后墓壁上半浮雕石俑形象的；更多的一种是采用立体几何造型雕刻出单个或成组的抽象人物形象，陪葬于墓后地上，数量则从一个至十余个不等；也有采取较为简单的方法，在一块石料上浮雕出并列的抽象人物形象，以三人以上组合为主，最多的一例是水懂 M1，在同一块石面上浮雕了 18 个并列的抽象人形。在水甫墓地、水尾墓地、水备墓地、上水达墓地等地点，使用石俑陪葬的现象比较普遍，这也是水族墓葬的一大特点。石俑的数量多寡不等，形状也不完全统一，一般来说都比较抽象、简单，通常雕刻成柱状长条形身躯，圆形、方形或三角形头部，有单个雕刻的，也有几个一组雕刻在一起的，人体的面部特征有的能看出五官，有的则非常简单只能分辨出头形。石俑通常高 40～50 厘米，个别较大的有高 70～80 厘米的，宽度以 10～12 厘米为主，厚度多为 6～9 厘米。数量少的一般是排成单排，数量多的就分两排甚至三排排列，例如水甫 M2，有石俑共 10 个，长条形，分前后两排竖立，前排 5 个，均圆形头部，三人为单体，两人为连体；后排 5 人，有一组三人连体，圆形头部，另一组两人连体，三角形头部，高 60～80 厘米。所有的石俑都竖立在墓的后方即死者的头部位置，紧挨着墓室的地面部分，与墓壁距离仅几十厘米。对于此现象，有观点认为是早期殉葬制度的反映，用石俑替代人殉；也有认为是当地少数民族的一种特殊丧葬形式。经过调查分析，现已基本否定第一种说法，因为在明清时期的这一地区，既没有奴隶社会的影子，更不存在人殉制度的残余，明显与所处的社会环境不符。而在墓后竖立石人用以表示后继有人的说法，不但可信而且有相关的民族学材料证明。由于当地的水族尊崇祖先，视死者为神为仙，认为人死了是到另一个世界生活，将石俑立在墓后，既表达对死者的尊敬和哀悼，寓意继承先辈的遗志，亦寄望有众多的儿女相伴，死去的人不感孤独，同时也期盼受祖宗的保佑儿孙吉祥安康。至于石俑数量的多寡，从相对应的墓葬规模来看，并非规模越大的越多，如水尾墓地同为一样大小的乱石墓后，既有竖立一两个的石俑，也有多达9个的，按民间的说法这只是墓主人后代人数多少的反映，不代表死者财富的多寡或地位的等级。另外，同一座墓墓后所立石俑形状亦有所不同，据说是与家庭成员不同的身份和辈分有关，至于具体地如何划分，还需要我们深入地了解。这种竖立石俑于墓后地面的特殊葬俗，在其他地区和其他民族中均没有发现过，根据这一突出的特点，只能认定这是当地水族所遵从的一种丧葬形式而非其他民族的行为。

表一二　水族墓葬石俑统计表

序号	地点	位置/编号	数量	形状	备注
1	坝街乡羊翁村	阿刘公墓碑两边及外侧	6个	立姿、戴项圈、穿短褶裙	女5男1
2	恒丰乡丰明组	韦氏墓上层支柱	2个	女性，立姿绾发，男坐姿抚须	扰动
3	下丁寨	王敀墓中、上层支柱	5个	女性，立姿2、哺乳1，男坐、立姿各1	女3男2
4	天星大寨	M1前面	2个	立姿、女戴项圈、穿短褶裙	男、女各1
5	马联墓地	M4支柱	1个	浮雕人头像	残断
6	水甫墓地	M2墓后	10个	抽象人形，单个及两、三个一组	分两排
7	水甫墓地	M4墓后	2人一组	抽象人形	头部残
8	水甫墓地	M6墓后	1个	三角形	石雕
9	水甫墓地	M7墓后	5人一组	抽象人形，五人并排	石雕
10	水甫墓地	M17墓后4、墓侧2	6个	抽象人形，单体	有扰动
11	水甫墓地	M20墓后		抽象石雕	上部残断
12	水甫墓地	M27墓后	4个	抽象人形，单体	单个并列
13	水甫墓地	M29墓后	4个	抽象人形，单个及两个一组	
14	水甫墓地	M30墓后	2个	抽象人形，单体	扰动
15	上水达西区	M11上层支柱	4个	女性，立姿、戴项圈、穿短裙	风化
16	上水达西区	M11下层后壁	2个	抽象人形，立姿、并列	浮雕
17	上水达西区	M3墓后	3人一组	抽象人形，几何形状	石雕
18	上水达西区	M8墓后	3人一组	抽象人形，几何形状	石雕
19	上水达西区	M10墓后	3人一组	抽象人形，几何形状	石雕
20	上水达东区	M19墓后	6人一组	抽象人形，几何形状	石雕
21	上水达西区	M20墓后	4人一组	抽象人形，几何形状	上部残断
22	上水达西区	M22墓后	1个	抽象人形，单体	已倾斜

续表

序号	地点	位置/编号	数量	形状	备注
23	上水达西区	M25 后壁	4 个	抽象人形，并列	浮雕
24	上水达西区	M25 前壁	2 个	抽象人形，并列	浮雕
25	水备墓地	M1 墓后	1 个	抽象人形，单体	立体石雕
26	水尾墓地	M2 墓后	6 个	抽象几何人形，单体	残断
27	水尾墓地	M3 墓后	1 个	抽象几何人形，单体	完整
28	水尾墓地	M4 墓后	4 个	抽象几何人形，单体	分两排
29	水尾墓地	M5 墓后	3 个	抽象几何人形，单体	分两排
30	水尾墓地	M6 墓后	2 个	抽象几何人形，单体	并列
31	水尾墓地	M7 墓后	1 个	抽象几何人形，单体	完整
32	水尾墓地	M8 墓后	5 个	抽象几何人形，单体	分三排
33	水尾墓地	M9 墓后	3 个	抽象几何人形，单体	分两排
34	水尾墓地	M10 墓后	2 个	抽象几何人形，单体	完整
35	水尾墓地	M11 墓后	1 个	抽象几何人形，单体	完整
36	水尾墓地	M12 墓后	2 个	抽象几何人形，单体	残断
37	水尾墓地	M13 墓后	5 个	抽象几何人形，单体	分三排
38	水尾墓地	M14 墓后	1 个	抽象几何人形，单体	残断
39	水尾墓地	M15 墓后	1 个	抽象几何人形，单体	残断
40	水尾墓地	M16 墓后	1 个	抽象几何人形，单体	残断
41	水尾墓地	M17 墓后	3 个	抽象几何人形，单体	残断，分两排
42	水尾墓地	M18 墓后	1 个	抽象几何人形，单体	完整
43	水尾墓地	M19 墓后	9 个	抽象几何人形，单体	分三排
44	水尾墓地	M20 墓后	1 个	抽象几何人形，单体	残断
45	水尾墓地	M21 墓后	6 个	抽象几何人形，单体	残断，分两排
46	水尾墓地	M22 墓后	3 个	抽象几何人形，单体	残断
47	水尾墓地	M23 墓后	1 个	抽象几何人形，单体	残断
48	水尾墓地	M24 墓后	1 个	抽象几何人形，单体	残断
49	水尾墓地	M25 墓后	2 个	抽象几何人形，单体	完整
50	水尾墓地	M26 墓后	2 个	抽象几何人形，单体	完整
51	水尾墓地	M27 墓后	2 个	抽象几何人形，单体	残断
52	水尾墓地	M28 墓后	1 个	抽象几何人形，单体	残断
53	水尾墓地	M29 墓后	4 个	抽象几何人形，单体	残断
54	水尾墓地	M30 墓后	1 个	抽象几何人形，单体	残断
55	水尾墓地	M31 墓后	4 个	抽象与写实人物各 2 个	女性，残
56	水尾墓地	M32 墓后	6 个	抽象几何人形，单体	分两排
57	水懂大寨	M1 墓后	18 人一组	抽象几何人形，并列	石雕
58	贵州省博物馆	藏品 B. 1. 8888 号	1 个	立姿、戴项圈、穿短褶裙	女
59	贵州省博物馆	藏品 B. 1. 8889 号	1 个	立姿、戴项圈、穿短褶裙	女

续表

序号	地点	位置/编号	数量	形状	备注
60	贵州省博物馆	藏品 B. 1. 8890 号	1 个	立姿、戴项圈、穿褶裙、怀抱婴儿	女，下残
61	贵州省博物馆	藏品 B. 1. 8891 号	1 个	立姿、戴项圈、穿短褶裙	女，下残
62	贵州省博物馆	藏品 B. 1. 8892 号	1 个	立姿、穿长褶裙、露乳	女，下残
63	贵州省博物馆	藏品 B. 1. 8893 号	1 个	立姿、戴瓜皮帽	男
64	贵州省博物馆	藏品 B. 1. 8894 号	1 个	立姿、戴三角帽	男
65	贵州省博物馆	藏品 B. 1. 8895 号	1 个	坐姿、双手托下巴	男
66	黔南州民族博物馆	藏品 06 号	1 个	男性、立姿	高浮雕
67	黔南州民族博物馆	藏品 07 号	1 个	女性，立姿、戴项圈、穿褶裙	高浮雕
68	黔南州民族博物馆	藏品 08 号	1 个	女性，立姿、戴项圈、穿褶裙	高浮雕
69	黔南州民族博物馆	藏品 09 号	1 个	女性，立姿、戴项圈、穿褶裙	高浮雕
70	三都水族自治县文管所	的查 01 号	1 个	女性，立姿、穿裙	
71	三都水族自治县文管所	王啟墓支柱	1 个	女性，立姿、着裤、怀抱婴儿	现场采集
72	三都水族自治县文管所	王啟墓支柱	2 个	女性，立姿、着裙、戴项圈	现场采集
73	荔波县文管所	QNLB041 号	1 个	女性，立姿、戴项圈、露乳	采自水甫
74	荔波县文管所	QNLB042 号	1 个	女性，立姿、戴项圈、穿褶裙	采自水甫
75	三都水族自治县文管所	甲路墓地	3 个	抽象几何人形，单体	现场采集
76	三都水族自治县文管所	甲路 M1	4 人一组	抽象几何人形	现场采集

七、随葬品的民族特征

水族墓葬基本上是分为地面和地下两个部分，地下通常采用长方形竖穴土坑，使用木棺作葬具，死者仰身直肢或将两手交叉置于胸前，与现代的埋葬方式没什么区别。其最具特点的是地面建筑部分的长方体“箱式”石结构，其仿当地民居或汉式的宫殿做成仿房屋式样。据传“石箱”通常是用来放置死者生前常用的物品，男性多随葬刀枪、五谷等生产工具和粮食，女性则随葬针线、衣物等用品，由于年代久远、墓室封闭不严、人为破坏以及自然风化，如今所见墓葬里面均空无一物，已无从了解其原貌。地下的部分得益于上面较重的石结构的保护，多数保存较好，使我们能够观察到一些有价值的现象。在水甫发掘的墓葬中，M26 就较好地反映出了死者的少数民族特征，根据死者头部佩戴的装饰品，可以很直观地看出其生前的民族装束特点，当时死者两耳各戴一只直径约 8 厘米的银质大耳环，头顶别一根长 17 厘米的银制发簪，一副穿耳束发、与当地现代少数民族无异的特征式样。虽说同样的装束在苗族、侗族等其他民族中也常见，但也不能因此否定排除至今仍然使用和酷爱银饰品的水族的可能性。在墓葬石雕装饰中，我们也可以看到不少发髻高绾、脖戴粗大项圈、身穿百褶裙装的少数民族妇女形象。这应该是当时女性服饰特征的一种真实写照。

八、墓葬石雕反映的民族文化

在水族典型的“箱式”墓上，最直接的表象特征莫过于其上面所雕刻的石雕内容，通过这些包含着墓葬制作者思想文化意识的作品，我们可以看出其体现出浓烈的少数民族文化元素。在水甫M3上层北壁的壁面上，阴刻有一幅九个人手拉手并排而立的图案（图版一四四，1）。开始有人认为其和墓后所立的石人一样，是代表死者的后代，表示有九个子女，或者按通行的观点，九代表多，九子表示多子多福。后来通过进一步的了解和民俗学调查，发现在水族家庭供奉的神龛上有一种与此完全吻合的情况：即用红纸剪成九个相同的人手足相连的形象贴在供奉的神位上作为一种神灵来顶礼膜拜，水族将其称作“牙希登”祭席，代表生母娘娘（也有称为地母娘娘），视其为掌握生育大权、给人间送来子女的天神，在水族村寨尤其是人丁不太兴旺的家庭里，是最受崇拜的对象，部分水族地区甚至还把供奉地母娘娘的日子定为年节，可见对其的尊崇程度。在生母娘娘神位的上方，通常还插有五颜六色、弯曲呈弧形的“科泛”（羽状彩条）认为代表天上的彩虹，寓意这是人间的天桥，生母娘娘在送子来的路途上不受河流沟渠的阻挡。在实地也见有悬挂生母娘娘形象的剪纸并搭建“科泛”彩桥于道路有阻碍之处，以期迎来生母娘娘的场景（图版一四四，2）。这种祈盼多子多福、人丁兴旺、将生育能力寄望于神灵的民族宗教信仰，在现实生活中与墓葬石雕体现出高度的统一，再一次充分论证了这些墓群与水族人民有密不可分的紧密关系。另外与这幅水族民间信奉的“生母娘娘”几乎完全相同的图案，在遥远北方的鄂温克民族信奉的始祖像上我们也可以看到，两者传达出不同民族之间在宗教信仰上的异曲同工之妙（图版一四五，1）。

在水族墓葬石雕中，身着民族传统服饰、吹奏民族乐器、载歌载舞表现民族乐舞的画面无疑是其中最大的亮点。以三都水懂M1三层“箱式”墓为例，其上下三层四面均布满石雕，除下层正面被破坏以外，其余11处壁面雕满了内容丰富、风格各异的各种人物、动物图案，尤以北壁中层一幅六人奏乐的场景最为引人入胜，该组人物造型由东向西一字排开，最东面的一人身着长袍、头戴银饰、双手上举摇着圆形类似响铃的器物，走在整个队伍的前面作为领舞者，后面五人紧随其后边奏边舞前行，其中第二至第五人服饰一致，均头戴银饰、身穿圆领上衣、下着半腰长裙，裙子两边各坠一串圆形饰带，第二、三、五人手捧芦笙吹奏，第四人则手执芒筒（长圆形，一种为调节音色高低用粗细不一的竹筒做成的民族乐器），最后一人亦吹奏芦笙尾随其后，不同的是没有头饰，下面穿的是长裤而不是裙子，很显然与前面五人的装扮不一。水语称芦笙为“补印”或“补谬”，芦笙的使用不仅源远流长，并遍及男女老幼，而且是水族节日庆典以及丧葬活动“开控”中大跳芦笙舞离不开的乐器。在此过程中，芦笙的数量越多、规模越大，就越显风光，越能得到人们的赞许和认可。该墓西壁上层还有一幅生活中栩栩如生的跳舞画面：一男着民族衣裤、一女着民族衣裙紧紧相拥并欢快起舞，女子身后一吊钩上吊着一口釜，下面还有一头猪在觅食，非常生动形象。

在水懂M1西壁中层还雕刻有一幅两名青年男子抬着一条牛腿送礼的画面，相同的石雕在石板寨也有发现。经民族学调查得知，这也是当地水族的一种丧葬习俗，即男死杀马、女死杀牛，用马和牛来分别祭祀去世的男女。据了解也有家庭殷实者牛马皆杀的，如阿刘公墓碑上面就记载了“马二集、牛六集”的内容。尧古墓地上雕刻的一幅数头水牛吊挂于栏杆上，几个人物站立其上准备屠牛的“牛牺图”以及水族墓葬中大量存在的水牛望月图、牧牛图等，亦充分体现出在一个农耕民族中，水牛与人们生活的息息相关。

大象的形象也经常出现在“箱式”墓墓壁上。这种生活在热带的动物在我国野外自然生存的只有现今云南西双版纳一带，但是我们如果了解水族的迁徙过程和路线，采信他们自述的进入贵州之前来自岭南邕江之畔的历史，我们就会发现这是一个值得关注的现象。南宁自古就被誉为象城，大象不仅曾经生存于邕江流域，更有不少关于象的传说流传在老百姓中间，包括其中最有名的五象岭的传说，至今“五象广场”上五只大象的形象依然是广西南宁市的一个标志。

在墓葬石壁上雕刻南方少数民族礼乐重器铜鼓鼓面图案也是水族墓群一个比较明显的特征，而且装饰图案的位置也非常重要，通常雕刻在墓室的后面正中央即死者头部上方的位置，体现出铜鼓在水族人民心目中的重要地位。这和当地民族把铜鼓视为礼仪重器的文化特征高度一致。铜鼓纹饰的形式繁简不一，多数为写实的式样，仿照实际器物的花纹雕刻而成，如贵州省博物馆、黔南州民族博物馆、三都水族自治县文物管理所等单位收藏的数件铜鼓纹石雕；少数简单的仅雕刻出几道直径大小不一的同心圆来表示，如三都甲找 M1。尽管铜鼓纹石雕的花纹形式各异，但是无论繁简，其透出的信息其实都是一样的，即铜鼓在水族社会文化生活中占据着重要地位。清代《三合县志略》记载“水家……好吹芦笙，击铜鼓”①。水族在过去基本上是每家每户必备铜鼓，少的村寨至少有几面，多的可达几十面，每逢节庆、祭奠、丧葬等大型活动，敲击铜鼓是必不可少的重要仪式和内容。鉴于铜鼓的珍贵性和重要性，虽然为防盗窃不随葬实物而仅是用石雕来代表，显然其意义是相同的。在南方少数民族中使用铜鼓的不止水族一个民族，但同时使用这种特殊丧葬形式又使用铜鼓纹装饰的则只见于水族地区，而在其他民族中不见。

无处不见的鱼的形象，更是水族文化的一个标志性符号。鱼作为一种动物、食物、祭品、图腾、生育象征等多方面的代表，在水族人民的生产、生活、礼仪、文化习俗等一系列社会活动中扮演着十分重要的角色。受早期渔猎经济和水族自认为起源于水边的影响，鱼的饲养和食用一直是水族最为重视的传统，水族认为鱼是生育的象征，是男孩子的代名词，故生孩子的时候不是问生男生女，而是问生鱼还是生虾；在盛大节日和祭祖活动中，鱼是必不可少的食物和供品；水族婚嫁，鱼也是不可或缺的提亲礼品；当水族有人去世，在举办丧事的活动中，水族独有的“忌荤食素”风俗更是把对鱼的偏爱表现得淋漓尽致，在一定的时限内，规定只能吃素，必须忌荤，但只有鱼不仅不忌，而且还作为非常重要的食物待客；水族崇尚多图腾，不同姓氏宗族之间，各自拥有不同的氏族图腾，许多动物的形象都被用作崇拜对象，然而鱼却得到

① 胡翯高：《三合县志略·民族略》卷四十一，第5页，民国刊行本。

一致的尊崇，成为水族全体的图腾。因此，这种种人世间的观念习俗，被移植到安埋死者的墓葬上面，也就顺理成章、不足为奇了。所以无论是平面雕刻的鱼的形象还是立体雕刻的仿牛角造型的双鱼纹装饰，在水族墓葬中都是一种随处可见并广为采用的样式，在墓葬顶部雕刻装饰中，鱼的形象常常被放在十分突出的地位，而且通常置于墓顶前后的两端或两侧，以及龛式碑的碑帽上。这种风格从早期一直延续到中晚期，甚至到了民国时期的圆形墓葬中也还在沿用，只不过具体的形状发生了一定的变异，鱼的形象更加生动，加入了汉民族莲莲有鱼（连年有余）等新的文化元素。这与水族喜鱼、养鱼、食鱼、敬鱼的传统紧密相连。长期以来，“饭稻羹鱼”是水族社会经济生活的一个写照，鱼不仅是作为一种动物、食物存在，更是被视为一种神灵来崇拜。无论是在婚丧嫁娶还是逢年过节、祭祖待客、祈福消灾等活动中，鱼都被摆在极其重要的位置。

诚然，无论是墓葬造型还是石雕装饰方面，我们都不乏找出大量的汉文化因素，如墓顶和碑盖的四出脊仿屋面结构，屋脊上双龙抢宝的造型，石雕中多处出现的八仙故事、汉服吏人、太极图案等内容，但是这并非说明这些墓葬为汉族所建，而只是反映了一种社会发展过程中民族文化的交流、汉文化在民族地区的传播影响而已，真正能说明和揭示其文化本质的，应该是我们在上文所涉及的丰富的民族文化内容。

通过以上内容的介绍与分析，我们已经不难看出分布在水族聚居地区以长方体“箱式”石结构墓形为代表的水族墓群，当为本地水族先民所营造，是水族历史文化的一个缩影，在一定程度上反映了水族在明清时期社会经济与文化意识的发展状况与水平，揭示了其特有的丧葬习俗和民间宗教信仰，是我们了解认识和研究探讨水族历史及相关文化不可多得的第一手珍贵资料。它们是水家儿女在已逝的历史时期中创造的一份固化的文明，其中凝聚了水族人民在丧葬行为过程中对人的精神与物质世界的感知与认识，是那个时代留给我们一笔珍贵的民族文化遗产，值得我们更多地去关注、更好地去保护，使之传承久远，为多民族的中华文明增添浓墨重彩的一笔，让瑰丽的民族文化之光照耀未来。

参考书目

[1] （清）爱必达、罗绕典修，杜文铎等点校：《黔南识略·黔南职方纪略》，贵州人民出版社，1992年。
[2] 白丽民：《鄂温克民族传统社会与文化》，科学出版社，2007年。
[3] 岑家梧：《水族仲家风俗志》，《岑家梧民族研究文集》，民族出版社，1992年。
[4] 陈思：《水书揭秘》，光明日报出版社，2010年。
[5] 岱年、世杰：《水族民间故事》，贵州民族出版社，1984年。
[6] 范禹等著：《水族文学史》，贵州人民出版社，1987年。
[7] 贵州民族学院贵州水书文化研究院编：《潘一志文集》，巴蜀书社，2009年。
[8] 贵州省地方志、编纂委员会编：《贵州省志·地方志》，贵州民族出版社，2002年。
[9] 贵州省荔波县地方志编纂委员会：《荔波县志》，方志出版社，1997年。
[10] 韩荣培：《“饭稻羹鱼”——水族传统文化的主题》，《贵州民族研究》2004年第2期。
[11] 韩荣培：《水族铜鼓舞探源》，《贵州民族研究》1995年第1期。
[12] 何积全：《水族民俗探幽》，四川民族出版社，1992年。
[13] 胡翯高：《三合县志略》，民国刊印本。
[14] 黄桂秋：《水族故事研究》，广西人民出版社，1991年。
[15] 蒋南华：《水族源流考证》，《贵州世居民族研究》第三卷，贵州民族出版社，2006年。
[16] 李振纲、史继忠、范同寿主编：《贵州六百年经济史》，贵州人民出版社，1998年。
[17] 荔波县志办：《荔波县志稿·职官志》，1984年刻印。
[18] 刘剑：《在死亡中追求永生—水族“控拟”葬礼的人类学考察》，《贵州民族研究》2007年第5期。
[19] 刘世彬：《中国水族文化散论》，贵州人民出版社，2005年。
[20] 罗春寒：《水族风俗志》，中央民族大学出版社，2002年。
[21] 蒙爱军：《水族经济行为的文化解释》，人民出版社，2010年。
[22] 潘朝霖：《水族探源》，《贵州民族学院学报（哲学社会版）》1987年第2期。
[23] 潘朝霖：《水族鱼图腾探源》，《贵州民族论丛》（一），贵州民族出版社，2002年。
[24] 潘朝霖：《水族鱼图腾析》，《广西民族研究》2001年第3期。
[25] 潘朝霖：《水族原始宗教鬼神观试说》，《贵州民族研究》1990年第2期。
[26] 潘朝霖、唐建荣主编：《水书文化研究》，贵州民族出版社，2009年。
[27] 潘朝霖、韦宗林：《中国水族文化研究》，贵州人民出版社，2004年。
[28] 潘世雄：《水族源流初考》，《广西民族研究》1990年第2期。
[29] 潘一志：《水族社会历史资料稿》，三都县民族文史研究组编印，1981年。
[30] 潘文峰：《水族铜鼓文化刍议》，《水家学研究》（一），贵州民族出版社，1993年。
[31] 潘一志：《水族源流考》，《贵州文史丛刊》1982年第1期。

[32] 三都水族自治县志编纂委员会：《三都水族自治县志》，贵州人民出版社，1992 年。
[33] 石国义：《从雎的寻踪论及水族的源流演化与民族过程》，《贵州民族论丛》（一），贵州民族出版社，2002 年。
[34] 石国义：《水族村落家族文化》，贵州人民出版社，2007 年。
[35] 《水族简史》编写组、《水族简史》修订本编写组：《水族简史》，民族出版社，2008 年。
[36] 宋兆麟、严汝娴：《三都荣耀村水族画像石墓》，《贵州民族研究》1981 年第 1 期。
[37] 覃芳：《文明曙光——岭南人的祖先》，广西人民出版社，2009 年。
[38] 王品魁：《拉下村水文字墓碑辨析》，《水家学研究》（三），贵州水家学会编，1999 年内部刊物。
[39] 王品魁：《水族画像石墓和水文字石墓》，《黔南民族》1992 年第 2 期。
[40] 王品魁：《水族鱼文化琐谈》，《采风论坛》第三辑，黔南文学艺术研究室内刊。
[41] 王品魁、莫俊卿：《水族来源初探》，《贵州民族研究》1981 年第 3 期。
[42] 韦章炳：《中国水书探析》，中国文史出版社，2007 年。
[43] 韦祖雄：《水族芦笙乐舞解读》，《贵州民族研究》2011 年第 3 期。
[44] 巫鸿著，郑岩、李清泉译：《中国古代艺术与建筑中的“纪念碑性”》，上海人民出版社，2009 年。
[45] 席克定：《灵魂安息的地方——贵州民族墓葬文化》，贵州民族出版社，1990 年。
[46] 席克定：《贵州水族石板墓葬》，《贵州文物》1984 年第 2 期。
[47] 徐吉军、贺云翱：《中国丧葬礼俗》，浙江人民出版社，1991 年。
[48] 杨庭硕：《三都水族人家》，云南大学出版社，2001 年。
[49] 余跃生、王克松、陆玉炯等：《贵州“过卯”水族的体质人类学研究》，《人类学学报》2007 年第 26 卷第 2 期。
[50] 朱天顺：《中国古代宗教初探》，上海人民出版社，1992 年。
[51] 祖岱年：《水族民间故事选》，上海文艺出版社，1988 年。

附录　出土人类骨骼与水族体质人类学研究*

李法军[1]　陈博宇[2]　林嘉静[3]　宋先世[4]　朱　泓[5]

（1. 中国科学院脊椎动物进化系统学重点实验室、中山大学社会学与人类学学院
2. 广州市文物考古研究所　3. 中山大学社会学与人类学学院　4. 贵州省文物考古研究所
5. 吉林大学边疆考古研究中心）

2006年11～12月，贵州省文物考古研究所与荔波县文物保护管理所的工作人员合作，首次对该县玉屏镇水甫村板本寨旁的水族墓地进行了科学清理和发掘。此次工作共发现300多座不同类型的墓葬，根据需要清理和发掘了其中的9座墓葬（2006LSM3、2006LSM7、2006LSM25、2006LSM26、2006LSM35～2006LSM38及2006LSM40），在9座墓葬的墓穴底部，均有完好程度不同的人骨保存，其中2006LSM36为被2006LSM26打破的残墓，两墓的人骨材料未作采集。其余7座墓葬，根据发掘情况以及尊重当地村民的意愿，分别对保存的人体骨骼作了不同部位有选择的标本采集。由于所取材料的有限和不完整，给后期的研究工作带来了相应的困难，得出的结论也许不能完全代表和反映水甫墓地中埋葬的人类群体，但是这毕竟是一件有意义的工作。因为在人类学方面，不少学者曾专门对水族群体作过相关的活体测量研究，遗传学方面也作了有益的研究。然而，明清时期水族与现代水族之间在体质上是否有变化？变化的原因是什么？这些问题因为缺乏早期水族群体的人骨材料数据而不为所知。目前也未见有对居于同一地区的同一少数民族自明清时期以来的体质对比研究的报道。中山大学人类学系之前曾对同一地区的现代水族人群进行了体质调查，现在有机会对这批出土人骨材料进行初步考察，希望能为日后的相关研究提供一份参考。

发掘中通过碑文记载内容，可以认定该墓地为水族潘姓家族墓地，时代多在清嘉庆至咸丰年间。

墓葬的地面建筑部分，除了用石材构筑成仿房屋建筑结构的式样以外，还有较多以简易方式埋葬的石堆墓。不过无论地面部分有无区别，所有墓葬安置灵柩和遗体的地下部分均采用长方形竖穴土坑，普遍使用木棺作为葬具，葬式多为仰身直肢。由于水族十分看重安葬时间，死后需要请水书先生根据情况用水书来决定下葬的日子，所以在很多情况下，死者需要待时而

* 基金项目：中国科学院脊椎动物进化系统学重点实验室开放课题基金项目（2011LESV013）；高校基本科研业务费中山大学青年教师培育项目（课题号3161107）；广州市哲学社会科学发展“十一五”规划2009年度课题（课题号11400-3274800）。

葬，因此在墓地中也出现有“二次葬”的现象。发掘中发现2006LSM3死者的骨骼被扰动过，体位发生位移，应该就是这种丧葬习俗的反映。

一、研究方法和材料描述

（一）研究方法

依据吴汝康等①、邵象清②和Murail等③方法，对这批材料进行了性别判定、年龄判定、形态学描述和骨骼测量学特征数据化。应用数据对比和数理统计方法考察了水族人骨材料的基本形态学特征。应用多元统计分析方法进行人群亲缘关系的考察。判别和分析软件为Microsoft® Excel、SPSS® 16.0和DSP。运用生物考古学方法记录、描述和分析了某些可观察的病理现象。

（二）性别、年龄判定与形态学描述

人骨材料分属7个个体，其中男性4人，女性3人（其中1人依据出土随葬品判定），详见表一。分述如下：

№1（2006LSM3）　性别根据随葬出土有耳环判断为女性，成年（图版一四七，1）。仅采一枚左下颌犬齿。齿冠大部分已磨耗，齿质点暴露。齿冠残高0.7厘米，齿根长1.6厘米。牙结石比较严重。

№2（2006LSM7）　男性，35岁左右（图版一四五，2、3）。头骨较为完整，整体感觉较轻薄，无其他骨骼保留。额骨、鼻骨、右侧上颌骨、左侧颧弓及两侧下颌支稍有破损。颅形为卵圆形。前额略陡直，额骨中段1/3虽有破损，但从前段和后段的趋势来判断，额中缝为全段。矢状脊明显。颅顶缝前囟段及顶孔段为微波形，顶段为锯齿形，后段为复杂形，近人字点处有一小缝间骨。左右各存在两块人字缝小骨。顶孔及人字区为发髻型（bun型，或叫发髻枕occipital bun），发育中等，形态上有别于非洲和欧洲现代人的发髻型。人字点位置较低，人字缝几呈水平状的弧形。乳突和枕外隆突发育中等。

眉弓突度中等，眉弓范围属1级。眶形为斜方形，眼眶上缘较圆钝。鼻根凹1级，鼻骨高耸。虽然鼻骨下部稍有缺失，但从整体判断，梨状孔为梨形，梨状孔下缘为钝型。梨状孔上外侧部不膨隆。鼻前棘发育中等。犬齿窝较浅。腭形为椭圆形，无上颌圆枕和腭圆枕。颧颌下缘方折明显。

下颌骨整体发育较为肥厚，斜线根部和下颌支中部尤其显著，笔者将这样的形态称之为

---

① 吴汝康，吴新智，张振标．人体测量方法［M］．北京：科学出版社，1984.

② 邵象清．人体测量手册［M］．上海：上海辞书出版社，1985.

③ Murail P., Bruzek J., Houët F. and Cunha E. DSP: a probabilistic sex diagnosis tool using worldwide variability in hip bone measurements［J］. Bulletins et Mémoires de la Société d'Anthropologie de Paris, 2005, n. s., t. 17, 3-4: 167～176.

“胖下颌”（fat mandibula）。颏形为圆形，下颌角区外翻，无下颌圆枕，未出现摇椅式下颌。牙结石较严重。

№3（2006LSM25）　男性，35岁左右（图版一四七，2）。仅存一块附有牙齿的右侧上颌残部和一块残破的下颌骨。上颌右侧犬齿窝不显。保存有左、右侧上颌第一、第二前臼齿，第一臼齿及右上颌第二和第三臼齿。右上颌犬齿齿根吸收闭合。右侧第二臼齿罹患龋齿及根尖脓肿。

下颌骨的右侧下颌支缺失，左侧下颌支保留下颌小舌部。该下颌骨也为“胖下颌”。保存有左侧的第一、第二前臼齿，第二臼齿和第三臼齿，第一和第二臼齿罹患根尖脓肿；保存有左侧的第一、第二前臼齿和第一臼齿，第三臼齿阻生且横出位，朝向近中。颏形为方形。下颌角外翻，无下颌圆枕，未出现摇椅式下颌。

№4（2006LSM35）　男性，年龄30岁左右（图版一四七，3）。仅存残破的下颌骨残片及部分牙齿。下颌体基本完整，两侧下颌支均缺失。保存有左右侧的犬齿，第一、第二前臼齿，第一、第二臼齿及右侧门齿。第三臼齿未萌出。颏形为方形，无下颌圆枕，未出现摇椅式下颌。

№5（2006LSM37）　女性，60岁左右（图版一四七，4）。保存有一块残破的下颌骨、一块右侧髋骨和部分牙齿。下颌骨的右侧齿槽弓及下颌支基本完好，左侧第一前臼齿齿槽以后的部分残缺。部分齿槽已经因牙齿生前脱落而发生吸收性闭合现象，其余齿槽也出现萎缩现象。

除保存有一枚为右上颌中央门齿及一枚无法判断具体位置的臼齿外，其余均为下颌牙齿。下颌牙齿包括右侧中央门齿，双侧侧门齿，双侧犬齿，右侧第一、第二前臼齿，右侧第一臼齿。该个体罹患重度龋齿。颏形为圆形，下颌角外翻，无下颌圆枕，未出现摇椅式下颌。

髋骨的耻骨联合、耻骨上肢及髂嵴均破损，其余部分保存较好。

№6（2006LSM38）　男性，45岁左右（图版一四六）。保存有颅骨、肱骨、髋骨及股骨。颅骨有部分残破，整体感觉较轻薄。鼻骨缺失，右侧上颌骨额突及眶下缘残破，左侧上颌骨眶下部基本残缺，左侧颧弓残缺，蝶骨只剩下右侧大翼部分。颅形为卵圆形。前额平直，额中缝为全段。矢状脊明显。颅顶缝前囟段为深波形，顶段及顶孔段为锯齿形，后段为微波形。右侧存在一片顶切迹骨。乳突发育中等，枕外隆突稍显。

眉弓突度微显，眉弓范围1级。眶形为斜方形，由于两侧鼻骨全部缺失，无法确切判断梨状孔形状，但从鼻上颌缝的痕迹推测，梨状孔为心形，梨状孔下缘为鼻前窝型。梨状孔上外侧部略膨隆。鼻前棘缺失。犬齿窝较浅。腭形为椭圆形，无上颌圆枕和腭圆枕。颧颌下缘方折明显。

右侧下颌支缺失。颏形为圆形，下颌角外翻，无下颌圆枕，未出现摇椅式下颌。

保存右侧肱骨，远端残缺。保存左侧髋骨，耻骨联合部及髂前上棘部残缺，其余部分完好；坐骨大切迹窄而深，无耳前沟。保存右侧股骨，较为完整。

№7（2006LSM40）　女性，40～45岁（图版一四七，5）。保存有一块残破的上颌骨、下颌骨、右侧髋骨残部及部分牙齿。存在发育较弱的上颌圆枕。保存有上颌左侧中门齿，双侧的侧门齿、犬齿、第一前臼齿、第二前臼齿，第一臼齿和第二臼齿。无第三臼齿萌出。

下颌骨骨体基本完整，但双侧下颌支的髁突和冠突缺失。颏形为尖形，无下颌圆枕，下颌角外翻，未出现摇椅式下颌。左侧第二臼齿齿槽和右侧第一臼齿齿槽吸收闭合，上下颌后齿罹患明显的牙周疾病。保存的下颌牙齿有双侧犬齿、第一前臼齿、第二前臼齿、第一臼齿和第二臼齿。

综合来看，这些个体骨骼发育较为细弱，骨壁较薄，犬齿窝发育较弱，无上、下颌圆枕及腭圆枕，下颌角多外翻，无摇椅式下颌，有一定的额中缝出现率。出现了较为特殊的特征，如弧形人字缝、发髻枕及胖下颌。口腔疾病的罹患率较高，包括龋齿病和牙周炎。

表一　水甫墓地出土人骨标本登记表

序号	名称	编号	质地	保存状况	发掘日期	备注
1	头骨	2006LSM7	骨	残破	2006. 12. 14	颅骨破损
2	下颌骨	2006LSM35	骨	残	2006. 12. 16	残存少许牙齿
3	下颌骨	2006LSM25	骨	残	2006. 12. 18	少许牙齿
4	牙齿	2006LSM37	骨		2006. 12. 20	数枚
5	骨盆	2006LSM37	骨	完整	2006. 12. 20	一侧
6	头骨	2006LSM38	骨	残	2006. 12. 20	一枚
7	股骨	2006LSM38	骨	残	2006. 12. 20	一根（右侧）
8	肱骨	2006LSM38	骨	残	2006. 12. 20	一根（左侧）
9	骨盆	2006LSM38	骨	残	2006. 12. 20	左侧
10	牙齿	2006LSM40	骨		2006. 12. 20	数枚
11	骨盆	2006LSM40	骨	残	2006. 12. 20	右侧
12	牙齿	2006LSM3	骨		2006. 12. 21	一枚

二、形态测量学结果

（一）测量学结果和指数分型

可供测量学研究的仅有两例头骨（2006LSM7 和 2006LSM38），均属男性。详细的头骨测量数据见表二，主要的颅、面部指数分型见表三。

表二　2006LSM7 和 2006LSM38 头骨测量数据表（单位：毫米，度）

马丁号（Martin No.）	测量项目（Variation）	2006LSM7	2006LSM38	标准差（ST. D）	马丁号（Martin No.）	测量项目（Variation）	2006LSM7	2006LSM38	标准差（ST. D）
1	颅最大长	190. 00	189. 50	0. 354	SS	鼻最小高	2. 90	—	—
5	颅基底长	102. 00	99. 20	0. 707	60	上颌齿槽弓长	52. 00	52. 10	0. 071
8	颅最大宽	145. 00	135. 00	7. 071	61	上颌齿槽弓宽	68. 00	60. 00*	5. 657
9	额最小宽	103. 00	102. 22	0. 552	62	腭长	42. 00	44. 58	2. 828

续表

马丁号（Martin No.）	测量项目（Variation）	2006LSM7	2006LSM38	标准差（ST. D）	马丁号（Martin No.）	测量项目（Variation）	2006LSM7	2006LSM38	标准差（ST. D）
11	耳点间宽	133. 10	121. 50	8. 202	63	腭宽	40. 92	36. 76 *	4. 243
12	枕骨最大宽	113. 50	108. 00	3. 889	FC	两点内宽	101. 00	107. 00	4. 243
7	枕骨大孔长	27. 90	38. 50	7. 495	FS	鼻根点—两眶内宽矢高	12. 00	12. 00	0. 000
16	枕骨大孔宽	20. 40	29. 00	6. 081	DC	眶间宽	25. 70	32. 00	4. 455
17	颅高	141. 00	131. 00	7. 071	32	额侧角（n）	89. 00	88. 50	0. 354
21	耳上颅高	121. 00	112. 00	6. 364		额侧角（g）	85. 00	84. 10	0. 636
23	颅周长	542. 10	541. 00	0. 778		前囟角（g）	47. 10	43. 00	2. 899
24	颅横弧	334. 00	308. 00	18. 385	72	总面角	85. 10	82. 50	1. 838
25	颅矢状弧	397. 00	388. 00	6. 364	73	中面角	89. 00	89. 00	0. 000
26	额骨矢状弧	133. 00	132. 00	0. 707	74	齿槽面角	76. 50	64. 50	8. 485
27	顶骨矢状弧	147. 00	127. 00	14. 142	75	鼻梁侧角	65. 00 *	—	—
28	枕骨矢状弧	116. 00	129. 00	9. 192	77	鼻颧角	143. 00	145. 10	1. 485
29	额骨矢状弦	107. 00	113. 00	4. 243		颧上颌角	—	—	—
30	顶骨矢状弦	121. 90	114. 10	5. 515		鼻梁角	—	—	—
31	枕骨矢状弦	90. 70	101. 90	7. 920		面三角 pnb	66. 00	63. 90	1. 485
40	面底长	96. 00	94. 50	5. 303		npb	72. 00	71. 00	0. 707
43	上面宽	101. 80	114. 10	8. 697		nbp	42. 00	41. 50	0. 354
44	两眶宽	98. 60	105. 70	5. 020	65	下颌髁突间宽	139. 00	104. 00 *	24. 749
45	面宽	145. 00 *	137. 00	5. 657	66	下颌角间宽	111. 20	93. 00 *	12. 869
46	中面宽	108. 00 *	107. 50	0. 354	67	髁孔间径	51. 00	47. 90	2. 192
47	全面高	128. 50	123. 50	3. 536	68	下颌体长	76. 00	70. 50	3. 889
48	上面高（pr）	65. 50	69. 50	2. 828	Jan-68	下颌体最大投影长	120. 00	110. 40	6. 788
	上面高（sd）	69. 50	71. 00	1. 061	69	下颌联合高	37. 00	32. 00	3. 536
50	前眶间宽	23. 00	26. 00	2. 121	Jan-69	下颌体高Ⅰ R	34. 00	27. 50	4. 596
51	眶宽 L	40. 50	42. 20	1. 202		下颌体高Ⅱ R	27. 00	26. 10	0. 636
51a	眶宽 L	37. 00	38. 00	0. 707	Mar-69	下颌体厚Ⅰ R	13. 00	13. 00	0. 000
52	眶高 L	36. 00	36. 20	0. 141		下颌体厚Ⅱ R	22. 00	16. 00	4. 243
MH	颧骨高	45. 00	44. 20	0. 566	70	下颌枝高 R	69. 50	59. 30	7. 212
MB	颧骨宽	—	—	—	71	下颌枝宽 R	—	41. 00	—
54	鼻宽	26. 88	29. 48	1. 838	71a	下颌枝最小宽 R	33. 00	38. 00	3. 536
55	鼻高	57. 42	55. 00	1. 711	79	下颌角	125. 00	125. 80	0. 566
SC	鼻最小宽	8. 00	10. 00	1. 414		颏孔间弧	59. 5. 00	57. 00	1. 768

注：标有“＊”的为复原后测得的数据。

表三　2006LSM7 和 2006LSM38 主要颅、面部指数分型

项目	表现类型	
	2006LSM7	2006LSM38
颅长宽指数	中颅型（76.32）	长颅型（71.24）
颅长高指数	正颅型（74.21）	低颅型（69.13）
颅宽高指数	中颅型（97.24）	中颅型（97.04）
额顶宽指数	阔额型（71.03）	阔额型（75.72）
鼻指数	狭鼻型（46.81）	阔鼻型（53.60）
腭指数	阔腭型（97.43）	中腭型（82.46）
枕骨大孔指数	狭型（73.12）	狭型（75.32）
眶指数（mf-ek）L	高眶型（88.89）	高眶型（89.60）
眶指数（d-ek）L	高眶型（97.30）	高眶型（93.60）
上面指数	阔上面型（45.17）	中上面型（50.73）
面指数	中面型（91.70）	狭面型（100.00）
面部突度指数	正颌型（94.12）	正颌型（95.26）

从表二和表三来看，2006LSM7 的颅长宽指数所反映的为中颅型，2006LSM38 为长颅型；2006LSM7 的颅长高指数所反映的为接近高颅的正颅型，2006LSM38 为接近正颅的低颅型；2006LSM7 的鼻指数所反映的为接近中鼻形的狭鼻型，2006LSM38 为阔鼻型；2006LSM7 的上面指数所反映的为阔上面型，2006LSM38 为接近阔上面型的中上面型；2006LSM7 的腭指数所反映的为阔腭型，2006LSM38 为中腭型；2006LSM7 的总面角指数所反映的为平颌型，2006LSM38 为中颌型；2006LSM7 的鼻颧角为 143.00，表明其面部较为突出，2006LSM38 的鼻颧角为 145.10，表明其面部突度中等。

二者中面角指数所反映的均为平颌型，齿槽面角指数所反映的均为突颌型，颅宽高指数所反映的均为中颅型，额宽指数所反映的均为阔额型，眶指数所反映的均为高眶型，枕骨大孔指数所反映的均为狭型，面部突度指数所反映的均为正颌型。

从表二所示的两个体之间的头骨测量学信息来看，可以认为两个体在头骨形态上的变异程度不大，总体特征较为一致。此外，二者的许多非测量形态特征也较为一致，如均具有全段的额中缝、无上下颌圆枕及腭圆枕、下颌角外翻等。

但是据表三所示的指数类型分布并结合头骨的非测量形态特征来看，二者之间存在着若干明显的差异。例如，2006LSM7 顶孔及人字区的发髻枕（occipital bun）和“胖下颌”（fat mandibula）特征在 2006LSM38 上不存在。2006LSM7 和 2006LSM38 人字点位置差异明显，2006LSM7 的人字点位置较低，其左右侧人字缝几呈水平状的弧形；而 2006LSM38 的人字点位置相对较高，左右侧人字缝交角明显。

（二）比较

在此将 2006LSM7 和 2006LSM38 与现代蒙古人种各类型、水族现代体质数据以及我国不同区域的现代人群进行对比以便了解他们之间的形态学关系。

1. 与现代蒙古人种各类型的比较

表四中列出 16 项头骨的线段、角度和指数值，用来考察 2006LSM7 和 2006LSM38 同现代亚洲蒙古人种各类型之间的关系。

表四　2006LSM7 和 2006LSM38 与现代蒙古人种各类型的比较（单位：毫米，度）

马丁号	项目↓组别→	2006LSM7	2006LSM38	亚洲蒙古人种				
				北亚	东北亚	东亚	南亚	变异范围
1	颅长	190.00	189.50	174.90～192.70	180.70～192.40	175.0～182.20	169.90～181.30	169.90～192.70
8	颅宽	145.00	135.00	144.40～151.50	134.30～142.60	137.60～143.90	137.90～143.90	134.30～151.50
8:1	颅指数	76.32	71.24	75.40～85.90	69.80～79.00	76.90～81.50	76.90～83.80	69.80～85.90
17	颅高	141.00	131.00	127.10～132.40	132.90～141.10	135.30～140.20	134.40～137.80	127.10～141.10
17:1	颅长高指数	74.21	69.13	67.40～73.50	72.60～75.20	74.30～80.10	76.50～79.50	67.40～80.10
17:8	颅宽高指数	97.24	97.04	85.20～91.70	93.30～102.80	94.40～100.30	95.00～101.30	85.20～102.80
9	额最小宽	103.00	102.22	90.60～95.80	94.20～96.60	89.00～93.70	89.70～95.40	89.00～96.60
45	面宽	145.00	137.00	138.20～144.00	137.90～144.80	131.30～136.00	131.50～136.30	131.30～144.80
48	上面高	65.50	69.50	72.10～77.60	74.00～79.40	70.20～76.60	66.10～71.50	66.10～79.40
48:17	垂直颅面指数	46.50	53.10	55.80～59.20	53.00～58.40	52.00～54.90	48.00～52.20	48.00～59.20
48:45	上面指数	45.17	50.73	51.40～55.00	51.30～56.60	51.70～56.80	49.90～53.30	49.90～56.80
77	鼻颧角	143.00	145.10	147.00～151.40	149.00～152.00	145.00～146.60	142.10～146.00	142.10～152.00
72	总面角	85.10	82.50	85.30～88.10	80.50～86.30	80.60～86.50	81.10～84.20	80.50～88.10
52:51	眶指数（mf-ek）L	88.89	89.60	79.30～85.70	81.40～84.90	80.70～85.00	78.20～81.00	78.20～85.70
54:55	鼻指数	46.81	53.60	45.00～50.70	42.60～47.60	45.20～50.20	50.30～55.50	42.60～55.50
SS: SC	鼻根指数	36.25	—	26.90～38.50	34.70～42.50	31.00～35.00	26.10～36.10	26.10～42.50

2006LSM7 共有 10 项落入了亚洲蒙古人种的变异范围。超出的项中，最小额宽和眶指数明显超过了亚洲蒙古人种变异范围的上限，面宽则接近变异范围的最大界值；上面高、垂直颅面指数和上面指数虽低于亚洲蒙古人种变异范围的下限，但比较接近变异范围的最小界值。其颅长、颅指数和鼻根指数落入了北亚类型和东北亚类型范围内，颅宽落入了北亚类型范围内，颅高、颅长高指数落入了东北亚类型范围内，颅宽高指数落入了东北亚类型、东亚类型和南亚类型范围内，最小额宽和面宽与东北亚类型上限值最为接近，上面高、上面指数和垂直颅面指数与南亚类型的下限值最为接近，鼻颧角落入了南亚类型的范围内，鼻指数落入了北亚类型、东北亚类型和东亚类型范围内，总面角落入了东北亚类型和东亚类型范围内。总体上看，2006LSM7 与北亚类型和东北亚类型关系相对密切，部分特征与南亚类型较为接近。

2006LSM38 共有 13 项落入了亚洲蒙古人种的变异范围。最小额宽和眶指数明显超过了亚洲蒙古人种变异范围的上限，鼻根指数因缺失无法比较。其颅长落入了北亚类型和东北亚类型范围内，颅宽、颅指数落入了东北亚类型范围内，颅高、颅长高指数落入了北亚类型范围内，颅宽高指数和总面角落入了东北亚类型、东亚类型和南亚类型范围内，最小额宽与东北亚类型上限值最为接近，面宽介于东北亚类型的下限及东亚类型和南亚类型的上限之间，低于北亚类型的下限值，上面高、上面指数和鼻指数落入了南亚类型范围内，垂直颅面指数落入了东北亚类型和东亚类型的范围内，鼻颧角落入了东亚类型和南亚类型的范围内，眶指数落入了北亚类型、东北亚类型和东亚类型的范围内。总体上看，2006LSM38 的形态特征较为多样化，与各个类型均有关联。

鉴于此，2006LSM7 和 2006LSM38 归属到亚洲蒙古人种中还是比较合理的。但他们的最小额宽值显示出比较特殊的情况，明显超出亚洲蒙古人种该项数值变异范围的最大值。头骨的其他特征也表现出比较复杂的现象。2006LSM7 的上面部形态与南亚类型较为接近，其他特征则与北亚类型和东北亚类型关系相对密切；2006LSM38 的上面部形态和阔鼻特征与南亚类型较为接近，其他特征则与其他三个类型关系相对密切。这也再次说明二者在总体特征上是较为一致，但某些特征存在明显差异。

2. 与荔波、三都现代水族人群的比较

我们将 2006LSM7 和 2006LSM38 与来自贵州省荔波县和三都水族自治县的现代水族男性活体数据进行比较。由于骨骼测量值和活体测量值之间存在着一定的差异，不能够将二者进行直接对比，因此依据指数值进行形态的比较，结果见表五。

表五　2006LSM7 和 2006LSM38 与水族活体的头、面部特征比较

项目	表现类型			
	2006LSM7	2006LSM38	荔波活体组①	三都活体组②
颅长宽指数	中颅型（76.32）	长颅型（71.24）	中、圆头型（分别为 43.10% 与 41.38%）	特圆头型（69.46%）
颅长高指数	正颅型（74.21）	低颅型（69.13）	高头型（96.55%）	高头型（98.52%）
颅宽高指数	中颅型（97.24）	中颅型（97.04）	狭头型（81.04%）	狭头型（72.41%）
额顶宽指数*	阔额型（71.03）	阔额型（75.72）	阔额型（69.70）#	中额型（67.72）
鼻指数	狭鼻型（46.81）	阔鼻型（53.60）	中、狭鼻型为主（分别为 48.28% 与 46.55%）	阔鼻型为主（62.56%）
上面指数或形态面指数	阔上面型（45.17）	中上面型（50.73）	阔、中、狭面型均有一定比例（分别为 32.76%、20.69% 与 34.48%）	中、狭、超狭均有一定比例（分别为 39.90%、24.14% 与 22.17%）

注：标有“*”荔波活体组和三都活体组的指数值是依据参考文献计算所得的；
标有“#”荔波活体组和三都活体组括号内数值除“额顶宽指数”一栏为指数值外，其余均为百分比数值。

① 李法军，李云霞，张振江．贵州荔波现代水族体质研究［J］．人类学学报，2010，29（1）：64-74.

② 晋华黔，吴立甫，王文，等．贵州汉族、苗族、布依族和水族人群线粒体 DNA 多态性研究［J］．遗传学报，1995，22（1）：1-11.

可以看出，2006LSM7 和 2006LSM38 所代表的近代水族是以中、长颅型为特征，而现代水族是以中、圆颅型为特征；2006LSM7 和 2006LSM38 所代表的近代水族是正、低颅型，而现代水族是典型的高头型；2006LSM7 和 2006LSM38 所代表的近代水族是中颅型，而现代水族是以狭头型为主；2006LSM7 和 2006LSM38 所代表的近代水族与荔波活体组均属于阔额型，而三都活体组为中额型；2006LSM7 所代表的近代水族与荔波活体组的鼻部形态较为一致，而 2006LSM38 所代表的近代水族与三都活体组的鼻部形态相近；2006LSM7 和 2006LSM38 所代表的近代水族与荔波活体组的上面部特征较为一致，与三都活体组有一定差异。此外，2006LSM7 的齿槽面角所反映的颌部形态是突颌型，2006LSM38 的是超突颌型。从荔波活体数据看，其男性上唇形态以凸唇为主；三都活体男性以正唇为主，女性以凸唇为主。总的来看，2006LSM7 和 2006LSM38 所代表的近代水族在脑颅形态上与现代水族的差别是显著的，而在面颅形态方面具有较多的一致性。

3. 与我国不同区域的现代人群在体质上的关系

鉴于上述比较分析，我们将 2006LSM7 和 2006LSM38 合并为荔波水族组，因为二者在主要特征上是比较一致的。选取代表北方人群的长春组、抚顺组、北京组、太原组、西安组和代表南方人群的福建组、香港组、基隆组、福建系台湾组、海南岛组以及不同区域的民族群体代表蒙古族组、藏族组、壮族组、高山族组等共 14 个不同人群组与之进行比较。通过以前的相关研究，居住在北方地区的长春组、抚顺组、北京组、太原组、西安组、蒙古族组、藏族组具有较大的颅周长平均值、较高的眶高和眶宽平均值、较高的鼻高平均值及较高的上面高平均值；而属于南方地区的福建组、香港组、基隆组、福建系台湾组、海南岛组、壮族组、高山族则具体较小的颅周长平均值、较小的眶高和眶宽平均值、较小的鼻高平均值及较小的上面高平均值，南北差异在体质特征上确实存在，但同时也要指出，南北间的交叉重叠现象也较明显。

（1）对比变量的选择

选取颅长、颅宽、颅高、颅底长、面宽、上面高、面底长、眶宽、眶高、鼻宽、鼻高、颅指数、颅长高指数、上面指数、眶指数、鼻指数 16 项测量项目进行了统计分析。由于 2006LSM7 和 2006LSM38 具有较大的额宽值，我们希望能够通过群体间的比较考察这项特征，但由于大部分数据缺少最小额宽，只好将这项剔除。另有部分指数值因缺乏原始数据，只能由平均值近似求得。数据详见表六和表七。

表六　荔波水族组与现代各对比组测量数据统计表（男性）（单位：毫米）

组别↓项目→	颅长	颅底长	颅宽	颅高	面底长	面宽	上面高	眶宽	眶高	鼻宽	鼻高
长春组	177.1	98.8	140.6	135.5	95.6	132.1	74.4	42.5	36.2	25.8	54.1
抚顺组	180.8	101.3	139.7	139.2	95.8	134.3	76.2	42.6	35.6	25.7	55.1
北京组	178.3	100.1	139.5	137.3	96.0	132.2	74.1	44.0	35.5	25.0	54.7
太原组	175.5	99.2	137.7	135.2	96.8	132.0	73.5	41.8	35.7	24.5	54.2
蒙古族组	182.5	100.6	140.1	132.3	97.4	142.1	77.2	43.6	35.8	27.4	56.3

续表

组别↓项目→	颅长	颅底长	颅宽	颅高	面底长	面宽	上面高	眶宽	眶高	鼻宽	鼻高
海南岛组	176.6	98.8	140.2	137.7	95.7	134.3	70.7	42.5	34.8	26.9	51.7
西安组	180.7	99.3	138.8	137.0	95.9	133.9	72.0	42.5	35.7	26.1	54.5
藏族组	185.5	99.2	139.4	134.1	97.2	137.5	76.5	43.4	36.7	27.1	54.9
福建组	179.9	98.3	140.9	137.8	96.0	132.6	73.8	41.3	34.8	25.2	52.6
壮族组	178.3	98.8	140.6	136.6	95.2	135.5	66.4	43.0	33.9	26.2	51.8
香港组	179.3	101.4	139.6	140.2	97.8	133.4	70.4	43.3	33.7	26.2	53.3
基隆组	179.7	98.6	138.0	136.9	95.3	134.0	70.2	42.1	34.5	26.1	52.1
福建系台湾组	179.2	99.8	138.8	139.4	94.6	133.7	70.5	38.3	33.6	25.6	51.7
高山族组	178.0	99.6	139.4	134.7	94.6	133.0	71.9	41.0	34.6	27.4	51.9
荔波水族组	189.75	101.5	140.0	136.0	97.3	141.0	67.5	41.2	35.8	28.1	53.5

表七　荔波水族组与现代各对比组测量指数统计表（男性）（单位：毫米）

组别↓项目→	颅指数	颅长高指数	上面指数	眶指数（右）	鼻指数
长春组	79.9	76.8	56.6	80.0	48.4
抚顺组	77.3	77.1	56.8	83.6	46.9
北京组	78.1	77.2	54.3	80.7	47.1
太原组	78.5	77.0	55.7	85.4	45.2
蒙古族组	81.8	72.5	54.3	82.1	48.8
海南岛组	79.4	78.0	52.6	81.9	54.4
西安组	76.8	75.8	53.7	83.0	47.6
藏族组	79.8	72.1	55.6	84.6	49.3
福建组	78.8	77.0	55.7	84.3	48.2
壮族组	78.9	76.6	50.2	78.9	51.2
香港组	77.9	77.9	52.8	77.8	49.2
基隆组	76.9	76.2	52.4	81.9	50.2
福建系台湾组	77.5	77.8	52.7	87.7	50.3
高山族组	78.3	75.7	54.1	84.4	52.0
荔波水族组	73.5	71.4	48.0	86.4	52.7

（2）聚类分析

利用同样的16项测量项目对相同的14个组的人群进行聚类分析，结果如下图（图一）：

图中显示，长春组和北京组、抚顺组和福建组、西安组和基隆组以最小的距离聚到一起。除长春组和北京组均属北方人群外，抚顺组和福建组、西安组和基隆组均为前者属北方人群，后者属南方人群，其中的抚顺组和福建组以小距离聚到一起可能与均属沿海地区有关。海南岛组和高山族组、蒙古族组和藏族组、壮族组和香港组也以较小的距离先聚类到一起。另外，笔者还观察到两个相对明显的分组：长春组、北京组、抚顺组、福建组、西安组、基隆组及太原

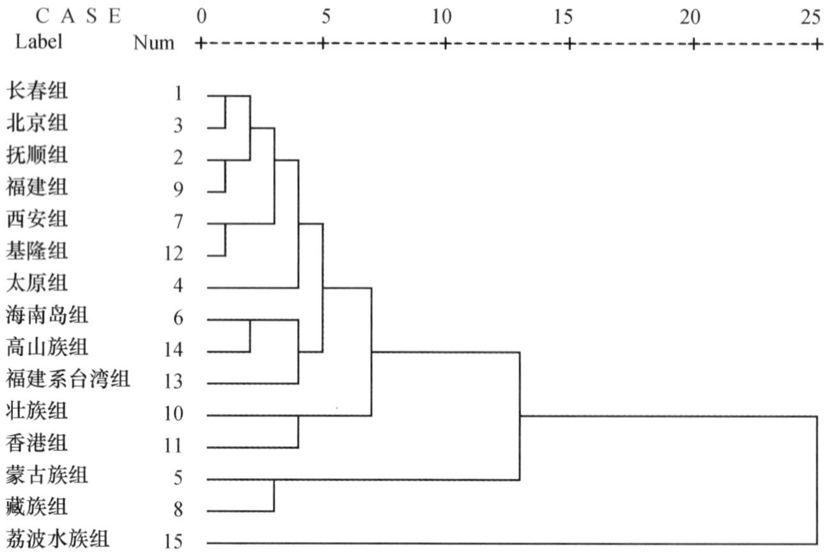

图一　荔波水族组与现代组聚类分析图

组为一组，另一组则包括海南岛组、高山族组及福建系台湾组。第一小组，除福建组和基隆组外，其余各组人群均为北方代表人群；而第二小组则全部属南方地区。两个小组最后聚类到了一起并先后与壮族组和香港组、蒙古族组和藏族组聚类。荔波水族组在这些群体中显得比较特殊，它单独地最后聚类到前14个区域人群中，并且图中显示的距离也较远，而没有像我们预期那样并到南方人群中或与区域相对近的民族人群聚类到一起，这可能预示着荔波水族组居民在体质上具有独特性。

（3）因子分析

运用协方差矩阵对上述数据进行因子分析，结果如下：前三个因子的贡献率分别为41.159%、27.838%和12.922%，累积贡献率为81.919%，可以认为前三个因子基本代表16个项目的信息。第一因子载荷较大的有颅长（0.944）、面宽（0.900）、鼻宽（0.780）。第二因子载荷较大的有上面高（0.956）、眶高（0.750）、鼻高（0.858）、上面指数（0.757），这些因子主要反映面部各部的高度，可以看做是高度因子。第三因子载荷较大的有眶宽（0.754），因子主要反映眶部形态。根据因子分析的结果，计算了15个组人群的因子得分，再根据前三个因子得分绘制了三维空间图（图二）。

图中显示，在代表第一因子的轴上，长春组、抚顺组、北京组、太原组、西安组、福建组、福建系台湾组、壮族组、香港组、基隆组、高山族组、海南岛组相距比较接近，可以划分为一个主群，荔波水族组在第一因子轴上具有最大值，距离主群最远，表明荔波水族组居民第一因子的得分最高，具有较大的颅长、面宽及鼻宽值，并与其他组人群有较大差别。另外，跟主群分离的还有藏族组和蒙古族组，它们也具有较大值。其余各组人群在这些测量值上表现比较相近，表明它们在颅长、面宽及鼻宽值上差异不大。而在代表第二因子的轴上，除藏族组、蒙古族组和壮族组外，其他人群组在轴上表现较连续，可看为一个主群。荔波水族组居民以较

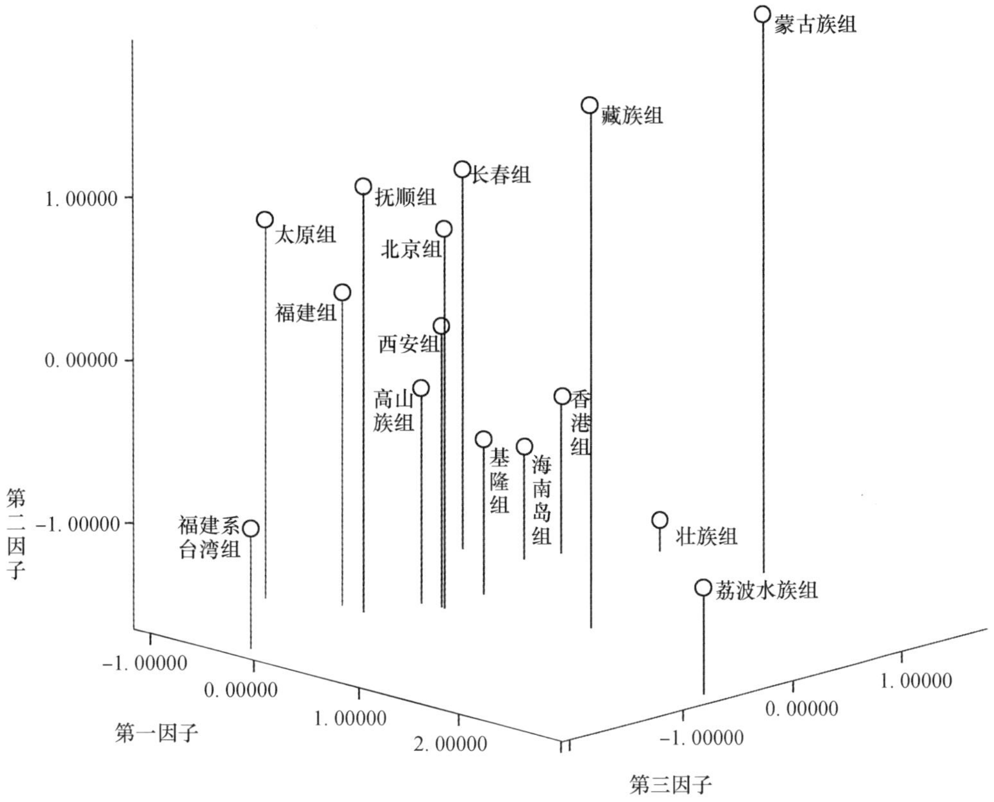

图二　荔波水族组与现代组因子分析三维图

小值落入主群范围内，表明其上面高、眶高、鼻高及上面指数值较小，但与主群人群差异不大。藏族组和蒙古族组依然独立于主群外，并具有较大值。在此，壮族组也与主群分离，并具有最小值。在代表第三因子的轴上，组与组之间呈现较为连续的状态，除福建系台湾组与相邻的太原组相距较远。在同时考虑第一因子和第二因子的情况下，则可以两轴的“0”度刻线大致分成南北两大组群，除福建组落到北方人群中与荔波水族组处于相对独立的位置外，其他组别都落入自己所属区域的组群内。而当考虑第三因子时，我们发现不能明显区分出南北人群，这也在一定程度上证实了南北人群间的差异是过渡性的，具有很大的交叉重叠范围。

三、病理现象的描述与分析

（一）口腔疾病

本文所研究的这批人骨材料牙齿出土较多，便于对该批人骨进行口腔疾病的观察和分析。曾经有报告指出，除常见的龋齿病和牙周病外，多生牙、先天缺额牙、融合牙及第三臼齿的组生状况均应列入口腔疾病观察范围。经观察，本批个体的口腔健康状况非常差，口腔疾病包括齿列不齐、龋齿、牙周病、根尖脓肿、牙齿先天缺失、阻生牙。

1. 齿列不齐

齿列不齐是由于骨量少于牙量，导致牙齿萌生障碍的一种表现。荔波水族居民中发现一例（2006LSM7）有齿列不齐现象，表现为左下颌侧门齿错位，移至齿弓之后（图版一四八，1）。

2. 龋齿

所谓的龋齿病，就是以细菌为主的多种因素影响下，牙体硬组织发生慢性进行性破坏的一种疾病。按照发病部位，龋齿一般分为两大类：齿冠龋和根龋。龋齿在牙齿上的表现为：在釉质上，龋齿刚刚出现时会呈现出渐行性透明斑点；在齿根上，则表现为泛黄或者浅灰色的斑点。

从龋齿发病部位看，荔波水族居民的龋齿既有齿冠龋，也有根龋，齿冠龋中以殆面龋（图版一四八，2）为主，也有邻面龋（图版一四八）。人骨材料显示，7 例个体中有 5 例患有龋齿，龋齿发病率 71. 4% ；95 颗可观察的牙齿中有 20 颗为龋齿，比例约为 21. 1% 。

3. 牙周病

牙周病是牙齿支持组织破坏的疾病，是牙周炎症持续发展的结果，表现为牙龈的退缩及牙槽骨的吸收（图版一四八，3）。经过对荔波水族人骨材料进行观察，发现除了 2006LSM3 外，其余个体均有不同程度的牙槽骨吸收现象，说明牙周病患病率在荔波水族组居民中非常高。

4. 根尖脓肿

根尖脓肿在人骨材料中表现为齿槽的形态结构受到破坏，并与外界形成漏道（图版一四八，4）。荔波水族居民中发现两例（2006LSM25、2006LSM38）患有根尖脓肿的个体，发病率为 28. 6% 。

5. 牙齿先天缺失

牙齿先天缺失就是根本没有发生牙。牙齿先天缺失可见于上颌侧门齿、下颌中门齿、上颌及下颌第二前臼齿，上颌及下颌第三臼齿等部位，一般多见先天缺第三臼齿。牙齿先天缺失是人类演化过程中呈现退化现象的主要表现之一，并以第三臼齿缺失最为常见。

荔波水族居民多见第三臼齿先天缺失，也有发现上颌第二前臼齿缺失的。下颌第三臼齿先天缺失有 3 例（2006LSM25、2006LSM35 和 2006LSM40），比例为 42. 9% ，其中 1 例（2006LSM25）为左侧第三臼齿牙胚已形成，但生前未萌出，肉眼无法观察（图版一四八，5）。上颌第三臼齿先天缺失有 2 例（2006LSM7 和 2006LSM40），比例为 28. 6% 。第二前臼齿缺失只发现一例（2006LSM40），发生于左上颌。

6. 阻生牙

阻生牙是指由于邻牙、骨或软组织的阻碍而只能部分萌出或完全不能萌出，且以后也不能前出的牙。经观察，荔波水族居民之阻生牙均为第三臼齿阻生，共 2 例（2006LSM25 和 2006LSM40），均偏向近中舌侧（图版一四八，6）。

（二）其他疾病

笔者在对荔波水族人骨的观察中发现，有 1 例（2006LSM7）患有眶顶板筛孔样病变（图版一四八，7）。表现为在颅骨眶顶板前部，呈现多孔状并且双侧对称分布，符合相关概念。关于该病变的诱因现暂未有确切定论，但越来越多学者认为这是由于营养缺乏特别是维生素 C 缺乏而引起的，铁元素缺乏也是导致该病的非常重要的因素之一。

（三）口腔疾病成因浅析

人类学学者的田野调查指出，水族居民除了主食大米和玉米外，还特别喜爱糯米，形成独特的“糯米文化”。虽然有学者指出稻米并非是直接导致龋齿病的主要诱因，但大量研究表明，大米、玉米及糯米的淀粉含量的较高，淀粉属碳水化合物，长期滞留口腔会导致龋齿等牙病的发生。同时糯米有黏性，留在口腔中不易清理，如果不注意口腔卫生，诱发牙病的机会就会增加。从上面阐述的荔波水族组居民的口腔情况，长期食用淀粉质食物及不注意口腔卫生，可能是导致该组居民牙病发病率较高的主因。

有研究表明，婴幼儿因营养不良特别是维生素 C 缺乏时会导致坏血病（Scurvy）。但目前很难明确断定 2006LSM7 患有眶顶板筛孔样病变是否与上述原因有直接关联。

四、余　　论

在此次观测中发现 2006LSM7 和 2006LSM38 具有较大的最小额宽和眶指数。较大的额最小宽值可能说明该组居民具有阔额的倾向，以往的研究结果表明现代荔波水族居民具有阔额特征，可以推测此特征在荔波水族群体中可能自明清时期延续至今。

刘武等[①]曾经指出，从北部到南部，高眶型的比例下降，中眶型比例上升。也有学者提出，现代云南组与华北组人群标本是高眶型为多数，并同时指出中国人的眼眶可能有略持续增高的演化趋势[②]。因此，本次所观察的两例个体与云南地区居民同样具有高眶型的事实，在一定程度上支持了水族可能与云贵高原地区居民存在着一定联系的观点。

---

① 刘武，杨茂有，王野成．现代中国人颅骨测量特征及其地区性差异的初步研究［J］．人类学学报，1991，10（2）：96～106.

② 吕锦燕．现代中国人眼眶形态的变异［J］．人类学学报，2007，26（2）：128～137.

2006LSM7 和 2006LSM38 除了额最小宽值显示出的特殊情况外，头骨的其他特征也表现出比较复杂的现象。例如，2006LSM7 的上面部形态与南亚类型较为接近，其他特征则与北亚类型和东北亚类型关系相对密切；2006LSM38 的上面部形态和阔鼻特征与南亚类型较为接近，其他特征则与其他三个类型关系相对密切。除了上述头骨测量特征差异外，二者之间还存在着若干明显的非测量形态差异。2006LSM7 顶孔及人字区的发髻枕和“胖下颌”特征在 2006LSM38 上不存在。二者的人字点位置差异明显，2006LSM7 的人字点位置较低，其左右侧人字缝几呈水平状的弧形；而 2006LSM38 的人字点位置相对较高，左右侧人字缝交角明显。

李培春等①对三都水族进行研究后指出水族应该属于张振标提出的南部类型民族，体质特征上与广西等地的少数民族接近，但同时具有自己的特点；余跃生等②同样对三都水族进行研究，指出同一区域的两个水族群体的体质特征存在一定差异，其原因可能与迁徙过程中不断与其他不同的民族融合，并形成不同地方的支系有关；李法军等③对荔波水族进行活体测量研究后表示不同地区的水族居民在体质上具有一定程度的差异，并认为水族的来源问题应从两广地区、云贵高原、青藏高原甚至西北地区寻找证据。杨秀海等的研究也支持水族群体在体质特征上的差异性。本文观察结果表明，虽然荔波水族群体自明清以来在体质上可能具有某些延续性特征，特别是在面颅形态方面具有较多的一致性，但 2006LSM7 和 2006LSM38 在脑颅形态上与现代水族（包括三都水族和荔波水族）的差异明显。由于材料所限，目前还难以解释这种自明清以来的形态上的差异性和延续性，我们尚需要获得更多的数据来做出推断。

虽然此次考察的个体较少，但从这些个体的口腔卫生条件来看，其长期食用淀粉质食物及不注意口腔卫生可能是导致该组居民牙病发病率较高的主要原因。

致谢：在本章的写作过程中，得到了中山大学社会学与人类学学院张振江教授的帮助和支持，在此谨致谢忱。

参考文献

[1] 樊明文．牙体牙髓病学［M］．北京：人民卫生出版社，2001.

[2] 何燕，单可人，谢渊，等．贵州三都水族 Y 染色体 7 个 STR 基因座的遗传多态性分析［J］．遗传，2006，28（12）：1495～1499.

[3] 晋华黔，吴立甫，王文，等．贵州汉族、苗族、布依族和水族人群线粒体 DNA 多态性研究［J］．遗传学报，1995，22（1）：1～11.

[4] 李秉奇，温玉明．口腔疾病治疗学［M］．天津：天津科学技术出版社，1998.

① 李培春，梁明康，吴荣敏，等．水族的体质特征研究［J］．人类学学报，1994，13（1）：56～63.

② 余跃生，王克松，陆玉炯，等．贵州“过卯”水族的体质人类学研究［J］．人类学学报，2007，26（2）：156～164.

③ 李法军，李云霞，张振江．贵州荔波现代水族体质研究［J］．人类学学报，2010，29（1）：64～74.

[5] 李法军．河北阳原姜家梁新石器时代人骨研究［M］．北京：科学出版社，2008.
[6] 李法军，李云霞，张振江．贵州荔波现代水族体质研究［J］．人类学学报，2010，29（1）：64～74.
[7] 李培春，梁明康，吴荣敏，等．水族的体质特征研究［J］．人类学学报，1994，13（1）：56～63.
[8] 刘武，杨茂有，王野成．现代中国人颅骨测量特征及其地区性差异的初步研究［J］．人类学学报，1991，10（2）：96～106.
[9] 刘武，曾祥龙．第三臼齿退化及其在人类演化上的意义［J］．人类学学报，1996，15（3）：185～199.
[10] 吕锦燕．现代中国人眼眶形态的变异［J］．人类学学报，2007，26（2）：128～137.
[11] 任光祥，段书刚，余跃生，等．黔南布依族、苗族和水族人群 ABO 血型分布及基因频率［J］．人类学学报，2007，26（4）：325～328.
[12] 邵象清．人体测量手册［M］．上海：上海辞书出版社，1985.
[13] 宋先世．试析贵州水族墓葬的民族特征［A］//中山大学人类学系，中国社会科学院边疆考古研究中心编．边疆民族考古与民族考古学集刊（第一集）［C］．北京：文物出版社，2009：144～153.
[14] 夏洛特·罗伯茨，基思·曼彻斯特著；张桦译．疾病考古学［M］．济南：山东画报出版社，2010.
[15] 杨秀海，余跃生，欧德灯，等．贵州侗族体质人类学研究［J］．人类学学报，2010，29（1）：73～81.
[16] 于世风．口腔组织病理学［M］．北京：人民卫生出版社，2000.
[17] 余跃生，王克松，陆玉炯，等．贵州“过卯”水族的体质人类学研究［J］．人类学学报，2007，26（2）：156～164.
[18] 余跃生，姚永刚，孔庆鹏，等．贵州水族人群线粒体 DNA 序列多态分析［J］．遗传学报，2001，28（8）：691～698.
[19] 吴立甫．中国西南少数民族皮纹学［M］．贵阳：贵州科技出版社，1991.
[20] 吴汝康，吴新智，张振标．人体测量方法［M］．北京：科学出版社，1984.
[21] 张全超．北票喇嘛洞三燕文化墓地人骨的牙病［J］．人类学学报，2003，22（1）：29～36.
[22] 张振江，李法军．荔波水尧乡调查与研究——贵州荔波水族［M］．北京：知识产权出版社，2009.
[23] Aufderheide AC, Rodiguez-Martin C. Human Paleopathology［M］. Cambridge: Cambridge University Press, 1998: 345～351.
[24] Brickley M., R. Ives. The Bioarchaeology of merabolic bone disease［M］. Oxford: Academic Press, 2008.
[25] http://www.pacea.u-bordeaux1.fr/publication/dspv1.html
[26] Lieberman D. E., Pearson O. M., Mowbray K. M.. Basicranial influence on overall cranial shape［J］. Journal of Human Evolution, 2000, 38（2）: 291～315.
[27] Murail P., Bruzek J., Houët F. and Cunha E.. DSP: a probabilistic sex diagnosis tool using worldwide variability in hip bone measurements［J］. Bulletins et Mémoires de la Société d'Anthropologie de Paris, 2005, n. s., t. 17, 3～4: 167～176.
[28] Tayles N., K. Domett and K. Nelsen. Agriculture and dental caries? The case of rice in prehistoric Southeast Asia［J］. World Archaeology, 2000, 32（1）: 68～83.

后　记

2006年3月，笔者带队进行黔桂铁路沿线的文物调查，途经荔波县，查看了作为省级文物保护单位的水甫村水族墓地，发现许多珍贵的水族墓葬受到不同程度的毁坏，深感痛心。返筑伊始，即将水族墓葬的调查发掘工作作为主动性科研项目申报，得到相关领导和部门的支持与批准。是年冬，笔者便率队对水甫墓地进行了解剖性的发掘，并成功将经过发掘的9座墓葬全部恢复原貌。

2007年年初，发掘信息一经披露，即入选当年全国十大考古发现进京汇报评选的候选项目，虽终未获选，但是得到普遍的好评与媒体的关注，说明这是一件极有意义的工作。

在此后的数年间，笔者带队反复深入黔南、黔东南的水族聚居地区，并赴云南、广西水族分布的主要区域进行考察，获取了丰富的第一手资料。

由于发掘面积所限，更是出于对该类遗存的保护，故大量的工作是放在田野调查上，这也是我们把这本报告称为“调查发掘报告”的原因。

鉴于水族墓葬的民族特性，报告中把相关的水族丧葬礼仪调查作为一个章节纳入其中，并将与中山大学人类学系合作的水甫墓地发掘出土人体骨骼的研究收录于后。考古学、民族学、体质人类学的材料集于一书，这也算是本报告的一个特色吧。

完稿之际，特向参加与关心、支持此项工作的领导、同事、各有关单位与人员表示感谢！

感谢贵州省博物馆、黔南州民族博物馆、三都水族自治县文物管理所以及荔波县文物管理所提供藏品资料！

感谢赵辉兄和席克定先生为本书作序！

感谢科学出版社以及责任编辑宋小军、柴丽丽付出的辛勤劳动！

本报告第五章第二节由同仁吴小华调查撰写，杨洪、唐秀成参与了水甫墓地的发掘整理，韩冬承担了协助调查及拓片制作工作，其余文稿全部由宋先世执笔。

水甫墓地全景

图版二

1.省保标志

2.水甫墓群一角

1.后视

2.侧视

水甫M2

图版四

1.发掘前

2.墓顶装饰

3.发掘后

水甫M3

1.上层

2.下层

水甫M3地上结构

图版六

1.基础部分

2.地下部分

水甫M3地下结构

水甫M3二次葬

图版八

1.M4

2.M6、M7发掘前

水甫M4、M6、M7

1.M7发掘中

2.M7发掘后

水甫M6、M7

水甫M7地下部分

1.现状

2.双龙白虎石雕

水甫M13

1.石俑

2.现状

水甫M17

1.M18

2.M19

水甫M18、M19

1.M20

2.M23

水甫M20、M23

1.M24地表

2.M25“石箱”

水甫M24、M25

1.地面基础（西→东）

2.地下墓穴（东→西）

水甫M25、M26

1.银饰出土现场

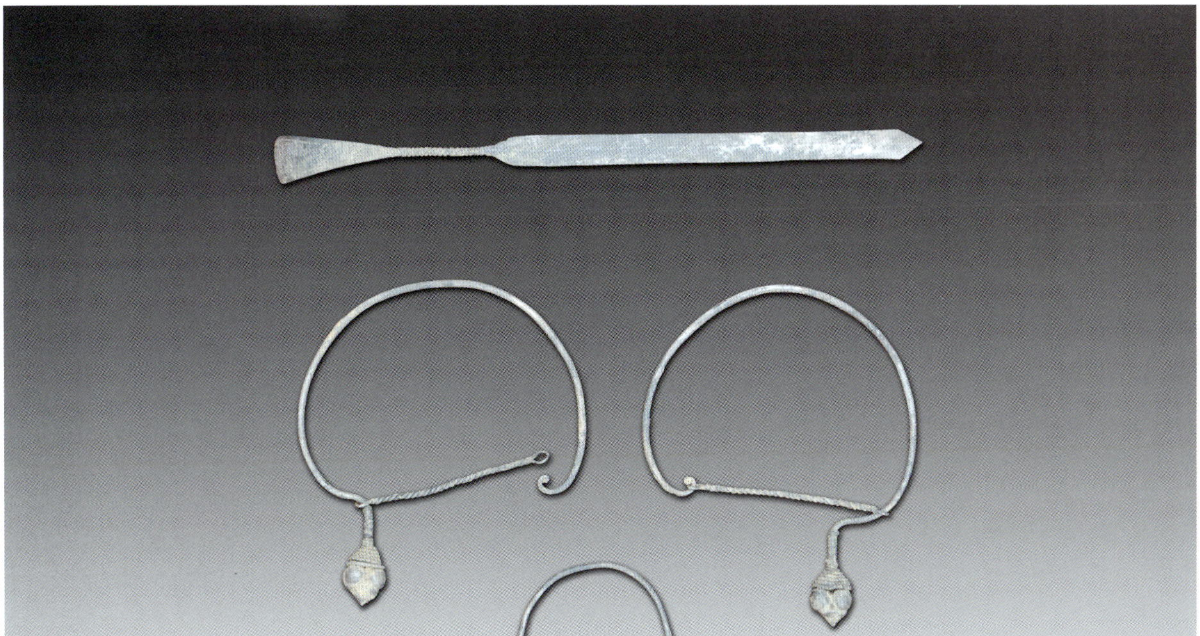

2.出土银饰

水甫M26出土遗物

图版一八

1.石俑

2.现状

水甫M27

1.M29

2.M30

水甫M29、M30

1.遗骸

2.地表

水甫M35

1.地面同冢

2.平面打破关系

水甫M37、M38

1.M37、M38

2.地面现状

水甫M37、M38地下部分及M40地面现状

1.地表盖板

2.地下部分

水甫M40

图版二四

引朗墓群俯视

1.整体

2.西壁上层

引朗M2

图版二六

1.正视

2.侧视

引朗M3

1.正视

2.侧视

引朗M5

图版二八

1.M6

2.M9

引朗M6、M9

1.福如东海

2.寿比南山

引朗M6八仙嵌字

图版三〇

1.正视

2.侧视

引朗M7

1.正视

2.侧视

引朗M8

图版三二

1.正视

2.侧视

引朗M11

1.M5南壁下层出行图

2.M8东壁下层麒麟图

引朗M5、M8石雕

1.西壁下层

2.西壁上层

引朗M8石雕

马畈墓地一角

1.正视

2.侧视

马联M1

1.东北壁上层野鹿衔枝图

2.东南壁上层出行图

马联M1石雕

1.西北壁下层西侧石雕

2.西北壁下层北侧石雕

马联M1石雕

1.前侧视

2.后侧视

马联M2、M3

1.M2碑帽

2.M3墓顶

马联M2、M3顶饰

1.墓顶结构

2.狮柱

马联M2局部

1.东壁全景

2.东壁上层

马联M3侧视

1.正视

2.侧视

马联M4

图版四四

1.石柱

2.浮雕人头像

马联M4构件

1.正视

2.侧视

马联M5

图版四六

1.后侧视

2.侧视

马联M6

1.正视

2.侧视

拉佑M1

1.M2

2.M3

拉佑M2、M3

1.西区一角

2.西区全貌

上水达墓地

1.西→东

2.东→西

上水达墓地西区局部

1.M3

2.M4、M5

上水达M3、M4、M5

1.M5

2.M8

上水达M5、M8顶部

1.正视

2.俯视

上水达M6

1.M5 ~ M8

2.M7、M8

上水达M5 ~ M8

1.M7

2.M8

上水达M7、M8侧视

1.正视

2.后俯视

上水达M7

1.正视

2.后俯视

上水达M8

图版五八

1.前侧视

2.侧视

上水达M10

1.正视

2.侧视

上水达M11

图版六〇

上水达M11石俑

上水达墓地东区全景

图版六二

1.南→北

2.北→南

上水达墓地东区局部

1.M12

2.M13

上水达M12、M13

图版六四

1.M14

2.M18

上水达M14、M18

1.后视

2.前侧视

上水达M19

图版六六

1.整体

2.局部（后视）

上水达M20

上水达M21（侧视）

图版六八

1.正视

2.侧视

上水达M22

1.M23侧视

2.M22、M23后视

上水达M22、M23

1.正视

2.侧视

上水达M24

1.正视

2.后壁浮雕

3.侧视

上水达M25

1.M15

2.M26

上水达M15、M26

上水达墓群一角

图版七四

1.正视

2.后视

3.侧视

水梅M1

1.正视

2.侧视

水备双人墓

1.M1

2.M2

水尾M1、M2

1.整体

2.局部

水尾M13

图版七八

1.M10

2.M3

3.M11

4.M9

水尾石俑

1.M6

2.M18

3.M19

水尾石俑

1.正面

2.背面

3.前排北边石俑

4.前排南边石俑

水尾M31石俑

1.水备M1石俑

2.水甫M2石俑

水备M1、水甫M2石俑

1.甲路墓群

2.甲路M1

1.采集单体石俑

2.M1连体石俑

甲路墓群石俑

图版八四

1.M1

2.采集

甲路墓群铜鼓纹石雕

1.洞托M3

2.天星M1

洞托M3、天星M1石雕

图版八六

1.M8正视

2.M1侧视

洞托M1、M8

1.水牛石雕

2.正视

洞托M9

1.M11

2.M12

3.M13

洞托M11、M12、M13碑帽

1.M15

2.M16

3.M17

洞托M15、M16、M17碑帽

1.墓地全景

2.墓地局部

尧古墓地

尧古M1碑柱鹿石雕

1.墓碑底座鱼图

2.碑柱水牛图及狮座水牛与鱼图

尧古M2石雕

1.右侧第三栏

2.右侧第四栏

尧古M2碑柱石雕

1.M3右侧碑柱第一栏

2.M2抱鼓石左翼鼓面石雕

尧古M2、M3石雕

尧古M7牛耕图

尧古M8石雕

1.M10碑柱翼墙水牛望月图

2.M11四鸡图

尧古M10、M11石雕

图版九八

1.钟鹿图

2.三鱼图

太吉四组石雕

1.迎宾图

2.牧牛图

太吉四组石雕

1.牧鹿图

2.猴鸟图

太吉四组石雕

1.双猴鹦鹉图

2.骑射图

太吉四组石雕

1.正视

2.侧视

甲找M1

1.西壁中层建筑图

2.西壁下层双马图

甲找M1石雕

图版一〇四

1.东壁下层同心圆图

2.南壁下层西侧麒麟图

甲找M1石雕

1.丙奇M1

2.下水蒙M1、M2

丙奇M1与下水蒙M1、M2

1.正视

2.侧视

下水蒙M1

1.侧视

2.石俑

3.石俑

丰明M1

水懂M1后视

1.侧视（南壁）

2.南壁上层骑马人物图

水懂M1

图版一一〇

1.中层出行图

2.下层杂耍图

水懂M1南壁石雕

水僮M1北壁中层芦笙乐舞图

1.上层双人舞蹈图

2.中层挑客送礼图

水懂M1西壁石雕

1.上层野鹿衔枝图

2.下层铜鼓纹饰

水懂M1东壁石雕

1.前侧视

2.侧视

牛洞寨M1

1.全景

2.东壁

下丁寨王啟墓

1.整体

2.局部

下丁寨王啟墓西壁

1.中层南侧坐俑

2.上层南侧立俑

3.中层北侧哺乳俑

下丁寨王敞墓东壁石俑

1.西壁中层南侧立俑

2.西壁上层南侧立俑

3.三都水族自治县文管所藏石俑（01号）

4.三都水族自治县文管所藏石俑（02号）

5.三都水族自治县文管所藏石俑（03号）

下丁寨王啟墓石俑

1.正视

2.侧视

务旦组M1

1.三鱼石雕

2.后俯视

板劳村M1

1.M1墓碑水书文字与太极图

2.M2墓碑碑面人物与双鸽图

的查M1、M2墓碑

图版一二二

1.碑右侧挥手女性图

2.碑盖持刀男性图

的查M2石雕

1.正视

2.下层北侧石俑

3.下层南侧石俑

阿刘公墓

图版一二四

1.B.1.8888号

2.B.1.8889号

3.B.1.8890号

4.B.1.8891号

贵州省博物馆藏石俑

1.B.1.8895号

2.B.1.8892号

3.B.1.8893号

4.B.1.8894号

贵州省博物馆藏石俑

1.黔南州民族博物馆藏石俑正面（06号）

2.黔南州民族博物馆藏石俑侧面（06号）

3.荔波县文管所藏石俑
（QNLB041号）

4.荔波县文管所藏石俑
（QNLB042号）

5.三都水族自治县文管所藏石俑
（的查01号）

石俑藏品

1.贵州省博物馆藏铜鼓纹石雕（B.1.15097号）

2.黔南州民族博物馆藏铜鼓纹石雕（03号）

铜鼓纹石雕藏品

图版一二八

1.B.1.57.1号

2.B.1.57.2号

三都水族自治县文管所藏铜鼓纹石雕

1.B.1.57.3号

2.B.1.57.4号

三都水族自治县文管所藏铜鼓纹石雕

1.母改01号

2.母改02号

民间铜鼓纹石雕（潘玉兴家）

水族墓葬石材铺就的小路

1.祭席

2.祭礼

开控祭品

1.芦笙、芒筒

2.铜鼓、木鼓

图版一三四

1. “熬腊”

2. “封口嘴”

野祭与路祭

1.巡游

2.绕场

“放腊”

1.祭棺

2.绕灵

出殡

1.上山

2.下葬

出殡

图版一三八

1.浅葬原貌

2.取棺

二次葬浅葬现场

1.垫棺木

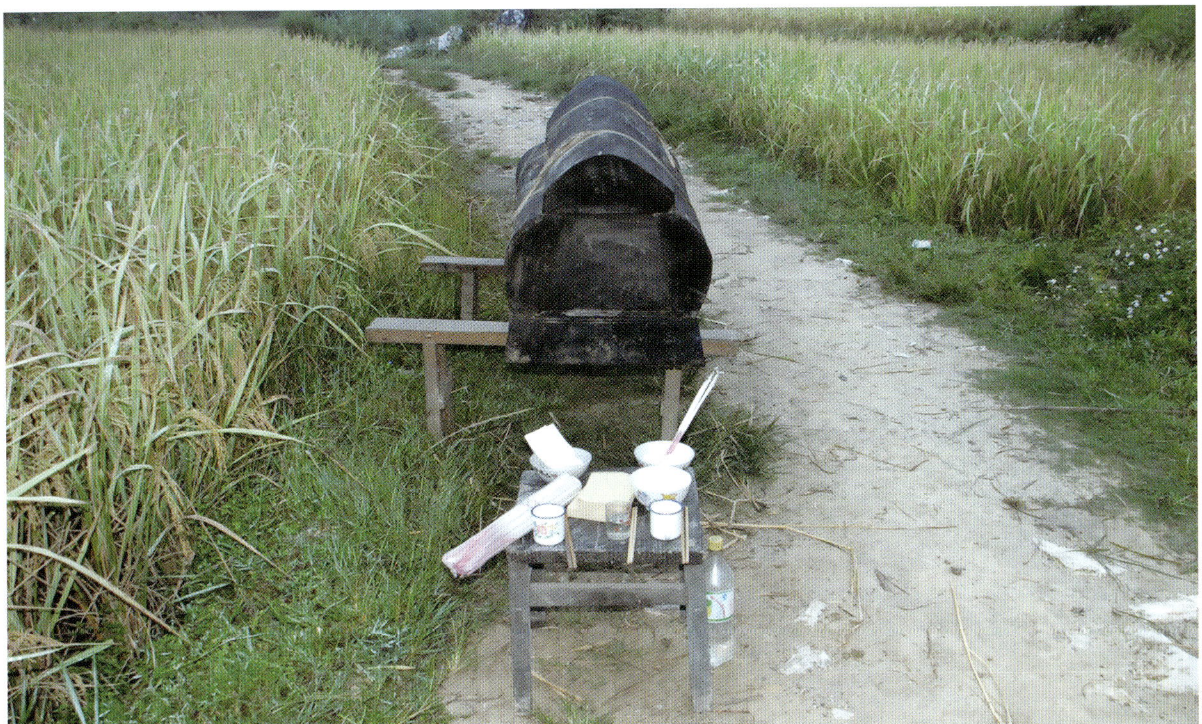

2.待葬

二次葬浅葬现场

图版一四〇

1.坑底阴阳八卦与吉语

2.孝子背土

二次葬

1.祭马绕灵

2.敲马

马祭

图版一四二

1.长号手

2.祭席

哀乐与祭奠

1.花灯队伍

2.安理现场

下葬以后

1.水甫M3石刻

2.水族求子习俗

1.鄂温克始祖像（采自《鄂温克民族传统社会与文化》，第181页，科学出版社，2007年）

2.2006LSM7头骨的人字缝、胖下颌和发髻枕

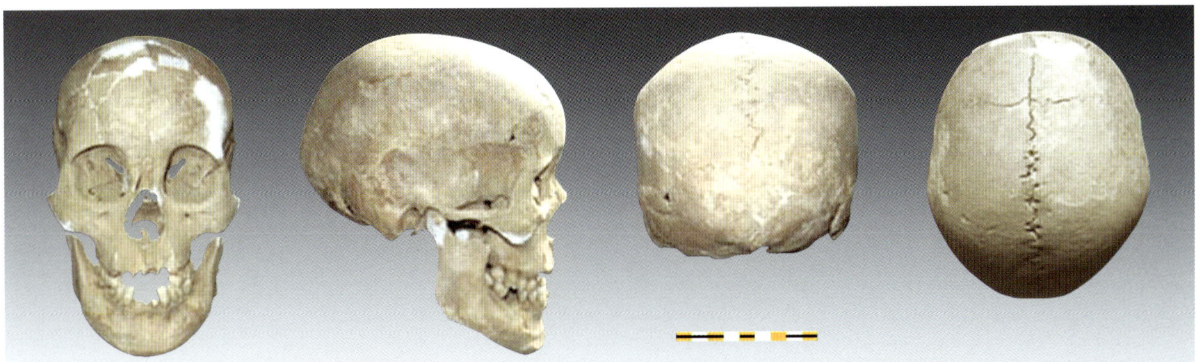

3.2006LSM7的头骨

鄂温克始祖像与水甫M7出土头骨

图版一四六

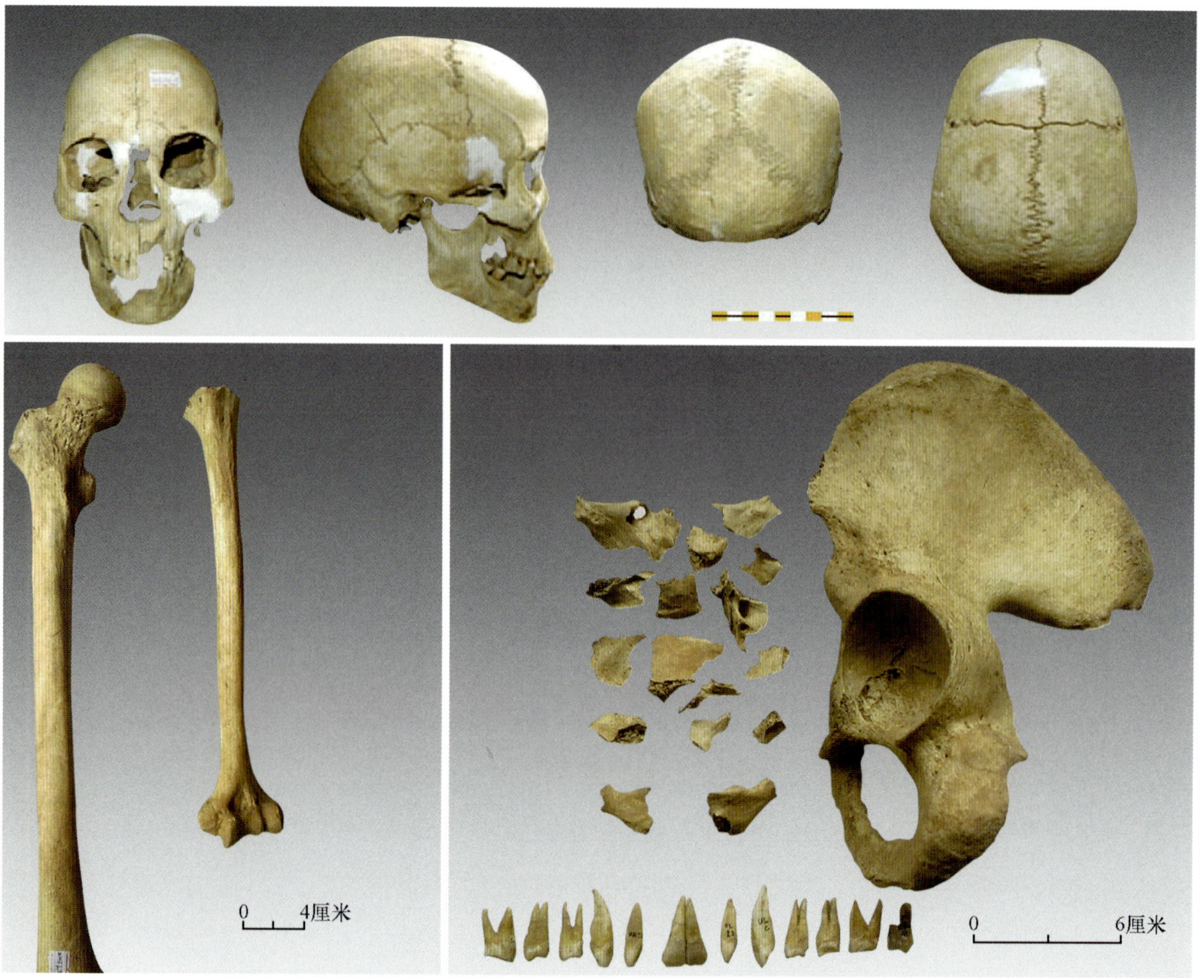

水甫M38出土人骨

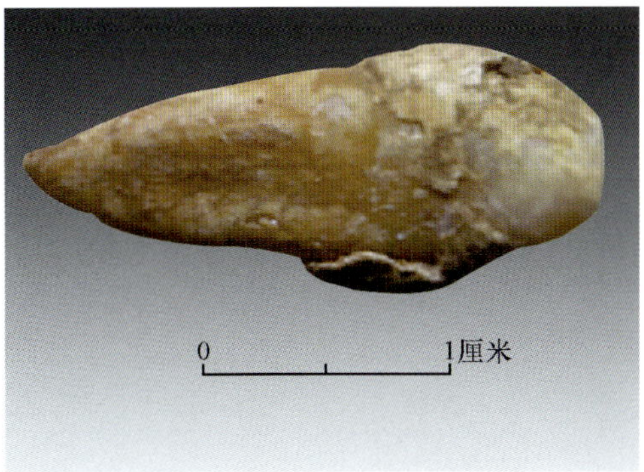

1. 2006LSM3出土的牙齿

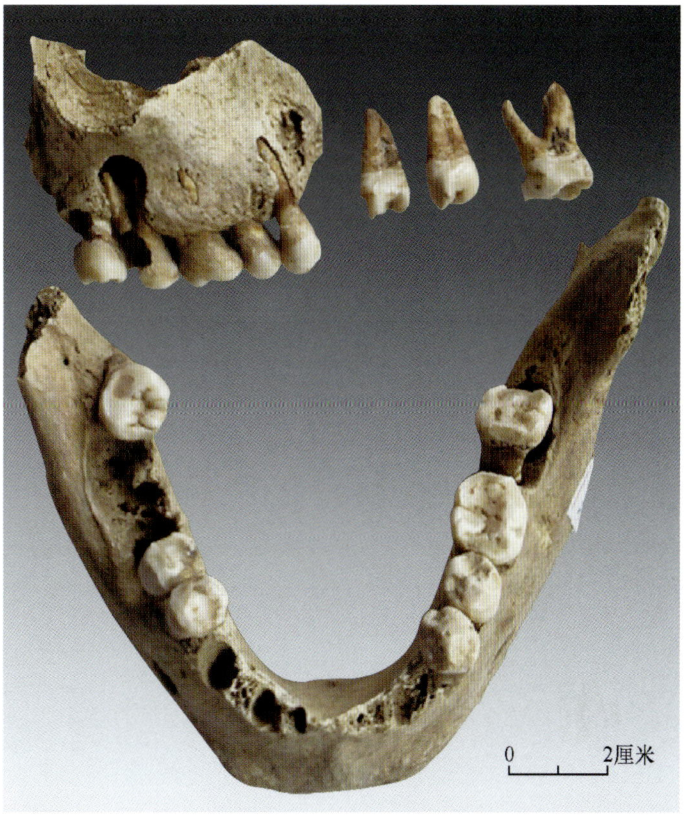

2. 2006LSM25出土的骨骼

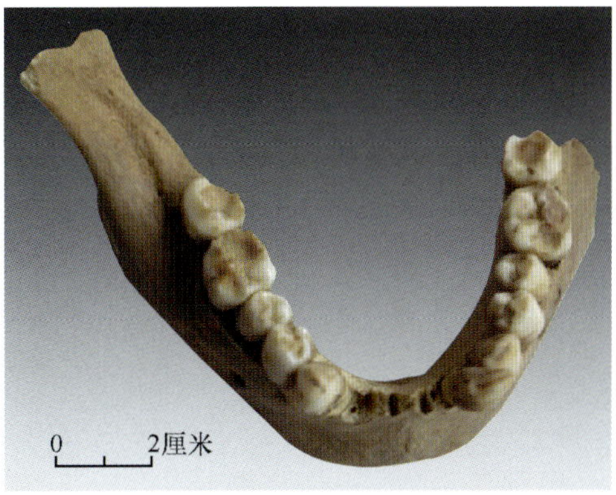

3. 2006LSM35出土的骨骼

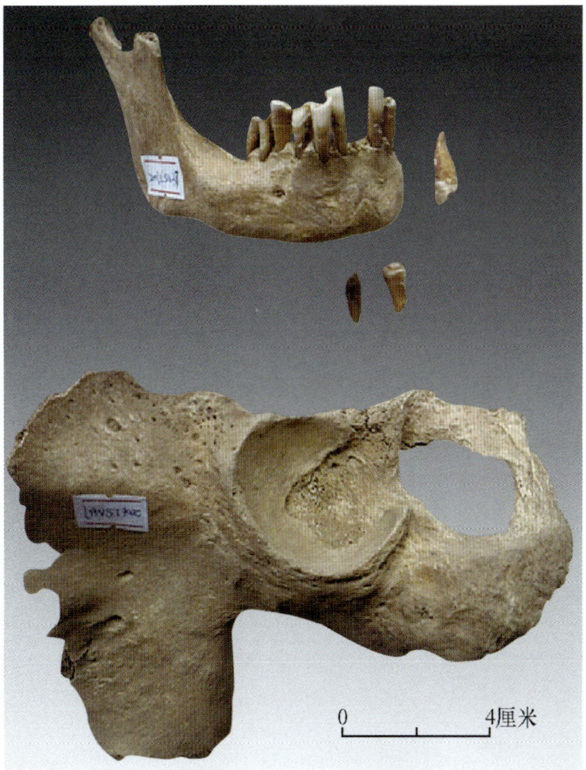

4. 2006LS M37出土的骨骼

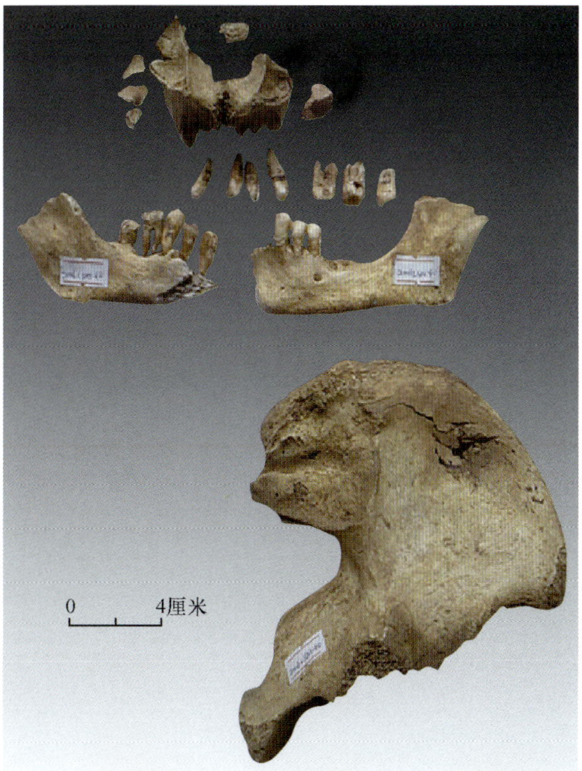

5. 2006LS M40出土的骨骼

水甫墓地出土人骨

图版一四八

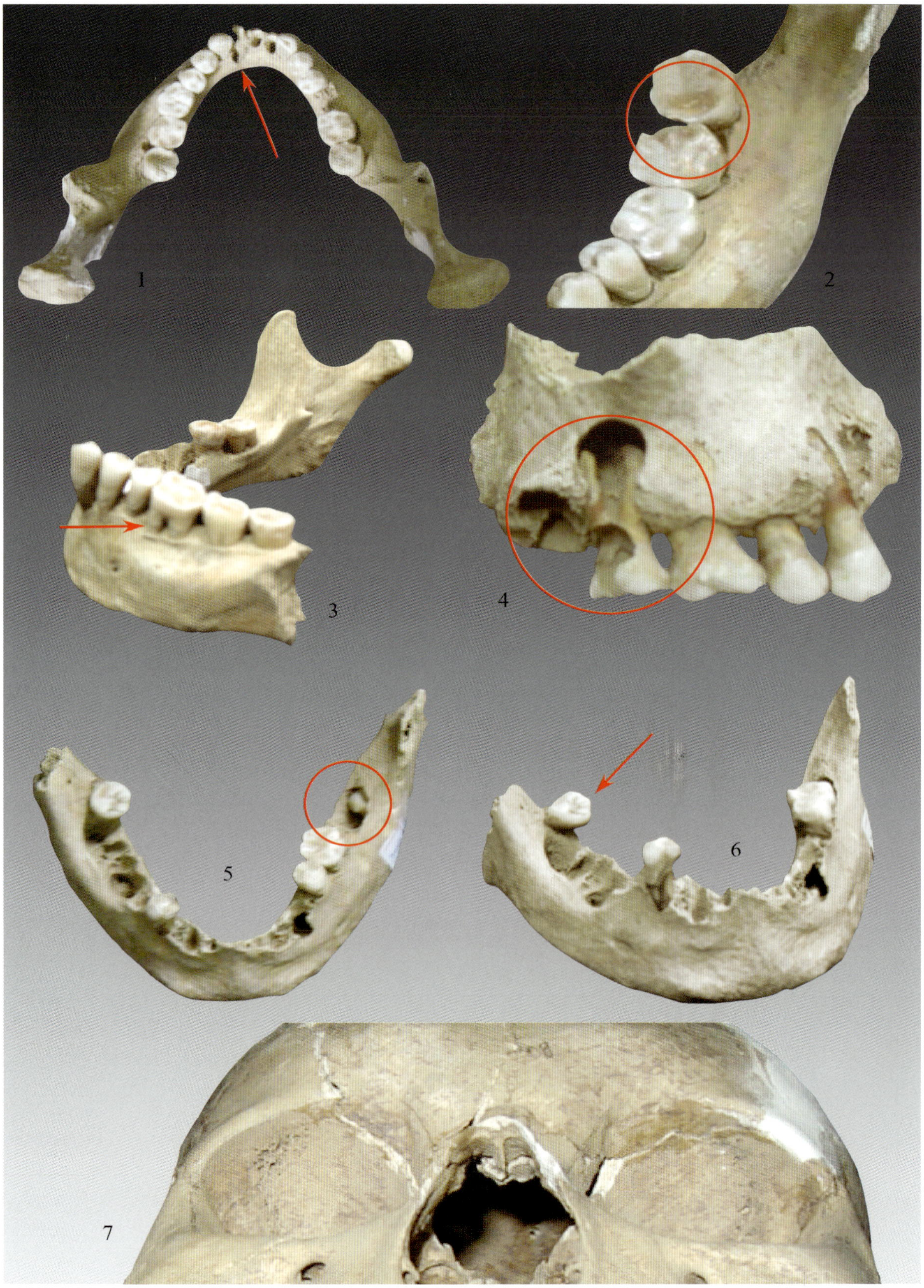

1.2006LSM7的齿列不齐　2.2006LSM25殆面龋　3.2006LSM35牙周病　4.2006LSM25根尖脓疡
5.2006LSM25第三臼齿先天缺失　6.2006LSM25第三臼齿阻生　7.2006LSM7眶顶板筛孔样病变

水甫墓地出土牙齿与眶顶板病理现象